WIENER GEOGRAPHISCHE SCHRIFTEN

Gegründet von Leopold Scheidl

Herausgegeben von Karl A. Sinnhuber

Abteilung Praxisorientierte Wirtschaftsgeographie und Räumliche Integrationsforschung,
Institut für Wirtschafts- und Sozialgeographie der Wirtschaftsuniversität Wien

Band 62/63

Wirtschaftsdienste

Zur räumlichen Organisation der
intermediären Dienstleistungsproduktion
und ihrer Bedeutung im
Zentren-Region-System Österreichs

Christian Staudacher

Wien 1992

SERVICE FACHVERLAG

Der Druck dieser Schriftenreihe wird dankenswerterweise
gefördert durch:
– das Bundesministerium für Wissenschaft und Forschung,
– die Österreichische Gesellschaft für Wirtschaftsraumforschung an der Wirtschaftsuniversität Wien.

Die Deutsche Bibliothek – CIP-Einheitsaufnahme

Staudacher, Christian:
Wirtschaftsdienste: zur räumlichen Organisation der intermediären
Dienstleistungsproduktion und ihre Bedeutung im Zentren-Regions-
System Österreichs / Christian Staudacher. – Wien: Service, Fachverl.
an der Wirtschaftsuniv., 1992
  (Wiener geographische Schriften; Bd. 62/63)
  ISBN 3-85428-213-3
NE: GT

VORWORT

Die vorliegende Publikation befaßt sich mit **Wirtschaftsdienstleistungen, Wirtschaftsdiensten** und **Dienstezentren** und ihrer Bedeutung in modernen Wirtschafts- und Regionalsystemen und ihrer räumlichen Organisation und Dynamik. Der wissenschaftliche Zugang wird durch den praxisorientierten wirtschaftsgeographischen Betrachtungsansatz bestimmt. Die empirischen Analysen beziehen sich auf Österreich bzw. auf spezifische Teile.

Grundlage dieser Veröffentlichung ist die vom Verfasser an der Wirtschaftsuniversität Wien im Jahr 1988 vorgelegte Habilitationsschrift mit dem gleichen Thema. Die Themenstellung ist in den vom Verfasser an der Abteilung Praxisorientierte Wirtschaftsgeographie und Räumliche Integrationsforschung, Institut für Wirtschafts- und Sozialgeographie, seit Jahren betreuten **Forschungs- und Lehrschwerpunkt "Dienstleistungsgeographie"** einzuordnen: Es wird das Ziel verfolgt, den im Rahmen der Wirtschaftsgeographie bisher stark vernachläßigten Fachbereich der Dienstleistungsgeographie, insbesondere die Raumorganisation der intermediären Dienstproduktion und -nutzung verstärkt in das Forschungsinteresse zu rücken und damit einen praxis- und gesellschaftsrelevanten Schwerpunkt zu setzen.

Die vorliegende Arbeit stellt sich primär die Aufgabe, für den im Titel angesprochenen Themenkomplex "Wirtschaftsdienste" den Gesamtrahmen wirtschaftsgeographischer Betrachtungs- und Analysezugänge abzustecken und dazu den Theorien- und Hypothesenkanon zu diskutieren. Die empirischen Analysen für Österreich sollen diese Grundlagen expizieren und Anhaltspunkte für weiterführende Hypothesen liefern.

Mein Dank gilt allen, die direkt - vor allem in der Form der wissenschaftlichen Diskussion - oder indirekt zum Zustandekommen beigetragen haben. Insbesondere danke ich der Österreichischen Gesellschaft für Wirtschaftsraumforschung für die Finanzierung dieser Publikation.

Ch. Staudacher

Wien, September 1991

INHALTSVERZEICHNIS

VORWORT

TEIL I

WIRTSCHAFTSDIENSTE - WIRTSCHAFTSGEOGRAPHIE

TEIL II

DIENSTLEISTUNGEN - WIRTSCHAFTSDIENSTE
BEGRIFFE, SYSTEMATIKEN

TEIL V
WIRTSCHAFTSDIENSTE IM ZENTRENSYSTEM

TEIL VII
ZUSAMMENFASSUNG UND ERGEBNISSE

TEIL I

WIRTSCHAFTSDIENSTE - WIRTSCHAFTSGEOGRAPHIE

Wirtschaftsdienste und -dienstleistungen - definiert als ausgelagerte Unternehmensfunktionen des intermediären Dienstemarktes - sind ein besonderes Segment im Rahmen ökonomischer Aktivitäten moderner Wirtschaftssysteme, denen eine besondere Bedeutung für die **Innovations- und Anpassungsfähigkeit** zukommt. Die Befassung mit diesem Segment ist auf zwei Problemsituationen zurückzuführen:

- Die moderne Wirtschafts- und Gesellschaftsentwicklung unterliegt einem **Transformationsprozeß**, der gekennzeichnet ist durch wachsende Bedeutung der Wirtschaftsdienste und verstärkten Austausch von Diensteaktivitäten zwischen Unternehmungen und innerhalb von Unternehmungen und damit durch verstärkte räumlich Inhomogenität und eine steigende Bedeutung der **Wirtschaftsdienste als Standortfaktoren** und als notwendiger **Inhalt von Regionalentwicklung und regionaler Politik.**
- Es ist eine anerkannte Tatsache, daß im Bereich der Dienstleistungen ein deutliches **Forschungsdefizit** besteht: "To a large extent, 'post industrial' or 'service' theoreticians have either overloked the critical **distinction between services to consumers and services to business and organizations,** ... in so doing, they have also underplayed or ignored the role that services to producers have played in recent urban development" *(NOYELLE, TH. 1983, S. 280).*

1. Wirtschaftsdienste - der wirtschaftsgeographische Ansatz

Die vorliegende Arbeit ist auf **zwei** eng miteinander verbundene **Hauptziele** ausgerichtet:
1. Die **Grundlegung einer Theorie der Wirtschaftsdienste im Rahmen der Dienstleistungsgeographie** *(Kap. 2.)* liefert

- **Systematiken und Begriffe**, die Grundlage der theoretischen und empirischen Arbeit sind *(Kap. 1.3 und 3.)*,
- **Hypothesen zur Struktur, Entwicklung und räumlichen Implikation der Wirtschaftsdienste** und somit Ansätze für empirische Fragestellungen *(Kap. 1.2.)* und
- **Erklärungsansätze für strukturelle, dynamische und räumliche Erscheinungen**, die in Österreich im Zusammenhang mit den **Wirtschaftsdiensten** festgestellt werden können *(Kap. 7.- 13.)*.
2. Die **empirische, wirtschaftsgeographische Analyse dieses Wirtschaftszweiges für den Untersuchungsraum Österreich** (bzw. fragenspezifische Teilräume) hat neben der deskriptiven Aufgabe das Ziel **Prüfmaterial für die formulierten Hypothesen und Erklärungsansätze** zu liefern. Das Schwergewicht liegt also nicht auf einer (vollständigen) Topographie der Wirtschaftsdienste sondern auf der Erfassung, Beschreibung und Erklärung modellhafter Raumstrukturen und -prozesse. Thema ist also die **Stellung der Wirtschaftsdienste im Zentren- und Regionssystem Österreichs**.
- **Gegenstandsbereich** der vorliegenden Untersuchung sind **intermediäre, hauptsächlich privatwirtschaftliche Zentrenfunktionen**, die im folgenden als "Wirtschaftsdienste" bezeichnet werden, deren **Output** als "**Wirtschaftsdienstleistungen**".
- **Erkenntnisobjekt** ist die **räumliche Implikation der Wirtschaftsdienste und die Rolle der Wirtschaftsdienste im Zentren- und Regionssystem** *(vgl. insbesondere Teil IV bis VI)*, also die Einordnung der Wirtschaftsdienste in das bestehende Zentren- und Regionssystem ("passive Raumimplikation") und die aktive Wirkung auf den Zustand und die Dynamik von Zentren und Regionssystemen ("aktive Raumimplikation").

1.1. Basishypothesen

Die **Problemfelder** der vorliegenden Untersuchung lassen sich am besten aus einem System von **Basishypothesen** ableiten bzw. mit diesen darstellen. In den Basishypothesen werden **Aussagen** gemacht über
- die **Wirtschaftsdiensleistungen** als ausgelagerte Unternehmensfunktionen bzw. als Leistungsinhalte der Wirtschaftsdienstebetriebe,
- die **Nachfrageentstehung**, also über die Auslagerungs- und Realisierungsentscheidungen,
- über die **Ökonomisierung von Nachfrageinhalten** in der Form der Bildung von Spezialbetrieben und -unternehmungen und
- über deren **räumliches Verhalten**, ihre gesamte räumliche Implikation
- sowie die **Wirkungen** der Interaktionsmuster von und mit Wirtschaftsdiensten **auf das Raumsystem** und die entsprechenden Möglichkeiten eines **Politikansatzes**.

1) **Rollenhypothese**: Wirtschaftsdienste und die Erstellung von Unternehmensfunktionen für und mit Wirtschaftsunternehmungen über einen marktmäßigen Tauschprozeß erfüllen im Wirtschaftsprozeß wesentliche **Funktionen im dispositiven und operativen Unternehmensbereich**. Vor allem bei den dispositiven Funktionen

kann von einer Führungsrolle ausgegangen werden: "future total productivity improvements ... will depend significantly upon greater efficiency in the delivery of business and other information-handling services. The sector is aquiring a leading role in the economic development ...", "... both trough its own growth and through its impact on the indigenous processing sector." *(WOOD, P.A. 1985, S. 1)*. Die Rollenhypothese wird hier bewußt als **Antithese** zur Auffassung von der "passiven Rolle" der Dienstleistungen in der Literatur formuliert.

2) Rationalisierungs- und Ökonomisierungshypothese: Durch die **Auslagerung von Unternehmensfunktionen** aufgrund von (rationalen) Verfahrensvergleichen eröffnen sich Rationalisierungspotentiale für die Nachfrager nach intermediären Leistungen. Die Nutzung solcher Rationalisierungspotentiale kann als **Innovation** auftreten und unterliegt räumlichen und sozialökonomischen Diffusionsbedingungen und führt zu verbesserten Wettbewerbschancen *(vgl. Pkt. 7)*.

3) Nachfragehypothesen: Die Nachfrageentstehung und -realisation wird von einem vielfältigen Geflecht von **betrieblich/unternehmerischen Realfaktoren** bestimmt, welche mit dem Umfang der Auslagerung von Unternehmensfunktionen und der Art der Nachfragerealisation in einem positiven oder negativen, linearen oder nicht-linearen Zusammenhang stehen.
+ Die **Strukturhypothese** geht von **internen Realfaktoren** der Situation der Nachfragerbetriebe und -unternehmen (Betriebsgröße, organisatorischer Status, Wirtschaftsziel, Produktlebenszyklus, ...) als Erklärungsfaktoren der Auslagerung bzw. der konkreten Nachfragerealisation aus,
+ die **Lagehypothese** bezieht sich auf **externe Realfaktoren** der Lage- und Standortbedingungen, der räumlichen Erreichbarkeit und Verfügbarkeit entsprechender Wirtschaftsdienste, des Informationsmilieus, usw. als Auslagerungs- und Realisationsfaktoren ("passive Raumimplikation").

4) Institutionalisierungshypothese: Leistungsinhalte ausgelagerter Unternehmensfunktionen lassen sich einzeln oder in Leistungspaketen als **Wirtschaftsziele** von Spezialunternehmen konstituieren, sie stellen für diese selbständig tragende Wirtschaftsziele dar. **Wirtschaftsdiensteunternehmungen** können über die Produktion und den Absatz von Wirtschaftsdienstleistungen ihre ökonomischen Ziele (Gewinnstreben, Bestandserhaltung, ...) realisieren.

5) Hypothese der funktionalen Standort- und Lageaffinitäten: Es wird davon ausgegangen, daß die Einordnung des Aktivitätsmusters der Wirtschaftsdienste an der Suche nach **funktionsaffinen Standorten und Märkten** orientiert ist, sowohl auf der Ebenen der Betriebsstandorte (Dienstepotentiale) als auch auf der Ebene der Endkombination (Leistungserstellung). Die dominante Affinität besteht dabei zu **hierarchisierten und spezialisierten Zentrensystem.**

6) Raumwirkungshypothese ("aktive Raumimplikation"): Wirtschaftsdienste haben im Zentren- und Regionssystem, seiner Strukturierung und Entwicklung eine bedeutende Rolle neben und in Verbindung mit anderen Zentrenfunktionen.

+ **Dispositive Wirkungsebene:** Die Mitwirkung der Wirtschaftsdienste an der Strukturierung und Entwicklung von Regions- und Zentrensystemen ergibt sich aus den Funktionsbereichen Lenkung, Steuerung, Kontrolle, Innovation, ... und damit aus der Machtstellung im Wirtschaftsprozeß,
+ **Versorgungsebene:** Über operative Hilfsfunktionen und die damit verbundene Versorgungsleistung tragen die Wirtschaftsdienste ebenfalls zur Strukturierung von Regions- und Zentrensystemen bei,
+ **Agglomerations- und Assoziationsebene:** Wirtschaftsdienste haben durch ihre Leistungen wesentliche Anteile an der Bildung von innovationsträchtigen und ökonomischen Milieus (economic environment) und wirken damit raumbildend und raumstrukturierend.

7) **Entwicklungs-, Politik- und Instrumentalhypothese:** Aufgrund der unterstellten Raumwirkungs- und Rationalisierungshypothese kann von einer bedeutenden **Innovationswirkung** der Wirtschaftsdienste ausgegangen werden, die neben den direkten Beschäftigungs-, und Wertschöpfungs- bzw. Exporteffekten zu den wichtigsten Begründungen für den Einsatz als **potentielle Instrumente der Regionalpolitik** sprechen.

1.2. Arbeitsdefinitionen

1. Begriffe zur Bezeichnung der **Tätigkeiten und des Outputs von Wirtschaftsdienste-Institutionen:**
● **Wirtschaftsdienstleistungen** (funktionaler Wirtschaftsdienstebegriff)
   — sind wirtschaftliche Verrichtungen zur **Produktion von am Markt nachgefragten, ausgelagerten Unternehmensfunktionen mit Dienstleistungscharakter;** sie sind Inhalte des marktmäßigen Austausches von Unternehmensfunktionen zwischen Wirtschaftsunternehmungen,
   — sind **Rationalisierungspotentiale** und damit eine wesentliche Grundlage der Spezialisierung, Arbeitsteilung und damit der räumlichen Differenzierung im Wirtschaftsprozeß.
   — Sie werden hier explizit als **Dienstleistungen** aufgefaßt mit allen für diese geltenden Merkmalen (Abgrenzung zur Bürotätigkeit)
   — und sie sind **Output von Wirtschaftsdiensteunternehmungen,** also Produktionsinhalt und Wirtschaftziel von Spezialunternehmungen.
● **Wirtschaftsdienstetätigkeiten** (produktionstheoretischer Aktivitätsbegriff)
   sind alle Funktionen und **Aufgabenbereiche,** die unter bestimmten Organisationsbedingungen **zur Produktion von Wirtschaftsdienstleistungen** notwendig sind: Tätigkeiten von Wirtschaftsdienstebetrieben und ihrer Teile und der Leistungsnehmer (Leistungsobjekte, "externer Faktor") auf der Ebene der **Potentialerstellung** und der **Endkombination.**
● **Wirtschaftsdienstenutzen:**
   Die Ergebnisse der Wirtschaftsdienstleistungen, also die im Zusammenwirken von Leistungspotentialen und Leistungsobjekt selbst bewirken **Veränderungen des Zustandes oder der Zuordnung,** stellen die Nutzenstiftung dar. Der Nutzen der Pro-

duktion von Wirtschaftsdiensten besteht aber auch im Erreichen des Wirtschaftszieles beim Wirtschaftsdiensteunternehmen selbst.

2. Begriffe zur Bezeichnung der **Organisationseinheiten und Institutionen:**
● **Wirtschaftsdienste** sind **spezialisierte Unternehmen/Betriebe** (Organisationen),
  in denen zielentsprechende Kombinationen von **Wirtschaftsdienstetätigkeiten**
  nach aufgabensynthetischen Kriterien zusammengefaßt sind zur Erstellung von
  Leistungspotentialen und zur Produktion von Wirtschaftsdiensten (organisations-
  theoretischer Begriff).
  — **Wirtschaftsdienste** sind **institutionalisierte, als Faktorkombinationen gestal-
    tete Organisationen von Dienstleistungstätigkeiten,** die sich auf die Deckung
    der Dienstenachfrage (= ausgelagerte Unternehmensfunktionen) von Wirt-
    schaftsunternehmen spezialisieren.
  — **Wirtschaftsdienste** finden in der **Ausführung ausgelagerter Unternehmens-
    funktionen des dispositiven und operativen Bereiches** (z.T. auch in Kombina-
    tion mit anderen Tätigkeiten) tragende Wirtschaftsziele. Sie bestimmen daher
    die betriebliche Umwelt von Wirtschaftsunternehmungen mit und werden für
    diese zum **Produktions- und Standortfaktor.**
  — **Wirtschaftsdienste** sind (organisationstheoretischer Begriff) aufgrund der Pro-
    duktionsweise in der Form der **multiplen Standortspaltung** organisiert, d.h. es
    besteht ein latentes Potential zu räumlichen Trennung von Potentialerstellung
    und Endkombination und in weiterer Folge zur **Mehrbetrieblichkeit und Plu-
    rilokalität.**
  — **Wirtschaftsdienste** sind (in der Regel) **Zentren- und Kernfunktionen** (raum-
    theoretischer Begriff) mit Zentrenorientierung in der Standortwahl und in der
    Wahl der Leistungsorte (Endkombination) und mit bedeutenden **Wirkungen
    auf das Zentren- und Regionssystem** (Raumwirkungshypothese), sie sind damit
    potentielle Instrumente der Regionalpolitik (regionalpolitischer Begriff).

3. Begriffe zur Erfassung **räumlicher Grundmuster,** die im Zusammenhang mit den
   Wirtschaftsdiensten und ihrer Bedeutung im Wirtschaftsraum relevant sind:
● **Wirtschaftszentren** sind **Steuerungs- und Versorgungskerne.** Die Eigenschaft der
  Zentralität entsteht durch **funktionale und räumliche Ballung von Zentrenfunktionen** (= "repräsentative Dienste"), deren Häufigkeit, Qualität, Komplementarität und Interdependenz die Zentrenbedeutung und die regionale Wirkung bestimmen. Die Kernfunktionen von Wirtschaftszentren ergeben sich aus den Einrichtungen mit öffentlicher, territorialer Rolle, den unternehmensinternen Führungsfunktionen, den privatwirtschaftlichen Versorgungsfunktionen und aus den privatwirtschaftlichen, öffentlichen und offizösen Wirtschaftsdiensten (Schichtaufbau
  der Zentrenfunktionen). Wirtschaftszentren sind funktionale Ordnungsträger der
  Strukturierung von Wirtschaftsräumen und Regionssystemen.
● **Wirtschaftsregionen** sind **Steuerungs- und Versorgungsbereiche, Kontroll- und
  Abhängigkeitsbereiche, die Wirkungszonen der Kernfunktionen von Wirtschaftszentren** (funktionaler Regionsbegriff). Die dimensionale Bestimmung des Re-
  gionsbegriffes soll funktional und intensional auf hierarchiespezifische Niveaus
  der **bereichsbildenden Funktionen von Wirtschaftsdiensten** bezogen werden,

sodaß zwischen verschiedenen dimensionalen Ebenen von Wirtschaftsregionen (lokal, regional, national, international) zu unterscheiden ist.

1.3. Wirtschaftsgeographische Paradigmen als Forschungsrahmen

Die Wirtschaftsgeographie wird als grundlegendes Paradigma der Fragestellung und als **Raster der methodischen Konzeption** unterlegt. Geographie befaßt sich mit den **(erd)räumlichen Implikationen menschlicher Aktivitäten** *(BARTELS, D. 1970, S. 15)*, wobei je nach Betrachtungsebene, die punktuellen Verteilungsmuster, die Linien- und Netzsysteme bzw. die Raummuster abgebildet und exakt erfaßt werden sollen. Die **"choristische Theoriebildung"** *(BARTELS, D. 1970, S. 23)* - häufig auch als "räumliche Betrachtungsweise" bezeichnet *(BAHRENBERG, G. 1972, S. 12)* - ist der Kern des **geographischen Beitrages zur Erklärung menschlichen Handelns**, wobei eine tiefe Verbindung mit der sozial- und wirtschaftswissenschaftlichen Grundperspektive bestehen muß. Von räumlicher Betrachtungsweise kann erst gesprochen werden, "wenn wirklich **räumliche Parameter**" als reale Elemente oder auch als subjektiv wahrgenommene, bewertete Vorstellungen und "Handlungsspielräume" "in die Untersuchung eingehen, d.h. wenn die räumliche Anordnung der untereinander in Austausch stehenden Punkte bzw. Gebiete und der zwischen ihnen vermittelnden Träger des Austausches selbst als Parameter gesehen werden" *(BAHRENBERG, G. 1972, S. 12)*. Dieses auch als **"horizontale Betrachtungsweise"** bezeichnete Prinzip *(BAHRENBERG, G. 1972, S. 13; ULLMANN, E.L. 1956, S. 862; BOBEK, H. 1957, S. 130 f)* erfordert beides: die Berücksichtigung der (erd)räumlichen Implikation und die Einbeziehung gesellschaftlicher und wirtschaftlicher Phänomene.

a) Wirtschaftsgeographische Basishypothesen

Die Erwartungshaltung gegenüber einer modernen und zeitgerechten Wirtschaftsgeographie besteht darin, daß diese vermehrt zur **Problemlösung** im Sinne von Problemen der Praxis, Alltagswelt und Politik beitragen soll *(BOESCH, M. 1987)*. Der **Kern der Geographie** besteht im **Raumbezug** (distanzieller Ansatz, räumliche Implikation): Der Ansatz kann als räumliche Komplex- und Prozeßanalyse umschrieben werden, bei dem die "Vernetzung von Mensch und Umwelt, von Wirtschaft , Gesellschaft und Natur mit ihrer Raumwirksamkeit" im Zentrum der Betrachtung steht. Es bestehen aber auch klare Abgrenzungen gegenüber räumliche differenzierenden, aber sachdimensional nur einschichtigen Ansätzen z.B der klassische Regionalökonomie *(BOESCH, M. 1987)*.

Konzeptioneller Ausgangspunkt wirtschafts- und sozialgeographischer Forschung ist die empirische und alltagsweltliche Erkenntnis, "daß menschliches Verhalten (Handeln) mehr oder weniger von Distanzen auf der Erdoberfläche beeinflußt wird" *(BARTELS, D. 1982, S. 44)*. Diese **1. wirtschaftsgeographische Basishypothese** (= **distanzieller Ansatz**) geht davon aus, daß menschliches Handeln gekennzeichnet ist durch **Spezialisierung** und **Arbeitsteilung**, durch **funktionsaffinen Raumbedarf** und durch **räumliche Organisation und Differenzierung**, woraus die **Notwendigkeit zur räumlichen Interaktion** entsteht. Dadurch entsteht **Distanzabhängigkeit und -bela-**

stung, gemessen in Geld, Zeit, Mühen und räumliche, soziale oder wirtschaftliche Zugänglichkeit und Erreichbarkeit. Die **Distanzabhängigkeit** kann **prohibitiv** hoch werden, als **Aktivitätsbelastung** (Kosten) auftreten oder auch **unbedeutend** (quanti-té négligeable) sein; dort finden sich dann die Grenzen "geographischer Relevanz" *(BARTELS, D. 1982, S. 44).*

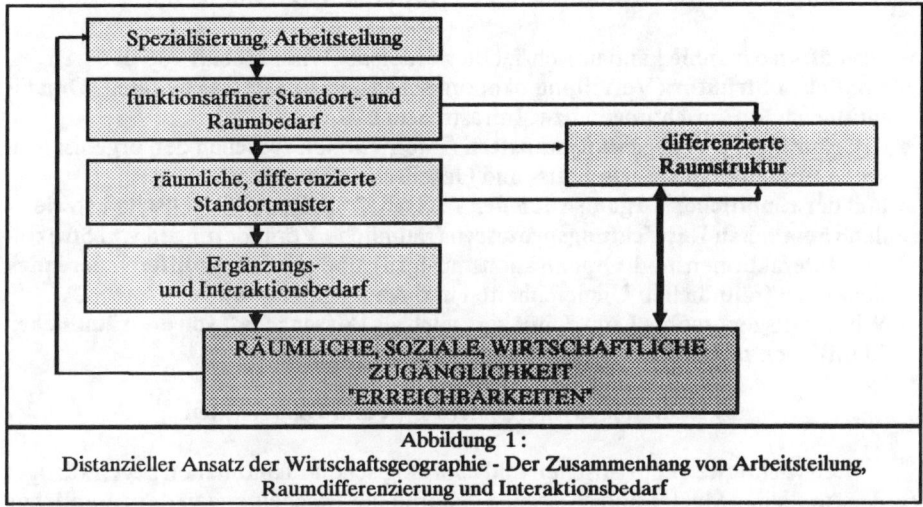

Abbildung 1 :
Distanzieller Ansatz der Wirtschaftsgeographie - Der Zusammenhang von Arbeitsteilung, Raumdifferenzierung und Interaktionsbedarf

Der **wirtschaftsgeographische Ansatz** geht davon aus, daß jedes Element im Raumsystem einer "**räumlichen Implikation**" (= 2. **wirtschaftsgeographische Basishypothese**) unterliegt. Diese kann einerseits als

● "**passive Raumimplikation**" auftreten und dann die Rahmenbedingungen der **Einordnung einzelner Elemente im Raumsystem definieren** und damit die Abhängigkeit der Entscheidungen von den räumlichen Gegebenheiten, von den Standort- und Lagebedingungen bestimmen (**funktionsaffines Standortverhalten**). Die

● "**aktive Raumimplikation**" erfaßt die **Wirkungs- und Gestaltungsmacht** einzelner Elemente in einem Raumsystem durch ihre Existenz in einer bestimmten Form, mit bestimmten Beziehungen an einem bestimmten Ort, aber auch die **aktive** (bewußt geplante) **Wirkung** einzelner Elemente oder Elementgruppen (Verbände, Organisationen) auf das Raumsystem (**funktionsaffine, politische Standortgestaltung**).

Diese **funktionsaffine Standortorientierung** bzw. das **standortaffine Verhalten** lassen sich als 3. **wirtschaftsgeographische Basishypothese** auffassen: In Abhängigkeit von den Wirtschaftszielen (Funktionen) und den daraus ableitbaren Standortanforderungen werden **raumbezogene Strategien zur Wahl, Beibehaltung oder Nutzung von Standorten und Standorträumen** bzw. ihrer Beeinflußung gewählt, mit denen die Vorteile genutzt und die Nachteile minimiert werden können. Das ökonomische Ziel besteht in einer optimalen Nutzung des Unternehmensstandortes bzw. von Standortnetzen und Standorträumen bei Mehrbetrieblichkeit.

Aus den drei ersten Basisansätzen folgt die **4. wirtschaftsgeographische Basishypothese**: Eine "Vielzahl individueller oder kollektiver Standortentscheidungen" führt "infolge der durch sie ausgelösten Nachbarschafts- und überhaupt Raumeffekte positiver und negativer Art" nicht nur zu einem Chaos (im Sinne von Ordnungslosigkeit), sondern es bestehen **"direkte oder indirekte Koordinationszusammenhänge"**, die zur Ausbildung von **Ordnungen** führen *(BARTELS, D. 1982, S. 47)*.

Wirtschaftsgeographie kann umschrieben werden als Wissenschaft von der
- **rämlichen Struktur** (Verteilung ökonomischer und sozialer Aktivitäten, Organisationen und Einrichtungen bzw. Infrastruktur),
- den **räumlichen Verflechtungsmustern** (Interaktionen zwischen den organisatorischen Einheiten des Wirtschafts- und Gesellschaftsprozesses)
- und der **räumlichen Organisation der Wirtschaft** und/oder Gesellschaft sowie
- den **räumlichen Entwicklungsprozessen** (räumliche Veränderungen von Strukturen, Interaktionen und Organisationsmustern) und den **raumdifferenzierenden Prozessen** (räumlichen Ungleichheiten und Abhängigkeiten).
- Wirtschaftsgeographie kann damit kurz auch als **Wissenschaft von der räumlichen Implikation menschlicher Aktivitäten** definiert werden.

b) Räumliche Differenzierungen und Disparitäten

Zu den wichtigsten choristischen und chorologischen Phänomenen gegenwärtiger (erd-)räumlicher Muster und Vorgänge gehören die Erscheinungen der **räumlichen Konzentration und Dispersion** von sozialen und wirtschaftlichen Phänomenen. Im Sozial- und Wirtschaftsprozeß existieren sichtlich Kräfte, welche zu räumlicher Selektion von Funktionen, Aktivitäten und Phänomenen führen. Im Rahmen der spezifischen Möglichkeiten der einzelnen Wirtschafts- und Gesellschaftssubjekte wird von diesen versucht, auf bestimmte vorfindbare Standorteigenschaften entsprechend den spezifischen Funktionsanforderungen und Vorstellungen, Wünschen und Möglichkeiten zu reagieren *(FIEDLER, L. 1982; BÖKEMANN, D. 1982)*. **Räumliche Differenzierungen** haben ihre Ursachen einerseits in **"außerökonomischen Gründen"** (Resourcenverteilung, Klimadifferenzierung, Motivationen, ...) als auch in **"ökonomischen Bestimmungsgründen"** (= "raumdifferenzierende Faktoren" im engeren Sinn). Diese wirken in der Form von "externen und internen Ersparnissen", als Transportkosten und über den "Produktionsfaktor Boden" *(BÖVENTER, E.v. 1962, S. 13)*.

Die **außerökonomischen Faktoren** geben dabei eine **Basisoberfläche** ab, auf welche die rein ökonomischen ihre Wirkung aufbauen - sie variieren aber nur die Eingangsgrößen des ökonomischen Wirkungssystems, nicht dessen Wirkungsweise selbst. Je nach dem Verhältnis der Intensität der verschiedenen Formen raumdifferenzierender Faktoren kommt es zu unterschiedlichen **räumlichen Ordnungsmustern**, zu verschiedenen Agglomerations- und Dispersionstrends und Selektionswirkungen: Ohne "interne und externe Ersparnisse" kommt es zu einer **homogenen Verteilung** der Produktion, ohne "Transportkosten" zu einer mehr oder weniger **willkürlichen Verteilung** optimaler Produktionsgrößen bzw. zur Einpunktwirtschaft, ohne Bodenwert- und Flächenanspruchsdifferenzierung fallen beträchtliche Teile der funktionalen, branchenmäßigen, größenmäßigen Selektivität von Agglomerations- und Dispersionstrends weg.

Die **Wirkung der "raumdifferenzierenden Faktoren"** wird wesentlich eingeschränkt durch die Existenz von **Beharrungsfaktoren** (insbesondere von Persistenzwirkungen von Investitionen), die - ebenfalls selektiv - bestehende Standortmuster festigen, Veränderungen erschweren und zu Verzögerungen im Konzentrations- oder Dispersionsprozeß führen. In der Realität wirken alle drei Formen "raumdifferenzierender Faktoren" in Abhängigkeit vom jeweiligen Wirtschaftssystem und Entwicklungsstand in einem integrierten Verbund.

Konzentration/Dispersion sozialer und ökonomischer Phänomene ist **nicht wertfrei**, sondern im Sinne der räumlichen Betrachtungsweise mit gesellschaft- und wirtschaftstheoretischen Fakten in Beziehung zu bringen: Räumliche Konzentration und Dispersion werden daher als **räumliche Disparitäten** bewertet, d.h. in den meisten Fällen zunächst wohl unreflektiert als negative Erscheinung, die es zu bekämpfen gilt (Kern-Peripherie-Modelle, polarisationstheoretische Ansätze). Grundsätzlich ist aber davon auszugehen, daß ein gewisses Niveau an Disparität "natürlich", unvermeidbar, ja vielleicht sogar notwendig und vorteilhaft ist. Heute allerdings wird der aktuelle Trend zu verstärkter räumlicher Selektion, der räumlichen Arbeitsteilung und der dadurch bedingten regionalen Abhängigkeiten generell negativ bewertet. Die **Politik des Disparitätenausgleichs** gilt als das Grundsatzziel der Regional- und Raumplanungspolitik *(BÖKEMANN, D. 1982, S. 26)*, sodaß das Kernproblem in der **Definition des "richtigen" Ausmaßes an räumlicher Disparität** besteht; diese ist überwiegend gleichzusetzen mit der Definition der "richtigen" zentral-peripheren Ordnung und der "richtigen" Breite der Hierarchie: Weder die totale räumliche Konzentration noch eine "klassenlose Regionalisierung" ist eine Lösung. Es müssen also normative Überlegungen eingebracht werden, mit denen räumliche Muster und ihre Ursachen und Wirkungen bewertet werden können - ohne solche Normen bleibt die Disparitätenforschung ziellos *(SEDLACEK, P. 1982; BARTELS, D. 1968, S. 227 f)*.

Die **räumlichen Differenzierungen** und ihre bewerteten Formen der **räumlichen Disparitäten** sind das **Forschungsziel der Wirtschaftsgeographie**, ihre **Bewertung und gegebenenfalls Veränderung** sind das **Wirkungsziel der Regional- und Raumordnungspolitik.** Räumliche Differenzierung und Disparitäten sind also das Objektbindeglied zwischen beiden Wissenschaftsbereichen *(vgl. SCHÄTZL, L. 1978)*. Die Wirtschaftsdienste werden dabei aufgrund der Raumwirkungs-, Entwicklungshypothese und der Politik- und Instrumentalhypothese als Faktoren des Disparitätenausgleichs gesehen.

c) Institutioneller Ansatz - "firm geography"

Im Zusammenhang mit einer Betonung des raumwirtschaftlichen und entscheidungstheoretischen Ansatzes in der Wirtschaftsgeographie *(BAHRENBERG, G. 1972; BARTELS, D. 1982; SCHAMP, E.W. 1983; DICKEN, P. 1971; u.a.)* kommt dem methodischen Ansatz der Mikrogeographie in der Form der **"firm-, enterprise-, Un-**

ternehmensgeographie" eine ganz wichtige Rolle zu. "geography of enterprise" wird definiert als "the study of the influence of the policies and structures of multiproduct, multiplant enterprises on change in industrial location and on processes of regional economic development" *(HAYTER, R. - WATTS, H.D. 1983, S. 157)*. Läßt man die Einschränkung auf Mehrbetriebsunternehmungen weg, so ergibt sich daraus ein **Konzept für eine "firm geography"**, eine Unternehmensgeographie als **institutioneller Ansatz**, indem entscheidungs-, organisations-, herrschafts- und abhängigkeitstheoretische Konzepte zur Erklärung räumlichen Verhaltens und räumlicher Wirkungen eingesetzt werden können. Akteure im Rahmen des raumwirtschaftlichen Ansatzes sind Wirtschaftsunternehmen, Firmen, Betriebe als Entscheidungseinheiten und es wird auf die entscheidungsträchtigen Elemente des Raumsystems zurückgegriffen. Die **methodische Konsequenzen** besteht in der **Dominanz des institutionellen Betriebs- und Unternehmensprinzips** gegenüber dem Tätigkeitsprinzip:
— Das **institutionale Unternehmens-/Betriebsprinzip** geht von der Überlegung aus, daß wirtschaftliche Aktivitäten immer innerhalb und zwischen organisatorischen Einheiten ablaufen und daher bei der Analyse vom Betrieben bzw. dem Unternehmen oder sonstigen organisatorischen Institutionen auszugehen ist. Grundlage des institutionellen Ansatzes ist die Unterscheidung zwischen den Begriffen **"Betrieb"** und **"Unternehmen"**: Zum Verhältnis der beiden Begriffe gibt es verschiedene Ansichten *(vgl. WÖHE, G. 1984, S. 3 und 12 f)*; hier soll an einer hierarchischen Unterordnung des Betriebsbegriffes unter den Unternehmensbegriff festgehalten werden, indem das Unternehmen als organisatorischer Gesamtrahmen, als finanzwirtschaftliche und juristische Einheit aufgefaßt wird und der Betrieb als organiatorisch-technische, örtlich getrennte Produktionseinheit. Im Zusammenhang mit der Betrachtung der Dienstleistungswirtschaft bzw. den **Wirtschaftsdiensten** steht daher die **institutionale Tertiärisierung** der Wirtschaft und nicht sosehr die interne Tertiärisierung im Vordergrund.
— Das **Tätigkeits- bzw. Beschäftigungsprinzip** ist für viele Arbeiten im Bereich der Dienstleistungswirtschaft maßgebend gewesen, was auch mit der leichteren Verfügbarkeit von Beschäftigungsdaten gegenüber der Betriebsdaten erklärbar ist. Dieser Ansatz wird in den meisten **"Bürogeographien"** verwendet, weil damit die Bedeutung des Bürosektors innerhalb der Wirtschaft besser abgebildet werden kann. Es wird argumentiert, daß die echte Aktivitätsstruktur der Wirtschaft nur dann richtig abgebildet werden kann, wenn die **tatsächlich ausgeübte Tätigkeit** der einzelnen Beschäftigten als Ausgangspunkt verwendet wird. Entsprechend liegt bei diesem Ansatz das Schwergewicht auf der **inneren Tertiärisierung** und **Bürokratisierung**, also auf der innerbetrieblichen Umschichtung in der Beschäftigung hin zu verstärkten Anteilen tertiärer Tätigkeiten und der entsprechenden Veränderung der Arbeitsplatzstruktur und nicht sosehr auf den Veränderungen in der betrieblichen Differenzierung und unternehmerischen Organisationsstruktur.

d) Entscheidungstheoretische Grundprobleme

Wirtschaftsdiensteunternehmen agieren im Raum als **Einzelelemente mit Entscheidungsbefugnis** unter bestimmten vorgegebenen Rahmenbedingungen. Sie werden als "coalitions of individuals" gesehen, als offene Systeme, "operating in and

interacting with an external environment" *(DICKEN, P. 1971, S. 430)*. Informationsflüsse und -feedbacks laufen über Adoptionsstrukturen entweder über die individuelle Perzeption der Mitglieder der Organisation oder über die formale Perzep-
tionsstruktur der Unternehmen: bei kleinen Firmen dominiert die individuelle Perzeption, bei großen Firmen ist diese in der Form einer "highly developed and sophisticated adaptive structure" *(DICKEN, P. 1971, S. 431)* ausgebildet. Die Aufnahme
von Information geschieht entweder im **Alltagsprozeß** und führt zur Erkenntnis der
Notwendigkeit von Entscheidungen, oder als **geplante Forschung** und Suche nach Alternativen. Die durch die Adoptionsstruktur erfaßten Informationen bilden die
Grundlage für die Entscheidung durch das Management; die Information bleibt in
jedem Fall unvollkommen und selektiv. **Räumliche Entscheidungen** sind nicht ausschließlich **"location decisions"**, also Entscheidungen zur Wahl eines Produktionsstandortes, was für die meisten Unternehmen eher ein seltenes Problem darstellt, Zu
den räumlichen Entscheidungsen gehören alle Entscheidungsprozesse von Wirtschaftsunternehmungen, "which have a **spatial expression**, for example, the expansion
or contraction of a firm, changes in inputs and outputs, the operation of spatial pricing
policies, rationalization of operations, adoption of innovation ..., and so on."
(DICKEN, P. 1971, S. 427). Innerhalb des Entscheidungsfeldes von Unternehmungen
gibt es vier **Alternativen des räumlichen Verhaltens**, die in der Regel in einem sub-
stitutiven Verhältnis stehen:
— **Interne, organisatorischen Entscheidungen** in der Form der Veränderung, Anpassung, Schaffung oder Vermeidung von Zuständen des Unternehmens, die keine
  befriedigende Übereinstimmung mit den Standort- und Lagebedingungen aufweisen (Wirtschaftsziel, organisatorische Integration/Desintegration, Auslagerungs-
  strategien, Expansion, Marktstrategien, Rationalisierung, Innovationsadoption
  usw.).
— **Interaktionsentscheidungen**, Entscheidungen über die Wahl der Kontaktpartner
  im Input- und Outbutbereich haben immer auch eine **räumliche Komponente** und
  sind somit eine wesentliche Alternative des räumlichen Verhaltens. Theoretische
  Konzepte zum Zusammenhang zwischen internen Entscheidungen als Alternative zu expliziten Standortentscheidungen gibt es kaum *(MAUCH, ST. 1979)*. Theoretische und empirische Grundlagen sind vor allem im aktionsräumlichen Ansatz
  enthalten.
— **Externe Standortaktivitäten**: Eine wesentlich Alternative zur Standortentscheidung, insbesondere zur Verlagerung besteht in der Einflußnahme auf die unmittelbare **Standortqualität** (Infrastrukturinvestitionen, Einfluß auf kommunale
  Raumentscheidungen, ...) und auf die Veränderung der **regionalen Raumqualität**.
— **Standortentscheidungen**, also Entscheidungen über den Betriebsstandort bzw.
  den Produktionsstandort als dominant seltene Ereignisse.

Unternehmensziele können mit verschiedenen Strategien realisiert werden: durch
organisatorische Strukturierungen, durch Substitution von Arbeit durch Kapital usw.
und nicht zuletzt durch die Standortwahl und durch die Wahl bestimmter Verflechtungsmuster in einem gegebenen Umfeld. "locational choice ... and decision-making
by firms has been relatively well developed as a field of enquiry, but at the expense of
other types of industrial behavior that have geographic significance, espetialy when

the location of a firm is 'given' ... Even immobility is a location decision ... in their decision making firms demonstrate an ability to adopt (adjust) to a changing (business)
environment" *(BRITTON, J.N.H. 1974, S. 364)*. Daraus ergeben sich grundsätzlich alternative **Konzepte des Umganges mit der Raum- und Standortfrage:**
* Die **traditionelle Standortfrage** ist ausgerichtet auf den **"optimalen Standort"** bei
  gegebenem Wirtschaftsziel und der Suche nach einem entsprechenden Betriebsstandort bei Neugründung oder Verlagerung ("aktive Raumentscheidungen").
  Dieser Bereich ist theoretisch und empirisch relativ gut entwickelt.
* Die raumtheoretische Frage umfaßt darüber hinaus aber auch die organisatorische
  Gestaltung, die **Wirtschaftszieldefinition und Methodengestaltung bei fixem
  Standort** und weitgehend gegebener Raumstruktur bzw. sich ändernden Umwel-
  ten ("passive Raumentscheidungen").

Standortentscheidungen (Suche neuer Standorte, Standortbeharrung) werden
über verschiedene **Theoriekonzepte** zu erklären versucht *(vgl. BARTELS, D. 1982)*:
+ **Ökonomische Rationalitätskonzepte** (normativer Ansatz) gehen von (weitgehender) Rationalität unternehmerischer Entscheidungen aus. Ziel ist in der Regel die
  Bestimmung einer **optimalen Lösung für ein theoretisch vordefiniertes Problem,**
  wobei von Annahmen über das Entscheidungsumfeld (vollkommene Konkurrenz),
  über das Verhalten des Entscheidungssubjektes (vollkommene Fähigkeit zur rationalen Entscheidungsfindung), über die Informationsverfügbarkeit und über die
  Ziele und Motive des Entscheidungsträgers (Profitmaximierung, rationale Wahl-
  fähigkeit zwischen Alternativen, ...) ausgegangen wird. Standortmuster werden
  damit als reine Provitmaximierungslösungen erklärt.
+ **Verhaltensansätze** (behavioral approach): Das Standortverhalten wird als **sozialer Prozeß** aufgefaßt, bei dem die Situation des Entscheidungsträgers, unvollkom-
  mene Information, Kurzzeitmotive und Langzeitglauben, Werte und Parteistel-
  lungen, Prestige, Traditionsansatz usw. eine Rolle spielen. Es geht um den **Entscheidungsprozeß** selbst und um den ganzen weiten Faktorenbereich der Einflüsse auf diesen Prozeß, wobei die empirische Beobachtung des Verhaltens Aus-
  gangsbasis ist und nicht vordefinierte Rahmenbedingungen. Entscheidend sind die
  Erfahrungswelt des Entscheidungsträgers, die Existenz vereinfachter (nicht voll-
  kommener) Zukunftsvorstellungen, Feedbacks der Erfahrung usw.

1.4. Forschungsgang und Aufbau der Arbeit

Die **Problemstellung** wird im TEIL I vorgestellt, indem der **Gegenstandsbereich**
beschrieben und durch **Arbeitsdefinitionen** *(Kap. 1.2.)* abgeklärt wird und wesentliche **Basishypothesen** formuliert werden *(Kap. 1.1.)*. Zu Abklärung der Art der Fragestellung, mit der an den Gegenstandsbereich herangegangen wird, wird der **Betrachtungsansatz der Wirtschaftsgeographie** umrissen *(Kap. 1.3.)*.

Im TEIL II werden die **Grundlagen, Begriffe und die Systematik des Gegenstands-
bereiches** diskutiert. Ausgangspunkt ist eine den Intentionen der Arbeit entsprechende **Definition und Systematik der Dienstleistungen** *(Kap. 2.)*, auf der eine intensional
begründete **Definition und Systematik der Wirtschaftsdienste und Wirtschafts-**

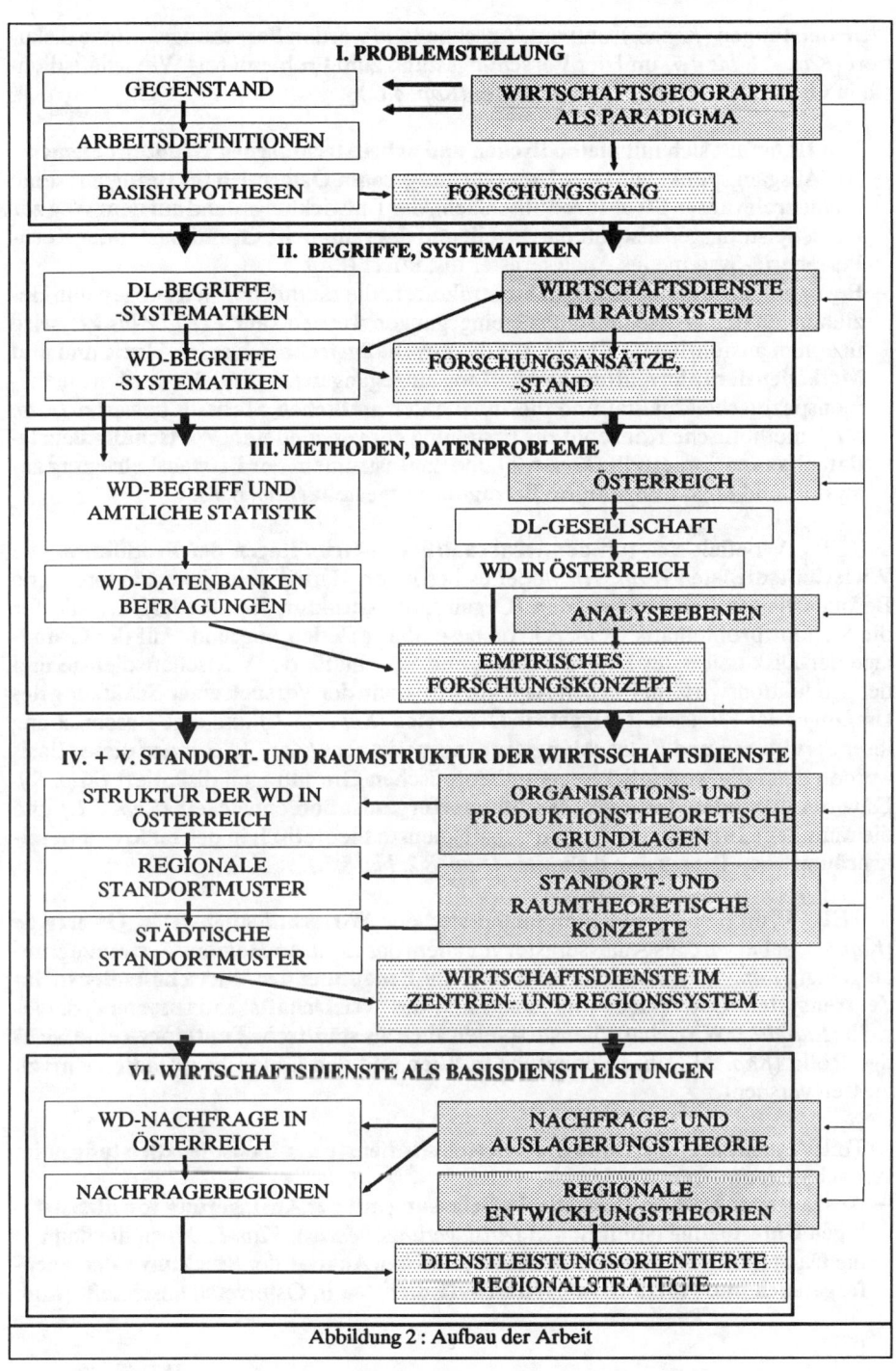

I. PROBLEMSTELLUNG

GEGENSTAND

ARBEITSDEFINITIONEN

BASISHYPOTHESEN

WIRTSCHAFTSGEOGRAPHIE ALS PARADIGMA

FORSCHUNGSGANG

II. BEGRIFFE, SYSTEMATIKEN

DL-BEGRIFFE, -SYSTEMATIKEN

WD-BEGRIFFE -SYSTEMATIKEN

WIRTSCHAFTSDIENSTE IM RAUMSYSTEM

FORSCHUNGSANSÄTZE, -STAND

III. METHODEN, DATENPROBLEME

WD-BEGRIFF UND AMTLICHE STATISTIK

WD-DATENBANKEN BEFRAGUNGEN

ÖSTERREICH

DL-GESELLSCHAFT

WD IN ÖSTERREICH

ANALYSEEBENEN

EMPIRISCHES FORSCHUNGSKONZEPT

IV. + V. STANDORT- UND RAUMSTRUKTUR DER WIRTSSCHAFTSDIENSTE

STRUKTUR DER WD IN ÖSTERREICH

REGIONALE STANDORTMUSTER

STÄDTISCHE STANDORTMUSTER

ORGANISATIONS- UND PRODUKTIONSTHEORETISCHE GRUNDLAGEN

STANDORT- UND RAUMTHEORETISCHE KONZEPTE

WIRTSCHAFTSDIENSTE IM ZENTREN- UND REGIONSSYSTEM

VI. WIRTSCHAFTSDIENSTE ALS BASISDIENSTLEISTUNGEN

WD-NACHFRAGE IN ÖSTERREICH

NACHFRAGEREGIONEN

NACHFRAGE- UND AUSLAGERUNGSTHEORIE

REGIONALE ENTWICKLUNGSTHEORIEN

DIENSTLEISTUNGSORIENTIERTE REGIONALSTRATEGIE

Abbildung 2 : Aufbau der Arbeit

dienstleistungen *(Kap. 3.)* aufbaut. Anschließend werden **Forschungsansätze** diskutiert *(Kap. 4.1. bis 4.5)* und der **Forschungsstand** zum Problemkreis Wirtschaftsdienste **in Österreich** referiert und bewertet *(Kap. 4.6.)*.

Teil III befaßt sich mit **methodischen und arbeitstechnischen Grundproblemen:**
— Als Ausgangspunkt wird der **Untersuchungsraum Österreich** im Bezug auf seine
  themenrelevanten Strukturen untersucht, der Entwicklungsstand auf dem Weg zur
  Dienstleistungsgesellschaft dargestellt und das räumliche Grundmuster der Kern-
  Peripherie-Systeme als Analyseraster diskutiert *(Kap. 5.)*.
— Bevor auf die Analyse der Standortstrukturen, die räumlichen Wirkungen und Beziehungen der Wirtschaftsdienste eingegangen werden kann *(Teil IV bis VI)*, wird
  in einem ausführlichen Kapitel auf die **forschungstechnischen Probleme** und **und
  Methoden der Informationsbeschaffung** eingegangen *(Kap. 6.)*. Es werden die the-
  menspezifische Qualität und die Inhalte der **amtlichen Statistik** bewertet *(Kap.
  6.1.)*, methodische Konzepte zur Erstellung der verwendeten **Wirtschaftsdienste-
  datenbanken** vorgestellt *(Kap. 6.2.)* und das Instrument der **Betriebsbefragung** analysiert und die durchgeführte **Befragung** vorgestellt *(Kap. 6.3.)*.

TEIL IV befaßt sich mit den **wirtschaftlichen Grundlagen der Produktion von
Wirtschaftsdiensten** *(Kap. 7.)*, wobei es besonders darum geht, jene Faktoren und
Besonderheiten herauszuarbeiten (Organisationsstruktur, Inputbedarf, ...), die für
die Standortproblematik *(Kap. 8.)* von besonderer Bedeutung sind. Auf der Grundlage der Diskussion der Begriffsfassung und Systematik der Wirtschaftsdienste und
der produktionswirtschaftlichen Aspekte wird dann der **Versuch einer Schätzung des
Umfanges der Wirtschaftsdienste in Österreich** *(Kap. 7.5.1.)* und eine Beschreibung
ihrer **Strukturen und Entwicklungstendenzen** versucht *(Kap. 7.5.2.)*. Auf dieser Basis
werden dann die wesentlichen raumtheoretischen Grundfragen diskutiert *(Kap. 8.)*.
Es wird ein **Modell der multiplen Standortorganisation** entwickelt *(Kap. 8.1.)* und
die räumliche Implikation der Wirtschaftsdienste theoretisch in der **makro- und mikroräumlichen Dimension** diskutiert *(Kap. 8.2. bis 8.5.)*.

TEIL V untersucht die **Standortmuster der Wirtschaftsdienste in Österreich**
(Kap. 9.), dabei wird als Analyseraster vor allem das Zentren-Regions-System zugrunde gelegt *(Kap. 9.1.)*. Anschließend wird die **Bedeutung der Wirtschaftsdienste im
Zentrensystem Österreichs** untersucht und das "Wirtschaftszentrensystem" dargestellt *(Kap. 10.)*. Wirtschaftsdienste spielen auch als **städtische Funktionen** eine wichtige Rolle *(Kap. 11.)*, ihre Bedeutung in Wien und den Landeshauptstädten wird zu
messen versucht.

Teil VI analysiert die **Rolle der Wirtschaftsdienste als Basisdienstleistungen** im
Wirtschaftsraum:
— Ausgangspunkt ist die **theoretische Befassung mit der Auslagerung von dienstefähigen Unternehmensfunktionen** *(Auslagerungstheorien; Kap. 12.1.)* an die dann
— die Darstellung der Ergebnisse der **empirischen Analyse** der **Strukturen der Nachfrage nach und Nutzung von Wirtschaftsdiensten** in Österreich anschließt *(Kap.*

12.2.), wobei besonderes Augenmerk auf die **räumlichen Orientierungen und Regionsbildungen** gelegt wird *(Kap. 12.3.)*.
— Die Analysen dieser Arbeit sind dann Grundlage für theoretische und konzeptionelle Überlegungen zur Rolle der Wirtschaftsdienste in der Raum- und Regionalentwicklung *(Kap. 13.1. und 13.2)* und zur Entwicklung eines Konzeptes einer **dienstleistungsorientierten Regionalstrategie** *(Kap. 13.3.)*.

Abschließend werden die wichtigsten Ergebnisse zusammengefaßt und es werden Folgerungen für weitere **Forschungsthemen und -ansätze** formuliert *(TEIL VII)*.

TEIL II

DIENSTLEISTUNGEN - WIRTSCHAFTSDIENSTE BEGRIFFE, SYSTEMATIKEN

Der **Gegenstandsbereich** dieser Untersuchung, die **Wirtschaftsdienste, -dienstleistungen und Wirtschaftszentren**, leitet sich aus der zunehmenden Bedeutung der Dienstleistungen im modernen Wirtschafts- und Raumsystem ab und ist durch ein beträchtliches Forschungsdefizit gekennzeichnet, das in Österreich besonders deutlich ist *(vgl. Kap. 4.)*. Dazu kommt noch die Tatsache, daß auch die Regionalpolitik zunehmend "soft ware"-bezogen arbeitet und somit Dienstleistungen zunehmend zu einem tragenden Bestandteil der räumlichen Wirtschafts- und Gesellschaftentwicklung werden. Die Anwendung diestleistungsorientierter Konzepte in der regionalen Entwicklungspraxis setzt vertiefte Kenntnisse über die Dienstleistungen und ihre Produk- tion und Wirkungen voraus.

2. Dienstleistungen

Wesentlicher Definitionsinhalt der Wirtschaftsdienste ist deren Dienstleistungscharakter *(vgl. Kap. 1.2.)*, es ist daher eine systematische und theoretische Grundlegung notwendig, die auf diesen Dienstleistungscharakter der Wirtschaftsdienste abstellt. Es geht dabei um die Entwicklung einer der Intension der Fragestellung entsprechenden **Konzeption des Dienstleistungsbegriffes**, in der dessen Extension und innere Systematik festgelegt wird. Dabei kommt neben der Analyse bestehender gutstheoretischer, organisations- und funktionstheoretischer Konzepte der Entwicklung raumtheoretischer Grundlagen eine zentrale Stellung zu. In der Literatur werden die verschiedensten Auffassungen über Dienstleistungen vertreten, die allerdings nur z.T. auf grundsätzlich unterschiedliche Betrachtungsansätze beruhen dürften; meist ergeben sich die Unterschiede aus der Intention der jeweiligen Forschungsansätze *(MALERI, R. 1973, BEREKOVEN, L. 1974, SCHEUCH, F. 1982, CORSTEN, H. 1985, 1987, SKOLKA, J. 1986, u.v.a.; vgl. STAUDACHER, Ch. 1987, S. 28-45).*

2.1. Dienstleistungsbegriff und -konzeption

Die Versuche zur exakten Fassung des Dienstleistungsbegriffes sind äußerst vielfältig, wobei es überwiegend darum geht, eine Abgrenzung gegenüber der "Produktionswirtschaft" zu finden. Sehr häufig münden diese Versuche in **Negativ- oder "Restdefinitionen"**. Sieht man von den rein aufzählenden Abgrenzungen und den Negativdefinitionen ab, so lassen sich (trotz der vorhandenen Unstimmigkeiten in den Auffassungen) einige wesentliche Kernfragen und -argumentationen, die "Allgemeingut" sind, daneben aber auch grundlegende Auffassungsunterschiede feststellen. Eine wesentliche Rolle spielen bei den verschiedenen Argumentationen die jeweiligen Intentionen und Fragestellungen, für welche die Definitionen "gemacht" werden. Es können folgende **Hauptgruppen von Theoriekonzepten** zur Fassung des **Dienstleistungsbegriffes** unterschieden werden: gutstheoretische, organisationstheoretische, funktionale und raumtheoretische Ansätze.

2.1.1. Gutstheoretische Ansätze

Ausgangspunkt der Überlegungen ist - auch forschungshistorisch gesehen - der **ökonomische Gutsbegriff**, der in seiner ursprünglichen Form sehr stark (z.T. intuitiv) auf das materielle Gut beschränkt war; daher wurden **Dienstleistungen** lange Zeit als **nicht produktive Wirtschaftsprozesse** angesehen, es wurde ihnen grundsätzlich nur **unterstützende Funktion im Wirtschaftsprozeß** zugebilligt. Bei Dienstleistungen handelt es sich um eine besondere Art von Gütern, die spezifische Eigenschaften aufweisen, die unter besonderen Produktionsbedingungen zustande kommen und unter besonderen Bedingungen abgesetzt werden. Es geht um die **Wirtschaftguteigenschaften der Dienstleistungen** als Produkte, als Leistungsergebnis bzw. als Dienstleistungsnutzen und um besondere Gutsmerkmale (Immaterialität etc.) und ihre ökonomischen Konsequenzen.

Dienstleistungen gelten als **Wirtschaftsgüter**, die mit allen allgemeinen Wirtschaftsguteigenschaften ausgestattet sind. Güter und damit auch die Dienstleistungen sind danach Mittel, die der "menschlichen Bedürfnisbefriedigung nutzbar gemacht werden können; ein Bedürfnis besteht ... im Empfinden eines Mangels ...". Erstes Merkmal der Gutseigenschaft ist daher der **Nutzen**", da Dienstleistungen "Objekte menschlichen Begehrens" sind. "Dabei ist von untergeordneter Bedeutung, ob der Nutzen einer Dienstleistung in ihrer Eignung für die unmittelbare Befriedigung konsumtiver Bedürfnisse oder in ihrer Eignung für die Erfüllung produktiver Aufgaben besteht" *(MALERI, R. 1973, S. 23, 24)*. Die zweite Guteigenschaft ist die **relative Knappheit** (Abgrenzung zu "freien immateriellen Gütern"), die zusammen mit dem Nutzen den ökonomischen Wert bestimmt; es sind also **Realgüter**, "deren Bewertung durch Nominalgüter ausgedrückt wird und die Gegenstand von Marktpreisen sind" *(SCHEUCH, F. 1982, S. 17)*. Es handelt sich um "**produzierte Güter**, d.h. zu ihrer Erstellung ist eine Faktorkombination gegeben" *(SCHEUCH, F. 1982, S. 16)*, die "Übertragbarkeit" (Marktfähigkeit, marktwirksame Verrichtungen), Zweckeignung und Verfügbarkeit aufweisen müssen. Damit ist klargestellt, daß es sich bei Dienstleistungen um Produkte ökonomischer Prozesse (Zweck-Mittel-Relationen) handelt, die von Wirtschaftsunternehmungen produziert, intern verbraucht, am Markt abgesetzt und/oder von anderen Wirtschaftsunternehmen oder Haushalten nachgefragt und verbraucht werden.

Das zweite grundlegende gutstheoretische Merkmal ist die **Immaterialität**, die in allen Analysen unbestritten als das entscheidende Kriterium zur Unterscheidung von Dienstleistungen und Sachgütern angeführt wird. "Dienste sind immaterielle Güter bzw., zur Abgrenzung von anderen immateriellen Gütern, 'Verrichtungen'" *(SCHEUCH, F. 1982, S. 16)*. Die Eigenschaft der Immaterialität verlangt also eine Spezifizierung, denn nicht alle immateriellen Güter sind Dienstleistungen *(MALERI, R. 1973, S. 22; SCHEUCH, F. 1982, S. 63 u.a.)*. Immaterielle Güter wie menschliche und tierische Arbeit, Informationen, adjunktiv Günter, Vorrätigkeit, Rechte usw. können wie die Sachgüter oder Dienstleistungen Produktionsfaktoren oder Objekte von Verrichtung, nicht aber Dienstleistungen sein.

• **Dienstleistungstätigkeiten** sind **Verrichtungen** und Aktivitäten, Prozesse, also Aufgaben, die der **Produktion von Dienstleistungen** und der Erreichung des Dienstleistungsnutzens dienen. Auf der Ebene der **Potentialerstellung** handelt es sich um materielle und geistige Prozesse unter autonomen Entscheidungsbedingungen, auf der Ebene der **Endkombination** um Verrichtungen unter Mitwirkung des "externen Faktors".

Die gegen die **Immaterialität** eingebrachten **Einwände** erweisen sich bei genauerem Hinsehen als nicht stichhaltig: Das Auftreten materieller Einrichtungen oder Objekte beim Produktionsprozeß weist nur auf die Notwendigkeit **materieller Produktionsfaktoren** hin, nicht auf die Materialität der Verrichtungen. Auch der verstärkt auftretende Trend der **Substitution von Arbeit durch Kapitel** beruht nur auf "Technologieveränderungen", die erbrachten Dienstleistungen bleiben Verrichtungen *(CORSTEN, H. 1985, S. 90)*. Auch der Einsatz von **Trägermedien** führt nicht oder eben nur äußerlich zur Materialisierung *(CORSTEN, H. 1985)*. Es handelt sich dabei um sachgutähnliche Güter, denn die Ergebnisse von Verrichtungen, die in der Form von Trägermedien auf den Markt kommen, werden unter den gleichen Bedingungen ausgetauscht wie Sachgüter; sie sind nur durch einen Dienstleistungsprozeß in Kombination mit einem materiellen Produktionsprozeß (Musikaufführung - Pressen der Schallplatte) entstanden. Die Dienstleistung, die damit ausgeführt wird, besteht dann im Vermitteln des Nutzens oder in der besitzrechtlichen Übertragung (Handel, etc.). Aufgrund der Verzahnung von Dienstleistungsproduktion und Sachgüterproduktion (Koppelproduktion) tritt häufig eine Wellenbewegung zwischen Sachgut und Dienstleistung im Produktionsprozeß von Dienstleistungen auf. Dienstleistungstätigkeiten können vor allem im Bereich der Vorkombination materielle Prozesse sein, was aber mit der Immaterialität der Dienstleistungen selbst nichts zu tun hat.

• **Dienstleistungen** sind aus gutstheoretischer Sicht **produzierte, ursprüngliche, übertragbare, marktfähige, immaterielle Realgüter** in der Form von **Verrichtungen mit Zweckeignung und spezifischer Nutzenstiftung.**

Die **Immaterialität** oder genauer der **Verrichtungscharakter** sind allerdings unfruchtbar, solange diese nicht auf ihre **ökonomischen Auswirkungen** geprüft werden. Dies führt direkt zum produktionstheoretischen Ansatz, also zur Fragestellung nach den aus dem Produkt "Dienstleistungen" sich ergebenden Besonderheiten des Produktionsprozesses, seiner Produktionsfaktoren und des Absatzprozesses. Es erweist sich also, und das liegt in der Intension dieser Arbeit, daß nicht die gutstheoretische Fragestellung die eigentliche Problematik darstellt, sondern darauf aufbauend eine Kombination der produktionstheoretischen (institutionellen), funktionalen und räumlichen Ansätze.

2.1.2. Produktions- und organisationstheoretischer (institutioneller) Ansatz

Die organisationstheoretische Diskussion bemüht sich um die **Analyse der Produktions- und Organisationsprobleme bei Dienstleistungsbetrieben**, um Dienstleistungen als Tätigkeiten und die entsprechenden Institutionen und Organisationen (Dienstleistungsbetriebe, - unternehmen) und die sich aus den besonderen Gutsmerkmalen, insbesondere aus der Immaterialität und den Kontaktnotwendigkeiten und -bedingungen ergebenden Probleme.

Aus der wirtschaftsgeographischen Fragestellung ergibt sich die Forderung nach einem **institutionellen Ansatz** *(vgl. Kap. 1.4.)*; dieser ist im gutstheoretischen Ansatz grundgelegt, wo Dienstleistungen als "produzierte Güter" definiert sind, zu deren Erstellung eine **Faktorkombination** notwendig ist *(SCHEUCH, F. 1982, S. 16)*. Es folgt daraus - und das ist eine intentionale Setzung -, daß Dienstleistungen nur von Institutionen produziert und abgesetzt werden können, aufgrund der geforderten Wirtschaftsguteigenschaften nur von Wirtschaftsunternehmungen. "Eine Dienstleistung kann als eine Änderung im Zustand ... bezeichnet werden", die durch eine **Tätigkeit einer anderen Wirtschaftseinheit** herbeigeführt wird" *(SKOLKA, J. 1986, S. 585)*. Mit dieser Einschränkung wird eine klare Abtrennung der Dienstleistungen zu dienstleistungsartigen Tätigkeiten, zur "internen Tertiärisierung" (Bürotätigkeiten) und zu Eigenleistungen in Haushalten geschaffen. Es geht daher um die Frage, ob die Dienstleistungsproduktion besondere **Produktionsfaktoren** einsetzt und ob der **Kombinationsprozeß** besondere Merkmale aufweist und wie die entsprechenden Institutionen organisiert sind.

a) **Inputseite - Produktionsfaktoren** *(vgl. Kap. 7.3.)*: Auf der Stufe der Erstellung der Leistungsbereitschaft sind zu nennen die Dominanz der immateriellen Produktionsfaktoren, geringer Sachinvestitionsanteil, was aber durchaus nicht allgemeingültig ist, geringer oder völlig fehlender Rohstoffbedarf und vice versa die hohe Dominanz personaler Produktionsfaktoren (hohe Arbeitsintensität). Wenngleich diese Merkmale grundsätzlich als zeitvariabel (Substitution von Arbeit durch

Kapital, ...) angesehen werden müssen, so sind dies doch wesentliche Charaktermerkmale, die sich auf Kostenstrukturen und Standortfaktorenorientierung (ar-
beitsmarktorientiert, ausbringungsorientiert, ...) deutlich auswirken. Eine besondere Rolle in der Leistungsbereitschaftsproduktion spielen die "derivaten Produktionsfaktoren", also jene "Zwischenprodukte", welche im mehrstufigen Ablauf entstehen und zu "derivaten Potentialfaktoren" werden und welche die spezifische
Leistungsbereitschaft definieren : Inszenierung - Theateraufführung, Lehrpro-
gramm - Vorlesung, ... *(SCHEUCH, F. 1982, S. 80)*. Die häufig gemachte Behaup-
tung über den geringen Vorleistungsanteil kann auf keinen Fall als generelles
Merkmal der Dienstleistungsproduktion gelten (vgl. Handel, EDV-Dienste, ...).

b) **Produktionsweise - Organisationsstruktur** *(vgl. Kap. 7.2. und 7.3.)*: Es geht um die
Frage nach Besonderheiten der Faktorkombination, als darum, ob bei der Diensteproduktion besondere **Organisationsformen, Kombinationsprozesse, Aufga-
benverteilungen** usw. notwendig sind. Kernaussage der gutstheoretischen Analyse
der Dienstleistungen ist der Verrichtungscharakter, der mit der Immaterialität eng
zusammenhängt *(SCHEUCH, F. 1982, S. 17)*, darin drückt sich der prozessuale
Charakter *(BEREKOVEN, L. 1974)* aus. Dieser Verrichtungscharakter bedingt organisatorisch eine **hierarchische Zweiebenenstruktur** (Mehrstufigkiet des Produktionsprozesses). Die Fragestellung zerfällt in einen produktionstheoretischen
(Leistungspotentialerstellung) und einen absatztheoretischen (Endkombination)
Zweig und bedingt eine Differenzierungen des Organisationsproblemes in Dienstleistungsbetrieben in organisatorische Aufgaben zur
— **Erstellung eines "leistungsfähigen und leistungsbereiten Dienstepotentials"**
   (SCHEUCH, F. 1982, S. 97), als mehrstufiger Prozeß der Erstellung der Leistungsbereitschaft (Potentialproduktion), und
— **organisatorische Aufgaben der Kontaktorganisation**, als Prozeß und Voraussetzung der Endkombination (=primäre Aufgabe) mit Fremdbestimmung
   durch den "externen Faktor" *(KOSIOL, E. 1962)* .
Dies führt zur Ausbildung von organisatorischen Teilbereichen mit Aufgabenspe-
zialisierung auf Leistungspotential bzw. Endkombination (Kontaktrealisation).
Diese **Mehrstufigkeit** tritt auch bei der Sachgüterproduktion auf und kann daher
als solche nicht zur Abgrenzung gegen Sachgüter verwendet werden - bei den
Dienstleistungen weist sie aber eine ganz besondere Charakteristik auf, die sich
insbesondere in einer deutlich ausgeprägten **Phasenstruktur** und in der **multiplen
Standortorganisation** ausdrückt *(vgl. Kap. 8.1.3.)*. Dies bedeutet ein beträchtliches
Potential zur **Arbeitsteilung** und **Spezialisierung**, da Potentialerstellung und Diensteproduktion organisatorisch getrennt werden können. Die Zweiebenenstruktur
bedingt eine starke **Betonung der Leistungsbereitschaft** als hierarchisch vorgela-
gertem Produktionsziel. Die Produktion der Leistungsbereitschaft erfolgt **auto-
nom und intern** und besteht in dem sofort verfügbaren Leistungspotential, "d.h. sie
stellt die bestimmungsmäßige Vorbereitung der zum Einsatz kommenden Produktionsfaktoren dar" *(CORSTEN, H. 1985, S. 136)*. Die organisatorischen Probleme
der Erstellung der Leistungsbereitschaft sind vor allem durch den **Verrichtungscharakter** und durch die **Bedeutung adjunktiver Güter** bestimmt *(SCHEUCH, F.
1982, S. 97)*. Aufgrund dieser Besonderheiten kann tendentiell von einer **perso-**

nenbezogenen Stellenbildung (nach Fähigkeiten, Teams, ...) und von einer Zusammenfassung von Teilaufgaben ausgegangen werden, die durch Nebenbedingungen wie Verrichtungsspezialisierung, Hilfsmittelarten, Raum- und Rayonbildung und Zeit (Saison) bestimmt sind *(SCHEUCH, F. 1982, S. 99, 103).*

c) **Outputseite** (Endkombination): Es geht um die Frage nach den **Besonderheiten der Verwertung und des Absatzes von Dienstleistungen,** die sich vor allem aus den gutstheoretischen Merkmalen des Produktes ergeben. Im Bereich der Leistungserstellung und -verwertung muß als besonderer und für den Dienstleistungsbetrieb konstituierenden **Produktionsfaktor** der **"externe Faktor"** (Fremdfaktor, ...) betont werden. Es handelt sich dabei um "zumeist vom **Abnehmer oder Verwerter der Dienstleistung in den Produktionsprozeß eingesetzte bzw. dem Produzenten überlassene"** *(MALERI, R. 1973, S. 75, 76)* **Faktoren,** die im Dienstleistungsbetrieb keinen Güterverzehr bewirken und die sich der autonomen Disponierbarkeit durch diesen entziehen (über besondere Strategien läßt sich das Verhalten von potentiellen Abnehmern allerdings deutlich beeinflussen: Werbung, Beratung, Sanktionen, ...). Dieser **"extere Faktor"** tritt in **Form** von **Leistungsnehmern** (Menschen, Institutionen) mit unterschiedlichen **Aktivitätsgraden** und **materiellen oder immateriellen Objekten** (Anlagen, Transportgüter, Nominalgüter, Rechte, Informationen) in Erscheinung, deren Verhaltensweisen (Konsumentenverhalten, ökonomische Strategien, ...) und Eigenschaften (Mobilität, ...) besondere Rückwirkungen auf das Ergebnis haben (Auftragsindividualität, Variabilität des Ergebnisses). Ohne Mitwirkung des "externen Faktors" ist Dienstleistungsproduktion nicht möglich, "da das Tätigwerden des Dienstepotentials nur nutzenstiftend ist, wenn in die Faktorkombination des Diensteanbieters ein Diensteobjekt eingebracht wird, das nach Vollzug des Dienstes in veränderter Form als Ergebnis der Kombination interner (Dienstepotential) und externer (Diensteobjekt) Produktionsfaktoren vorliegt" *(SCHEUCH, F. 1982, S. 79)*; **passive oder aktive Teilnahme bzw. Überlassung von Verfügungsobjekten des Leistungsnachfragers** sind konstituierend *(CORSTEN, H. 1985).*

Eine wesentlich mit dem "externen Faktor" direkt zusammenhängende Besonderheit der Dienstleistungsproduktion und damit ein wichtiges Abgrenzungskriterium zur Sachgüterproduktion ist die **besitzrechtliche Differenzierung zwischen Leistungsobjekt und Dienstleister.** Der "exteren Faktor" als Verrichtungsobjekt bleibt im Besitz des Leistungsnehmers, es wird zur Verrichtung dem Leistungsgeber überlassen oder ist selbst aktiv oder passiv an der Produktion beteiligt *(SKOLKA, J. 1986, S. 584, Fußnote 2; vgl. auch COWELL, D. 1984, S. 26, CORSTEN, H. 1985, S. 186).*

Die notwendige **Mitwirkung des "externen Faktors"** an der Dienstleistungsproduktion bewirkt die **Besonderheit** des Absatzes vor oder bei der Produktion, die nicht oder nur schwer steuerbare Leistung des "externen Faktors" und das Problem, daß kein fertiges Produkt vermarktet werden kann, sondern nur ein Leistungspotential und dessen Leistungsbereitschaft *(BEREKOVEN, L. 1974, S. 29, u.a.).* Das **Leistungsversprechen** unterliegt als **Marketingprozeß** einigen besonderen Erschwernissen, die sich aus gutsabhängigen Merkmalen ergeben: Die mangelnde Lagerfähigkeit der Dienstleistungen bewirkt eine Rückverlagerung der zeitlichen **Überbrückungsfunktion** auf die Leistungsbereitschaft des Dienstepotentials (Reproduktionsfähigkeit). Es liegt in der Natur von Verrichtungen (Prozessen) vergänglich zu sein, den sie bewirken etwas und gehen dabei notwendig unter (vergleichbar den Energieumwandlungsprozessen oder dem Energieeinsatz bei der Sachgüterproduktion). **Speicherbar** oder vorrätig kann nur die **Leistungsbereitschaft** sein bzw. die **Umwandlungsstruktur** (Kraftwerke, Dienstleistungsbetrieb) oder das **Ergebnis des Prozesses** (neues Energiepotential, verändertes Leistungsobjekt). Für die **Kostensituation** sind dabei besonders der hohe Anteil des personellen Faktors, die Schwierigkeiten der Anhebung der Arbeitsproduktivität und die beschränkten Möglichkeiten der **Standardisierung** von Bedeutung; Standardisierung ist aber nicht unmöglich, vor allem im Bereich der Leistungspotentialerstellung *(CORSTEN, H. 1985)*.

Eine Grundbedingung der Endkombination ist daher der **zeitliche und räumlich synchrone Kontakt**, die simultane Produktion und Verwertung, der "Direktkontakt im Dienstevollzug" *(BEREKOVEN, L. 1974, S. 29; SCHEUCH, F. 1982, S. 17)*. Im Zuge der Entwicklung moderner **Telekommunikationssysteme** und neuer Organisationsformen wird auch diese Besonderheit zeitvariabel. Vor allem die notwendige **räumliche Synchronität** erfährt durch die **neuen Medien** eine deutliche Auflösung, indem Kontaktnähe nicht mehr in allen Fällen mit räumlicher Nähe gleichgesetzt werden kann. Sieht man von den "persönlichen Dienstleistungen" ab, wo physische Teilnahme am Dienstevollzug notwendig oder gewünscht ist, so bleibt der Kontakt und die Verrichtungsmitwirkung als entscheidendes Kriterium der Dienstleistungsbestimmung, ob direkt personell oder medial ist dabei weitgehend unerheblich. Für die raumtheoretische Fragestellung hat diese Differenzierung und Entwicklung eine ganz besondere Bedeutung. Hier zeigt sich deutlich die wichtige Rolle der "**medialen Produktionsfaktoren**", die entweder zur Bewältigung der unmittelbaren Kontakte in der Ausstattung mit Telekommunikationssystemen ("Industrialisierung der Dienste") oder in der Rolle der Trägermedien für den Dienstleistungsaustausch zum Ausdruck kommt.

Die **Grundformen der Kontaktorganisation** bestehen in Abhängigkeit von der Mobilität der Beteiligten am Endkombinationsprozeß bzw. in Abhängigkeit von Marktmachtverhältnissen in der Ausbildung von **Liefersystemen**, von **Abholsystemen** oder von **Kombinationen** aus beiden. Das **Präsenzkriterium** und der **Direktkontkat** haben beträchtliche organisatorische Konsequenzen im Bereich des Dienstevollzuges *(SCHEUCH, F. 1982, S. 109)*: Es handelt sich dabei um **Kooperationsprobleme** zwischen Dienstebetrieben und Leistungsnehmern, die vor allem mit der meist hohen Beziehungsintensität (Grad der Individualisierung, häufig lange Vertragsdauer) zusammenhängen, um **Koordinationsprobleme** zwischen den organisatorischen Ebenen des Leistungspotentials und der Kontaktorganisation, aufgrund der Verrichtungsintensiät und der Leistungsdauer aber auch zwischen Dienstebetrieb und Diensteobjekt, und um **Individualisierungsprobleme** aufgrund von Unsicherheiten bezüglich der Leistungsfähigkeit des Leistungspotentials, besonders aber des "externen Faktors". Die Dienstleistungsproduktion verläuft über einen "Prozeß der Konkretisierung der Verrichtungsqualität" *(KAUFMANN, E.J. 1977, S. 247 ff)*. Damit im Zusammenhang steht die Ausbildung einer **Phasenstruktur** in der Form eines "stufigen Erstellungsprozesses des Dienstepotentials" und eines "zeitlich disaggregierten Verrichtungsprozesses", der auch mit **räumlicher Disaggregation** verbunden sein kann (Vorbereitung im Dienstebetrieb - Endkombination beim Leistungsobjekt, Phasenstruktur, multiple Standordorganisation).

● **Dienstleistungen** werden durch **leistungsbereite, institutionalisierte Faktorkombinationen,** die eine **organisatorische Zwei- oder Mehrebenenstruktur** aufweisen, unter **Präsenz eines "externen Faktors"** und bei **physischem oder medialem Direktkontakt in einem Phasenprozeß** produziert.

Seinen konkreten Niederschlag findet der institutionelle Ansatz in dem Versuch der **Definition von Dienstleistungsbetrieben** *(MALERI, R. 1974, BEREKOVEN, L. 1974, u.a.)*. Dienstleistungsbetriebe lassen sich aufgrund des starken Auftretens von Mischformen in der Dienstleistungsproduktion und Sachgüterproduktion, aufgrund der Variabilität der Leistungsziele von Wirtschaftsunternehmen, wegen der Substitutivität von Arbeit und Kapital und besonders wegen der "natürlichen" Unschärfe des Dienstleistungsbegriffes selbst sehr schwer definieren. Was versucht werden kann, ist die Definition über Merkmalsbündel, von denen jedes für sich alleine keine ausreichende Grundlage für eine Definition liefert, weil es auch in anderen Bereichen der Wirtschaft vorkommt.

● **Dienstleistungsbetriebe/-Unternehmen** sind **Wirtschaftseinheiten,** deren dominantes Sachziel in der **Produktion von Dienstleistungen** (Dienstleistungspotentialen) besteht und die als **Dienstepotentiale** in der Regel **produktionsnotwendig eine organisatorische Zweiebenenstruktur** aufweisen und **nur unter Mitwirkung oder Beteiligung des "externen Faktors"** (ohne Eigentumsübertragung) ihr Sachziel realisieren können.

2.1.3. Funktions- und zweckorientierte Ansätze - Leistungsverwertung

Die funktions- und nachfragetheoretischen Ansätze gehen grundsätzlich von einer anderen Sichtweise aus, nämlich der Frage nach der **Zweckorientierung,** der **Art der Nutzenstiftung** und dem **Leistungsergebnis** und den **Rollen und Funktionen der Dienstleistungen** (als Güter) neben der materiellen Produktionswirtschaft und neben dem nicht-marktmäßigen Non profit-Sektor. Es geht hier also um die Einbindung der Dienstleistungen und um die Aufgaben im Wirtschaftsprozeß (Rollenkonzept).

An erster Stelle steht hier das **Merkmal der Wirtschaftsstufe des Abnehmers der Dienstleistung,** also die Stellung der Leistung in der Produktionskette. Der Ansatz der "relativen Distanz zur materiellen Produktion" in der Produktionskette *(GERSHUNY, J. 1978, S. 71)* ist nur für Konsumdienstleistungen anwendbar, denn selbst diese, aber besonders die Wirtschaftsdienste setzen mit ihren Leistungen an vielen

Stellen in der Produktionskette an: Vorbereitung der Produktion, im Entscheidungs-prozeß zur Einrichtung von Produktionseinheiten, bei Entscheidungen über Wirt-schaftsziele und Organisationsformen, im Management und Verwaltungsprozeß, beim Produktionsprozeß, beim Marketing usw. Diese Stellung in der Produktionsket-te führt unter anderem zur **Differenzierung zwischen Konsum- und Wirtschaftsdien-sten** (direkte, indirekte Dienstleistungen), die an der Unterscheidung zwischen fina-len Zwecken und intermediären Zwecken (Produktionsfaktoren) orientiert ist. Bei finalen Zwecken besteht das Problem in der Abstimmung auf und in der produktiven Integration von Konsumenten und ihrem "Kundenverhalten". Intermediäre Zwecke entstehen "aus ökonomischer Entscheidung, im Sinne eines Verfahrensvergleiches" *(SCHEUCH, F. 1982, S. 17)*. Diese Differenzierung reicht aber für eine volle funktio-nale Abdeckung des Rollenspektrums nicht aus, weil sie zu grob ist.

Eine wesentliche Vertiefung des funktionalen Ansatzes erfolgt über das **Konzept der Formen der Nutzenstiftung** *(MALERI, R. 1973, S. 23 - 33)*, die entweder einem finalen Zweck zugeführt oder aber als Produktionsfaktoren eingesetzt werden. Fol-gende Kategorien der Nutzenstiftung sind zu unterscheiden:
— das **"Produzieren von immateriellem Kapital"** (Herstellung der Leistungsbereit-schaft, von derivaten Produktionsfaktoren, von Geistkapital),
— **Nutzenvermittlung** als "klassische Rolle" der "Überbrückung der zeitlichen und räumlichen Distanzen zwischen Gütervorräten und Bedarf",
— die **Wert- und Funktionssteigerung bzw. -erhaltung** und
— die **Beseitigung von Nutzenbeeinträchtigungen** (Entsorgungsdienste).
Ein ähnlicher Ansatz, der von der **"Einwirkung auf das Diensteobjekt"** und von der **Nutzenstiftung** ausgeht *(CORSTEN, H. 1985, S. 93)*, unterscheidet **Erhaltung oder Veränderung** von Eigenschaften von materiellen und immateriellen Gütern durch **Umformung** oder **Umwandlung, Erhaltung oder Veränderung der Zuordnung** des Dienstleistungsobjektes in Bezug auf Zeit, Raum und/oder andere Objekte, **Erhal-tung oder Veränderung von Zuständen.**

Der **Nutzen von Dienstleistungen**, das Ergebnis bzw. die durch Mitwirkung und/oder Teilnahme an der Verrichtung bewirkte Zustands- und/oder Zuordnungs-änderung stellt die Funktion der Dienstleistungen dar. Die Nutzenstiftung ist das Maß der ökonomischen Wertigkeit der Dienstleistungen. Es ist daher funktionstheoretisch klar zwischen **Dienstleistungen als Verrichtungen** und dem **Dienstleistungsnutzen** zu unterscheiden (z.B.: Erbauungs- bzw. Erholungseffekte beim, während und nach dem Konzertbesuch, veränderte Organisationsstruktur nach Betriebsberatungsprozeß, Funktionsfähigkeit nach Wartung, Ortsveränderung nach Verkehrsleistung, ...); ins-besondere bei **zeitraumbezogenen Dienstleistungen** *(CORSTEN, H. 1985)* kann auch der Verrichtungsprozeß selbst, speziell die Verrichtungsteilnahme des Leistungsob-jektes Zweck der Dienstleistung sein, das gewünschte Ergebnis liegt aber auch hier auf der Ebene der Zustands- und/oder Zuordnungsänderung während oder nach der Verrichtung. Die **Dienstefunktionen** lassen sich aus den Tätigkeiten der Nachfrager ableiten, wobei zwischen der Endnachfrage (Konsumdienstleistungen) und der inter-mediären Nachfrage (Wirtschaftsdienste) zu unterscheiden ist:

+ Die aus dem Bereich der **Endnachfrage** ableitbaren Dienstleistungsfunktionen lassen sich durch das **Konzept der Daseinsgrundfunktionen** ordnen *(RUPPERT, K. - SCHAFFER, F. 1969)*. Die meisten dieser Tätigkeiten (Funktionen) können grundsätzlich entweder intern, also im Haushaltsverband in Selbstverrichtung, aber auch ausgelagert und unter Benutzung von Diensten erledigt werden. Damit werden sie potentieller Gegenstand von Wirtschaftzielen von Spezialunternehmen und es entstehen im Tauschprozeß differenzierte Funktionen, unter denen die Dienstleistungen eine ganz bedeutende Rolle spielen.
+ Die aus der **intermediären Nachfrage** ableitbaren Dienstleistungsfunktionen lassen sich aus dem System der **unternehmerisch/betrieblichen Funktionen** ableiten: Absatz, Anlagenwirtschaft, Fertigung, Finanzierung, Forschung, Kontrolle, Materialwirtschaft, Personalwesen, Rechnungswesen, Revision, Transportwesen, Werbung, ... sind Schlagworte für solche Funktionsbereiche *(SKOLKA, J. 1986; vgl. Kap. 12.1.)*. In der Form der **Auslagerung** aufgrund eines ökonomischen Verfahrensvergleiches verlagern sich solche Funktionen auf den Dienstleistungsmarkt und werden zu potentiellen Wirtschaftszielen. Auslagerungsgründe liegen auch hier in Qualitätsvorteilen, Lerndefiziten, Ausrüstungsmängeln, Terminproblemen und in sozialen Normierungen und Sanktionen.

● **Dienstleistungen im funktionalen Sinn** (= Dienstleistungsnutzen) lassen sich daher inhaltlich als **bedarfssituationbedingte Verrichtungen im Bereich der Produktion immateriellen Kapitals, der Vermittlung von Gütern oder ihres Nutzens, der Bewirtschaftung (Steigerung, Bewahrung, Vernichtung) von Funktionsfähigkeiten und Werten, der Erhaltung oder Veränderung von Eigenschaften, Zuordnung oder Zuständen bestimmen,** die als Wirtschaftsziele in institutionalisierten Faktorkombinationen auftreten (= Dienstleistungsbetriebe, -unternehmen, Wirtschaftseinheiten).

2.2. Dienstleistungssystematiken

Für die Analyse von Sachgebieten reichen die Definitionen nach außen (Abgrenzung) und eine Eigenschaftsbeschreibung nicht aus. Sachbereiche sind in der Regel in sich gegliedert, wobei die einzelnen Teile durch besondere Merkmale struktureller oder funktionaler Art voneinander unterschieden werden können. Insofern ist die Systematisierung von Sachbereichen nichts anderes als eine Fortsetzung der Eigenschaftsanalyse mit gliedernden Zielen. Die vielfältigen in der Literatur auftretenden **Gliederungsversuche** für den Dienstleistungssektor lassen sich methodisch unterteilen in solche, die enumerisch arbeiten und bei denen kaum explizit angeführte Kriterien feststellbar sind, und solche, die systematische Kriterienkataloge zur Grundlage der Dienstleistungsgliederung machen. Als Grundlage einer Diskussion der Systematisierungsansätze sollen, wie bei der Analyse von Dienstleistungskonzeptionen *(Kap. 2.1.)*, gutstheoretische, produktions- und organisationstheoretische, produktions- und absatztheoretische und funktionstheoretische Ansätze verwendet werden. Die **Zielsetzung** einer Befassung mit **Dienstleistungssystematiken** besteht
— in der **Begründung der Abgrenzung zwischen Wirtschaftsdiensten und Konsumdiensten** und

— in der Diskussion und Verwendung von Systematisierungsansätzen für die **Gliederung der Wirtschaftsdienste** als eigentlichen Gegenstandsbereich *(Kap. 3.1.)*.

2.2.1. Wirtschaftsgutkriterien

Der gutstheoretische Ansatz leistet im Bereich der Begriffsfassung und -abgren-
zung wesentlich mehr als für die interne Systematisierung.

— Nach der **Art der produzierten Güter "Dienstleistungen"** läßt sich gliedern in **tertiäre Dienste**, die individuelle (maßgeschneiderte) Gebrauchsgüter vermitteln,
quartäre Dienste, die die Massenproduktion von Informationen und program-
mierte Entscheidungen erstellen, und **quintäre Dienste**, die sich auf individuelle,
spezifische Entscheidungen beziehen *(ABLER, R. - ADAMS, J.S. - GOLD, P. 1977;
GOTTMANN, J. 1961; BELL, D. 1973)*.

— Nach dem **Gesichtspunkt der Imaterialität** werden Dienstleistungen nach dem
Grad ihrer Verbindung mit materiellen Trägermedien gegliedert. Dieser Ansatz
bezieht sich auf Eigenschaften der produzierten Güter und hat damit indirekt pro-
duktions- und absatzwirtschaftliche Bezüge.

— Der **Aspekt der Offenheit/Entgeltlichkeit** von Dienstleistungen stellt vor allem auf
den Gesichtspunkt der "freien Güter" und "entgeltlichen Dienste" ab und hat damit
ebenfalls sehr wesentliche institutionelle Bezüge *(vgl. Kap. 2.2.2.)*.

— Der **Gesichtspunkt der Dauerhaftigkeit** von Dienstleistungen stellt auf die Nutzungsdauer des Gutes Dienstleistung ab und führt zur Gliederung in perishabel
(Konzertbesuch, tägliche Büroreinigung, Zustelldienste, ...), semi-perishable
(Wartungsdienste, Steuerberatung, Werbedienste, ...) und durable services (Archi-
tekturleistungen, Bildungsleistung, Unternehmensberatung, ...) *(DANIELS, P.W.
1985)*.

2.2.2. Produktions- und organisationstheoretische Aspekte

Produktions- und organisationswirtschaftliche Überlegungen sind eine wesentliche Grundlage des institutionellen Ansatzes:

+ **Ergiebigkeits- und Kostenkriterien** sind die einzigen in der Literatur aufscheinen-
den Aspekte, die auf betriebswirtschaftliche Kenngrößen aufbauen *(BERGER, J.
- OFFE, C. 1980)*: **Kommerzielle Dienstleistungen** mit Ertrags- und Kostenkriterien, **interne Dienstleistungen**, wo nur Kostenkriterien relevant sind und **öffentliche Dienste** ohne (?) Kosten- oder Ertragskriterien.

+ Ein sehr wesentlicher Differenzierungsansatz besteht in der **Verwendung von Pro-
duktionsfaktor-Ausprägungen** *(CORSTEN, H. 1985)* beim Leistungsgeber. Die
Dichotomie von menschlicher Arbeit und Betriebsmitteleinsatz ist als äußerst zeitvariabel einzustufen (vgl. Reduktion arbeitsintensiver Prozesse, Industrialisierung
der Dienstleistungen) und daher nur bedingt einsetzbar *(CORSTEN, H. 1985, S.
298)*. Über die Umsetzung der Produktionsfaktoren in Standortfaktoren ermöglicht der Ansatz den Einbau standortanalytischer Aspekte.

+ Eine weit verbreitete Gliederung der Dienstleistungen geht von der **Art der An-
bieterorganisation** aus und verwendet zusätzlich das **Kriterien der Leistungsverwertung** *(siehe Kap. 2.2.4.: BROWNING, H. - SINGELMANN 1978; WÜRTH, M.*

1986; NOYELLE, TH. 1984; u.a.): Nach der "Art der Leistungsverwertung" werden einerseits **intermediäre Dienstleistungen** (Vorleistungen) von **direkten Dienstleistungen** (Konsumleistungen) und andererseits nach der "Art des Anbieters" **private und öffentliche Anbieter** unterschieden. Daraus ergibt sich folgende Gliederung:

		Leistungsverwertung	
		intermediäre Dienste Wirtschaftsdienste	direkte Dienste, Konsumdienste
Art des Anbieters	private Dienste	KOMMERZIELLE WIRTSCHAFTSDIENSTE	PERSÖNLICHE DIENSTE
		—————————— DISTRIBUTIVE ——————————	
	öffentliche Dienste	ÖFFENTLICHE WIRTSCHAFTSDIENSTE	DIENSTE SOZIALE DIENSTE

Abbildung 3 :
Ordnung der Dienstleistungen nach den Kriterien "Leistungsverwertung"
und "Art des Anbieters" *(nach WÜRTH, M. 1986, S. 180)*

— **kommerzielle Dienstleistungen**: Dienstleistungen des intermediären Bereiches, die durch private Anbieter erstellt werden und Vorleistungen des Produktionsprozesses darstellen (Banken, Versicherungen, Beratung, Immobilien, Verleih). Es fehlt in dieser Systematik der sehr wichtige Bereich der öffentlichen Anbieter von kommerziellen Diensten (Finanzamt, Patentamt, Gewerbebehörde, Verbände, Forschungsinstitutionen, Bildungsinstitutionen, ...),
— **persönliche Dienstleistungen** werden überwiegend von privaten Anbietern erstellt und sind vorwiegend konsumorientiert (Gastgewerbe, Reparaturgewerbe, Reinigung, sonstige Dienste),
— **soziale Dienstleistungen** werden vorwiegend von öffentlichen Betrieben angeboten und sind ebenfalls vorwiegend auf den konsumtiven Bereich orientiert (öffentliche Verwaltung, öffentliches und privates Unterrichtswesen, Forschung, Gesundheitswesen, Wohlfahrt, ...),
— **distributive Dienstleistungen** stehen in dieser Systematik in der Mitte, sie werden sowohl von öffentlichen als auch von privaten Anbietern erstellt und dienen sowohl der End- als auch der Zwischennachfrage (Groß- und Kleinhandel, Post- und Nachrichtenwesen, Verkehrsdienste).
+ Eine weitere Grundlage der Systematisierung der Dienstleistungen ergibt sich aus der Differenzierungen von Dienstleistungstätigkeiten entsprechend der **organisatorisch bedingten Zweiebenenstruktur**: es können Tätigkeiten der Leistungserstellung (Endkombination) und Tätigkeiten der Produktion der Leistungsbereitschaft unterschieden werden (Verrichtungen und Nebentätigkeiten). Diese Systematisierung kann sich bei entsprechender Arbeitsteilung und Spezialisierung auch auf Dienstleistungsbetriebe übertragen, sodaß **Dienstleistungsbetriebe mit Spezialisierung auf die Potentialproduktion** und solche mit **Spezialisierung auf den Absatz von Dienstepotentialen** (Endkombinationstyp) und Dienstleistungsbetriebe

mit **Integration von Potentialproduktion und Endkombination** unterschieden
werden können.

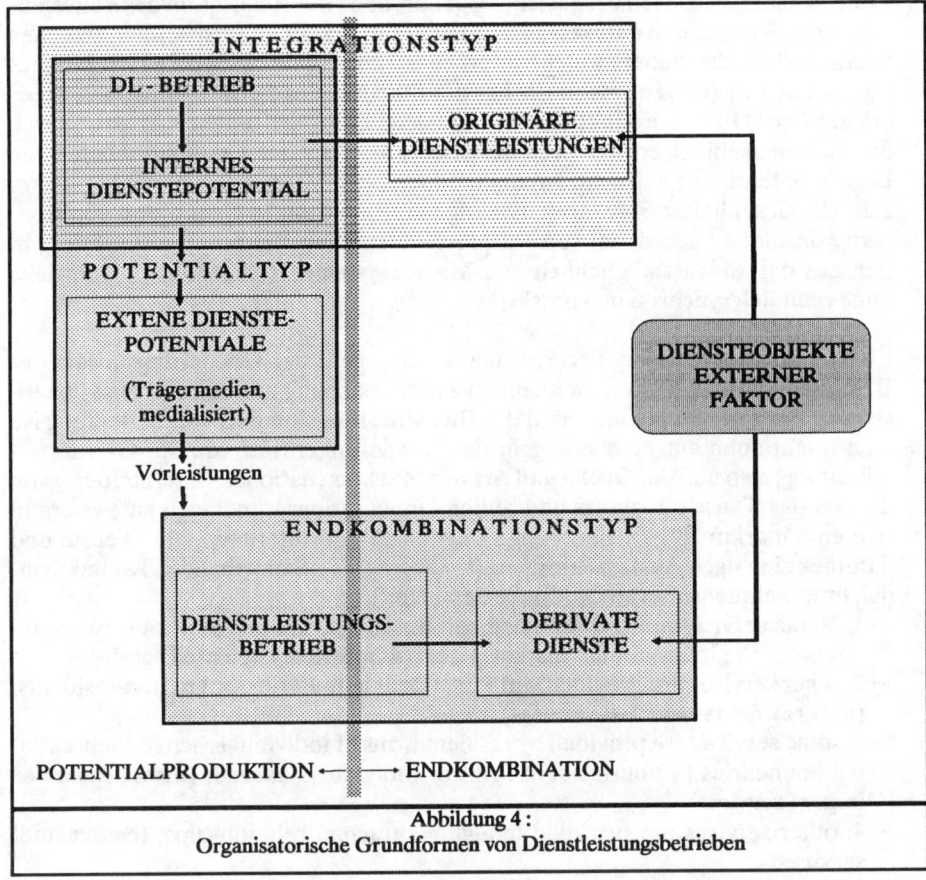

Abbildung 4 :
Organisatorische Grundformen von Dienstleistungsbetrieben

2.2.3. Produktions- und absatztheoretische Kriterien

Aus dem Blickwinkel der Endkombination, also der Durchführung des Verrichtungsprozesses und der Diensteproduktion sind folgende Aspekte wesentlich:
+ Die **Mitwirkung des "externen Faktors" im Produktionsprozeß** der Dienstleistungen (Endkombinationsstufe) als organisationstheoretisches Kriterium: Sehr differenziert sieht CORSTEN, H. *(1985, S. 225)* dieses Kriterium, indem ein komplexes,
  hierarchisches System von **Erscheinungsformen des "externen Faktors"** erstellt
  wird (Stofflichkeit, Realobjekte, Nominalobjekte, Rechte, Informationen, ...)
  (ähnlich auch ALLEWELL, K. - RITTMEIER, B. 1977).
+ Eng verbunden mit der Erscheinungsform der Diensteobjekte ist deren **Mitwir-
  kungsweise am Produktionsprozeß**: Dies führt zur Gliederung in Dienstetätigkei-
  ten bzw. -betriebe, die eine **aktive Mitwirkung** (in verschiedenen Intensitäts-

graden), eine **passive Beteiligung** oder aber nur eine **Überlassung** von Einrichtungen des Leistungsnehmers erfordern *(CORSTEN, H. 1985)*.

+ Zur absatztheoretischen Fragestellung gehört auch die Realisation des notwendigen Kontaktes, die **Kontaktorganisation.** Hier ist zu unterscheiden zwischen Dienstleistungsbetrieben, welche ihre Dienstepotentiale an den Diensteproduktionsort liefern **(Liefersysteme)**, sei es der Standort des Leistungsobjektes, sei es ein sonstiger Diensteproduktionsort, und solchen, wo die Kontaktrealisation durch das Leistungsobjekt erfolgt **(Abholsysteme)**, wo also der Leistungsnehmer den Dienstepotentialort aufsucht. Kombinationen beider Typen in räumlicher und in zeitlich-phasenhafter Form treten häufig auf. Eine weitere Grundform von Kontaktrealisationen und damit von entsprechenden Dienstleistungsbetrieben ergibt sich aus der **Einsatzmöglichkeit von Mediensystemen** (Dienstleistungsbetriebe ohne räumlich synchronen Kontakt).

+ Eine völlig anderen Weg der Systematisierung geht der **Gliederungsansatz der UNCTAD** *(1985, S. 5)*, der vor allem im Zusammenhang mit einer **Internationalisierung der Dienstleistungen** und des **Dienstleistungshandels** von Bedeutung ist. Den Intentionen entsprechend geht der Gliederungsansatz von der Grenzüberschreitung, also von der **Größe und Art des Marktes** (national - international) von der **Art des Tauschprozesses** und seinen Organisationsgrundlagen aus; es ergibt sich eine marktmäßige Gliederung in nationale und internationale Dienste und darunter eine nach Austauschformen (freier Import-, Exporthandel, Kontakthandel, unternehmensinterne Dienstebeziehungen):

− 1. "some services are provided and consumed by residents of a country and do not enter the international market-place; **(domesticaly oriented services)**.
− 2. other services are provided within national boundaries, but to non-residents; **(non-residents-oriented services)**.
− 3. some services are provided by resident firms of individuals across their national boundaries to non-resident firms or individuals abroad; **(direct export or import services)**.
− 4. other services are provided though contractual relationships; **(contractual services)**.
− 5. many services are provided through oversaes affiliates of a parent company **(affiliate organized services)**".

2.2.4. Funktionstheoretische Ansätze

Diese Ansätze beziehen sich auf die Verwendung und den Einsatz von Dienstleistungen als Güter, also auf den **Zweck** und das **Leistungsziel.** Dienstleistungen lassen sich nach diesem Ansatz gliedern nach der **Art der Nutzenstiftung** *(MALERI, R. 1973; CORSTEN, H. 1985; BEREKOVEN, L. 1974, vgl. Kap. 2.1.3.)*:

− Die **Zuordnung zu sozialen und/oder wirtschaftlichen Funktionsbereichen** (politische Dienste, Informationsdienste, wissensbezogene Dienste, ...) geht von den Wirkungen der Arbeitsteilung aus *(SKOLKA, J. 1986)*.
− Die wichtigste Differenzierung der Dienstleistungen leitet sich aus dem **Kriterium der Leistungsverwertung** (Wirtschaftsstufe des Leistungsnehmers) ab *(CAMP-*

HAUSEN- BUSOLD, B. 1981; HOLZ- HART, B. - WÜRTH, M. 1985; NOYELLE, H. 1984; SCHWÖDIAUER, E. 1971; BROWNING, H. - SINGLEMANN 1978 usw.).

Dienstleistungsunternehmungen werden nach diesem Ansatz z.B. bei DECKER, F. *(1975, S. 221, 222)* gegliedert in "1. Unmittelbar **verbrauchsorientierte Unternehmungen**: a) Dienstleistungsunternehmungen, deren Tätigkeit unmittelbar auf den Menschen, den **Endverbraucher** bezogen ist. b) Dienstleistungsbetriebe, die der Befriedigung von **Kollektivbedürfnissen** dienen (im Dienste der Gesellschaft). 2. **Produktionsabhängige Unternehmungen:** a) Dienstleistungen, deren Tätigkeit unmittelbar der **Vollendung des materiellen Produktionsprozesses**, der **Überwindung zeitlicher und räumlicher Distanzen** dienen ... , b) Dienstleistungsbetriebe, die der **Erhaltung und Regenerierung materieller Güter** dienen." 3. Die **dispositiven, entscheidungsbezogenen Unternehmungen** (Planung, Entscheidung, Entwicklung, Innovation) sind entsprechend der "dispositiven Raumwirkungshypothese" als weitere Kategorien zu ergänzen.

Ein differenzierter Ansatz über die **Nutzenstiftung** verwendet die **Wirkung beim Leistungsobjekt** *(ALEWELL, K. - RITTMEIER, B. 1977)*: Wirkung auf die Objektsubstanz (Veränderung, Erhaltung, Sicherung) und zeitlich, räumliche und sachliche Einwirkung auf die Objektzuordnung. In Kombination mit dem Kriterium der Leistungsverwertung führt das zu einem Schema, indem sich die Dienstleistungen in ihren verschiedenen Stellungen und Funktionen gut einordnen lassen. Die Unterscheidung von Konsumdiensten als Endverbrauchsleistungen und Wirtschaftsdiensten als intermediäre Produkte, als Produktionsfaktoren gehört zu den grundlegend-

	Personen	Tiere	Sachgüter	Informationen	Nominalgüter
			Leistungsobjekte		
Einwirkung auf die Objektsubstanz					
physisch	Medizin		Wartung, Reinigung		
kombiniert				Forschung	Geldinstitute
nicht-physisch	Bildung, Beratung				
Einwirkung auf die Objektzuordnung					
zeitlich	Berherbergung				Geldinstitute
räumlich	←	Verkehr,	Transport		→
sachlich	Standesamt		Einzelhandel	Datenbank	

Abbildung 5:
Systematisierungsansatz nach ALEWELL/RITTMEIER
(CORSTEN, H. 1985, S. 207; in die Felder der Systematik sind nur einige Beispiele von Dienstleistungsbranchen eingesetzt)

sten Differenzierungen und aufgrund der Themenstellung zu den systematischen Grundlagen dieser Arbeit.

In der Literatur ist kein einziger Hinweis auf Aussagen zu finden, in denen Ansätze für eine **raumrelevante Systematik** der Dienstleistungen vorkommen, in denen das Standortverhalten der Dienstleistungsbetriebe (als Leistungspotentiale), das Produktionsortverhalten von Leistungspotential und Leistungsobjekten (multiple Standortorganisation) als Kriterium verwendet werden; auch Bezüge zur Raumwirkung von Dienstleistungen sind nicht feststellbar *(Ausnahme: CORSTEN, H. 1985; vgl. Kap. 3.2.3. und 8.2.3.)*.

Mit dieser **Diskussion des Dienstleistungsbegriffes** und der **Systematisierung der Dienstleistungen** sind die wesentlichen Grundlagen für eine Befassung mit dem spezifischen Segment der Wirtschaftsdienste gelegt. Wichtige Ergebnisse sind
+ die Erkenntnis, daß Dienste-Definitionen und -Systematiken von sehr verschiedenen Ansätzen heraus angegangen werden (können) und
+ daß es keine endgültigen Definitionen und Systematisierungen gibt und solche fragestellungsspezifisch geschaffen werden müssen (können).

Wesentliche **Erkenntnisse** bestehen in den **spezifischen Gutsmerkmalen** (Immaterialität und ökonomische Folgen), in den **spezifischen Produktionsbedingungen der Zweiebenenorganisation**, der **Mitwirkung oder Beteiligung des "externen Faktors"** und der **Verbindung von Produktion und Absatz.**

3. Wirtschaftsdienste

Wirtschaftsdienste sind ein wesentlicher Teilbereich des intermediären Dienstleistungssektors. Entsprechend den formulierten Basishypothesen kommt diesem Wirtschaftszweig eine bedeutende Rolle in der Strukturierung des Wirtschaftsprozesses
und der Zentren- und Regionssysteme und ihrer Entwicklung zu. Da bisher eine
grundlegende Gesamtkonzeption fehlt, müssen **theoretisch-begriffliche und systematische Ziele** verfolgt werden, ehe empirische Konzeptionen entwickelt und realisiert werden können, wobei die Ergebnisse der Dienstleistungsdefinition und
-systematik wichtiger Ausgangspunkt sind *(vgl. Kap. 2.).*

3.1. Wirtschaftsdienste - Definitionskriterien

Explizite Definitionen für den Wirtschaftsdienstebegriff sind selten, sehr häufig
wird mit impliziten, nicht weiter hinterfragten Begriffen gearbeitet *(GREENFIELD,
H.I. 1960; MALERI, R. 1973; DECKER, F. 1975; KAUFMANN, E.J. 1977; GERSHU-
NY, J. 1978; COHEN, R. 1979; MARSHALL, J.N. 1981, 1982, 1985; DANIELS, P.W.
1982, 1984, 1985; NOYELLE, TH. 1983; STAUDACHER, CH. 1985 THRIFT, N. -
DANIELS, P.W. 1985; MARSHALL, J.N. - u.a. 1985; UNCTAD 1985; vgl. STAUDA-
CHER, CH. 1987, S. 80 - 86).* In der bestehenden Literatur über Wirtschaftsdienste
werden die verschiedensten Begriffe für den gleichen oder sich zumindest über-
schneidenden Inhalte verwendet, ohne daß bisher ein einheitlicher Begriff allgemeingültig eingeführt wäre *(vgl. STAUDACHER, CH. 1987, Tab. 3.1/1, S. 87):*
— Im **englischsprachigen Bereich** dominieren die Begriffe "business services" und
  "producer services", wobei manchmal "business services" als Untergruppe der "producer services" aufgefaßt werden *(DANIELS, P.W. 1985, S. 178; POLESE, M. 1982,
  S. 152).* Seltener werden Begriffe wie "intermediate services", "intermediate producer services", "commercial services", "professional services" verwendet, wobei
  auch hier eine Verwendung als Sammelbegriff und als Teilgruppen-Begriff vor-
  kommt. Ein Sonderfall ist die Verwendung des Begriffes "industrial services"
  (BARTER, J.H. - WALKER, D.F. 1977), der sich aus der Fragestellung nach den
  Dienstleistungsbeziehungen von industriellen Produktionsbetrieben ergibt.
— In der **deutschsprachigen Literatur** finden sich entsprechend dem geringeren
  Umfang der Forschung über Wirtschaftsdienste auch weniger Begriffsvarianten:
  In der wirtschaftswissenschaftlichen Literatur werden Begriffe wie "indirekte
  Dienstleistungen", "Dienstleistungen als Produktionsfaktoren", "Dienstleistungen
  II. Ordnung" *(MALERI, R. 1973),* "Produktivdienstleistungen" *(KAUFMANN, E.J.
  1977)* verwendet. In den wenigen geographischen Spezialuntersuchungen werden
  die Umschreibungen "industrielle Dienstleistungsverflechtungen" *(SCHICK-
  HOFF, I. 1985)* oder "unternehmensbezogenen Büros" *(HARTWIEG, J. 1983)* verwendet. Der Begriff "Wirtschaftsdienste" kommt auch in der amtlichen Statistik
  (Systematisches Verzeichnis der Wirtschaftstätigkeiten, 1985) als Fachbegriff vor,
  umschließt aber dort nur einen geringen Teilbereich des hier verwendeten Be-
  griffsumfanges *(vgl. Kap. 6.1.).*

Der **Begriff** "Wirtschaftsdienste " *(STAUDACHER, CH. 1985; STAUDACHER, CH. 1987, S. 89 - 91, Tab. 3.1.2.)* wurde in den Vorarbeiten zu dieser Untersuchung entwickelt als Sammelbegriff für alle jenen Dienstleistungen, die aufgrund der Auslagerung von Unternehmensfunktionen auf dem Markt nachgefragt werden; er wird hier als deutschsprachiger **Fachbegriff** vorgeschlagen, der den englischen Fachbegriffen "business services", "producer services" und "commercial services" entspricht. Der Begriffsfassung für den Gegenstandsbereich "Wirtschaftsdienste" werden folgende inhaltliche Kriterien und Abgrenzungen zugrunde gelegt:

a) Wirtschaftsdienste als Dienstleistungen

Das Kriterium **"Dienstleistungen"** - daher auch "Wirtschaftsdienste" bzw. "Wirtschaftsdienstleistungen" - wird hier als **Abgrenzung operationaler Art** eingeführt. Es ist eine anerkannte Position, daß es sinnvoll ist, Dienstleistungsproduktion und Produktion materieller Güter getrennt zu behandeln, da es grundsätzliche Unterschiede in den Produktionsbedingungen und -weisen gibt. Dieser Grundsatz wird hier auch für die getrennte Behandlung der Wirtschaftsdienste als Dienstleistungen zum Unterschied von ausgelagerten Fertigungsprozessen angewendet, obwohl viele sachliche Gründe auch für eine gemeinsame Behandlung sprechen würden *(vgl. BARTER, J.H. - WALKER, D.F. 1977)*. Dieser Dienstleistungsansatz ist extrem wichtig für eine klare **Abgrenzung zum Bürobegriff**: Der üblicherweise verwendete Bürobegriff ist zu unexakt und muß daher differenzierter behandelt werden. Es ist zu unterscheiden zwischen dem Begriff **Büroflächen, -räume** (office space), mit dem die physische Einrichtung, das materielle Objekt, die Infrastruktur, ... gemeint ist, dem Begriff **Büroorganisation, -betrieb**, "Büro" (office) und dem Begriff **Büroaktivitäten** *(CLAPP, J. 1983, S. 1299)*. Büro bezeichnet nicht eine Funktion, sondern eine Organisationsform und Produktionsweise, die weit über den Bereich der Wirtschaftsdienste hinaus verbreitet ist, die vornehmlich Informationen einsetzt, verarbeitet, speichert und absetzt und materielle Güter nur als Hilfs- und Trägermedien einsetzt.

In diesem Zusammenhang ist eine grundlegende Differenzierung zwischen dem Begriff **"Tertiärisierung"** und **"Bürokratisierung"** anzusprechen, welche für das Verständnis der gegenwärtigen wirtschaftlichen Entwicklungen von großer Bedeutung ist: Die überwiegend recht diffuse Verwendung des Dienstleistungsbegriffes *(vgl. SCHAMP, E.W. 1986, S. 202)* führt dazu, daß jede nicht materielle Produktionstätigkeit zur Dienstleistung gestempelt wird. Dabei gehen aber die für Dienstleistungen konstituierenden Merkmale der Rolle des "externen Faktors" und der Marktmäßigkeit verloren. Diese Begriffsverwirrung führt unter anderem auch dazu, daß man von **"interner Tertiärisierung"** der Industrie spricht, die aber ausschließlich eine Bürokratisierung, Informatisierung oder know how-Intensivierung ist. Das Ausmaß und die Bedeutung von Bürotätigkeiten nimmt zu, Wirtschaftsdienste hingegen können nur als Produktionsfaktoren, als zugekaufte Leistungen auftreten! Entsprechend unterscheidet DANIELS, P.W. *(1985, S. 447)* zwischen "offices" und "service industries": "The two are often considered as synonymous, that is far from accurate, and a conscious effort has been made to minimize the intrusion of the office location theme". Richtig ist allerdings, daß die Büroorganisation die weitaus bedeutendste Produktionsweise bei den Wirtschaftsdiensten darstellt und daher die Büroforschung in ihrer ganzen Breite ein bedeutender Ansatz für die Wirtschaftsdiensteforschung ist *(vgl. Kap. 4.1.).*

b) Wirtschaftsdienste als "ausgelagerte Unternehmensfunktionen"

Einen sehr wichtigen Ansatz liefert die Definition der Wirtschaftsdienste als **"ausgelagerte Unternehmensfunktionen"** *(STAUDACHER, Ch. 1985, S. 59)* und damit die Verbindung zur **Auslagerungstheorie.** Wirtschaftsdienste entstehen aus der Auslagerung von Unternehmensfunktionen (contracting out; Betriebsführung, Entscheidung, Finanzierung, Distribution, Marketing, Einkauf, Kontrolle, ...) aus dem internen Prozeß- und Leistungsbereich auf den Tauschmarkt. Es handelt sich um Teilprozesse des Produktionsvorganges, die aufgrund von Verfahrensvergleichen (ungünstigen Kosten-Nutzen-Relationen) nur schwer oder überhaupt nicht intern produziert werden können *(KAUFMANN, E. J. 1977, S. 14).* Erst über die **Analyse der Entstehung der Nachfrageursachen,** also über ein Zurückführen auf betriebliche Bedingungen der Auslagerung lassen sich Wirtschaftsdienstleistungen als Marktobjekte begründen und als Spezialfunktionen für Wirtschaftsdiensteunternehmungen erkennen *(vgl. Kap. 12.1.).* Dieser Ansatz ist in einigen Arbeiten, vor allem denen, die sich mit der Systematik von Informationsprozessen im Wirtschaftsgeschehen befassen, deutlich erkennbar. In diesen wird dann auch eine klare **funktionale Hierarchie** zwischen diesen **Unternehmensfunktionen** zum Ausdruck gebracht. Diese wiederum schlägt auf die Bedeutung und Stellung der Wirtschaftsdienste und ihre Leistungen durch und führt zur **funktional-hierarchischen Systematik** *(vgl. Kap. 3.2.3.).* Aufgrund dieser grundsätzlichen Prinzipien wird hier als wesentliches Definitionskriterium für Wirtschaftsdienste deren Entstehung aus ausgelagerten Unternehmensfunktionen herausgestellt - sie werden daher auch explizit als "ausgelagerte Unternehmensfunktionen" definiert. Damit wird wie oben bei den Dienstleistungen *(Kap. 2)* die **"interne Tertiärisierung"** aus dem Begriffsrahmen ausgeschlossen.

c) Wirtschaftsdienste als Teilbereich der intermediären Diensteproduktion

Die **intermediäre Dienstleistungsproduktion** umfaßt funktional den gesamten Bereich der marktmäßigen, über einzelne Betriebe und Unternehmungen hinaus wirksamen Diensteproduktion und die betriebs- und unternehmensinterne Produktion von derivaten Potentialfaktoren, von internen Leistungen, die in der Phasen- und/oder Rangordnung der Einzeltätigkeiten notwendig sind, aber nicht am Markt abgesetzt werden; also auch nicht die wachsenden Tätigkeiten im Bereich der Bürokratisierung. Entscheidend bei der Abgrenzung der Wirtschaftsdienste von der internen Diensteproduktion ist die Definition der Begriffe **Betrieb und Unternehmung** *(vgl. Kap. 2.):* Setzt man die Unternehmensgrenze als konstituierend an, so sind unternehmensinterne, zwischenbetriebliche Diensteinteraktionen nicht zu den Wirtschaftsdiensten zu rechnen, setzt man die betriebliche Einzelorganisation als Grenze zwischen interner und intermediärer Diensteproduktion, so sind zumindest Teile zum intermediären Bereich zu rechnen. Der Wirtschaftsdienstebegriff wird hier intensional auf die **(privatwirtschaftlichen) Wirtschaftsdienste** beschränkt, auf jene

Spezialunternehmungen, die sich der Deckung der Dienstenachfrage von Wirtschaftsunternehmungen verschreiben.

d) Wirtschaftsdienste als Marktprodukte

Das Kriterium der **Marktproduktion** ist darauf abgestellt, die im Austauschprozeß des Wirtschaftsgeschehens zwischen den organisatorischen Einheiten (Unterneh-
men/Betriebe) auftretenden Vorgänge gegen "interne Transaktionen" und damit
gegen die "interne Tertiärisierung" abzugrenzen. Im Bereich des primären Interesses
dieser Arbeit stehen die externen Vorgänge, also die "**marktmäßige Wirtschaftsdiensteproduktion**", wenngleich ihr Umfang und ihre Struktur und Bedeutung sowie die
räumliche Wirkung stark von internen Organisationsstrukturen abhängig ist. In der
Literatur wird auf dieses Merkmal nur z.T. explizit eingegangen, insbesondere dort,
wo auch ein institutioneller Ansatz verfolgt wird (*GREENFIELD, H.I. 1966; MAR-
SHALL, J.N. 1980, 1982; STAUDACHER, CH. 1985; SCHICKHOFF, I. 1985; u.a.*).

e) Firmenzentralen, Headquarters als Wirtschaftsdienste

Die Ausbildung von Großunternehmungen mit dem Potential zur funktionalen
räumlichen Arbeitsteilung und einer entsprechenden Entwicklung zu **Mehrbetriebs-
und Mehrstandortunternehmen** im gesamten Wirtschaftsbereich führt zur Filialisierung der Betriebsstruktur und zur unternehmerischen Internalisierung von Dienstekontakten. Im funktionalen Sinn sind die Leistungen von Firmenzentralen bzw. auch
von Dienstleistungsfilialen als Tätigkeiten einzustufen, die als Dienstleistungen für
Wirtschaftsbetriebe anzusehen sind; ihre "integrierten Dienstepakete" (Verbundan-
gebote) gehören zu den wichtigsten Steuerungs- und Ordnungs-, aber auch Versorgungsfunktionen im Wirtschaftsprozeß. Firmenzentralen können im Sinne der zahlreiche Studien über Mehrbetriebsunternehmen (*z.B. WESTAWAY, J. 1974; SEMPLE,
R.K. - GREEN, M.B. 1982; KELLNER, G. 1970; WATTS, H.D. 1981; ...*) als räumlich
von den operativen Teilen des Unternehmens abgesonderte, organisatorisch eigenständige Betriebe angesehen werden, die vornehmlich mit Planungs-, Entscheidungs-
und Kontrollfunktionen befaßt sind.

Im **institutionellen Sinn** kann die **Firmenzentrale** nur dann **als Wirtschaftsdienst**
angesehen werden, wenn diese als selbständiger Unternehmensteil mit eigenem
Standort auftritt und damit räumliche Beziehungen bestehen, die über "in house-Ver-
flechtungen" hinausgehen und als Marktbeziehungen auftreten. Firmenzentralen in
organisatorischer und räumlicher Identität mit dem Produktionsbereich einer Firma
und ohne Beziehungen zu Zweigwerken liegen daher außerhalb des Betrachtungsbe-
reiches des hier verwendeten Wirtschaftsdienstebegriffes.

f) Wirtschaftsdienste und Wirtschaftsdienstleistungen
funktionaler : institutioneller Ansatz

Die meisten Ansätze gehen vom **funktionalen Konzept** aus, indem danach gefragt
wird, welche Tätigkeiten, Austauschprozesse, Verrichtungen von der Art der Wirt-

schaftsdienste im Wirtschaftsprozeß vorkommen. Dieser Ansatz ist dort relevant, wo die **Nachfrage** analysiert wird, denn diese tritt "atomistisch" auf, d.h. es werden Einzelfunktionen, Einzelverrichtungen nachgefragt, die theoretisch von den verschiedensten Leistungsgebern bezogen werden können. Das funktionale Gliederungsprinzip orientiert sich einerseits an sachlich bedingten Produktionsabläufen (**Phasenstellung**) oder an hierarchischen Entscheidungsabläufen Planung - Produktion - Kontrolle: **Rangstellung** *(vgl. Kap. 3.2.3.)* . Der **institutionelle Ansatz** fragt hingegen nach der **betrieblich-unternehmerischen Organisation des Angebotes** von Wirtschaftsdienstleistungen. Es geht um die "Bündelung" von Wirtschaftsdienstleistungen zu Wirtschaftsplänen, die zu "selbständig tragenden Wirtschaftszielen" *(STAUDACHER, CH. 1985, S. 59)* werden können. Der institutionelle Ansatz legt sich also fest auf die **organisatorische Struktur der Wirtschaftsdiensteproduktion** und nicht auf die Tätigkeiten. Unter Wirtschaftsdiensten im institutionellen Sinn werden daher wirtschaftliche Tätigkeiten verstanden, die als **Faktorkombinationen** (Betriebe) organisiert sind. Es wird also nach der betrieblich-unternehmerischen Umsetzung von Wirtschaftsdiensterfunktionen in selbständige (örtliche getrennte) Produktionseinheiten gefragt. Hier besteht volle Identität mit der Konzeption des "Betriebssystematik 1968" *(Syst. Verzeichnis der Wirtschaftstätigkeiten, 1985; vgl. Kap. 6.1.)*, deren Grundlage ebenfalls der Betriebsbegriff im Sinne der örtlich, selbständigen Einheit ist.

g) Leistungsverwertung von Wirtschaftsdiensten

Der am häufigsten verwendete Definitionsansatz geht von der **Leistungsverwertung** aus und ist praktisch allen Begriffsfassungen immanent: Zur Unterscheidung von den Konsumdiensten (final output, direkte Dienstleistungen) werden als Ziel der **Wirtschaftsdienste** der **intermediäre Bereich des Wirtschaftsprozesses** herausgestrichen (indirekte Dienstleistungen). Wirtschaftsdienste dienen daher nicht der unmittelbaren Bedürfnisbefriedigung der Endnachfrage, sondern sind **Produktionsfaktoren** und **Standortfaktoren**. Diese Differenzierung wird teilweise als absoluter Gegensatz formuliert, was beim funktionalen Ansatz sinnvoll erscheint, nicht aber beim institutionellen, denn Wirtschaftsdienstunternehmungen mit absolut reiner intermediärer Funktion sind selten. Häufig ist die Konsumfunktion wenigstens als Nebenleistung mit vorhanden (relative Dominanz der Wirtschaftsdienstefunktion als Kriterium). Gleichartige Leistungen können sowohl als "final output" als auch als intermediärer Output auftreten, daher kann nur nach der Zielgruppe und relativ definiert werden *(MARSHALL, J.N. - DAMESICK, P. - WOOD, P. 1985)*.

h) Kriterium der Trägerschaft

In engem Zusammenhang mit dem Kriterium der Marktmäßigkeit steht der Aspekt der **Differenzierung nach Angebotsträgern.** Es ist üblich zwischen **privaten, internen** und **öffentlichen Dienstleistungen** *(MARSHALL, J.H. - DAMESICK, P. - WOOD, P. 1985)* zu differenzieren. Durch den Bezug auf die privatwirtschaftlichen Wirtschaftsdienste wird eine Abgrenzung einerseits zu "freien" Gütern und andererseits zur internen Bürokratisierung (Tertiärisierung) gesetzt *(vgl. oben)*. Diese Einschränkung ist allerdings nur beim institutionellen Ansatz gerechtfertigt, nicht bei der funktionalen Definition von Wirtschaftsdienstleistungen, denn damit würden viele Formen von "echten Dienstleistungen" aus dem Bereich der öffentlichen und offiziösen Dienstleistungsaktivitäten (Verbände, Finanzamt usw.) aus der Betrachtung ausgeschlossen.

3.1.3. Wirtschaftsdienste - extensionale und intentionale Definition

Die Fassung des Wirtschaftsdienstebegriffes soll eine klare Grundlage für die weiteren theoretischen Analysen und für die empirische Prüfung von Hypothesen abgeben.

• Der **theoretisch-systematische Wirtschaftsdienstebegriff** bedarf vornehmlich einer extensionalen Begründung, damit eine klare und möglichst überschneidungsfreie Begriffsbasis existiert. Teilweise sind aber auch hier intentionale Setzungen der Abgrenzung notwendig, die sich aus der bewußten Wahl von Fragestellungen und theoretischen Ansätzen ergeben. Über die zentrale Stellung der raumtheoretischen Fragestellung kommt in der Begriffsfassung dem institutionellen Ansatz, besonders aber der Begriffskonzeption aufgrund der "räumlichen Implikationen" erhöhte Bedeutung zu.

• Der **empirische Wirtschaftsdienstebegriff** muß aus meist operationalen Gründen von theoretisch-systematischen abweichen, meist in Form von deutlichen Einschränkungen der Begriffsextension, wie sie durch Datenbeschränkungen (mangelnde Kompatibilität von Sekundärstatistiken, Erhebungsaufwand) bedingt sein können. Aber auch durch bewußte Setzung kann es zu solchen Einschränkungen kommen. Die in den Intentionen der Fragestellung enthaltenen Kriterien sind bestimmende Merkmale der Begriffsfassung und -abgrenzung *(vgl. Kap. 6.1.)*.

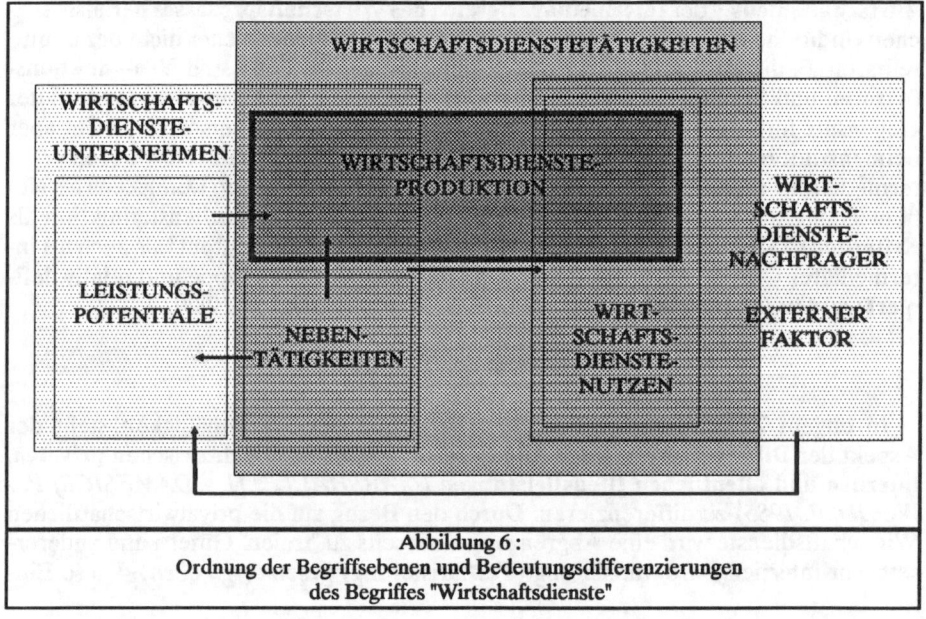

Abbildung 6 :
Ordnung der Begriffsebenen und Bedeutungsdifferenzierungen
des Begriffes "Wirtschaftsdienste"

a) Wirtschaftsdienstleistungen sind

- **gutstheoretisch** betrachtet **wirtschaftliche Verrichtungen,** auf die alle gutstheoretischen Merkmale der Dienstleistungen zutreffen (Immaterialität, Realgüter, Zweckeignung, spezifische Nutzenstiftung, ...) und für die auch alle daraus ableitbaren produktions- und absatztheoretischen Folgerungen gelten (Zweiebenenstruktur, Präsenzkriterium, Absatz vor oder mit der Produktion, ...). Mit dem Verrichtungscharakter wird eine exakte Grenze zu materiellen Produktionsprozessen und zu ausgelagerten Fertigungsprozessen gesetzt. Der **Wirtschaftsgutcharakter** bedingt die Existenz entsprechender Faktorkombinationen (Wirtschaftsdienste) mit dem Ziel der Erstellung von Wirtschaftsdienstpotentialen und der Durchführung von Endkombinationen im Zusammenwirken mit dem "externen Faktor" und der Produktion von Wirtschaftsdienstleistungen *(vgl. Kap. 2.1.).*

- **nachfrage- und funktionstheoretisch** auf den Markt **"ausgelagerte Unternehmensfunktionen".** Ihre Funktion besteht also in der Deckung der marktmäßig umgesetzten Bedürfnisse nach unternehmensspezifischen Verrichtungen. Die Existenz von entsprechenden Leistungspotentialen wird also zum **Produktionsfaktor,** unter bestimmten Bedingungen der Mobilität bzw. des notwendigen Charakters des Unternehmensumfeldes werden diese zum **Standortfaktor** (raumtheoretische Bedeutung).

- Wirtschaftsdienste sind **Produktionsfaktoren,** deren Einsatz über den Dienstleistungsmarkt wesentliche **Ökonomisierungseffekte** bewirkt und **Innovationseffekte** hervorruft, sodaß von ihrer Benutzung wesentliche einzelbetriebliche aber auch **regionale Entwicklungseffekte** ausgehen.

b) Der Wirtschaftsdienstenutzen, die spezielle Zweckeignung, das zu deckende Bedürfnis der Nachfrageunternehmung besteht in der **Erledigung von Unternehmensfunktionen,** die aus verschiedensten Gründen von der Selbstverrichtung ausgeschlossen sind und die zu Veränderungen des Leistungspotentials und zu einzelnen Schritten im Produktionsprozeß beitragen (Ökonomisierungseffekte, Rationalisierungshypothese; z.B. nicht der Unternehmensberatungsprozeß ist Leistungsziel, sondern das Ergebnis der Organisationsänderung, ...). Der Leistungserstellungsprozeß hat bei Wirtschaftsdienstleistungen in der Regel nur instrumentellen Charakter.

c) Wirtschaftsdienste (als Kurzbegriff für Wirtschaftsdienstbetriebe und -unternehmungen) sind **organisationstheoretisch** (institutioneller Ansatz) **Faktorkombinationen,** also Organisationen, in denen zielentsprechende auf die **Produktion von Wirtschaftsdienstleistungen und -nutzen** gerichtete Kombinationen von Wirtschaftsdienstpotentialen und Wirtschaftsdiensttätigkeiten sowie entsprechende betriebliche Infrastrukturen produktionsbereit kombiniert sind. Wirtschaftsdienste finden - funktionstheoretisch - in der **Ausführung "ausgelagerter Unternehmensfunktionen"** mit Verrichtungscharakter des dispositiven und operativen Bereiches tragende Wirtschaftsziele.

• **Wirtschaftsdienste** produzieren **organisations- und produktionstheoretisch** unter
sehr speziellen Rahmenbedingungen, die sich aus dem Dienstleistungscharakter
der Produkte "Wirtschaftsdienstleistungen" ergeben. Die Produktion erfolgt in
einer **Zweiebenenstruktur** der **Potentialerstellung** und der **Endkombination** unter
Präsenz bzw. abgestuften Mitwirkungsgraden des "externen Faktors" in Form von
nachfragenden Wirtschaftsunternehmungen.

d) **Wirtschaftsdienstetätigkeiten** sind alle **Aktivitäten** von Wirtschaftsdienstepoten-
tialen und Wirtschaftsdiensteobjekten, die zur **Erreichung von Wirtschaftsdienstenutzen** beim Diensteobjekt bzw. von Wirtschaftszielen beim Leistungsgeber
beitragen. Das sind
   — **Tätigkeiten des Leistungspotentials** oder seiner Teile im Bereich der Potentia-
     lerstellung und -erhaltung (einschließlich Nebentätigkeiten) und
   — **Tätigkeiten der Leistungserstellung** auf der Stufe der Endkombination durch
     das **Leistungspotential** oder durch **derivate Potentialfaktoren,**
   — **Tätigkeiten und/oder Überlassungen des "externen Faktors"** auf der Stufe der
     Endkombination.

3.2. Wirtschaftsdienste - Systematische Gliederungen

Die Analyse eines so breiten und vielfältigen Wirtschaftsbereiches, wie es die Wirtschaftsdienste sind, erfordert eine systematische Differenzierung. Neben der Gliederung nach **strukturellen Merkmalen** (Betriebsgröße, Betriebsfläche, Betriebsalter
usw.) und neben der Anwendung von **standardisierten Branchensystematiken** ist vor
allem der **funktionelle Ansatz** (Stellung als Unternehmensfunktionen und gesamtwirtschaftliche Rolle) von Bedeutung, indem nach dem spezifischen Nutzen gefragt
wird und daraus die Zuordnung zu Untergruppen abgeleitet wird.

3.2.1. Systematisierungsansätze der Dienstleistungskonzeption

Bei der Systematisierung von intermediären Diensten sind vor allem die beiden
Begriffsebenen **"Wirtschaftsdienstleistung"** und **"Wirtschaftsdienste"** getrennt zu betrachten. Auch im Zusammenhang mit der Systematisierung der Wirtschaftsdienste
gehen so wie bei den Dienstleistungen viele Systematisierungsansätze nur von enu-
merischen, pragmatischen Listen aus *(vgl. Kap. 2.2.1.; SCHICKHOFF, I. 1985;
BARTER, J.H. - WALKER, D.F. 1977 MARSHALL, J.H. 1983 u.v.a.).* Wesentlicher
sind jene Ansätze, die **explizite Gliederungskriterien** erkennen lassen:
   + **Eigenschaftsspektren** als gutstheoretische Ansätze sind von großem heuristischen
     Wert *(KAUFMANN, E.J. 1977, S. 39, 40).* Durch die Formulierung von extremen
     Eigenschaftsausprägungen und dazwischen liegender Kontinua ergeben sich viel-
     fältige Möglichkeiten der Abbildung von Dienstleistungstypen: sachliche - persön-
     liche, intellektuelle - handwerkliche, objektbezogene - prozeßbezogene, dis-
     positive - operative Wirtschaftsdienstleistungen usw.
   + Der **Ansatz der Fristigkeit bzw. Dauerhaftigkeit** von Gütern und Diensten liefert
     in seiner Übertragung auf Wirtschaftsdienste eine Systematik, in der **perishable,
     semi duralbe** und **durable producer services** unterschieden werden *(DANIELS,*

P.W. 1985, S. 6). Der Ansatz bezieht sich auf **Wiederbeschaffungs- und Wiederer-stellungsrhytmen** von Unternehmensfunktionen und kann daher sowohl mit Aus-lagerungs- oder Internalisierungskriterien, als auch mit dem räumlichen Be-schaffungsverhalten (Reichweiteprobleme, Orientierungsfragen) in Verbindung gebracht werden. Schlüssige Hypothesen außer einer vagen Vermutung einer Kor-relation von Reichweite und Fristigkeit (ähnlich jener bei der Beschaffung von Konsumdiensten und -gütern) existieren nicht.

+ **Funktionstheoretischen Ansätze** versuchen über die Auflistung von globalen Funktionsbereichen einen Systematisierungsansatz: Vermittlung des Nutzens, die Wert- und Funktionssteigerung bzw. -erhaltung, die Beseitigung von Nutzenbeein-trächtigungen, Information, ästhetischer Genuß und Erbauung, Produktion imma-teriellen Kapitals und Dienstleistungen als Produktionsfaktoren *(MALERI, R. 1973, S. 28)*, Nutzbarmachung, Schaffung, Veränderung, Erhaltung oder Vernich-tung von Bestehendem oder Neuem *(BEREKOVEN, L. 1974, S. 29)*, Einwirkung auf die Objektzuordnung (zeitlich, räumlich, sachlich; *ALLEWELL, K. - RITT-MEIER, B. 1977 usw.)*; Ansätze finden sich auch in einigen dichotomen Differen-zierungen *(vgl. CORSTEN, H. 1985, S. 188)*. Einzelne Wirtschaftsdienste-tätigkeiten lassen sich problemlos diesen Funktionsbereichen zuordnen, Wirt-schaftsdiensteunternehmungen mit ihren institutionalisierten Leistungspaketen hingegen nur selten eindeutig (z.B. Entsorgungsdienste - Vernichtung, For-schungsinstitut - Produktion immateriellen Kapitals, ...). SKOLKA, K. *(1986, S. 587)* untergliedert nach im Wirtschafts- und Gesellschaftssystem ausgegliederten Funktionsbereichen: wissensbezogene Dienstleistungen, Wartungs- und Repara-turdienste, finanzielle Dienstleistungen, Informationsdienste, Managementdien-ste, Verkehrsdienste, ...

+ Aus dem Gesichtspunkt der **Elastizität der Auslagerung** von Unternehmensfunk-tionen wird zwischen *(MARSHALL, J.N. 1982, S. 1530)*
  — **essential services**, "which are considered necessary by all firms" (Rechnungswe-sen, Computerdienste, Beratung usw.), und
  — **less basic services**, "which are utilised when more resources are available", un-terschieden.
  Hier besteht ein starker Konnex zum Verfügbarkeits- und Erreichbarkeitspro-blem.

+ Der **markttheoretische Ansatz** geht von der notwendigen Marktgröße aus *(AM-STRONG, R. 1972, S. 18, cit. nach: ALEXANDER, J. 1979, S. 9, 10)*: Firmenzentra-len haben **nationale und internationale Märkte**, mittlere Firmenbüros brauchen **regionale Märkte** und kleine Firmenbüros nur lokale. Dieses System ist sinnvoll-erweise durch eine nächsthöhere Rangstufe der kontinentalen bzw. der **interna-tionalen Weltmarktorientierung** zu ergänzen.

+ Unter dem Gesichtspunkt der **Beschaffungswege von Dienstebedürnissen** werden unterschieden *(POLESE, M. 1982, S. 154 - 156)*:
  — **"organization oriented services"**, die hohe organisatorische Internalisierung aufweisen (Verlagerung auf die Firmenzentrale bei abhängigen Betrieben): Finanz- und Wirtschaftsdienste, Versicherungen, Rechtsdienste, Faktoring, Rechnungswesen, Engineering, Technische Dienste usw.); im regionalpoliti-

schen Zusammenhang besteht bei diesen Wirtschaftsdiensten eine deutliche
Tendenz zum regionalen Verlust dieser Leistungen an Agglomerationsräume.
- **"market oriented services"** mit hoher Marktorientierung (Baudienste, Immobi-
liendienste, Wartung, Transportdienste, Anlagenleasing, Managementberatung
usw.). "Interregional flow patterns for these services should largley reflect
market forces" *(POLESE, M. 1982, S. 156).*
- **"computer services"** sind eine Ausnahme, insoferne die Internalisierung nicht
mit der Unternehmensgröße steigt.
+ Einen wichtigen Ansatz liefert auch die **Art der Tauschrelation und -organisation**:
Die Wirtschaftsdienste werden gegliedert nach der Exklusivität der Leistungsneh-
mergruppen. Ausgehend von der Hypothese, daß die Wirtschaftsdienste von den
Konsumdiensten eher über die Art des Marktes als über die Art des Produktes abzugrenzen seien, wird eine Gliederung der Wirtschaftsdienste vorgeschlagen in
- **interne Wirtschaftsdienste**, die von Unternehmungen für sich selbst, bzw. für
einzelne Teilbetriebe des Unternehmens produziert werden, in
- **marktorientierte Wirtschaftsdienste** (reine Wirtschaftsdienstspezialisten) und
- **gemischte Wirtschaftsdienste**, von denen intermediäre und finale Leistungen
erbracht werden *(MARSHALL, J.N. - DAMESICK, P. - WOOD, P. 1985; vgl.
dazu auch Fig. 1; ähnlich auch DANIELS, P.W. 1982, S. 27).*
- **Kooperative Wirtschaftsdienste** sind eine weitere Grundform, die nicht auf
dem freien Markt ausgetauscht werden sondern in Form von Kooperationsver-
trägen *(GRANEGGER, H. 1985).*

3.2.2. Systematisierungsansatz: Unternehmensfunktionen

Da Wirtschaftsdienste als **"ausgelagerte Unternehmensfunktionen"** definiert sind,
kommt den Ansätzen eine besondere Bedeutung zu, die Dienstleistungen vom Ein-
satzbereich her, von der Leistungsverwertung aus systematisieren. Von diesem
Ansatz geht ja schon die generelle Abgrenzung der Wirtschaftsdienste von den Konsumdiensten aus (Wirtschaftsstufe der Leistungsnehmer) und er ist daher auch für
die innere Differenzierung der Wirtschaftsdienste verwendbar. In konsequenter
Fortführung dieses Ansatzes läßt sich eine theoretisch sehr fruchtbare Differenzierung der Wirtschaftsdienste dadurch entwickeln, daß auf spezifische **Unternehmensfunktionen und Leistungsbereiche** Bezug genommen wird. Die spezielle Art der
Leistungsverwertung im jeweiligen unternehmerischen Funktionsbereich, in dem die
Nutzenstiftung bewirkt wird, ist Ausgangspunkt der Systematisierung (produktions-
und absatztheoretischer Ansatz). In der Literatur finden sich eine Reihe von Ansätzen, die diesen Gesichtspunkt einsetzen, nicht immer allerdings mit direktem Bezug
auf die Wirtschaftsdienste *(GREENFIELD, H.I. 1966, S. 36; BADE, F.J. 1979;
THORNGREN, B. 1970; TÖRNQVIST, G. 1973; BARTER, H. J. - WALKER, D. F.
1977, S. 10; COHEN, R.H. 1979, S. 7; NOYELLE, Th. 1984, S. 7).*

Die Erstellung einer theoretisch begründeten und empirisch brauchbaren Systematik der Wirtschaftsdienste, die vom Definitionsprinzip der **"ausgelagerten Unternehmensfunktionen"** ausgeht, kann jene Prinzipien verwenden, die auch zur
Systematisierung von Unternehmensfunktionen herangezogen werden. Die organi-

sationstheoretische Aufgabenanalyse unterscheidet Rang-, Phasen- und Zweckstellung von einzelnen Aufgaben im Unternehmensprozeß *(KOSIOL, E. 1966, 1969)*; diese drei Aspekte lassen sich als theoretische Zugänge zur Systematisierung verwenden:

- **Ranganalytische Systematiken** bilden eine wichtige Grundlage der Gliederung der Wirtschaftsdienste, da damit die Stellung im Entscheidungs- und Ausführungssystem, speziell also im Abhängigkeitsmuster abgebildet werden kann und damit auch eine deutliche Differenzierung in der räumlichen Orientierung und räumlichen Wirkung *(Kap. 8.)* zu erwarten ist. Es empfiehlt sich daher, die Wirtschaftsdienste zunächst in zwei große **Gruppen der Rangstellung** zu gliedern:
    - **Dispositive Wirtschaftsdienstleistungen** beziehen sich auf den dispositiven Unternehmensbereich und leisten dort ihre spezifische Nutzenstiftung (Planung, Entscheidung, Koordination, ...),
    - **operative Wirtschaftsdienstleistungen** beziehen sich auf den operativen Bereich von Unternehmungen mit entsprechend spezifischer Nutzenstiftung (Wartung, Service, Transport, Entsorgung, Beschaffung, ...).
    Neben dieser Grobgliederung drängen sich zahlreiche Ansätze zur Verfeinerung der Systematik auf, die sich vor allem auf den Bereich der dispositiven Wirtschaftsdienstleistungen beziehen *(COHEN, R.H. 1979; TORNGREN, B. 1970; TÖRNQVIST, G. 1973; ...)*. Es liegt nahe den **dispositiven Bereiche** zu gliedern in
    - **hochrangige dispositive Wirtschaftsdienstleistungen** mit Nutzenstiftung im Bereich der lang- und mittelfristigen Planungs- und Entscheidungsprozesse, in Bereich der Zielfestsetzung, der Orientierung und Unternehmensstrategie und
    - **routinemäßige dispositive Wirtschaftsdienstleistungen** mit Nutzenstiftung im Verwaltungsbereich, bei den routinemäßigen Bürotätigkeiten, der Kontrolle und Vorbereitung operativer Prozesse.
- **Phasenstellungsanalytische Ansätze:** Zum Teil parallel aber auch ergänzend lassen sich Wirtschaftsdienste nach der Phasenstellung der spezifischen unternehmensinternen Bezugspunkte weitere Differenzierungskriterien ableiten. Vor allem zeigt sich die Notwendigkeit,
    - die **dispositiven Wirtschaftsdienste** nach dem Kriterium der Phase in **Orientierungs-, Planungs- und Kontrolldienste** zu gliedern und
    - die operativen nach Grundstrukturen von Prozeßabläufen in **Beschaffungs-, Produktions- und Absatzdienste** *(vgl. auch die Gliederung nach Einsatzmärkten bei LINHARD, H. 1969)*.
    Dieser Ansatz läßt sich weiter verfeinern, indem betrieblich-unternehmerische Einzelaufgaben als Bezugspunkte zugrunde gelegt werden.
- **Zweckstellungsanalytische Ansätze** führen zur funktionalen Gliederung mit Bezug auf einzelne Unternehmensfunktionen und spezifischen Zwecke im Transformationsprozeß von Wirtschaftsunternehmungen: Beschaffungsdienste, Absatzdienste, Innovations-, Forschungsdienste, dispositive Dienste usw. In der **empirischen Praxis** kommt diesem Prinzip deshalb besondere Bedeutung zu, weil die Begriffe zur Beschreibung verschiedener Wirtschaftsdienstleistungen und die Betriebsbegriffe zur Erfassung von Wirtschaftsdienstbetrieben oder -unternehmen praktisch ausschließlich von **Funktionsbegriffen** abgeleitet sind, mit denen solche Zwecke beschrieben werden (Buchhalter, Wirtschaftstreuhänder, Wartung, ...).

Alle diese Systematisierungsansätze weisen starke **Bezüge zur räumlichen Impli-kation** auf, indem vor allem mit der Achse "räumliche Konzentration - räumliche Dis-perion", also mit dem Grundraster von Zentrum-Region-Systemen klare Paralle-litäten im Standort- und Interaktionsverhalten festgestellt werden müssen *(Kap. 8.)*.

3.2.3. Funktional-hierarchische Systematik als theoretisches und empirisches Grundkonzept

Verwendet man die diskutierten organisationstheoretischen Prinzipien als Grund-lage einer Systematisierung von Wirtschaftsdiensten, die auf der **Definition als "aus-gelagerte Unternehmensfunktionen"** aufbaut, so kann daraus eine **funktional-hie-rarchische Systematik der Wirtschaftsdienste** entwickelt werden. Diese verfolgt das Ziel, aus der Rang-, Phasen- und Zweckstellung der den jeweiligen Wirtschaftsdien-sten entsprechenden Unternehmensfunktionen die relative Position der einzelnen Wirtschaftsdienste im Wirtschaftsprozeß zu bestimmen:

— **Funktional** umfaßt daher die Systematik die gesamte Spannweite der als Dienst-leistungen auf dem Markt auftretenden und auf diesen auslagerbaren Unterneh-mensfunktionen. Daraus ergibt sich eine nach der Phasenstellung geordnete Liste von Wirtschaftsdienstleistungen, in der zur Vermeidung von übertriebener Diffe-renzierung auf atomistische Tätigkeitsbereiche "Betriebsbegriffe" zur Darstellung der Teilgruppen verwendet werden.

— **Hierarchisch** besteht über die Rangstellung ein klares Ordnungssystem, das die Formulierung verschiedener Generalisierungsstufen der Untergliederung ermög-licht *(vgl. Tab. 1.)*:

• **Weltstadtfunktionen, internationale Führungsfunktionen**: An der hierarchischen Spitze der Systematik stehen die Führungsfunktionen des Wirtschaftsgeschehens, die häufig auch als internationale Funktionen ausgebildet sind und als Weltstadt-charakteristika auftreten (diese werden hier nicht expilizit behandelt).

• **Strategische dispositive Wirtschaftsdienste**: An der Spitze der Hierachie stehen jene Unternehmensfunktionen bzw. entsprechenden Wirtschaftsdienste, welche zu strategischen, dispositiven Bereich gehören. Sie werden von der Unterneh-mensführung ausgeführt bzw. im Auslagerungsfalle von dieser am Markt nachge-fragt. Die Untergliederung ergibt sich aus der Rangstellung und der Komple-mentarität der verschiedenen strategischen Funktionen zueinander; hohe Indivi-dualität und Variabilität in den Entscheidungsbereichen und -grundlagen sind we-sentliche Kennzeichen: Finanzierungsentscheidungen, Informationsbeschaffung, Strategiefestlegung, Kontakte, Rechtsfragen, Begutachtung, Forschung und Ent-wicklung, Langfristplanung usw.

• **Dispositive Verwaltungsdienste** dienen der Unterstützung der strategischen Funk-tionen (alltägliche Betriebsführung), aber auch als Brücke und Verbindung (An-weisungen, Kontrolle) zu den operativen Bereichen; teilweise Standardisierungs-fähigkeit ist ein wesentliches Kennzeichen: Versicherungsfragen, Zahlungsab-wicklung, Buchhaltung, Lohnverrechnung, Datenverarbeitung, Werbung, Markt-forschung usw.

Tabelle 1 : Funktional-hierarchische Systematik der Wirtschaftdienste: Zuordnung der Betriebsbegriffe					
operationale Systematik	Betriebsbegriffe	1	WDAT 2 N	A	3
STRATEGISCHE DISPOSITIVE WIRTSCHAFTSDIENSTE	Firmenzentrale		X		
	Bank, Kreditunternehmungen		X		
	Kreditvermittler	*	X	*	
	Finanzberater, Treuhandges.		X	*	#
	Unternehmens-, Wirtschaftsberater	*	X	*	#
	Wirtschaftstreuhänder, -prüfer		X	*	
	Rechtsberater, Anwälte		X		
	Notare		X		
	Sachverständiger, Begutachter		X		
	Techn. Büros, Consulting	*	X	*	#
	Forschungsinstitutionen	*		*	
DISPOSITIVE VERWALTUNGS- DIENSTE	öffentl. Dienste, Verwaltung		X	*	
	Versicherung	*	X	*	
	Versicherungsmakler,-vertreter	*	X	*	
	EDV-Dienste, Rechenzentren		X	*	#
	Werbung, Marktforschung	*	X	*	#
OPERATIVE BÜRODIENSTE	Großhandel		X	*	
	Handelsmakler, -agentur	*	X	*	#
	Import-, Exporthandel	*	X	*	#
	Einzelhandel		X	*	
	Auskunftei, Adreßvermittlung	*	X	*	
	Bürodienste, Druckerei, ...		X		
	persönliche Dienste			*	
OPERATIVE ANLAGEN- DIENSTE	Service, Wartung, ...	*		*	
	Bewachungsdienste		X	*	
	Wäscherei, Putzerei	*	X	*	
	Gebäudereinigung, Entsorgung	*	X	*	
	Realitätenwesen	*	X	*	#
	Leasing, Vermietung		X		
	Lagerung, Kellerei, ...		X	*	
	Verkehrsdienste		X	*	
	Spedition	*	X	*	

A - Anbieter von Wirtschaftsdiensten
N - Nachfrager von Wirtschaftsdiensten
*, X, # in der jeweiligen Erhebung erfaßte Bereiche der Wirtschaftsdienste
WDAT 1,2,3 : Wirtschaftsdienstedatenbanken - siehe Kap. 6.2.

- **Operative Funktionen** sind Unternehmensfunktionen bzw. Wirtschaftsdienste, die dem Ausführungsbereich zuzurechnen sind bzw. direkt in diesem eingesetzt werden; sie werden daher nicht erst auf dem Umweg über die Firmenleitung wirksam. Je nach dem Bezugsbereich läßt sich eine Unterteilung vornehmen in
  - **operative Bürodienste**, die im büromäßigen Verwaltungsbereich eingesetzt werden: Bürodienste, Einkauf, Beschaffung, Auslieferung, Werbung, Marktforschung usw.,

- **operative Anlagendienste**, die im Bereich der Wartung, Pflege, Wiederherstellung der betrieblichen Infrastruktur und der Anlagen eingesetzt werden: Miete, Lea-sing, Wartung, Entsorgung, Reinigung, Realitätendienste usw.
- **Verkehrsdienste** sind Leistungen, welche der Bewältigung der räumlichen Distanzen im spezialisierten Austauschprozeß von Gütern, Personen, Informationen und Diensten dienen, und zwar sowohl im Sinne der reinen Distanzüberwindung (Transportleistung) als auch im Sinne der Verkehrsorganisation (Speditionsleistungen).

Mit der Diskussion von Begriffskonzepten zum intermediären Dienstebereich konnten klare Grundlagen für eine **intentional tragfähige Definition der Wirtschaftsdienste** geschaffen werden. Die Diskussion der Systematisierungsansätze der Wirtschaftsdienste zeigt die Schwierigkeiten mit diesem heterogenen Wirtschaftsbereich, liefert aber mit dem **funktional-hierarchischen Prinzip** eine wesentliche intentional fruchtbare Grundlage für das theoretische Konzept dieser Arbeit und für die empirische Umsetzung *(vgl. Kap. 6.1.)*.

4. Wirtschaftsdienste - Forschungsstand, -ansätze

Wirtschaftsdienste als Forschungsthema der Wirtschaftsgeographie ist ein relaiv junger Ansatz - insbesondere in der deutschsprachigen Geographie *(vgl. STAUDA-CHER, CH. 1985)*. Eine **Ordnung der Forschungsansätze** kann dadurch gefunden werden, daß diese zu Gruppen relativ homogener Fragestellungen und Zielsetzungen zusammengefaßt werden. **Ansätze zur raumbezogenen Analyse und Theorie der Wirtschaftsdienste** sind in folgenden Bereichen feststellbar: Büroforschung und Bürogeographie, Stadtgeographie und Stadtforschung, Industriegeographie, regionalwissenschaftliche und regionalpolitische Ansätze, Wirtschaftsdiensteansatz im engeren Sinn.

4.1. Büroforschungsansatz

Die Büroforschung bzw. Bürogeographie ist als Forschungsdisziplin um ein gemeinsames **Forschungsobjekt**, das **Büro**, seine Entwicklungstendenzen, Rollen, Standorte und Wirkungen entstanden. Schwerpunkte sind die **Standortanalytik** und die **mikroräumliche (innerstädtische) Standorttheorie**; zwischenstädtische Ansätze beziehen sich vor allem auf head office-Funktionen. Büros stellen eine der wichtigsten organisatorischen Erscheinungen der Industriewirtschaft dar *(GAD, G. 1968, S. 143 ff)*, in der sich die dispositiven und verwaltenden Funktionen eine eigene, arbeitsteilige Produktionsform geschaffen haben; diese haben in zunehmendem Maß auch eine eigenständige und führende Rolle im räumlichen Wirtschaftssystem übernommen (Wachstumspole - periphere Abhängigkeit, ...). **Funktional** sind den Büros **Tätigkeiten der Planung, Wissensproduktion, Wissensweitergabe, der Entscheidung, der Kontrolle, der Verwaltung** usw. oder allgemeiner der **Informationsverarbeitung** zuzuordnen, die vor allem hohe Interaktions- und Kontaktvorteile als Standortfaktoren erfordern und daher verstärkt zu räumlicher Agglomeration und funktionaler räumlicher Arbeitsteilung neigen *(BADE, F.J. 1979)*.

Entstanden ist der Büroforschungsansatz im anglo-amerikanischen Raum (inklusive Frankreich, Niederlande, Schweden,) in den USA *(GOTTMANN, J. 1961; MANNERS, G. 1974; AMSTRONG, R.B. 1979)* und Großbritannien, wo die Büroforschung durch einen starken Bedarf zur Dezentralisierung angeregt wurde *(MORGAN, W.T.W. 1961; GODDARD, J.B. 1968, 1971, 1975; DANIELS, P.W. 1969, 1975, 1977, 1978, 1979, 1980, 1983, 1985, u.v.a.)*. Inzwischen hat sich das Thema auch in anderen Ländern etabliert *(Irland - BANNON, M. 1973; MALONE, P. 1981; Niederlande - GRIT, S. - KORTEWEG, P.J. 1976; DE SMITH, M. 1984, Australien - KEMP, D. 1973; SORENSON, R. 1974; ALEXANDER, J. 1976, 1978, 1979; Neuseeland - DACEY, J. 1972, 1973; Kanada - GAD, G. 1975, usw.)* und im **deutschsprachigen Raum** fand das Thema durch die Arbeit von GAD, G. *(1968)* über die "Büros von Nürnberg" eine sehr frühe Erstbearbeitung, der aber lange keine weitere folgte. Erst jüngst taucht das Thema wieder häufiger auf *(DE LANGE, N. 1983; HARTWIEG, J. 1983; HEINEBERG, H. - DE LANGE, N. 1983; Zusammenfassungen über den Stand der Büroforschung: GAD, G. 1983; HEINEBERG, H. - HEINRITZ, G. 1983 und FREY, A. 1981)*.

Folgt man der Analyse von HEINEBERG, H. - HEINRITZ, G. *(1983, S. 11, 12))*
so lassen sich **drei Forschungsschwerpunkte** feststellen:

a) In der **Bürostandortforschung**, die vor allem an Verteilungsanalysen ansetzt (Lokalisations- und Dispersionsparameter, Clusteranalysen, ...), gibt es bisher noch keine umfassende Bürostandorttheorie *(HEINEBERG, H. - HEINRITZ, G. 1983, S. 12)*, theoretische Ansätze bestehen im Zusammenhang mit dem **Lebenszyklusansatz** *(Modell des Bürowachstums, COWAN, P. 1969, PRITCHARD, G. 1975)*, dem **aktionsräumlichen Ansatz** *(OLANDER, L.O. 1979; PERSON, C. 1979)*, dem **kommunikationstheoretischen Ansatz** *(THORNGREN, B. 1979; TÖRNQVIST, G. 1970; GODDARD, J.B. 1971: PYE, R. 1977, 1979)*, dem **Innovationsdiffusionsansatz** *(BEARSE, P.J. 1978)* sowie dem **organisationstheoretischen Ansatz** *(WÄRNERYD, O. 1968)*. **Defizite der Bürostandortforschung** sind in folgenden Bereichen identifizierbar:

   — Die Rolle und Struktur der **Produktionsfaktoren und Standortfaktoren** ist weitgehend ungeklärt und nicht aufgearbeitet *(HEINEBERG, H. - HEINRITZ, G. 1983, S. 13)*, weil aufgrund der Vielfältigkeit der ökonomischen Funktionen in Büros nur bedingt eine generelle Antwort möglich scheint. Der Versuch der Formulierung einer generellen Bürostandorttheorie muß angezweifelt werden, da es wegen der **Funktionsvielfalt** keine generelle Bürostandorttheorie geben kann.

   — Das zweite Defizit besteht im Rahmen der Bürostandortanalytik in der zu geringen **Integration von entscheidungs- und verhaltenstheoretischen Ansätzen**.

   — Ein drittes Defizit besteht im **Mangel an Prozeßanalysen**, die vor allem mit organisatorischen und technologischen Veränderungen und ihren Auswirkungen in Verbindung zu bringen sind. Vor allem die immer wieder angesprochene **Suburbanisierungstendenz** ist nur beispielhaft und für Teilbranchen analysiert *(HARTWIEG, J. 1983)*.

   — Auch die **betriebswirtschaftlichen Aspekte** des Bürobetriebes gelten als wenig erforscht *(HEINEBERG, H. - HEINRITZ, G. 1983, S. 16)*, sodaß die spezielle Produktionswiese, die Organisationsstruktur, berufliche Qualifikationen usw. als Grundlage fehlen.

b) Der **kontakt- und kommunikationsanalytische Ansatz** kann als Teilbereich der theoretischen Begründung von Standortmustern und -wirkungen angesehen werden, in dem auf die für Büros ganz allgemein sehr wichtigen Interaktionsbedürfnisse abgestellt wird. Entstanden ist der Ansatz aus der Hypothese, daß, und der Frage, ob "**spatial clusters**" von Büros auch als "**functional clusters**" interpretiert werden können *(HEINEBERG, H. - HEINRITZ, G. 1983, S. 17)* und somit für Dezentralisierungsbemühungen eine selektive Strategie gegeben ist. Auch hier zeigt sich, daß mit der aggregierten Betrachtung über den Bürosektor "erhebliche brancheninterne Differenzierungen ... verwischt werden" *(HEINEBERG, H. - HEINRITZ, G. 1983, S. 18)*. "functional clusters" können nicht aus der Existenz von "spatial clusters" begründet werden, sondern müssen aus speziellen funktionalen Beziehungen abgeleitet werden; ein direkter Schluß würde einen Koinzidenz-Determinismus darstellen. Offen bzw. weitgehend nicht belegt sind die Zusammenhänge der Kommunikationsstrukturen mit gegebenen bzw. sich stark verändernden Kommunikationsbedingungen, insbesondere im Zusammenhang mit den "neuen" Kommunikationstechnologien. Entstehen durch diese Veränderungen für die Bürobranche insgesamt Alternativen des Standortverhaltens und der räumlichen Verflechtungen, in welchem Ausmaß und vor allem mit welcher funktionalen Selektivität?

c) Die **Zusammenhänge zwischen der Bürostandortentwicklung und der Stadt- und Regionalentwicklung** gelten ebenfalls als weitgehend ungeklärt *(HEINEBERG, H. - HEINRITZ, G. 1983)*, wenngleich verstärkte Bemühungen zu einer Einbeziehung der Bürofunktionen, speziell der Dienstleistungen und Wirtschaftsdienste, in regionalpolitische Strategien festzustellen sind. Aber auch hier kann das Problem nicht durch eine globale Diskussion für Büros gelöst werden, sondern ist funktionsspezifisch anzugehen *(vgl. Kap. 13.)*.

Obwohl der **Bürobegriff** und der **Wirtschaftsdienstebegriff** nicht identisch sind, kann die Büroforschung als eine recht breite Basis angesehen werden, denn Wirtschaftsdiensteproduktion spielt sich überwiegend in Büros ab. Ausnahmen sind etwa der Großhandel mit hoher Bedeutung der Lagerfunktion, Verkehrsdienste, Wartungsdienste usw., aber auch hier sind Büros ein sehr wesentlicher Teil der jeweiligen Unternehmungen. Der Bürobegriff deckt also weite Bereiche der Wirtschaftsdienste ab, ist aber auf der anderen Seite wesentlich breiter: er umfaßt auch reine Konsumdienste (diverse Verwaltungseinrichtungten, öffentliche Dienste, ...), aber auch innerbetriebliche Organisationseinheiten mit der Funktion der betrieb- lich/unternehmerischen Disposition und Verwaltung. Theoretische Bemühungen können nur bei einzelnen Funktionsbereichen mit jeweils spezifischen Standort- und Produktionsfaktoren ansetzen - daher ist davon auszugehen, daß eine jeweils spezielle Theorie für Headquarters, für Wirtschaftsdienste, für öffentliche Büros usw. notwendig ist. Es zeigt sich, daß mit einer aggregierten Betrachtung des Bürosektors "erhebliche brancheninterne Differenzierungen ... verwicht werden" *(HEINEBERG, H. - HEINRITZ, G. 1983, S. 18)*.

4.2. Industriegeographischer Ansatz

Ausgehend vom Phänomen der selektiven Arbeits- und Standortdifferenzierung und den damit zusammenhängenden Problemen der Außensteuerung, aber auch in engem Zusammenhang mit der Problematik der regionalen Entwicklung entstand in der **Industriegeographie** eine verstärkte **Beschäftigung mit den dispositiven Funktionen und den Dienstleistungen als Produktions- und Standortfaktoren.** Es gibt daher starke Bemühungen um eine Loslösung von einer fast ausschließlichen Konzentration auf die "materielle" Erklärungsbemühungen. Es geht dabei um die Bedeutung der Dienstleistungen und besonders der Wirtschaftsdienste für die Standort- und Interaktionsmuster der Industrie *(BARTER, J.H. - WALKER, D.F. 1977 über "industrial services"; PARKER, H.A. 1974; BRITTON, J.N.H. 1974; SCHICKHOFF, I. 1981; SCHACKMANN-FALLIS, K.P. 1983; SCHAMP, E.W. 1987; GROTZ, R. 1980)*.

Hierher gehören auch jenen Zugänge, die durch die Beschäftigung mit **Mehrbetriebsunternehmungen** entstanden sind. Diese Form der Unternehmensorganisation spielt bei den Fragestellungen der entwicklungs-, herrschafts- und organisationstheoretischen Überlegungen eine besondere Rolle, weil dabei die Hypothese zugrunde liegt, daß über diese Organisationsform Kern-Peripherie-Abhängigkeiten, regionale Außensteuerung und "ungesunde" wirtschaftliche und räumliche Machtdifferenzierungen entstehen bzw. verstärkt werden *(DICKEN, P. 1971; WESTAWAY, J. 1974, 1975; THOMAS, M.D. 1980; WATTS, H.D. 1981; DICKEN, P. - LLOYD, P.F. 1981; bzw. auch in der vielfältigen entwicklungstheoretischen Literatur - vgl. TÖDTLING, F. 1983).* Der bedeutendste Sektor in diesem Rahmen ist die Beschäftigung mit Multinationalen Unternehmungen *(TAYLOR, M. - THRIFT, N. Hrsg, 1982)*, insbesondere jener Ausschnitt, der sich mit den **Firmenzentralen und "nonproduction activities"** von Mehrbetriebsunternehmungen befaßt *(GOODWIN, W. 1965; EVANS, A.W. 1973; GLEBE, G. 1975; BURNS, L. 1977; SEMPLE, R.K. 1977; REES, J. 1978; DUNNING, J.H. - NORMAN, G. 1979; SEMPLE, R.K. - PHIPPS, A.G. 1982; SEMPLE, R.K. - GREEN, M.B. 1983, 1983 u.v.a.).* Dabei geht es vor allem um die Bedingungen der Ausgliederung von Firmenzentralen als selbständige Betriebseinheiten aus dem Gesamtunternehmen, ihre besonderen Standortanforderungen und Standortwirkungen - insbesondere um die hierarchische Zuordnung im Städtesystem *(intrametropolitane Spezialisierung: PRED, A. 1975; LICHTENBERGER, E. 1972, S. 246, Fig. 6).* Wichtige Ansätze ergeben sich auch aus der Auslagerung in Form von Unternehmensfunktionen wie Forschung und Entwicklung, Verkaufsbüros, Repräsentanzen, Routineverwaltungsbüros, front offices usw. als Zweigbetriebe.

Die **Defizite** liegen einerseits in der nur schwach abgeklärten Rolle der **Wirtschaftsdienste als Standortfaktoren,** wo zwar aus vielen empirischen Analysen Hinweise auf einen Einfluß auf das (Standort-) Entscheidungsverhalten vorliegen, aber durchaus kein schlüssiger Beleg, andererseits in der noch nicht abgeschlossenen Analyse der selektiven Standortdifferenzierung von internen zwischenbetrieblichen Dienstleistungsfunktionen untereinander und mit anderen Unternehmensfunktionen (organisationstheoretischer Ansatz) bzw. der Wirkungen dieser Internalisierung auf den übrigen intermediären Dienstleistungsmarkt.

4.3. Stadtgeographische Ansätze

Läßt man die ja meist auch der Stadtgeographie (-forschung) zuordenbaren Büroforschungsansätze außer Betracht *(vgl. Kap. 4.1.)*, so zeigen die stadtgeographischen Ansätze eine wesentlich stärkere **funktional differenzierte Betrachtungsweise.** Es geht um **städtische Funktionen** und ihre Einordnung in die Stadt aufgrund ihrer spezifischen Standortanforderungen bzw. ihre Wirkung auf die Stadt aufgrund ihrer Beziehungen zu den übrigen städtischen Systemelementen. **Wirtschaftsdienste** sind solche städtischen Funktionen. Unter den stadtgeographischen Ansätzen mit Relevanz für das Thema sind mindestens zwei Ebenen (räumliche Bezugsebenen) zu unterscheiden:

+ Beim **innerstädtische Ansatz,** indem es um die ökonomische Differenzierung im innerstädtischen Nutzungsmuster und die innerstädtische Standortanalytik geht, finden allgemeine Standortfaktorenansätze und spezifische Interaktionsansätze Verwendung. Der Theorie des tertiären und quartären Sektors würde hier eine besondere Bedeutung zukommen, es gibt aber bisher keine Theorie des quartären

Sektors *(LICHTENBERGER, E. 1986, S. 207, 208)*. Dies zeigt sich auch darin, daß
sowohl auf der empirischen als auch auf der modellbildenden Seite nur bescheidene Ansätze für eine ökonomische und wirtschaftsräumliche Analyse innerstädtischer Muster, insbesondere im Zusammenhang mit der **Assoziation von tertiären
und quartären Funktionen** und ihrer Viertelsbildung bestehen; auch bezüglich der
Suburbanisierungsvorgänge in diesem Bereich liegen bisher nur Fallstudien vor
(HARTWIEG, J. 1983). Für den Teilbereich der hochrangigen quartären Funktionen liefert der **"transactions economy-Ansatz"** *(GOTTMANN, J. 1966 bis 1983;
HOOVER, E.M. - VERNON, R. 1962; COHEN, R. 1979; COREY, K.E. 1982 u.v.a.)*
mit der Begründung der räumlichen Assoziation im Citybereich über die Transak-
tions- und Interaktionszentralität einen wichtigen Erklärungsansatz, indem für
hochrangige Funktionen wie Finanzwesen, Headquarters, hochrangige Wirtschaftsdienste, Börsen, internationale Handelseinrichtungen usw. die Bindung an
Groß- und Weltstädte und deren Citybereiche nachgewiesen wird. Eine systematische (skizzenhafte) Verbindung von diesem Ansatz zur "normalen" Stadtgeographie liefert LICHTENBERGER, E. *(1986, S. 211)* mit dem Hinweis auf Standortdifferenzierungen unter Bürofunktionen und die Assoziation mit Geschäftsfunk-
tionen für kleine Großstädte und Halbmillionenstädte.

+ Der **zwischenstädtische Ansatz**, die **Städtesystemforschung** *(JEFFERSON, 1939;
TÖRNQVIST, G. 1973; PRED, A. 1975; BARTELS, D. 1979; NOYELLE, Th. 1983,
1984; FRIEDMANN, J. 1986; CAROLL, G.R. 1982 - zusammenfassende Wertung;
vgl. auch Kap. 8.4.)*: Meist wird nur die nationale - selten eine internationale
(globale) Identifikation von zwischenstädtischen Hierarchiemustern und Systemstrukturen angestrebt. Zudem erfolgt die Definition städtischer Systeme recht
selten über städtische Funktionen (Wirtschaftsdienste) im Sinne "repräsentativer
Dienste" sondern fast ausschließlich über Bevölkerungszahlen. Am ehesten ver-
wirklicht ist das Konzept der städtischen und "repräsentativen" Funktion von Wirtschaftsdiensten - allerdings nur auf der nationalen Ebene - bei IBLHER, P. *(1970)*
in einer Studie über "Die Machtverteilung zwischen den Großstädten der BRD"
und bei NOYELLE, TH. *(1983, 1984)* über das Städtesystem in Kanada und den
USA. Hierher gehören auch die Arbeiten unter dem Thema **Weltstadt** *(HALL, P.
1978)* und über internationale Systeme *(ALGER, Ch. F. 1977; HEENAN, D.A.
1977; DUNNING J.H. - NORMAN, G. 1983 über "global Producer Services")*. Auch
hier gehen die vorliegenden Erkenntnisse nicht wesentlich über empirische Ergebnisse hinaus und die mit Zentrensystemen am stärksten in Verbindung gebrachte
"zentralörtliche Theorie" ist nur eine "konsumorientierte Standorttheorie des te-
ritären Sektors" *(LICHTENBERGER, E. 1986, S. 25)*. Die vielfältigen Anwendungen der **"Rank-Size-Rule"** sind Beschreibungsmodelle für die Größe-Bedeu-
tungs-Relation in Städtesystemen, die auch für die Abbildung von Wirtschaftszen-
trensystemen geeignet sind. Die Ansätze sind insoferne von besonderer Bedeutung für den Wirtschaftsdienstcansatz, als hier Aspekte des **Zentrenbezuges** und
der **Wirtschaftszentralität** behandelt werden, also die Hypothese zugrunde gelegt
ist, daß unter anderem Wirtschaftsdienste zu den wichtigsten Bestimmungsfaktoren städtischer Rollen gehören und daher deren Existenz zur Messung von Rollen
einzelner Städte und zur Erfassung von Städtesystemen geeignet sind.

4.4. Regionalwissenschaftliche, -politische und wirtschaftswissenschaftliche Ansätze

Ein beträchtlicher Schub für die Entwicklung der Fragestellung und die Forschung im Bereich der Wirtschaftsdienste und Wirtschaftszentralität kommt aus dem Bereich der regionalwissenschaftlichen und vor allem der regionalpolitischen Ansätze. Es lassen sich 2 Ebenen unterscheiden:

1. Die analytische Befassung mit den **Dienstleistungen** und speziell den **Wirtschaftsdiensten** als Instrumente der Regionalpolitik *(vgl. Kap. 13.)* und
2. die theoretischen Grundsatzfragen im Zusammenhang mit der **regionalen und regionalpolitischen Rolle von Zentren** (Wachstumspoltheorie, Kern-Peripherie-Modelle, regionale Abhängigkeit, ...), in deren Rahmen die Rolle der Wirtschaftsdienste als Zentrenfunktion bedeutend ist.

Die **analytische Befassung mit Wirtschaftsdiensten** hat in jüngster Zeit einen beträchtlichen Auftrieb dadurch erfahren, daß in zunehmenden Maße **Dienstleistungen** *(FRERICH, J. 1978; KRIKAU-RICHTER, L. - OLBRICH, J. 1982; OECD, 1978; ...)*, **Wirtschaftsdienste** *(MARSCHALL, J.N. 1985)* und Büros *(BURROWS, E.M. 1973)* in regionalpolitische Konzeptionen einbezogen werden. Wirtschaftsdienste werden hier analysiert als Voraussetzungen für regionale Entwicklung, vor allem für endogene (nicht abhängige) Entwicklung aber auch als **Träger von regionalen Entwicklungen**, als "growth services" und als "export services" *(DANIELS, P. W. 1986, S. 440)*. Mit diesem Ansatz erfährt die Wirtschaftsdiensteforschung ihren praxisorientierten Bezug. Ein beträchtlicher Teil der Grundlagenforschung liegt ebenfalls in diesem Ansatz begründet, die in die Bereiche der Standortanalytik, der Mobilität der Wirtschaftsdienste und besonders in deren Wirtschaftsanalytik (als Standortfaktoren, Entwicklungsfaktoren) hinein reicht *(vgl. Kap. 13.)*.

Wirtschaftsdienste als spezieller Erkenntnisbereich treten in der **wirtschaftswissenschaftlichen Literatur** mit Ausnahme von speziellen Branchenanalysen (z.B. Banken, Versicherungen, Unternehmungsberatung, ...) nur selten auf. Es sind im wesentlichen drei Bereiche zu nennen:
— **Grundsatzliteratur über Dienstleistungen** *(SCHEUCH, F. 1982; BEREKHOVEN, L. 1974; CORSTEN, H. 1985, 1988; etc. ; vgl. Kap. 2.)*.
— Spezielle Arbeiten über die **Produktivdienstleistungen** mit allgemein ökonomischen und speziellen betriebswirtschaftlichen Grundlagen *(insbesondere KAUFMANN, E. J. 1977)* und zahlreiche Spezialarbeiten über Teilbereiche der Wirtschaftsdienste *(GRAEF, M. -GREILLER, R. 1975; PERLITZ, W. 1975; BARTLING, U. 1985 usw.)*.
— Arbeiten über den **intermediären Bereich der Wirtschaft** im gesamtwirtschaftlichen Zusammenhang *(z. B. SKOLKA, J. 1986)*, die allerdings dominant auf den gesamten Dienstleistungsbereich *(CORSTEN, H. 1985)* und weniger auf die Rolle der Wirtschaftsdienste eingehen.
Diese Arbeiten liefern die **Grundlagen zur geographischen Analyse,** indem die gutstheoretischen, produktions-, organisationstheoretischen Grundfragen der Wirt-

schaftsdienstproduktion aber auch der Wirtschaftsdienstennachfage behandelt werden.

4.5. Wirtschaftsdiensteansatz (i.e.S.)

Der eigentliche Wirtschaftsdiensteansatz, also die explizite Wahl der **Wirtschaftsdienste als Gegenstandsbereich** muß innerhalb der Geographie und Wirtschafts- und Sozialwissenschaften als ein relativ schwach entwickelter Forschungsansatz bezeichnet werden, besonders im deutschsprachigen Raum. Es gibt einige frühe Ansätze *(GREENFIELD, H.T. 1966; SCHILLER, P.W. 1970)*, die meisten Arbeiten datieren aber erst nach 1975 bzw. überhaupt erst aus den achziger Jahren *(DANIELS, P.W. 1984, 1986; MARSHALL, J.N. 1983; WOOD, P.A. 1985; POLESE, M. 1982; u.v.a.; vgl. Literaturverzeichnis im Anhang)*. Der Forschungsansatz ist über den **Gegenstandsbereich** "Wirtschaftsdienste" und die damit zusammenhängenden **Raumsysteme** (Wirtschaftszentren) abgrenzbar, dessen Schwergewicht eindeutig bei der Befassung mit räumlichen Fragestellungen liegt (Standortanalytik, Verflechtungsanalytik, Wirkungsanalytik), worin sich eine führende Rolle der Wirtschaftsgeographie bzw. der regionalwissenschaftlichen/regionalpolitischen Ansätze spiegelt. Für den englischsprachigen Raum (speziell für Großbritannien) stellt DANIELS, P.W. *(1986, S. 441)* fest: "it is probaly fair to suggest that amongst social scientists geographers are now leading the way in research on producer services, with a few exceptions, to receive remarkably scant attention in the economics and business literature":

+ **Partialansätze:** Diese befassen sich mit einem speziellen Bereich oder einigen ausgewählten Branchen der Wirtschaftsdienste *(z.B. BARGIEL, A. 1969; SKOWRONEK, ST. 1970; HARTWIEG, J. 1983; FRÜHWIRT, U. 1983; STAUDACHER, CH. 1981; DE LANGE, N. 1983 usw.)*. In diesen geht es vor allem um Standortanalysen und um die beispielhafte Aufdeckung von Grundlagen der räumlichen Beziehungen solcher Branchen, um die Grundmuster der räumlichen Verteilung, um Verlagerungstendenzen und um die Wirkung auf den Standort und die Region.

+ Wesentlich seltener sind Arbeiten, die auf **spezifische Fragestellungen** angesetzt sind: Ein typisches Beispiel dafür ist die **Innovationsstudie** von BEARSE, P.J. *(1974)*, in der es um die Frage nach den räumlichen Ausbreitungsprozessen und Bedingungen des Auftretens von Wirtschaftsdiensten geht. Hierher gehört auch die **marketingtheoretische Studie** von KAUFMANN, E.J. *(1977)* als betriebswirtschaftliche Hauptarbeit und der relativ größere Bereich der regionalpolitisch angeregten Arbeiten zur Nachfrageanalyse bzw. zur räumlichen Orientierung der **Nachfrage nach Wirtschaftsdiensten** *(SCHICKHOFF, I. 1985, 1981; DANIELS, P.W. 1984; MARSHALL, J.N. 1983; BARTER, J.H. - WALKER, D.F. 1977; POLESE, M. 1982; u.a.)*.

+ **Gesamtdarstellungen** des Forschungsbereiches sind noch sehr selten. Die klassische Arbeit ist jene von GREENFIELD, H.I. *(1966)*, die einen breiten Überblick über einen Großteil der Fragestellungen liefert, allerdings mit engem Bezug auf die Situation in den USA. Überblicke über den Forschungsstand und über die Problembereiche des Ansatzes in Aufsatzform wurden in mehrfacher Form versucht *(DANIELS, P.W. 1983, 1985, 1986; NOYELLE, TH. 1983; MARSHALL, J.N. - DAMESICK, P. - WOOD, P. 1985; STAUDACHER, CH. 1985; ...)*.

Versucht man sehr generalisiert die Forschungsansätze und Problembereiche des Ansatzes zu akkumulieren, so können die folgenden **Hauptforschungsbereiche** identifiziert werden *(DANIELS, P.W. 1985 und 1986; THRIFT, N. - DANIELS, P.W. 1985)*:

+ **Standortanalytik der Wirtschaftsdienste:** Untersucht werden (oft in eher deskriptiver Weise) die **Standortverteilungen** der Wirtschaftsdienste oder einzelner Teilbranchen, die **Verlagerungsprozesse** in der mikroräumlichen Dimension und eher selten **Standortentscheidungsprozesse.** Nur selten angesprochen wird bei diesen Untersuchungen die **Mehrbetrieblichkeit und Plurilokalität** (funktionale räumliche Arbeitsteilung), nicht vorhanden ist die Analyse der **multiplen Standartorganisation** der Wirtschaftsdienste *(vgl. Kap. 8.1.),* es dominieren regionale Fallstudien.

+ **Raumwirkungsanalysen** der Wirtschaftsdienste: Von einem entwicklungstheoretischen und regionalpolitischen Zugang her werden **regionale und interregionale Interaktionen** von und mit Wirtschaftsdiensten und ihre Auswirkungen auf die **Regionalentwicklung** und selten die Entwicklung von **Städtesystemen** untersucht.

+ **Internationalisierung** der Wirtschaftsdienste: Dieser Ansatz trägt den aktuellen Tendenzen Rechnung, daß auch bei Wirtschaftsdiensten eine zunehmende Internationalisierung eintritt und entsprechend die Standortsysteme und Raumwirkungen untersucht werden müssen.

+ **"office-space-Ansatz":** Einer der wichtigsten Ansätze der Dienstleistungsgeographie liegt in der Büroforschung begründet, vor allem der "office-space-Ansatz" und die Analysen der Auswirkungen des Büromarktes stellt einen fruchtbaren Forschungsansatz dar; insbesondere bei der mikroräumlichen Standortanalyse und stadtgeographischen Ansätzen.

4.6. Wirtschaftsdienste in Österreich - Forschungsstand

4.6.1. Branchenanalysen

Die makro- und mikroräumlichen Standortmuster der Wirtschaftsdienste in Österreich sind bisher kaum bzw. nur in einigen wenigen branchenspezifischen Ansätzen untersucht, z. B.:

● **EDV-Dienstleistungen** *(NÖLLNER, E. 1986):* Diese werden definiert als "wirtschaftliche Dienste, die sich auf elektronische Datenverarbeitung beziehen" *(NÖLLNER, E. 1986, S. 19)* und als Unternehmungen mit spezifischen Leistungszielen und -kombinationen auftreten. Hardwarehersteller bieten in der Regel neben dem Handel mit der eigenen Hardware auch allgemeine und spezifische Software, Rechenzentrumsdienstleistungen und hardwarebezogene Dienste an, (herstellerunabhängige) Softwarehäuser spezialisieren sich auf die Bereitstellung und Wartung von speziellen Anwenderprogrammen, wobei eine bunte Mischung von freiberuflichen Programmierern und "echten" Softwarehäusern existiert. Rechenzentren bieten Datenverarbeitungsleistungen auf eigenen Hardwarebeständen an. Daneben gibt es auch EDV-Dienstleistungsangebote durch nichtspezialisierte Unternehmen, für welche die EDV-Dienste Zusatzleistungen im Rahmen von Dienstepaketen darstellen (Unternehmensberater, Steuerberater, ...). Unter den **Standortkriterien** für EDV-Dienstleistungsbetriebe wird vor allem auf den

Informationsbedarf (Hardware-, Softwareinformation) und auf die damit zusammenhängenden Kontaktbedürfnisse zu Herstellern, Kunden, Behörden und potentiellen Anwendern hingewiesen. Die **markoräumliche Standortanalyse** weist eine hohe räumliche Konzentration der EDV-Dienstleistungsbetriebe auf die Städte und Kernräume nach, die in jüngerer Zeit einer leichten Auflockerung unterliegt: 1979 waren 58,2 % auf die Bundeshauptstadt, 19,9 % auf die Landeshauptstädte und 9,1 % auf die Bezirkshauptorte konzentriert, 1983 waren nur mehr 51,1 % in der Bundeshauptstadt, dafür aber 23,6 % in den Landeshauptstädten angesiedelt *(NÖLLNER, E. 1986, S. 65).* Nur 16 % liegen außerhalb dieser städtischen Standorte, wobei ein wesentlicher Anteil auf die Umlandgemeinden, also auch auf die wirtschaftlichen Kernräume konzentriert ist *(NÖLLNER, E. 1986, Abb. 4).* Auch die Gründungsdynamik weist eine solche Konzentrationstendenz auf: von den 1979 - 1983 entstandenen EDV-Betrieben sind 39,6 % in Wien, 22,6 % in den Landeshauptstädten und 12,5 % in Bezirkshauptstädten entstanden. Dennoch zeigt sich für Wien ein Rückgang der EDV-Betriebe, da hier durch eine hohe Stillegungsrate auch mit einer sehr hohen Fluktuation des Betriebsbestandes gerechnet werden muß. Es zeichnet sich also ein gewisser **Dezentralisierungsprozess** über veränderte Gründungsintensitäten aber auch über räumliche Mobilitäten ab. Verflechtungs- und Interaktionsanalysen sind nicht enthalten.

- **Wirtschaftstreuhänder** *(LÜTKE, I. 1985; BARGIEL, A. 1969)* stellen im Wirtschaftsprozeß eine wesentliche Funktionskategorie dar, mit der die Nachfrage nach "verordneten" Leistungen der Prüfung (AG), der Buchprüfung und Steuerberatung, der Erstellung von Gutachten und der Beratung, Vertretung bei Behörden, Übernahme von Treuhandaufgaben usw. abgedeckt wird. Die Standortorientierung der Wirtschaftstreuhänder ist bestimmt durch die Dichotomie zwischen **Kundenorientierung** und Agglomerationsvorteilen, die vor allem in der Nähe zu Behörden und Ämtern (Finanzamt, Gerichte), aber auch in der Nähe zu anderen Treuhandkanzleien und Wirtschaftsdiensten ("Phänomen der Konkurrenzanziehung") bestehen. Es ist daher einerseits eine starke makroräumliche Orientierung an den hierarchischen Ebenen des Zentrensystems zur Marktabdeckung aber auch eine deutliche Kundenorientierung im Bereich der Verdichtungsräume der Industrie bzw. des Fremdenverkehrs zu erwarten. Für Österreich bestätigt sich die deutliche **räumliche Konzentration** der Wirtschaftstreuhänder auf die **Metropole Wien** mit 42,9 % *(1458 Kanzleien; LÜTKE, I. 1985, S. 122ff, Karte 6)*; die Landeshauptstädte weisen dagegen schon eine recht schwache Ausstattung auf: Linz 161, Salzburg 195, Innsbruck 159, Graz 163, Klagenfurt 75, Bregenz 24 und Eisenstadt 15. Die Nutzung von Agglomerationsvorteilen und die Kundenorientierung sind in Österreich einerseits durch eine deutliche hierarchische Standortverteilung auf die Wirtschaftszentren und durch eine höhere Dichte in wirtschaftlichen Intensivräumen realisiert. Auch bei Wirtschaftstreuhändern wird die Ausbildung von **Mehrbetriebsunternehmungen** immer wichtiger *(LÜTKE, I., S. 136, 141)*: In Österreich gibt es 28 mehrbetriebliche Treuhandkanzleien mit insgesamt 80 Zweigstellen (43 davon entfallen allerdings auf ein Unternehmen): Die Zentralen sitzen dabei fast ausschließlich in den Groß- und Mittelstädten (Wien und Landeshauptstädte), in manchen Fällen aber auch in Bezirkshauptorten, von wo aus dann kleinere Regionen mit mehreren Standorten abgedeckt werden.

• Forschungs- und Entwicklungsinstitutionen *(STAUDACHER, CH. 1981)* stellen im Wirtschaftsprozeß eine wesentliche Leitfunktion dar; durch die Invention von Neuerungen, durch die Vermittlung von Innovationen durch Forschungs- und Entwicklungsinstitutionen entstehen Ökonomisierungsvorteile im nachfragenden Unternehmen und bedeutende Adoptions- und Konkurrenzvorteile. F&E dienen der Entwicklung von technischen Neuerungen, der Produktion von Wissen, der Entwicklung von organisatorischen Strukturen, der Erforschung der unternehmerischen Umwelt (Marktstudien) usw., wobei der Infor- mationsbedarf als entscheidener Standortfaktor angesehen werden kann: Dieser führt entweder zur **Agglomerationsorientierung** ("zentrale" F & E) oder zur **Objektorientierung** (Anwendung im Produktionsbetrieb, Versuchsanlagen usw.). Unter Einschluß der universitären Forschungsinstitutionen ergibt sich für Österreich eine sehr hohe **räumliche Konzentration auf die Metropole Wien** (50 % aller F & E, 41 % der F & E-Abteilungen) und die **Universitätsstädte**. Die anderen bedeutenden Forschungsstädte Österreichs (Graz, Innsbruck, Salzburg, Linz, Klagenfurt, Leoben) sind hingegen in starkem Maß "Universitätsstädte" mit nur gerin- ger Bedeutung von privaten Forschungseinrichtungen. **Disperse Standorte** treten im Zusammenhang mit der Bindung an das jeweiligen Wirtschaftsunternehmen auf, das die Forschungseinrichtung betreibt, aber auch aufgrund der Bindung an das Forschungsobjekt (z.B. landwirtschaftliche Forschungsanstalten). Die Objektorientierung kommt vor allem in eine stärkeren Dispersion von F&E-Abteilungen auf Einzelstandorte (50 %) zum Ausdruck; das sind überwiegend Standorte von Industriebetrieben mit integrierten Forschungs- und Entwicklungsabteilungen. Im internationalen Vergleich scheint dieses Verteilungsmuster durch die Berücksichtigung der Institutsgliederung der Universitäten deutlich überzeichnet, sodaß eher das Verteilungsmuster der privaten Forschungs- und Entwicklungseinrichtungen als vergleichbar angesehen werden muß; aber auch hier zeigt sich eine sehr deutliche **monopole Stellung Wiens** *(STAUDACHER, CH. 1982, S. 35)*.

Ähnliche Arbeiten gibt es über Versicherungsunternehmungen *(SCHUTT, H. 1986)*, über Kreditinstitute *(FRADINGER, B. 1983)*, in Ansätzen über den Großhandel *(KRAUTER, B. 1986)* und über die Wirtschaftsdienste insgesamt *(STAUDACHER, CH. 1985, 1987)*.

4.6.2. Zentrenforschung in Österreich

Zur Zentrenforschung in Österreich gibt es neben Detailanalysen über die Standortmuster von einzelnen Wirtschaftsdienstebranchen, die indirekte auch Aussagen über die Zentrenstruktur liefern, nur die **Zentralitätsanalyse** von BOBEK, H. - FESL, M. *(1978, 1983)* und die Arbeit von TÖDTLING, F. *(1983)* über die **regionale Außensteuerung und die Rolle der Firmenzentralen**.

a) Das System der Zentralen Orte Österreichs

Der Stand der Zentralitätsanalyse Österreichs ist hauptsächlich durch die Analyse des zentralörtlichen Systems *(BOBEK, H. - FESL, M. 1978, 1983)* repräsentiert *(vgl.*

auch STIGLBAUER, K. 1983). Da die grundlegenden Denkansätze zur Theorie der Zentralen Orte letztlich rein konsumorientiert sind, bleibt auch die Theorie selbst auf den **Konsumversorgungsansatz** beschränkt. Auch die breite empirische Analyse des zentralörtlichen Systems Österreichs muß als fast ausschließlich konsumorientiert eingestuft werden.

Tabelle 2 : Wirtschaftsdienste in der Liste der "repräsentativen Dienste" für die zentralörtliche Gliederung Österreichs nach BOBEK, H. - FESL, M. 1978 *(Tab. 1, S. 4 - 7)*												
Dieste mit ...	Dienste der ... Stufe											
	unteren	%	mittleren	%	Viertelshst.	%	Landeshst.	%	Bezirkshst.	%	insg.	
acessorische WD-Funktion	13	27,7	12	27,3	7	28,0	18	28,1			32	17,6
bedeutende WD-Funktion	3	6,4	8	18,2	4	16,0	12	18,8			27	14,8
reine WD-Funktion	1	2,1	1	2,1	-	-	6	9,4	1		9	9,9
alle Dienste mit WD-Funktion	17	36,2	21	47,7	11	44,0	36	56,3	1		86	47,3
gewichtet		13,6		19,6		16,0		27,2				22,6

Zur Zentrendefinition wird die Methode der "**repräsentativen Dienste**" verwendet. Analysiert man jedoch die verwendete Liste der "repräsentativen Dienste", so zeigt sich ein deutlicher Überhang der Konsumdienste, obwohl die gesamte Zentralität abgebildet werden soll. Die **mangelnde Erfassung der Wirtschaftszentralität** ist ganz deutlich. Der Anteil der "repräsentativen Dienste", die teilweise oder ganz als Wirtschaftsdienste klassifiziert werden können, und damit der Erklärungswert der Analysen über das zentralörtliche System für die Fragestellung der **Wirtschaftszentralität** kann mit einem geschätzten Wert **von 22 %** angegeben werden. Der Erklärungswert bei hochrangigen Zentralitätsebenen ist besser als bei niederrangigen, d.h., daß auf den unteren Niveaus noch wesentlich stärker die "reine" Konsumzentralität abgebildet ist als auf den höheren. Relativ besser ist die Abbildung auf der Stufe der Landeshauptstädte, über die Bundeshauptstadtstufe werden keine Aussagen gemacht.

Auch bei der empirischen Lösung der Bestimmung zentralörtlicher Bereich ging es um eine möglichst gute Erfassung eines "großen Konsumbedarfes einer möglichst großen Konsumentenschicht", "die erfragten Dienste sollten von einer großen Zahl von Menschen auch tatsächlich gebraucht werden" *(BOBEK, H. - FESL, M. 1978, S. 37).* Unter den für die Bereichsbestimmung verwendeten Diensten scheint kein einziger reiner Wirtschaftsdienst auf und nur ganz wenige, denen man bedeutende oder accessorische Wirtschaftsdienstefunktion beimessen kann *(BOBEK, H. - FESL, M. 1978, S. 38 - 40),* sodaß die festgestellten zentralörtlichen Bereiche wohl kaum mit der Ausbildung von Wirtschaftsregionen in Verbindung gebracht werden können.

b) Das System der unternehmensinternen Zentralität

Eine grundlegend andere Zielsetzung verfolgt die Analyse der "räumlichen Struktur der zwischenbetrieblichen organisatorischen Kontrolle in Österreich" (TÖDTLING, F. 1983, S. 252ff): Es geht dabei um eine Untersuchung der regionalen/außerregionalen Kontrolle von Betrieben oder Unternehmungen, "die durch örtliche Trennung von Unternehmenssitz und Betrieb(en) entsteht" (S. 23), also um zwischenbetriebliche organisatorische Verflechtungen und um eigentumsmäßige Mehrheitsbeteiligungen, welche den organisatorischen Status von Betrieben/Unternehmen bestimmen. Die "organisatorische Abhängigkeit von Regionen" ist definiert als "interregionale Kontroll- und Abhängigkeitsbeziehung, die durch die überwiegende Lokalisierung von organisatorisch außenabhängigen Betrieben in bestimmten Regionen ... und von Unternehmenszentralen in anderen Regionen entsteht" (S. 26). Neben anderen Fragestellungen wird vor allem auf die Zentrenbedeutung im wirtschaftlichen Kontrollsystem Bezug genommen: "Welches sind die bedeutendsten Zentren der zwischenbetrieblichen organisatorischen Kontrolle im österreichischen Regionssystem?". Grundlage der "Bestimmung der wichtigsten Zentren organisatorischer Kontrolle" sind die organisatorisch außenabhängigen Arbeitsplätze österreichischer Bezirke", die "in bestimmten anderen österreichischen Bezirken die Unternehmenszentrale haben" (TÖDTLING, F. 1983, S. 252, 253; der räumliche Analyseraster besteht dabei aus politischen Bezirken, Städte sind mit ihren jeweiligen Umlandbezirken zusammengefaßt). Hinter der Analyse steht also die Hypothese, daß "unternehmensinterne Zentralität" durch die organisatorische oder eigentumsmäßige Kontrolle über Arbeitsplätze ausgedrückt werden kann.

Die Analyse ergibt eine dominante Stellung Wiens als Kontrollzentrum, von dessen Firmenzentralen aus "ca. 257.000 der 600.000 nichtlandwirtschaftl. Arbeitsplätze in organisatorisch außenabhängigen Betrieben kontrolliert" (TÖDTLING, F. S. 256) werden; das sind 42,5 % - der Arbeitsplatzanteil Wiens beträgt hingegen nur 29,8 %. Bei den industriell-gewerblichen Arbeitsplätzen beträgt der Kontrollanteil Wiens ca. 136.000, das sind 73 %. Weitere Kontrollzentren sind Linz (7,4 % der Arbeitsplätze, 10,5 % der industriell-gewerblichen Arbeitsplätze) und die übrigen Landeshauptstädte, Viertels- und einige Bezirkshauptstädte, allerdings bereits mit sehr geringen Anteilen am Kontrollsystem. Die "Zentren der organisatorischen Kontrolle ('dominierende Gebiete')" sind Gebiete mit hoher aktiver organisatorischer Kontrolle über Arbeitsplätze bei geringer eigener organisatorischer Außenabhängigkeit: Im strengen Sinn können nur Wien und Linz als solche eingestuft werden, bei etwas "gelockerten Kriterien" auch Graz, Salzburg, Innsbruck, Klagenfurt, Bregenz, und Dornbirn. Damit zeichnet sich ein Grobraster einer unternehmensinternen Zentrenbestimmung ab, der durch eine sehr steile Hierarchie als Ausdruck höchster Konzentration gekennzeichnet ist. Abgebildet ist durch diese Analyse nur ein Segment aus dem Bereich der räumlichen Wirtschaftsbeziehungen, das der Mehrbetriebsunternehmen und ihrer interne Verflechtungen. Nicht abgebildet ist das Muster der wirtschaftlichen Entscheidungsbeziehungen zwischen Unternehmungen, zwischen Wirtschaftsunternehmungen und öffentlichen und offiziösen Institutionen (vgl. Kap. 10.).

Fast man **Wirtschaftszentren** als "Ballungsstandorte von Zentrenfunktionen" auf und Wirtschaftszentralität als Summe jener Eigenschaften von Wirtschaftszentren, die sich aus der gesamten Ordnungs-, Lenkungs-, Planungs-, Innovations- und Kontrollwirkung und aus der spezifischen Versorgungsleistung für Wirtschaftsunternehmungen ergibt, so sind mit diesen beiden zentrenanalytischen Ansätzen nur zwei Bereiche abgedeckt. Die Analyse des zentralörtlichen Systems berührt nur marginal die **Wirtschaftszentralität** und die Analyse der unternehmensinternen Kontrollbeziehungen bezieht sich nur auf die Mehrbetriebsebene und die unternehmensinternen zwischenbetrieblichen Kontrollbeziehungen.

TEIL III

METHODISCHE GRUNDLAGEN
UND EMPIRISCHE PROBLEME

Die Befassung mit Dienstleistungen und insbesondere mit Wirtschaftsdiensten ist mit einer **Vielzahl von empirischen und methodischen Schwierigkeiten** verbunden. Das ist vor allem in der mangelnden Aufbereitung von (amtlichen) Statistiken begründet. In diesem Abschnitt sollen daher diese Probleme diskutiert und die für diese Arbeit entwickelten Lösungsansätze vorgestellt werden *(Kap. 6.)*. Ein weiteres Anliegen besteht darin, den Analyseraum Österreich als Rahmen des wirtschaftsgeographischen Erklärungsansatzes vorzustellen und einen angemessenen räumlichen Analyseraster zu entwickeln.

5. Österreich als Analyseraum

Die wirtschaftsgeographische Analyse der Wirtschaftsdienste wurde in dieser Arbeit auf **Österreich** als Wirtschaftsraum bezogen, weil die Wirtschaftsdienste im Gegensatz zu anderen Ländern in Österreich mit Ausnahme weniger kleiner Fallstudien überhaupt nicht untersucht waren und daher eine **Forschungslücke** zu schließen war.

5.1. Rahmenbedingungen - Dienstleistungsgesellschaft

Wirtschaftsdienste, als spezieller Zweig der Dienstleistungen, sind in ihrer Rolle und Dynamik eingebunden in die generelle Veränderung der Gesellschafts- und Wirtschaftssysteme und der entsprechenden räumlichen Organisationen; sie beziehen von dort ihre Rolle und Bedeutung, aber auch Anregungen für ihre Entwicklung und wirken an der Dynamik aktiv mit! Die **dynamischen Prozesse**, welche mit der Entwicklung und Umstrukturierung in Richtung auf eine **postindustrielle Gesellschaft** zusammenhängen, weisen strukturelle und funktionale und, was im Rahmen der wirtschaftsgeographischen Fragestellung wichtig ist, wesentliche räumliche und raumpolitische Aspekte auf. Die inhaltliche Analysen der Entwicklung zur Dienstleistungsgesellschaft und der allgemeinen Umstrukturierungsprozesse der Gegenwart sind vielfältig *(CLARK, C. 1940; FOURASTIE, J. 1954; BELL. D. 1974, GERSHUNY, J. 1978; KELLERMANN, A. 1985; ...)*. Es sind **zwei Zugangsweisen zur Analyse der Dienstleistungsgesellschaft** erkennbar:

a) **Deskriptive, strukturanalytische Ansätze der Sektorentransformation:** Als wesentliche Definitionsinhalte für die Dienstleistungsgesellschaft wird die **Dominanz der Dienstleistungsbeschäftigung** verwendet *("Sektorentheorie", FOURASTIE, J. 1954; GOTTMANN, J. 1983, S. 450; FUCHS, V. 1968; SMITH, A. B. 1972; COWELL, D. 1984; MARSCHALL, J. N. - DAMESICK, P. - WOOD, P. 1985)*. Diese Ansätze sind maximal als operationale und datenmäßige Hilfskonstruktionen vertretbar, da mit dem Dominanzprinzip keine wie immer geartete inhaltliche Aussage über die Bedingungen und Wirkungsweisen in solchen Wirtschaftssystemen gemacht werden können. Der **deskriptive Ansatz** der Beobachtung von Transformationen in der Wirtschaftsentwicklung führt kaum zu theoretischen Konzepten bzw. ist selten von solchen geleitet.

b) **Prozeßanalytische, problemorientierte Ansätze der Analyse der Entwicklung der Dienstleistungsgesellschaft:** Die verschiedenen Ansätze sind aus der Intention dieser Arbeit heraus zu gliedern in
   — Aussagen und Hypothesen über die **Konsumdienstleistungen,**
   — in spezielle Ansätze zur Dynamik und Rolle der **intermediären Dienste** und
   — in Aussagen über die **räumlichen Muster und Prozesse** im Zusammenhang und als Folge dieser Entwicklung.

5.1.1. Hypothesen über Konsumdienstleistungen

Die klassischen Aussagen zur Begründung der Dienstleistungsgesellschaft und ihrer Entwicklung beziehen sich überwiegend auf die Konsumverhältnisse und postulieren mit der Transformation zur Dienstleistungsbeschäftigung eine **Melioration der Lebensverhältnisse.** Dieser Ansatz wird zunehmend in Frage gestellt *(GERSHUNY, J. 1978)* und die Utopie einer "immateriellen Wohlstandsgesellschaft" wird einer klaren Kritik unterworfen durch die Hypothese der **"Selbstbedienungswirtschaft":** Mit Ausnahme von Bildungs- und Gesundheitswesen sinkt der Anteil des Dienstleistungskonsums am Gesamtkonsum beträchtlich. "nachindustrieller Wünsche" werden "nicht mit Hilfe von Dienstleistungen, sondern durch Güter gedeckt ... Dienstleistungen, die früher außerhalb des Haushaltes erstellt wurden, werden zunehmend in Eigenproduktion innerhalb des Haushaltes" erledigt, "wobei Kapitalgüter ... zum Einsatz kommen."*(GERSHUNY, J. 1978, S. 1633)*. Es kommt also zur **Entkoppelung von Konsum und Dienstleistungsbeschäftigung** und damit zu verstärkter Subsitution von Dienstleistungen durch langlebige Konsumgüter *(WÜRTH, M. 1986, S. 180; vgl. auch SKOLKA, J. 1986)*. Ein weiterer wesentlicher Ansatz besteht in der **"Verstaatlichung" von Dienstefunktionen** durch "zunehmende Verlagerung von Tätigkeiten der Haushalte (z.B. Altersversorgung) oder von privaten Unternehmungen (Transportwesen) auf den Staat" *(WÜRTH, M. 1986, S. 179)*: Diese These bezieht sich vor allem auf soziale Dienste, auf Infrastrukturleistungen, Sicherheitsleistungen usw.

Dienstleistungswachstum wird aus dem Konsumansatz heraus aber auch durch eine überdurchschnittliche **Einkommenselastizität beim Dienstleistungskonsum** *(WÜRTH, M. 1986, S. 180; KELLERMANN, A. 1985, S. 135; DAMESICK, P.J. 1986, S. 215; MARSHALL, J.. - DAMESICK, P. - WOOD, P. 1985, S. 20)* und über **demographische Faktoren,** insbesondere über Veränderungen der Nachfragestrukturen durch veränderte soziostrukturelle Muster wie Altersaufbau, Familiengröße, Mobilität usw. *(WÜRTH, M. 1986)* und über die Beseitigung von lokalen und regionalen Grenzen des Konsummarktes und die Entstehung eines gesamtnationalen Marktes bzw. seine Internationalisierung begründet. Es entstehen neue Distributions- und Handelsnetze, neue Marketingformen und verstärkter Einsatz von Engineering, Design und Werbung als Folgedienste *(NOYELLE, TH. 1984, S. 5).* Besonders betont wird auch immer wieder die **unterdurchschnittliche Arbeitsproduktivität,** welche Ursache für überdurchschnittliche Beschäftigungszuwächse bei den Dienstleistungen sei; dieser Ansatz ist zumindest z.T. stark anzuzweifeln, wenn man an die **Rationalisierungseffekte** durch moderne **Daten- und Kommunikationstechnologien** denkt.

5.1.2. Hypothesen über intermediäre Dienstleistungen

"Eine andere Ursache des Dienstleistungswachstums, und dies scheint ein anhaltender Trend zu sein, ist das Wachstum derjenigen **Dienstleistungsindustrien** (Distributionssektor, Banken, Versicherungen, Finanzwesen), die essentiell mit dem System der materiellen Güter und deren Besitz zu tun haben, und derjenigen **Dienstleistungsberufe** (Manager, Techniker und andere höhere Berufsstände), deren Tätigkeit zur **Erhöhung der Effizienz des materiellen Produktionssystems** beitragen" *(GERSCHUNY, J. 1978, S. 163).* Das Dienstleistungswachstum (in der Periode 1971 - 1984 in Großbritannien) bezog sich vor allem auf die Erholungs- und Freizeitdienste, öffentliche Dienste (Erziehung, Gesundheitswesen usw.) und eine dritte Gruppe "composed of private services which, in whole or in part, meet intermediate rather than consumer demand, partelling the growing importance of non-production functions within manufacturing companies" *(DAMESICK, P.J. 1986, S. 216; NOYELLE, TH. 1984, S. 5).* Diese **Entwicklung** der intermediären Seite, insbesondere der **Wirtschaftsdienste** wird auf folgende Faktoren zurückgeführt:

+ **Wandel der Produktionstechnik und damit der Nachfragestruktur:** Das Wachstum der Wirtschaftsdienste (nach Beschäftigung) zeigt, daß der Bedarf an "intermediate service inputs" steigt, da eine bestimmtes Niveau des nationalen Outputs nur mit steigenden Inputs intermediärer Dienste erreicht werden kann. Das Wachstum der Wirtschaftsdienste kommt einerseits von steigenden **Bedürfnissen der Industrie,** aber auch aus der **Dienstleistungswirtschaft** selbst *(MARSHALL, J.N. - DAMESICK, P. - WOOD, P. 1985, S. 23).* Die Nachfrage nach intermediärem Bedarf für 'producer services' ist in modernen Volkswirtschaften deutlich gestiegen *(GERSHUNY, J.I. - MILES, I.D. 1983);* diese wird wie folgt erklärt:

  — Zunehmende **Komplexität der Wirtschaft** und **technologischer Wandel** steigern den Bedarf an spezialisierten und hochrangigen Diensten (Forschung, Design, Marketing, technisches Training, Finanzierung und Investitionsplanung, Konzernmanagement, usw.),

– verändert den **Input-Bedarf der Produktionswirtschaft** (z.B. Engineering, CAD usw.) und

– steigert den **Bedarf aus dem Dienstleistungsbereich** selbst, besonders durch die öffentliche Zentral- und Lokalverwaltung, durch die Bauindustrie, durch Arbeitsteilung innerhalb des Dienstleistungssektors *(DAMESICK, P.J. 1986, S. 216; vgl. auch WÜRTH, M. 1986, S. 179)*. Daraus resultiert ein steigender **Vorleistungscharakter** der Dienstleistungen.

+ **Komplementarität der Dienstleistungen** insbesondere der Wirtschaftsdienste: "So besteht eine positive Abhängigkeit zwischen intermediären Dienstleistungen und der allgemeinen Wirtschaftsentwicklung, da diese Dienste entweder als **Vorleistungen** (Planung, Marktforschung) oder vermehrt **gebündelt mit Industrieprodukten** angeboten werden (Finanzierung) ...," *(WÜRTH, M. 1986, S. 180)*.

+ **Steigender Informationsbedarf der Wirtschaft**: Als Gründe für die Zunahme von intermediären Dienstleistungstätigkeiten in der Funktion von Informationstätigkeiten werden die "infolge der gestiegenen Mobilität zunehmende **internationale Verflechtung**" (mehr Marktinformation, internationale Konkurrenz usw.) und **kürzere Produktzyklen** (Forschung und Entwicklung, Planung) angegeben, dann "steigende **Unternehmensgrößen**" und zunehmende wirtschaftliche **Konzentrationserscheinungen**, höherer **Steuerungs- und Kontrollaufwand**" und die "durch die Telematik neu eröffneten Möglichkeiten bei der Übertragung, Verarbeitung und Speicherung von Informationen" *(WÜRTH, M. 1986, S. 181; KELLERMANN, A. 1985)*.

+ **Externalisierungs- und Internalisierungsstrategien**: Durch steigende Bedeutung von Großunternehmen sowie **Zentralisierung und Entwicklung von Dienstleistungsfunktionen** (= **Internalisierung**), welche vorher auf einzelbetrieblichem Niveau erledigt wurden, werden zunehmend economies of scale auch bei Dienstleistungstätigkeiten realisiert. Abteilungsbüros, Firmenzentralen, regionale Verkaufshauptquartiere, Forschungseinrichtungen haben steigende Outputanteile und zeigen verstärkte Verflechtungen mit Wirtschaftsdiensten *(NOYELLE, TH. 1984, S.5)*. Die Wachstumsvorgänge entstehen aus einem Wandel "in the range and number of functions that business organizations ... are willing to contract out, rather than internalise" *(THRIFT, N. - DANIELS, P.W. 1985, S. 6)*.

+ **Arbeitsteilungs- und Spezialisierungsstrategien**: Das überdurchschnittliche Wachstum des intermediären Dienstebedarfes wird mit "increased **spezialization and division of labour** within and between firms ..." *(DAMESICK, P.J. 1986, S. 215)* in Zusammenhang gebracht. Das Wachstum der Dienstleistungen hat die "Intensivierung der Arbeitsteilung (als Bestandteil der Wirtschaftsentwicklung)" *(SKOLKA, J. 1986, S. 585; KELLERMANN, A. 1985)* zur Grundlage:

– **"Direkte Wirkungen der Arbeitsteilung"**: Die Intensivierung der Arbeitsteilung erfordert steigende "Koordinierung selbständiger Erzeuger (Firmen) auf dem Markt" und "Koordinierung unselbständiger Erzeuger in der innerbetrieblichen 'Befehlswirtschaft'" *(SKOLKA, J. 1986, S. 585, 586)*. Es kommt zu vertiefter Arbeitsteilung innerhalb der Firmen, zur **"Ausgliederung der Dienstleistungen aus den warenproduzierenden Betrieben"**, zur Verschiebung von Spezialaufgaben in spezialisierte Betriebe, wodurch die Rolle des Marktes als Koordinierungsinstrument der Produktion" verstärkt wird.

— **Indirekte Wirkungen der Arbeitsteilung:** Zunahme des Wissens stimuliert die "wissensbezogenen Dienstleistungen (Forschung, Entwicklung, Unterricht, Bildung, ...). Bauten, Verkehrsmittel und Maschinen als Fixkapitalien benötigen Wartungs- und Reparaturdienste, finanzielle Dienstleistungen sind in der monetaristischen industriellen Wirtschaft notwendig, Vermögensverwaltungsdienste und freiberufliche Dienste dienen der Verwaltung privaten Eigentums, Managementdienste koordinieren die Arbeitsteilung, Versicherungsdienste vermindern Unsicherheit und Risiko, juristische und Verwaltungsdienste regeln zwischenmenschliche und zwischeninstitutionelle Beziehungen usw. *(SKOLKA, J. 1986, S. 587).*

+ **Organisationsstruktur und Unternehmenskomplexe:** Der steigende Trend zur Bildung von **Mehrbetriebsunternehmungen** und zur Bildung von großen (internationalen) Konzernen führt zu steigendem Bedarf an hochspezialisierten Standorten und zu steigendem administrativem Bedarf (Informationstechnologie, regional headquarters usw.), der mit **Auslagerung von administrativen Aufgaben an Wirtschaftsdienste** beantwortet wird *(THRIFT, N. - DANIELS, P.W., S. 4).* Die gleiche Entwicklung kann aber auch zur Reintegration von intermediären Dienstleistungen in die Warenproduktion führen *(SKOLKA, J. 1986).*

— **Unterdurchschnittliche Arbeitsproduktivität:** Wie bei den Konsumdienstleistungen wird auch bei den intermediären Diensten das Wachstum zumindest z.T. auf eine geringere Arbeitsproduktivität der Wirtschaftsdienste zurückgeführt mit der Wirkung überdurchschnittlicher Beschäftigungszuwächse.

— **Internationalisierung und Komplexität der externen Märkte:** Ein wesentlicher Teil des Wachstums der Wirtschaftsdienste wird auf die Internationalisierung der Wirtschaftsaktivitäten und der Dienstleistungen selbst und damit im Zusammenhang auf die internationale Arbeitsteilung zurückgeführt *(DAMESICK, P.J. 1986; NOYELLE, Th. 1984 u.a.).*

5.1.3. Hypothesen zur Raumstruktur der Dienstleistungsgesellschaft

Die postindustrielle Gesellschaft existiert einerseits als Idee einer möglichen Entwicklung unserer Gesellschaftssysteme, andererseits aber auch bereits als mehr oder weniger realisierte Gesellschaftsform mit entsprechenden räumlichen Ausformungen und damit zumindest zum Teil als empirisches Untersuchungsobjekt. In allen Szenarien der postindustriellen Gesellschaft wird die **räumliche Organisationsebene** bzw. eine grundlegende Veränderung der räumlichen Organisation des Wirtschafts- und Sozialprozesses postuliert. FRIEDMANN, J. *(1966; vgl. Kap. 8.4.4.a)* bezeichnet die Herausbildung eines "**Systems der Hierarchie** zwischen den einzelnen Siedlungen" als Charakteristikum der spätindustriellen Gesellschaft und BÖVENTER, E.v. *(1979)* erhebt die **Agglomerationseffekte** zum Hauptmerkmal der Raumorganisation der postindustriellen Gesellschaft. Der stark steigenden Bedeutung der Agglomerationseffekte steht eine sinkende Rolle der Transportkosten gegenüber, was zu verstärkten räumlich selektiven Prozessen (Spezialisierung) führt, weil damit die Bodenwert- und Flächenanspruchsdifferenzierungen relativ an Bedeutung gewinnen.

Die Wirtschaftsraumorganisation und -dynamik wird bestimmt durch den **Indu-strialisierungsprozeß**: Darunter wird ein "langfristiger, relativer Wachstumsprozeß zunächst des sekundären (später auch des teriären) Sektors, der durch einen im Verhältnis zum Arbeitskräfte- und Bodeneinsatz zusätzlichen und zunehmend überwiegenden Sachmitteleinsatz (Mechnisierung, Automation) geformt wird" *(WAGNER, H.G. 1981, S. 139 mit Bezug auf KLATT, 1959)* verstanden, mit starker Steigerung der Produktivität der menschlichen Arbeit. Spezialisierung und Arbeitsteilung, Kapitalkonzentration und Produktion in Großbetrieben und Verkehrsentwicklung und gesteigerter Güteraustausch sind Kennzeichen. Die **Raumwirksamkeit des Industrialisierungsprozesses** zeigt sich zunächst in "regional stärker verteilten Energieangeboten" *(WAGNER, H.G. 1981, S. 139)* und in **regionaler Agglomeration der produzierenden und dienstleistenden Funktionen** (Verstädterung); damit entstehen Standorte unterschiedlicher Investitionsqualität mit den entsprechenden Folgen eines ungleichen Wirtschaftswachstums. Die Verstädterung wird zunächst getragen von der "Industrialisierung" im engeren Sinn, wird aber bald von der Expansion der Dienstleistungen abhängig *(WAGNER, H.G. 1981, S. 155)*; diese führende Rolle der Dienstleistung dehnt sich in der spätindustriellen Entwicklungsstufe auf alle räumlichen Organisationsformen aus.

Agglomeration und Spezialisierung als wesentliche Prozesse in der modernen Entwicklung führen auf mehreren Ebenen zu grundlegenden Veränderungen im Raumsystem:

+ Agglomeration und Spezialisierung führen zu **verstärkter funktionaler und räumlicher Arbeitsteilung** und damit zur **Verstärkung der räumlichen Disparitäten**, zur Verstärkung der Kern-Peripherie-Gegensätze und -Abhängigkeiten. In der postindustriellen Gesellschaft gewinnt daher die **Analyse von Städten und Städtesystemen als Managementzentren** neben der traditionellen Analyse als Dienste- und Versorgungszentren und als Zentren der industriellen Produktion steigende Bedeutung. In einem weitgehend aus der industriellen Phase vordefinierten Verteilungsmuster der Städte verändern sich durch diese Prozesse die Funktionsverteilungen und Hierarchien, die Beziehungsgefüge und Machtverhältnisse. Es geht daher nicht mehr, wie im ursprünglichen Ansatz der "Theorie der Zentralen Orte" *(CHRISTALLER, W. 1968)*, um das Problem der Verteilung, die Lokalisation der Städte mit bestimmten Funktionen, sondern um die **Funktionen der Städte bei gegebener Lokalisation** *(NOYELLE, TH. 1984)*. Es kommt generell zur Intensivierung der Städtesytembeziehungen und zu ihrer Internationalisierung *(vgl. Kap. 10.)*.

+ Spezialisierungs- und Agglomerationsprozesse führen aber auch **mikroräumlich**, insbesondere **innerstädtisch** zu grundlegenden Differenzierungen und damit zu **Veränderungen im Verhältnis von Stadtkern und Stadtraum bzw. Stadtrand**. Differenzierte Konzentrations- und Suburbanisierungsprozesse sind zu erwarten *(vgl. Kap. 11.)*.

Entsprechend diesen räumlichen Grundtendenzen kommt den **Zentren-Regions-Verhältnissen** (Kern-Peripherie-Disparitäten) eine Basisfunktion für die wirtschaftsgeographische Behandlung der Wirtschaftsdienste zu *(vgl. Kap. 1.3.)*.

5.2. Kern-Peripherie-Muster als Analyseraster

Zieht man die Aussagen zur postindustriellen Gesellschaft heran *(vgl. oben Kap. 5.1.1. bis 5.1.3.)*, dann können für **Österreich** folgende Aussagen formuliert werden:

+ Trotz der Kritik am Konzept der **immateriellen Wohlstandsgesellschaft** kann für Österreich festgehalten werden, daß es tatsächlich mit dem Wachstum der Dienstleistungen - insbesondere der öffentlichen Dienste - zu einer effektiven "Melioration der Lebensverhältnisse" kam - insbesondere im Bereich der Verwaltungsdienste, des Schul- und Bildungswesens, in Gesundheitswesen usw. Tendenzen zur "Selbstbedienungswirtschaft" sind aber auch in Österreich erkennbar.

+ Österreich gehört zu den Ländern mit einer (traditionell) sehr starken **Verstaatlichungstendenz**, nicht nur im Bereich der Großindustrie, sondern auch bei Banken, Versicherungen und vielen anderen Dienstebereichen; mit den jüngsten Privatisierungsbestrebungen zeigt sich ein gewisser Gegentrend.

+ Die **Einkommenselastizität** beim Dienstleistungskonsum ist aufgrund des hohen Wohlstandsniveaus beträchtlich und führt zu deutlichen Wachstumstendenzen (Einzelhandel, Freizeitdienste, ...).

+ Ganz wichtig in diesem Prozeß sind in Österreich auch **demographische Faktoren**, insbesondere die Überalterung (Gesundheitsdienste, Altenversorgung, ...).

+ Die **Marktstrukturen** haben sich sehr wesentlich verändert, indem durch den Wegfall lokaler und regionaler Grenzen zumindest in privatwirtschaftlichen Bereichen nationale, großregionale Märkte entstanden sind (Filialisierung, Netzunternehmen). Dazu kommt eine deutliche Ausweitung der Internationalisierung (EWR, EG-Beitritt) und des Dienstleistungs-Außenhandels.

+ Im Vergleich zu anderen hochentwickelten Industrieländern ist die Ausdifferenzierung der **Wirtschaftsdienste durch Arbeitsteilungsprozesse** noch nicht ganz so weit fortgeschritten, was insbesondere bei der starken Kleinbetrieblichkeit der Österreichischen Wirtschaft wichtig ist.

+ Österreich als postindustrielles Gesellschafts- und Wirtschaftssystem ist als **hierarchisches Raumsystem** mit deutlichen Kern-Peripherie-Gegensätzen aufgebaut. Die raumbezogene Analyse der Wirtschaftsdienste muß daher auf einem entsprechenden **Analyseraster** aufbauen. Der Fragestellung wird zwar generell als Untersuchungsraum das Staatsgebiet Österreichs zugrundegelegt, allerdings nicht im Sinne einer umfassenden Topographie: Es wird vielmehr versucht, diesen Wirtschaftsraum über die Auswahl von Typräumen der Standort-, Interaktions- und Lagebedingungen (Raumkategorien) abzubilden und damit eine forschungsökonomische Raumanalyse zu ermöglichen *(vgl. Kap. 9.).*

5.2.1. Makroräumliche Analyseraster für Österreich

a) **Strukturelle Regionstypen:** Die **regionale und nationale Dimension** versucht am Beispiel Österreich die Zentrenbezüge im Standortmuster (zwischenstädtische Hierarchien), die Rolle der regionalen Ausstattung mit Wirtschaftsdiensten und die mesoräumlichen Interaktionsmuster zu analysieren. Entsprechend dem institutionellen Ansatz stellen die Betriebsstandorte bzw. die Standortgruppen die kleinsten räumlichen Analyseeinheiten dar. Die empirische Praxis muß dabei von der **Verwal-**

tungs- und statistischen Zähleinheit "Gemeinde" ausgehen, wenn sekundärstatistische Grundlagen verwendet werden. Eigenschaften dieser kleinsten Raumeinheiten (Lagemerkmale, Standorteigenschaften, Indikatoren der Wirtschaftsstruktur und Dynamik, etc.) dienen als Indikatoren der Erklärung des räumlichen Verhaltens der Wirtschaftsdienste gemäß der Hypothese der Standortaffinitäten.

Die für industrielle Wirtschaftsräume im Übergang zur postindustriellen Gesellschaft charakteristischen **Grundqualitäten von Standortbedingungen** lassen sich durch ein **System struktureller Regionstypen** abbilden. Es wird dabei von der Hypothese ausgegangen, daß diese Raumkategorien im makroräumlichen Entscheidungs- und Entwicklungsprozeß von Wirtschaftsdiensten relevant sind und eine sinnvolle Generalisierungsebene der räumlichen Analyse darstellen *(Kap. 9.1.)*. Damit wird Bezug genommen auf das Siedlungs- und Zentrensystem, seine Hierarchiemuster und Spezialisierungen, auf die Bereichszuordnungen und die zwischenstädtischen Interrelationen, auf individuelle Standort- und Lagebedingungen aufgrund von spezieller Infrastrukturausstattung (Zugänglichkeit, Verkehrsanschlüsse, ...), aufgrund von besonderen Standortverhältnissen (Bodenpreise, Mietkosten, Immobilienverfügbarkeit, ...) aber auch von besonderen Lageverhältnissen (Grenzübergänge, Lage an Verkehrsrouten, suburbane Lagen, ...) und individuellen Spezialisierungen von Einzelstandorten oder Regionen (Fremdenverkehr, Industriestandorte, ...):

Tabelle 3 :
System strukturelle Regionstypen - Grundqualitäten der Standortbedingungen

Code	WD-Datenbank Bezeichnung	Arbeitsstättenzählung Bezeichnung
10	Bundeshauptstadt Wien	Wien
11	Landeshauptstädte	Landeshauptstädte
12	Viertels-, Bezirkshauptstädte	Viertelshauptstadt
13	Bezirkshauptstadt	
14	Gerichtsorte	Gerichtsorte, Kleinstädte
12 +	Summe Mittel- und Kleinstädte	
21	Randbereich Wien	Randbereich Wien
22	Randbereiche Landeshauptstädte	Randbereiche Landeshauptstädte
23	Randber. Viertelshauptstädte	Randbereiche Viertelshauptstädte
24	Randbereiche Bezirkshauptstädte	
21 +	Summe Randgemeinden	
31	Industrieorte	Industrieorte
32	Fremdenverkehrsorte	Fremdenverkehrsorte
31 +	Summe Spezialstandorte	
40	Streulage	Streulage *)

*) berechnet aus der Differenz der angeführten Regionstypen und der Summe für Österreich.

• Die **Einstufung von Siedlungen als Zentren** folgt der zentralörtlichen Kategorisierung nach BOBEK, H. - FESL, M. *(1978, 1983)* und liefert eine Zuordnung der Wirtschaftsdienstestandorte zu Kategorien der Zentrenstandorte, aber auch eine **Hierarchisierung,** welche den zentralörtlichen Hauptkategorien - Bundeshauptstadt - Landeshauptstadt - Viertelshauptstadt - Bezirksorte - Gerichtsorte - folgt.

— **Wien als Metropole** stellt eine wesentliche Kategorie dar, mit der die zentrale
Position des Zentrensystems erfaßt wird. Hier konzentrieren sich die gesamt-
staatlichen Informationsvorteile, die wichtigsten Komplementaritäten der
Diensteerreichbarkeit und vor allem auch die internationalen Anknüpfungs-
punkte. Zudem bietet die Bundeshauptstadt den größten Markt für Wirtschaftsdienste.

— Die **Landeshauptstädte** sind als Konzentrationskerne des wirtschaftlichen Geschehens in den Hauptregionen anzusehen. Sie sind die Kernstandorte wichtiger Teilmärkte und die regionalen Entscheidungszentren,

— **Viertelshauptstädte** sind subregionale Zentren des Wirtschaftsgeschehens mit
einer deutlichen Hierarchie- und Größenabstufung.

• **Funktionsspezialisierungen** werden auf der Basis von Spezialkarten im Atlas der
Republik Österreich *(Arbeitsbevölkerung und Funktionstypen der Gemeinden, Karte
XII/1a, Wirtschaftliche Strukturgebiete, Karte XII/5 und nach BOBEK, H. - HOF-
MAYER, A. 1981)* berücksichtigt; besonders von Interesse sind die Standortkate-
gorien **Industrieorte** und **Fremdenverkehrsorte**.

• **Stadtregions- und Umlandlage:** Zur Einstufung von Standorten in die Kategorien
Umland bzw. als Streulage im ländlichen Raum wurde auf die **Stadtregionsabgren-
zung** von FUCHS, I. *(1986, S. 428 - 433)* zurückgegriffen (Abgrenzung zwischen
Kernraum und Außenzone).

b) Regionale Entwicklungszustände: Eine zweite Ebene der Standort- und Raumanalyse besteht in den wesentlichen Kategorien des **regionalen Entwicklungsstandes
und der Entwicklungschancen.** Es wird dabei von der Hypothese ausgegangen, daß
das Muster regionaler Entwicklungszustände (und -potentiale) den Bezug der Wirtschaftsdienste zum wirtschaftlichen Entwicklungsprozeß und seiner räumlichen Differenzierung (Disparitäten) abbildet *(KANIAK, J. 1981; TÖDTLING, F. 1983, S.
169/172).* Zur Beschreibung der regionalen Disparität werden die komplexen Größen
"Erreichbarkeitspotential" und **"Entwicklungsstand"** verwendet. Der Entwicklungsstand wird gemessen über Arbeitslosenraten, Wanderungssaldo, Bruttoinlandspro-
dukt pro Kopf und Gemeindesteueraufkommen pro Kopf; das Erreichbarkeitspotential wird durch "errechnete Potentiale, welche die Zugänglichkeit zu Märkten
auf verschiedenen Ebenen ausdrücken, (regionales, nationales und internationales
Marktpotential)" abgebildet *(vgl. Kap. 9.2.)*

5.2.2. Mikroräumliche Analyseraster
in den Groß- und Mittelstädten.

Die mikroräumliche, innerstädtische Dimension als besonderer Entscheidungsbereich des räumlichen Verhaltens von Wirtschaftsunternehmungen stellt aufgrund des
starken Zentrenbezuges eine wesentliche Analyseebene der räumlichen Implikation
der Wirtschaftsdienste dar. Die mikroräumliche Ebene berücksichtigt das Standort-
und Aktionsproblem innerhalb von Siedlungen, speziell von **Städten** und **städtischen
Ballungsräumen**; das sind in Österreich vor allem Wien, aber auch die größeren Landeshauptstädte. Für diese speziellen Standorträume wird versucht, die mikroräumlichen Standort- und Verflechtungsmuster, die Zentrenorientierung, die

Verlagerungsmuster und die räumliche Orientierung bei Diensteverflechtungen, insbeson- dere die assoziativen Beziehungen zwischen Wirtschaftsdiensten zu analysieren. Dazu werden die städtischen Räume in **Lage- und Standortkategorien** zerlegt, welche geeignet erscheinen, die relevanten strukturellen und dynamischen Aspekte in einem entsprechend generalisierten Maßstab abzubilden. Die Stadtteilgliederung geht aus von einer Abbildung der in jeder Stadt existierenden **Zentrum-Rand-Gradienten** in Form von mehr oder weniger konzentrischen Ringen, von **sektoralen Mustern**, insbesondere dem immer wieder auftretenden Gegensatz von hoch- und minderwertigen Wohnbereichen bzw. Industrie- und Gewerbezonen und von **individuellen Lage- gegebenheiten**. Angelpunkt des Gliederungsansatzes ist dementsprechend immer die City (Altstadt), um die in Sektoren gegliederte Ringe steigender Distanz von Stadtzentrum, geringer werdender Dichte, zunehmender suburbaner Merkmale usw. angeordnet sind *(vgl. STAUDACHER, CH. 1987, Kap. 5.4.1. insbesondere Abb. 5.4/1 , 4/2 und Tab. 5.1/11 und 5.1/13)* : Es wurden folgende städtische Lagekategorien unterschieden: Citylage, Cityrandlage, Geschäftstraße - Subzentrum, Geschäftsstraßen-, Subzentrennähe, Lage in sonstigen Haupt-, Ausfallstraßen , Lage in Gewerbe-, Industriegebiet, Lage im Wohngebiet, Lage in sozial hochrangigem Wohngebiet.

6. Empirische Probleme: Erfassungs- und Analysekonzepte

Die **Datenlage** im Bereich der Problemstellung "Wirtschaftsdienste", "intermediäre Diensteproduktion" muß generell als relativ schwierig bewertet werden *(vgl.: DANIELS, P.W. 1983, 1986; SCHAMP, E.W. 1985; MARSHALL, J.N. - DAMESICK, P. - WOOD, P. 1985; WÜRTH, M. 1985 u.a.).* Zur Datenbeschaffung bieten sich grundsätzlich folgende Möglichkeiten an:

a) **Ergebnisse der amtlichen Statistik: Standortverteilungen und -verlagerungen** von Wirtschaftsdiensten werden überwiegend auf der Basis von **regionalen Beschäftigungsdaten**, weil diese am leichtesten greifbar sind *(funktionaler oder Tätigkeitsansatz; STANBACK, T.M. - NOYELLE, T.J. 1983; NOYELLE, T.J. 1983, 1984; HOLZ-HART, B. - WÜRTH, M. 1985; WÜRTH, M. 1986 u.v.a.)* und auf der Grundlage von **räumlichen Aggregaten** analysiert. Diese Ansätze auf der Basis von "ökologischen Daten" liefern zwar grundlegende Informationen über räumliche Strukturen und Tendenzen, "but it can never reveal much information about underlying processes and it would be dangerous to think it can" *(THRIFT, M. - DANIELS, P.W. 1985, S. 7).* Hier kann, soweit die Aufschlüsselung entspricht und eine ausreichende systematische Differenzierung der Ergebnisse vorliegt, auf die **Betriebs- und Arbeitsstättenzählungen** und z.T. **Mikrozensuserhebungen** *(Beitr. z. Österr. Statistik)* zurückgegriffen werden. Die Probleme der Anwendung liegen in den bei der Auszählung verwendeten Betriebs- oder Berufssystematiken und in der gegebenen oder möglichen räumliche Differenzierung der ausgewiesenen Zählergebnis *(Kap. 6.1.).*

b) **Datenbanken:** Vor allem bei jenen Fragestellungen, wo **einzelwirtschaftliche Informationen** notwendig sind, besteht aufgrund mangelnder anderer Datenbasen nur die Möglichkeit der Erstellung von spezifischen **Betriebs- und Unternehmensdatenbanken.** Entsprechende Erfahrungen in der Industriegeographie mit dem "corporate approach" *(TAYLOR, M.J. - THRIFT, N.J. 1982)* und in der Agrargeographie (Höfekarteiauswertungen) lassen diesen Informationszugang als einen sehr lohnenden erscheinen. Unterlagen zur Erstellung solcher Datenbanken bieten sich in Branchenverzeichnissen und diversen Nachschlagewerken, Unternehmensberichten, Publikationen von Behörden, Interessensvertretungen usw. Diese Quellen bieten in der Regel nur relativ marginale Daten (Name, Adresse, Größe, Branche, Gründungsjahr, Rechtsform, ...), wobei häufig quellenspezifische Ungleichgewichte zu berücksichtigen sind *(vgl. Kap. 6.2.).*

c) Die **Kartierung**, also die unmittelbare Erfassung von Wirtschaftsdiensten am Standort durch **standardisierte Beobachtung** von relevanten Merkmalen *(vgl. GAD, G. 1968)* ist nur für Fallstudien und Testgebiete einsetzbar und dann wohl nur in Kombination mit einer Betriebsbefragung, da das physiognomische Erscheinungsbild als Beobachtungsinhalt eher unergiebig ist *(vgl. LICHTENBERGER, E. 1963, Geschäftskartierung).*

d) **Betriebs- und Unternehmensbefragungen** *(vgl. Kap. 6.3.):* Die Technik der Betriebs- und Unternehmensbefragung ist eine der am weitesten verbreiteten Methoden der Informationsbeschaffung, die in der Wirtschaftsgeographie unter den Zielsetzungen des "entreprise approach" und der "Unternehmensgeographie" *(vgl.*

Kap. 1.4.) eine methodologieadäquate Anwendung findet. Im Zusammenhang mit der Themenstellung sind besonders zwei Ansätze zu unterscheiden:

— Befragungen bei Wirtschaftsdienstebetrieben und -unternehmungen, wobei **Struktur- und Strategievariable** (Betriebsgröße, Organisation, Entwicklung, Produkte, Beschäftigung, Ziele, Standortprobleme, -verhalten, Kundenstruktur, ...) erfaßt werden. Dieser Ansatz wurde bereits mehrfach angewendet *(MARSHALL, J.N. 1982, 1983; DANIELS, P.W. 1984; DE LANGE, N. 1983; HARTWIEG, J. 1983; ...)* und führt zu guten Ergebnissen *(vgl. auch Kap. 6.3.).*

— Befragungen von Wirtschaftsbetrieben und -unternehmen zur **Erfassung und Begründung von Internalisierungs- und Externalisierungsstrategien** und zur **Erfassung und Begründung von Wirtschaftsdienstekontakten** (Kontaktpartner, Häufigkeiten, räumliche Orientierungen, ...; *BARTER, J.H. - WALKER, D.F. 1977; SCHICKHOFF, I. 1981, 1985; STAUDACHER, CH. 1985; SCHAMP, E.W. 1985; MARSHALL, J.N. 1982 u.v.a.; vgl. Kap. 6.3.).* Wegen des hohen Aufwandes an Zeit und Kosten bleibt auch dieses Verfahren in der Regel auf Stichproben und Testgebiete beschränkt.

6.1. Wirtschaftsdienste und amtliche Statistik

Grundlage für die operationalen Systematiken im empirischen Teil dieser Arbeit ist die **funktional-hierarchische Systematik** *(vgl. Kap. 3.2.3.).* Für die Zwecke einer empirischen Analyse der Fragestellungen ist die Kompatibilität der amtlichen Statistik mit diesem Prinzip zu prüfen; dies soll hier nur für Österreich untersucht werden *(vgl. DANIELS, P.W. 1985 und MARSHALL, J.N. - DAMESICK, P. - WOOD, P. 1985, für GB; CORSTEN, H. 1985 für BRD, ...).* Die Frage richtet sich auf die in den Erhebungen und Auswertungen verwendeten Systematiken der Wirtschaftätigkeiten und Berufsgruppen, auf die räumliche Differenzierung und auf die individuellen Bedingungen der einzelnen Erhebungen (Erhebungsintentionen, -bereich, -einheit, Darstellungseinheit, Erhebungsinhalte). Aufgrund der zeitlichen Variabilität der Wirtschaftsziele (Dienstepakete, Betriebsgrößen, Kooperationsgrade, ...), des Wandels der Organisationsstrukturen aber auch aufgrund der Datenlage kann oder muß die empirische Wirtschaftsdienssystematik gegenüber der theoretischen immer Abweichungen hinnehmen.

— Institutioneller Ansatz - Sytematik der Wirtschaftsbetriebe-Unternehmen: Basis der Systematisierung sind Betriebsbegriffe, wie sie in der wirtschaftlichen Alltagspraxis entstanden sind *(Syst. Verzeichnis der Wirtschaftätigkeiten, ÖSTZA 1985).* Die Zuordnung dieser Betriebsbegriffe kann in der Regel nur nach vermuteten **Dominanzprinzipien** erfolgen, da viele Betriebs- und Unternehmenstypen des Wirtschaftsdienstebereiches Dienstepakete anbieten, die sich über mehrere funktionale und/oder hierarchische Ebenen erstrecken. In der Regel scheint es sinnvoll nach der Kernfunktion bzw. nach der jeweiligen hochrangigsten Funktion zuzuordnen.

— Funktionaler Ansatz - Systematik der Wirtschaftsdienstleistungen: Bei den Wirtschaftsdienstleistungen fällt dieses Problem weg, da hier **Tätigkeiten/Verrichtungen**, die mit Begriffen von entsprechenden Unternehmensfunktionen beschrieben werden können, klar erfaßbar sind *(vgl. Tab. 1.).* Die Erstellung der verwendeten

Systematik baut auf dem **Provinienzprinzip** auf, in dem für bestimmte Wirtschaftsdienste charakteristische Produktionen definiert werden.

a) Grundsystematik der Wirtschaftstätigkeiten

Die wichtigste Grundlage der gesamten Wirtschaftsstatistik ist die **Grundsystematik der Wirtschaftstätigkeiten** *(ÖSTZA, 1985)*. Grundlage der Zuordnung der Erhebungseinheiten ist der **"Betriebsbegriff"** als mehr oder weniger definierte, oft "um-
gangssprachliche" Bezeichungen für einzelne Betriebe, Unternehmungen oder Tätigkeiten, mit denen deren Hauptausrichtung beschrieben wird. Der **Begriff** "Wirtschaftsdienste" kommt in der Systematik mehrfach vor: Als Bezeichnung der **Wirtschaftsabteilung 9A** neben der Bezeichnung "Geld- und Kreditwesen, Privatversicherung", als Bezeichnung der **Wirtschaftsklasse 93** neben der Bezeichnung "Realitätenwesen; Rechts- und ...". Auf der Ebene der 3- und 4-Steller kommt der Begriff nur
mehr mit dem Zusatz "sonstige" vor (Gruppe 935 und Art 935.9). Die **Brauchbarkeit**
dieser Klassifizierungen zur **Repräsentation der "Wirtschaftsdienste"** im Sinne dieser
Studie ist auf diesen verschiedenen Ebenen sehr unterschiedlich:
- Die **Wirtschaftsabteilung 9A** kann nur mit sehr großen Unschärfen als "Wirt-
 schaftsdienste-Abteilung" verwendet werden, da in ihr einerseits eine ganze Reihe
 von nicht-wirtschaftsspezifischen Dienstleistungtätigkeiten inkludiert sind (interne Überschneidung und mangelnde Trennungsmöglichkeit von Wirtschafts- und
 Konsumfunktion) und andererseits zahlreiche "Wirtschaftsdienste" in anderen
 Wirtschaftsabteilungen "versteckt" sind (7A, 7B, 8, 9B). In der Abteilung 7A sind
 dies vor allem Großhandel, Handelsagenturen, Importeure und Exporteure, in der
 Abteilung 8 verschiedene unternehmensorientierte Verkehrsdienste und besonders die Speditionen, in der Abteilung 9A die breite Gruppe der Reinigungs-, Be-
 wachungs- und Entsorgungsdienste (Klasse 94) sowie die Wissenschafts- und
 Forschungseinrichtungen (Klasse 97), Wirtschaftsverbände und Interessensvertretungen (Klasse 98).
- Die **Wirtschaftsklasse 93** kann als die **"Wirtschaftsdienste-Klasse"** der Systematik bezeichnet werden, im Sinne des Wirtschaftsdienstebegriffes dieser Studie allerdings nur mit z.T. beträchtlichen Vorbehalten: Es fehlen auch hier eine ganze
 Reihe von Wirtschaftsdiensten, die durch die Systematik in andere Wirtschaftsklassen oder Gruppen verlegt werden. Zudem enthält diese Wirtschaftsklasse trotz
 ihrer Bezeichnung Wirtschaftstätigkeiten, die überhaupt keinen wirtschaftsspezi-
 fischen Bezug aufweisen wie z.B. Siedlungsgenossenschaften, Nachlaßverwaltung,
 ...; sogar innerhalb der Art 935.9 "sonstige Wirtschaftsdienste" finden sich Betriebsbegriffe wie "Ehevermittlung", "Untermietzimmervermietung" usw.
- Weitere Unschärfen ergeben sich dadurch, daß Wirtschaftsdienste im Sinne dieser
 Studie z.T. branchenspezifisch verstreut zugeordnet werden: dies gilt für den
 Bereich **Vermietung und Vermittlung** (z.B. Vermietung von Kraftfahrzeugen bei
 8192, von Waggons bei 8299) und ganz besonders für den Bereich **Service, Repa-
 ratur- und Wartungsdienste**, für den auf keiner Gliederungsebene der Systematik eine eigene Klassifizierungsmöglichkeit vorgegeben ist *(Grundsystematik der
 Wirtschaftstätigkeiten, 1985, S. 13*)*. Auch einige typische **Bürodienste** wie Verviel-
 fältigung, Druckdienste, ... sind bei entsprechenden Branchen eingeordnet.

Auch eine **Zuordnung der Betriebsbegriffe** der Systematik zu den Wirtschaftsdiensteereichen der **funktional-hierarchischen Systematik** kann diese Unschärfen nicht gänzlich ausschalten *(vgl. STAUDACHER, CH. 1987, Tab. 5.1/2, 5.1/3, 5.1/4)*. Die Verwendung der amtlichen Statistik ist in jeder Gliederungsform also nur unter Berücksichtigung der angeführten **Inkompatibilitäten** mit der funktional-hierarchischen Systematik möglich, also mit Unschärfen und Überschneidungen mit der Konsumfunktion und unter Berücksichtigung von Zuordnungsproblemen.

b) Kammersystematik

Die zweite wichtige Ebene der Wirtschaftsstatistik ist die Kammersystematik, die sich aus der **Gliederung der Kammer der gewerblichen Wirtschaft** ableitet. Es erfolgt eine Zuordnung auf zwei Ebenen, nämlich nach **Bundesinnungen** und nach **Bundesinnungsgruppen**. Die Zuordnung der Erhebungseinheiten erfolgt auf Grund der Angabe über Mitgliedschaften zur Kammer der gewerblichen Wirtschaft *(Statistik der Gewerbl. Wirtschaft, Beitr. z. Österr. Stat. 790/1, S. 12)*. Die Kammersystematik weist eine Reihe von Bundesinnungen aus, die sich problemlos als Wirtschaftsdienste im Sinne der funktional-hierarchischen Systematik einordnen und interpretieren lassen. Im Bereich des Handels lassen sich nur zwei Bundesinnungen klar zuordnen (307 Außenhandel und 329 Handelsvertreter), bei den übrigen Bundesinnungen fehlt für eine Zuordnung die notwendige Differenzierung zwischen Groß- und Einzelhandel. Wichtige Gruppen wie Ingenieure und Architekten, Rechtsdienste und Wirtschaftstreuhänder sind in der Gruppe der nichtgewerblichen Tätigkeiten" nur in der Arbeitsstättenzählung 1973 *(Beitr. z. Österr. Stat. 650/10)* ausgewiesen. Die in der Gewerbestatistik *(Beitr. z. Österr. Stat. 792/A,B)* aufscheinende **Bundesinnungsgruppe Wirtschaftsdienste** umfaßt Gebäudeverwalter, Realitätenvermittler, Inkassobüros, Wirtschaftliches Werbewesen und aus der Allgemeinen Innung die Technischen Büros. Kernproblem der Kammersystematik ist die Tatsache, daß mit den darin enthaltenen Wirtschaftsdienstebereichen,die zuordenbar sind, kein Gesamtüberblick erreicht werden kann. Die Daten können daher nur als Ergänzung verwendet werden.

c) Berufssystematik

Das Systematische Verzeichnis der Berufe *(1972)* geht von der Erhebungseinheit der berufstätigen Einzelperson und der für diese erfaßten Berufsbezeichnung aus. Diese sind in **Berufsarten, Berufsgruppen, Berufsobergruppen** und **Berufsabteilungen** hierarchisch systematisiert *(vgl. STAUDACHER, CH. 1987, Tab. 5.1/5)*. Die Volkszählung 1971 *(z.B. Beitr. z. Österr. Stat. 630/22)* verwendet allerdings eine völlig abgeänderte Berufssystematik, die nach einem ähnlichen Prinzip aufgebaut ist und Berufsklassen und Berufsunterklassen ausweist. Der Versuch der **Zuordnung der Berufsklassen und -unterklassen zur funktional-hierarchischen Systematik** der Wirtschaftsdienste stößt auf noch größere Probleme, als dies bei den Wirtschaftssystematiken der Fall ist: erstens, weil die vorliegenden Gruppierungen z.T. noch geringere Kompatibilität aufweisen, und zweitens, weil sich berufliche Tätigkeiten grundsätzlich viel schwerer zu den hauptsächlich institutionell verstandenen funktional-hierarchischen Wirtschaftsdienstebereichen zuordnen lassen. Eine große Zahl von beruf-

lichen Tätigkeiten und Qualifiktationen ist eben nicht branchenspezifisch differen-
zierbar (z.B. "Büroberufe"). Aufgrund des vorwiegend institutionell orientierten Ansatzes, kommt der Berufssystematik und den Ergebnissen der amtlichen Statistik,
denen sie zugrundegelegt ist, nur geringere Bedeutung zu.

d) Systematik und Konzept der Input-Output-Tabelle 1976

Die Input-Output-Statistik *(Input-Output-Tabelle 1976, Beitr. z. Österr. Stat.
769/1,2)* ist für die Fragestellung von Bedeutung, da damit eine Abschätzung der intermediären Produktion von Dienstleistungen, insbesondere der Wirtschaftsdienste
angesetzt werden kann; dies allerdings nur unter einigen wesentlichen Restriktionen:
"Die Input-Output-Tabellen nach dem Make- und Absorbtionsansatz des rev. SNA
stellen ein System von miteinander verknüpften Güter- und Produktionskonten dar"
(RAINER, N. - FLEISCHMANN, E. 1985, S. 353). Die Güterkonten bilanzieren Auf-
kommen und Verwendung (heimische Produktion und Importe) eines jeden Gutes
(der verwendeten Güterklassifizierung), die Verwendung besteht aus **Intermediär-
verbrauch** und Endverbrauch. Die **Produktionskonten** zeigen Produktionserlöse
(BPW) und Produktionskosten. Die Produktionserlöse werden in ihre gütermäßige
Zusammensetzung untergliedert: besonders wichtig ist die Unterteilung in **charakteristische** (wirtschaftszweigtypische) und **nicht-charakteristische Produktionen**. Die
Produktionskosten setzen sich zusammen aus dem Intermediärverbrauch und dem
Saldo-Wertschöpfung (NPW). **Statistische Einheit** (Erhebungseinheit) ist der
Betrieb (Dienststelle beim Nicht-Marktbereich), der dabei als jene Einheit definiert
ist, "die durch eine **einheitliche zusammenhängende Produktionsaktivität** beschrieben ist und für die aus den buchhalterischen und kostenrechnerischen Aufzeichnungen alle jene Merkmale verfügbar sind, die für die Erstellung eines Produktionskontos
benötigt werden" *(RAINER, N. - FLEISCHMANN, E. 1985, S. 355)*. Die Wahl der statistischen Einheit (Arbeitsstätte - Betrieb - Unternehmen) bestimmt sehr wesentlich
das Ausmaß des Intermediärverbrauches (Vorleistungen); die Ergebnisse sind daher
unter dem Differenzierungsgrad, der sich aus dem verwendeten Betriebsbegriff
ergibt, zu sehen! **Klassifizierungsgrundlage** für die **Wirtschaftsbereiche** ("Aktivitäten") sind die Dreisteller ("Gruppen") der **Betriebssystematik 1968**, für die Güter **kor-
respondierende Warendreisteller**, die nach dem **Provinienzkonzept** aus der Aktivi-
tätsklassifikation nach ihrer charakteristischen Herkunft abgeleitet werden. Besonders ausgewiesen werden u.a. Zentralbüros der Industrie, Reparaturbetriebe *(vgl.
STAUDACHER, CH. 1987, 5.1/6)*. Es zeigt sich eine recht gute Verwendbarkeit der
Input-Output-Tabellen, insbesondere im Zusammenhang mit der **Abschätzung der
Bedeutung der Wirtschaftsdienste** und ihres intermediären Charakters. Besonders
von Bedeutung ist der **institutionelle Ansatz** über die Erhebungseinheit Betrieb *(vgl.
Kap. 7.)*.

6.2. Wirtschaftsdienstedatenbanken

Der **institutionelle Ansatz**, der der vorliegenden Arbeit dominant zugrunde liegt,
erfordert **einzelbetriebliche Informationen**. Da die in der amtlichen Statistik zu Verfügung stehenden Informationen für diesen Ansatz nicht ausreichen, wurde versucht,

über andere Quellen entsprechende Unterlagen zu schaffen. In der Literatur ist nur ein Projekt einer Wirtschaftsdienstedatenbank bekannt: THRIFT, N.J. - DANIELS, P.W. *(1985)* stellen ein Konzept für eine Datenbank von "Large 'Professional' Producer Services" vor, die folgendes Merkmalsset umfaßt: Größe (Kapital oder Ersatzgröße), Performance (finanzielle Informationen), Organisationsmerkmale, Dienstleistungsmix, Beschäftigung, sonstige Angaben. Diese Informationen werden aus Unternehmensberichten, nationalen Nachschlagewerken, Firmenbeschreibungen, Unternehmensgeschichten, Medien usw. entnommen.

6.2.1. Wirtschaftsdienstedatenbank (WDAT1)

Für die vorliegende Untersuchung wurde mit der **Wirtschaftsdienstedatenbank WDAT1** eine umfangreiche Datenbamk erstellt *(vgl. Tab. 4)*. Diese deckt im Vergleich zur Schätzung des Gesamtbestandes der Wirtschaftsdienste in Österreich *(vgl. Kap. 7.5.1.)* 4,4 % des Betriebsbestandes ab. Bezieht man nur auf die in der Datenbank tatsächlich erfaßten Wirtschaftsdienstebereiche, so ergibt sich ein Erfassungsanteil von 11,5 %, der noch weiter aufzuwerten ist, da bei den Branchen Finanz- und Versicherungswesen Filialen nicht erfaßt sind und teilweise auch andere Beschränkungen der Erfassung zugrunde liegen *(vgl. oben)*. Man kann daher den **Erfassungs-**

WD-Bereich	WD 1)	WDAT1	in % von WD	in % von AST	AST 2)	Besch. 2)
Finanzdienste 3)	4800	143	3,0	2,9	4856	63334
Forschung	600	71	11,8	14,4	493	6190
Wirtschaftsberatung	1200	187	15,6	6,5	2859	16730
Wirtschaftstreuhänder 4)	3500					
Rechtsdienste 4)	2470				2087	9785
Technische Büros	4700	218	4,6	4,6	4689	19997
Versicherungen	1560	246	15,8	12,4	1986	29032
Versicherungsmakler	430	85	19,8			
EDV-Dienste	1200	228	19,0	16,8	1354	9694
Bürodienste	3470	81	2,3			
Werbung	1550	353	22,8	23,3	1514	3710
Großhandel 4)	17200				17194	167877
Handelsmakler	4200	302	7,2	9,3	3251	7530
Realitätenwesen, Vermietung	2530	237	9,4	9,6	2474	13024
Wartung Service 4)	4300				4303	49397
Sicherheitsdienste	100	61	61,0	164,9 5)	37	2764
Entsorgung, Reinigung	950	121	12,7	20,8	581	4855
Lagerung 4)	90				86	269
Speditionen	790	461	58,4	65,0	709	14966
Verkehrsdienste 4)	6400				6348	80415
Summe	63040	2794	4,4	5,1	54821	499569
Summe der erfaßten Branchen	24300	2794	11,5	11,3	24803	

Tabelle 4 :
Wirtschaftsdienste-Datenbank (WDAT1) und die Grundgesamtheit

1) *Schätzung des WD-Bestande: vgl. Kap. 7.5.1.*
2) *Arbeitsstättenzählung 1981, Beitr. z. Österr. Stat. H. 650/10*
3) *in WDAT1 ohne Banken und Bankfilialen*
4) *in WDAT1 nicht erfaßt*

anteil auf (mindestens) **15 %** schätzen; bei den einzelnen Branchen ergeben sich aufgrund differenzierter Qualitäten der verwendeten Quelle bzw. von bewußt gesetzten Erfassungsrestriktionen (z.B. Realitätenwesen: nicht erfaßt sind reine Gebäudeverwalter) beträchtliche Schwankungen. Sehr hoch sind die Anteile bei den Sicherheitsdiensten und Speditionen, sehr gut aber auch bei wichtigen Kernbranchen wie Wirtschaftsberatung, Versicherungen und Versicherungsmakler, EDV-Diensten, Werbung und Entsorgungsdiensten *(vgl. STAUDACHER, CH. 1987, S. 356, Tab. 5.1/8)*. Um die Informationen der verwendeten Quellen für den angestrebten Zweck verwertbar zu machen, wurde die angegebene **Betriebsadresse** in der Datenbank in folgender Weise **raumrelevant umgesetzt:**

Tabelle 5 :
WD-Branchengruppen und Merkmalsset in WDAT1

a) Erfaßte WD-Branchen
1. Factoring-Gesellschaften
2. Leasing-Unternehmen, Personalbereitstellung
3. Vermögensverwaltungs- und Finanzierungsunternehmen, Unternehmensmakler
4. Versicherungsanstalten (bei denen nur die Direktionen und Landesdirektionen berücksichtigt wurden, nicht also die Filialen)
5. Versicherungsmakler, Auskunfteien und Inkassobüros
6. Gebäudeverwalter und Realitätenvermittler (nicht die reinen Hausverwalter und nur jene Unternehmen, die mit dem Zusatzzeichen "G" = Geschäftsvermittlung versehen sind)
7. Betriebsberatung und Organisation, Marktforschung, ... Datenerfassung, Datenverarbeitung
8. Adressen- und Ankündigungsinstitute, Werbeunternehmen
9. Spediteure (ohne reine Lager- und Übernehmestellen)
10. Bewachungsunternehmen
11. Tankschutz- und Kesselreinigungsunternehmen, Desinfektions- und Reinigungsanstalten
12. Versuchsanstalten, Technische Büros und Planungsgesellschaften
13. Diverse Dienstleistungen
14. Exporteure, Importeure, Vertreter (systematische Stichprobe aus ca. 3600: einstellige Zufallszahlen (zwischen 0 und 9) bestimmen die Auslassungsschritte)

b) Merkmalsfelder
1. Kurzform der **Firmenbezeichnung,**
2. **Branchenzuordnung** nach Haupt- und Nebenbranche unter Anwendung der **funktional -hierarchischen Systematik** *(vgl. Kap. 3.2.3. Tab. 1.)*,
3. **Organisationsform** (Einbetriebsunternehmen, Mehrbetriebsunternehmen - Zentrale, - Regionalzentrale, - Filiale, Internationales Mehrbetriebsunternehmen - Österreichzentrale, - Österreichfiliale),
4. **Gründungsjahr** (die Angaben für Filialen und Zweigbetriebe beziehen sich in aller Regel auf das Gründungsjahr des Unternehmens und nicht jenes der Filiale),
5. **Beschäftigte,**
6. **Kapital,**
7. **Standort 1980/81** (siehe unten),
8. **Standort 1985/86** (siehe unten),
9. **Standortbewertungen** (Lage im Zentren-Regions-System, nach regionalem Entwicklungsstand, nach innerstädtischen Standortkategorien)

Quellen: Dienstleistungs- und Behördenkompass, Österreich 1980/81, Dienstleistungs- und Behördenkompass, Österreich 1985/86, Handelskompass, Österreich 1980/81, Handelskompass, Österreich 1985/86 und für Ergänzungen der Finanz- Kompass Österreich 1985/86, alle Compass-Verlag, Wien; Österreich 2000, Die 3200 grössten Unternehmen Österreichs", 7. Ausgabe, Verlag Hoppenstedt, Wien 1986

1. **Betriebsadresse 1980/81 - 1985/86** *(Feld 7 und 8, Tab. 5.)*: Um eine differenzierte mikroräumliche Analyse der Standortverteilung bzw. von Verlagerungsvorgängen durchführen zu können, wurden für **Wien** und die **Landeshauptstädte** (ohne Bregenz, Eisenstadt und St. Pölten) die Adressen in **Zählbezirkscodes** umgesetzt. *(Karten der Statistischen Zählsprengel, Neuauflage 1981, ÖSTZA, diverse Stadtpläne)*. Die übrigen Adressen wurden in **Gemeindecodes** umgesetzt *(Ortsverzeichnis 1981, Gesamtregister, ÖSTZA, 1986)*. Der Versuch über die Erfassung der Betriebsadressen für zwei Zeitquerschnitte Informationen über räumliche Verlagerungstendenzen zu gewinnen, erwies sich in der Auswertung als nicht tragfähig, sodaß ein Ersatz gesucht werden mußte *(vgl. Kap. 6.2.2.)*.
2. **Standortbewertung** *(Feld 9)*: Zum Zweck der Analyse der Standortstruktur und des Standortverhaltens wurden die Einzelstandorte der Wirtschaftsdienste mit **qualitativen Raum- und Lagermerkmalen** belegt *(vgl. Kap. 5.2.)*. Die Zuordnung erfolgt auf drei Ebenen:
   - **Lage im Zentren- und Regionssystem:** Die Lagemerkmale der einzelnen Standorte wurden auf einer stark generalisierten Ebene über kategorialen Raumbegriffe beschrieben, aus denen sich die **Grundmuster der "Umfeldverhältnisse"** der einzelnen Betriebe in ihrer Interaktionssituation ergeben *(vgl. Kap. 5.2.1.)*.
   - **Regionaler Entwicklungsstand:** Als zweite Ebene wurde den Standorten der erfaßten Wirtschaftsdiensten nach dem Raster der Gebietstypen des Entwicklungsstandes und des Erreichbarkeitspotentials Merkmale der regionalen Entwicklungssituation zugeordnet *(vgl. Kap. 5.2.1.)*.
   - **Innerstädtische Standortkategorien:** Für die mikroräumlichen, innerstädtischen Analysen der funktionsaffinen Standortorientierung wurden bei Standorten in der **Bundeshauptstadt** bzw. in **Landeshauptstädten** (ohne Bregenz, Eisenstadt und St. Pölten) eine Zuordnung zu innerstädtische Standortkategorien vorgenommen *(vgl. Kap. 5.2.2.)*.

   Die **Zuordnung und Lagebewertung** erfolgt **individuell** auf jede einzelne Standortadresse bezogen, es wurden also die **einzelbetrieblichen Lageverhältnisse in der Raum- und Stadtstruktur** zu erfassen versucht, soweit dies ohne Standortkartierung möglich ist.

Bei der **Beurteilung der Auswertung** auf der Grundlage dieser Informationen ist zu beachten, daß diese eine Reihe von **Mängeln** aufweisen:
- Die **Datengrundlage** ist sicher **unvollständig**, insbesondere deswegen, weil die Aufnahme in die Verzeichnisse auf Freiwilligkeit beruht und daher auch die Fortschreibung nicht immer vollständig aktuell gehalten werden kann. Ausgangspunkt der Struktur- und Standortanalyse der Wirtschaftsdienste ist also eine "Stichprobe" aus einem Gesamtbestand, die durch die obigen Bedingungen bestimmt ist und nicht durch Gesetze der Stichprobentechnik. Der Umfang der Verzeichnisse ist aber so groß, daß schon allein deshalb eine gute Repräsentanz bezüglich der Grundgesamtheit erwartet werden kann.
- Die **Zuordnung zu den Branchengruppen** innerhalb der Verzeichnisse bzw. in der Umsetzung in Branchencodes erfolgt über einfache und recht unterschiedliche Branchenbezeichnungen, bzw. überhaupt nur aus der Firmenbezeichnung. Die dabei auftretenden möglichen Unschärfen dürften aber nicht sehr gravierend sein.

– Die Angaben über das **Gründungsjahr** dürfte sich in vielen Fällen auf die letzte
  Änderung der Unternehmensform (Ges. m.b.H., OHG, ...) beziehen und nicht auf
  den Beginn der realen Betriebsexistenz. Es ist daher auch bei der Interpretation
  dieser Information Vorsicht geboten.
– Die Angaben über **Beschäftigte und Kapitel** beziehen sich vor allem bei Zweigbetrieben von industriellen Großunternehmen nicht auf den Zweigbetrieb alleine,
  sondern auf das Gesamtunternehmen, sodaß hier besonders bei hohen Werten
  größere Vorsicht geboten ist.
– Bei vielen Betrieben fehlen einzelne Angaben überhaupt - insbesondere beim
  Gründungsjahr, bei der Zahl der Beschäftigten und beim Kapital.

Die **strukturelle Übereinstimmung** der Wirtschaftsdienste-Datenbank mit der
"Grundgesamtheit" läßt sich nur an zwei Datenbereichen prüfen:
+ Die **Betriebsgrößenstruktur** gemessen an den Beschäftigten pro Betrieb, bzw. der
  Besetzung von Betriebsgrößenklassen *(vgl. STAUDACHER, CH. 1987, Tab. 5.2/8)*:
  Der Datensatz der Wirtschaftsdienste-Datenbank weist gegenüber der Grundge-
  samtheit eine deutliche Schiefe einer **Unterrepräsentation der Kleinstbetriebe**
  auf: Vor allem die kleinsten Betriebe mit weniger als 5 Beschäftigten (zum Großteil Ein-Mann-Betriebe) sind in der Datenbank deutlich unterrepräsentiert. Dies
  ist einerseits auf das Arbeitsstättenkonzept der Arbeitsstättenzählung *(Beitr. z.
  Österr. Stat. 650/10)* zurückzuführen, das leicht unter das Niveau des "normalen"
  Betriebsbegriffes differenziert. Auf der anderen Seite sinkt bei der in der Datenbank verwendeten Quelle die Melde- und Aufnahmewahrscheinlichkeit mit abnehmender Betriebsgröße überproportional. Dieser Mangel ist nicht behebbar -
  es ist daher bei allen Interpretationen im Zusammenhang mit der Betriebsgröße
  diese Schiefe zu beachten.
+ **Muster der räumlichen Verteilung** *(vgl. STAUDACHER, CH. 1987, Tab. 5.1/9)*:
  Eine zweite Prüfungsmöglichkeit bietet ein Vergleich der Standortverteilung nach
  der Wirtschaftsdienste-Datenbank mit der hypothetischen Grundgesamtheit der
  Arbeitsstättenzählung *(Beitr. z. Österr. Stat. 650/10)*. Es zeigt sich deutlich, daß die
  beiden Datensätze eine **stark abweichende raumkategorelle Standortverteilung**
  abbilden, sodaß bei Vergleich der Ergebnisse immer auf die strukturellen Unterschiede der Datenbasen Bezug genommen werden muß.

Generell hat die Information in der **Wirtschaftsdienst-Datenbank (WDAT1)** den
Vorteil, daß über die erfassungstechnische Selektivität nur bedeutendere, größere
und damit auch raumwirksamere Wirtschaftsdienste erfaßt sind und somit bei Verwendung dieser Daten ein Bild einer stärker hierarchischen Zentrenstruktur entsteht,
das der Realität besser entspricht, als jenes aufgrund der Arbeitsstättenzählung *(Beitr.
z. Österr. Stat. 650)*.

6.2.2. Verlagerungsdatei Wien (WDAT3)

Standortverlagerungen von Wirtschaaftsdiensten im städtischen Raum als Reaktionen auf Umwertungen städtischer Strukturmuster und als Neubewertungen von
städtischen Lagen sind eine wichtige Analyseebene im Rahmen wirtschaftsgeographi-

scher Fragestellungen *(vgl. Kap. 11.3.)*; von besonderem Interesse ist dabei natürlich die Verlagerungsaktivität im Großstadtraum (Wien), weil hier Differenzierungen deutlicher erkennbar sind. Da aus dem Datenbestand der Wirtschaftsdienstedatenbank *(WDAT1, vgl. Kap. 6.2.1.)* nur wenige Hinweise auf Verlagerungstendenzen erschlossen werden konnten, wurde ein Auszug des **Adreßmaterials der Handelskammer Wien** als zusätzliche Quelle verwendet: Die Mitgliedschaften bei den Fachgruppen der Handelskammer sind dabei über das **Prinzip der "tätigen Betriebe"** so bewertet, daß damit ein gutes Bild des tatsächlichen und auch agierenden Betriebsbestandes entsteht; ausgewiesen sind "Fachgruppenmitglieder" und "die weiteren Betriebsstätten", nicht aber "Verpächter", "ruhende Mitgliedschaften" und "ruhende weitere Betriebstätten" *(Auskunft der Handelskammer Wien)*. Aus Kostengründen konnte das Adreßmaterial nur für einige ausgewählte Fachgruppen zur Verfügung gestellt werden. Es wurden fünf Fachgruppen ausgewählt (Werbung, Technische Büros - Ingenieurbüros, Unternehmensberatung - Datenverabeitung, Außenhandel, Immobilien-, Vermögenstreuhänder), durch welche charakteristische Bereiche der Wirtschaftsdienste abgedeckt sind. Dadurch wurden für 5800 tätige Betriebe 1350 Verlagerungsvorgänge erfaßt *(vgl. STAUDACHER, CH. 1987, Tab. 5.1/10)*: Die **Informationen des Adreßmaterials** wurden wie folgt verarbeitet:

+ **Rechtsform:** Aufgrund der Unterlage konnten folgende Kategorien unterschieden werden: AG, KG, OHG, Ges.m.b.H., nicht protokollierte Firma, Verein oder Genossenschaft, produzierende Einzelfirma.

+ **Organisationsform:** Vom organisationstheoretischen Ansatz her erweist sich die Möglichkeit der Aufnahme von Grundformen des organisatorischen Status als wesentlich: Hauptbetrieb, Filiale eines Hauptbetriebes außerhalb Wiens, Filiale eines Wiener Betriebes sind die drei Statuskategorien.

+ **Branche:** Über die angegebenen Fachgruppenmitgliedschaften konnten einerseits die Haupttätigkeit als Branchenkriterium, aber auch Nebentätigkeiten erfaßt werden, die im Zusammenhang mit der Bildung von Dienstepakten von Bedeutung sind.

+ **Standort:** Der aktuelle Standort wurde einzelnen **Zählbezirken** zugeordnet, sodaß eine feine räumliche Aufgliederung der Standortverteilung und der Verlagerungsmuster vorliegt. Durch die Angaben über **"alte Adressen"**, die sich auf den **Zeitraum 1973 - 1984** beziehen, kann einen **Verlagerungsanalyse** angesetzt werden. Dabei ist zu beachten, daß sich die erfaßten Verlagerungen auf den gesamten 10-jährigen Zeitraum verteilen und damit keine genauere zeitlich Zuordnung möglich ist. Nicht enthalten im Datensatz sind Betriebe, die ihren Standort aus Wien hinausverlagert haben bzw. solche, welche ihre Mitgliedschaft aufgegeben haben.

6.3. Betriebsbefragung zur Analyse der Kontaktstrukturen (WDAT2)

Das Konzept der Rollenhypothese und die Hypothesen der Raumwirkung von Wirtschaftsdiensten verlangen eine Befassung mit den **Wirtschaftsdienstekontakten**, also mit den Austauschprozessen zwischen den Wirtschaftsdiensten und den nachfragenden Wirtschaftsunternehmungen *(vgl. Kap. 12.)*. Da darüber keine entsprechenden Erhebungen vorliegen, müssen Konzepte der Primärerhebung, also zur **Betriebsbefragung** erarbeitet und eingesetzt werden.

6.3.1. Betriebsbefragungen: Konzepte und Erfahrungen

Primärerhebungsverfahren in der Form der Betriebsbefragung werden im sozial-ökonomischen Forschungsbereich in vielfältigen Formen angewendet. Hier sollen jene Befragungs- und Erhebungskonzepte analysiert werden, die sich mit dem Themenkomplex der **Erfassung von Wirtschaftsdienstekontakten** befassen *(GAD, G. 1968; TÖRNQVIST, G. 1970; GODDARD, J.B. 1971; BRITTON, J.N.H. 1974; BARTER, J.H. - WALKER, D.F. 1977; GROTZ, R. 1960; POLESE, M. 1982; MARSHALL, J.N. 1982, 1983; SCHICKHOFF, I. 1985: DANIELS, P.W. 1984; SCHACKMANN-FALLIS, K.P. 1985; GAD, G. 1979, 1983; SCHAMP, E.W. 1986; usw.; vgl. im Detail: STAUDACHER, Ch. 1987, S. 326 ff.).*

Für die **empirische Erfassung von Kontaktstrukturen bei Wirtschaftsdiensten** wurden bisher die verschiedensten **Konzepte** entwickelt; überblickt man diese, so lassen sich einige wesentliche Gemeinsamkeiten und Grundtendenzen erkennen:

- **Erhebungseinheit** aller Wirtschaftsdienste-Kontaktstudien ist der **Betrieb** (seltener die Unternehmung) als Nachfrager nach ausgelagerten Unternehmensfunktionen; es liegt also allen Konzeptionen der **institutionelle Ansatz** zugrunde, wenngleich dieser kaum explizit formuliert wird. In der weit überwiegenden Zahl der Analysen sind die Zielgruppen der Erhebung verschiedene Branchen von Industriebetrieben. Dies beruht darauf, daß die meisten Studien von der Rollenhypothese ausgehen, also von der Frage nach der **Bedeutung der Wirtschaftsdienste für die industrielle (Regional-) Entwicklung.** Selten wird in Wirtschaftsdienste-Kontaktstudien explizit auf die **Einzelkontakte als Erhebungseinheit** Bezug genommen *(BARTER, J.H. - WALKER, D.F. 1977; SCHICKHOFF, I. 1985).* In einigen verwandten Kommunikationsstudien, die nicht direkt auf Wirtschaftsdienstekontakte abgestellt sind *(THÖRNQVIST, G. 1970; GODDARD, J.B. 1971; GAD, G. 1979, 1983)* ist die Erhebungseinheit die **interagrierende Person** bzw. die **einzelne Interaktionen** selbst, die vor allem über die spezielle Methode der "diaries" erfaßt werden. Dienstleistungsunternehmungen wurden im Hinblick auf ihre Dienstebezüge überhaupt nicht behandelt, nur in der Arbeit von DANIELS, P.W. *(1984)* werden die **Wirtschaftsdienste** selbst einer Kontaktanalyse unterzogen. Auch im Bereich der Büroforschung gibt es einige Ansätze zur Erfassung von solchen speziellen Kontaktmustern *(GODDARD, J.B. 1971; MORGAN, W.T.W. 1971; DANIELS, P.W. 1969 ; etc.; vgl. Kap. 4.1.)*
- In der Regel werden die **Testgebiete** so gewählt, daß sie den meist spezialisierten Fragestellungen entsprechen. Mit der Wahl der Testgebiete wird meist auf die Hypothese vom Einfluß des Nachfragestandortes auf die Art und den Umfang der Diensterealisation reagiert; entweder werden mehrere unterschiedliche Testgebiete gewählt *(BRITTON, J.N.H. 1974)* oder die Testgebiete werden so dimensioniert, daß verschiedene Standortkategorien eingeschlossen sind (städtische Ballungsräume, Kleinstädte, periphere Regionen, ...). **Vollerhebungen** sind selten *(SCHICKHOFF, I. 1985; SCHAMP, E.W. 1986),* in der Regel werden die zu befragenden Betriebe/Unternehmungen nach bestimmten Kriterien ausgewählt: Betriebsgrößenmischung, organisatorischer Status, verschieden Branchengruppen, unterschiedliche Dienstebedürfnisse usw. *(vgl. Kap. 12.).*

- Die **Erfassungsmethode** für Wirtschaftsdienstekontakte ist dominant der **Fragebogen**, indem einerseits die Kontaktmuster (abhängige Variable) für meist vorgegebene Dienstekategorien erfaßt werden - unter Anwendung verschiedenster Erfassungs- und Meßmethoden - und als erklärende Variable verschiedene **Struktur-, Strategie- und Raummerkmale** der interagierenden Betriebe. Es werden in der Regel die dominierenden oder "üblichen" Beschaffungsweisen *(BRITTON, J.N.H. 1974)* für einzelne ausgelagerte Unternehmensfunktionen als generalisierte Durchschnittsinteraktionen erfaßt; diese werden dann in ihrer Summe als beschreibende Merkmale des Diensteauslagerungs- und Beschaffungsverhaltens von Betrieben verwendet; es handelt sich also um **Aggregatdaten**. Nachteile der Fragebogentechnik bei der Anwendung auf Kontaktstudien liegen vor allem in der vom Befragten geforderten gedanklichen Verallgemeinerung von situationsbedingt variierenden Interaktionsmustern. Als Alternative stellt sich die **Methode des Tagesbuches** dar, die auf die Erfassung einer zeitlichen Abfolge von Ereignissen gerichtet ist. Durch die Regelmäßigkeit der Eintragungen und die größere Nähe zum konkreten Ereignis wird die Erfassung für den Befragten erleichtert und der Generalisierungszwang" fällt weg, Probleme und Nachteile liegen in der Vernachlässigung von seltenen Ereignissen. Für Interaktionsstudien wurde die Methode allerdings vielfältig mit Erfolg eingesetzt *(TÖRNQVIST, G. 1970; GODDARD, J.B. 1971; KLINGBEIL, D. 1978)*.
- Die **Wirtschaftsdienste-Kataloge**, die in den Fragebogen aus Standardisierungsgründen vorgegeben werden, haben einen **harten Kern von Diensten**, die in allen Studien vorkommen *(vgl. STAUDACHER, CH. 1987, Kap. 3.1.1.2., S. 87 ff. - "common sense")*. Entscheidend dabei ist sichtlich nicht die Zahl der aufgenommenen Dienste, sondern die ausgewogene Zusammenstellung entsprechend den Fragestellungen und Hypothesen, die aber selten explizit begründet wird. Die Begründung des Dienstekataloges kann nur im theoretischen Umfang und in der Struktur der **auslagerbaren Unternehmensfunktionen** mit Dienstleistungscharakter *(vgl. Kap. 3.1.1.)* gefunden werden.
- Die **Kontaktmessung** erfolgt in den meisten Fällen über die **Häufigkeit** der Kontakte, nur wenige Analysen sind in der Lage die Erfassung von Gewichtungsindizes durchzuführen *(POLESE, M. 1982; DANIELS, P.W. 1984; BARTER, J.H. - WALKER, D.F. 1977; BRITTON, J.N.H. 1974)*, wobei in der Regel der Wert der Leistungen verwendet wird.
- Die **Beschaffungsweisen** der Dienste sind ein wesentliches Kriterium der empirischen Konzeptionen. Zwei Gruppen können unterschieden werden:
  - Die meisten Studien gehen von der **Komplementarität zwischen Selbstverrichtung und Marktbeschaffung** von Diensten aus und erfassen daher meist drei Kategorien von Beschaffungsweisen: **Selbsterstellung** im Betrieb, **unternehmensinterne Beschaffung** (bei abhängigen Betrieben) und **marktmäßige Beschaffung**.
  - Viele Studien aber beschränken sich auf die Erfassung der ausgelagerten Unternehmensfunktionen, also auf die **marktmäßigen Kontakte**. Der Grad der Internalisierung ist nicht direktes Untersuchungsziel, sondern Rahmenbedingung.

- Bei der **Erfassung der räumlichen Orientierung der Dienstebeschaffung** wird meist von der Hypothese der **räumlichen Verfügbarkeit** der Dienste und von der Analyse der **regionalen Lieferbeziehungen** ausgegangen. Es wird daher besonders die Dichotomie von lokaler/regionaler Beschaffung und regionsexternen Dienstebezügen untersucht.

- Selten wird die Frage nach der **Benutzung von Medien** bzw. der Rolle der personellen Kontakte bei Wirtschaftsdienstekontakten *(GROTZ, R. 1980)* in die Erhebungskonzeption eingebaut, obwohl gerade diesem Aspekt unter den Bedingungen der Entwicklung der Kommunikationstechnologie erhöhte Bedeutung zukommt.

- Auch die **Wahl der Kontaktpartner** wird kaum analysiert; es wird in der Regel davon ausgegangen, daß Kontaktpartner und Kontaktinhalt ident sind, was sich in der undifferenzierten Verwendung von Betriebsbegriffen und Wirtschaftsdienstleistungsbegriffen ausdrückt. Damit bleibt die Tatsache verdeckt, daß Wirtschaftdienstleistungen in der Regel von verschiedensten Partnern bezogen werden können (Rolle der Dienstepakete).

- Als **erklärende Variable** werden verschiedenste Merkmale eingesetzt, die aus den jeweiligen Hypothesen und Fragestellungen abgeleitet werden. Es handelt sich um
  - **Strukturvariable** (Betriebsgröße, organisatorischer Status, Besitzverhältnisse, Betriebsalter, Branchenzugehörigkeit usw.),
  - **Strategievariable** (Marktausweitung, Rationalisierung usw.)
  - **Lage- und Raumstrukturvariable**: Größe oder zentralörtliche Kategorie der Standortstadt, Lage zu Metropolen, Erreichbarkeit, ... *(vgl. SCHICKHOFF, I. 1985)*.

6.3.2. Konzeption der Betriebsbefragung über Kontaktstrukturen (WDAT2)

Die gesamte **Konzeption der Analyse des Nachfrageverhaltens** bei Wirtschaftsdiensteauslagerung und -kontakten durch Wirtschaftsunternehmungen *(Auslagerungs- und Beschaffungshypothesen; Kap. 12.1.)* läßt eine **Betriebsbefragung** als einzige geeignete Methode erscheinen *(vgl. STAUDACHER, CH. 1984)*. Wesentliche Grundbedingungen der Gesamtkonzeption dieses empirischen Ansatzes ist der Vorrang der **empirischen Breite** vor der empirischen Tiefe. Die **Befragung** ist vor allem auf folgende **Inhalte** gerichtet: **Umfang und Struktur der Wirtschaftsdienste-Nachfrage, Grundzüge räumlicher Orientierungsmuster**, insbesondere im Zusammenhang mit den Zentren- und Regions-System Österreichs, **Rolle der eingesetzten Medien** bei der Kontaktrealisation, **Fristigkeit der Dienstekontakte, Differenzierungen nach Standort- und Lagekriterien** und nach betrieblichen/unternehmerischen Strukturmerkmalen (erklärende Variable). Nicht angestrebt sind Aussagen über das betriebswirtschaftliche Kalkül (Rationalisierungshypothese) bzw. die Motivationen von Auslagerungen und Partnerwahl, Aussagen über Veränderungen in der Kontaktstruktur im Zeitablauf, Aussagen über die (ideographische) Topographie der räumlichen Orientierung einzelner Unternehmen oder Betriebe. Diese und weitere Fragestellungen sind empirisch sehr aufwendig und in nachfolgenden Spezialuntersuchungen anzugehen.

Tabelle 6 :

Übersicht über die Struktur und Inhalte des Fragebogens zur Erfassung von Wirtschaftsdienstekontakten (WDAT2)

1. Struktur des befragten Betriebes
   a) Name, Adresse
   b) Beschreibng des Tätigkeitsbereiches (Branche)
   c) mikrorräumliche Lagebeschreibung
   d) Zahl der Beschäftigten, Bürofläche, Betriebsfläche
   e) Gründungsjahr, Neugründung, Zuzug von
   f) Standortmotivation
   g) Funktion, Stellung des Befragten, Datum

2. Erfassung der Wirtschaftsdienstekontakte

nachgefragte Unternehmensfunktionen / Art der Dienstleistung	Interaktionspartner Art des Wirtschaftsdienstes	Standort Z1 Z2 Z3 Z4 LD1D2 D3D4	Medium p t x b d	Häufigkeit t w m j s
Betriebsführung, Koordination	Lohnverrechnung			
Unternehmensberatung, -planung	Datenverarbeitung			
Betriebsprüfung, -aufsicht	Werbung			
Informationsbeschaffung, Kontakte	Repräsentations-, Kulturdienste			
Behördenkontakte	Bürodienste, Druck etc.			
Rechtsberatung	Einkauf, Bestellung			
Begutachtung, Sachverständiger	Reinigung			
Schulung, Fortbildung	Immobiliendienste, Leasing			
Forschung& Entwicklung	Wartung, Service, Reparatur			
Finanzierungsdienste	Speditionsdienste			
Versicherungsdienste	Reisedienste			
Zahlungsverkehr, Kontoführung	Zolldienste			
Inkasso, Faktoring	Transport-, Botendienste			
Steuerberatung, Bilanzierung	Lagerung			

Erläuterungen:
Medium: p - persönlich, t - Telephonisch, x - Telex, b - brieflich, d - Datenleitung
Häufigkeit: t - täglich, w - wöchentlich, m - monatlich, j - jährlich, s - seltener
Anbieterstandorte: relative Bedeutung von Z1.. D4 siehe Tab. 9

Die **Betriebsbefragung** wurde persönlich, z.T. schriftlich mit telephonischen Rückfragen durchgeführt. **Erhebungseinheit** waren einzelne **Wirtschaftsbetriebe**, also Nachfrager nach Wirtschaftsdienstleistungen. Die Auswahl der befragten Betriebe erfolgt nach forschungsökonomischen Opportunitätskriterien, indem ausschließlich von einer **räumlichen Schichtung** ausgegangen wurde *(vgl. unten: Kategorien der Nachfragerlage, Tab. 7.).* Insgesamt wurde das auf Wirtschaftsdienste bezogene Interaktionsverhalten von **420 Betrieben** erfaßt, für die **4.200 Interaktionsfälle** beschrieben werden können:

a) Faktfragen ("erklärende Variable")

Der Fragebogen versucht zunächst zur empirischen Testung der Strukturhypothese der Wirtschaftsdienstenachfrage über Faktfragen betriebliche und situative Merkmale der Wirtschaftsbetriebe zu erfassen. Folgende Merkmale werden erfaßt:
+ **Betriebsadresse** bzw. **raumkategorielle Zuordnung:** Die Auswahl der zu befragenden Betriebe erfolgte über ein **Konzept der räumlichen Lage- und Standortkategorien**, dem die Hypothese zugrunde liegt, daß die räumliche Situation des Nachfragerbetriebes für die Erklärung des Nachfrageverhaltens eine bedeutende Rolle spielt *(Angebots- und Lagehypothese; Kap. 12.1.).* Es wird also nicht, wie in den meisten bisherigen Untersuchungen von geschlossenen Standortregion als Erhebungsraum ausgegangen, sondern vom Versuch der **Abdeckung von Standort- und Lagekategorien**, die die Grundmuster der wirtschaftsräumlichen Struktur des gesamten Untersuchungsraumes Österreich abdecken: strukturelle Regionstypen *(vgl. Kap. 5.2.1.).* Bei der konkreten Wahl der **Standortgemeinden** der zu befragenden Betriebe, wurden zusätzlich Lagekriterien in Betracht gezogen, mit denen einige wichtige **individuelle räumliche Situationen** erfaßt werden sollen:

Tabelle 7 :	
Zuordnung der Standortgemeinden der befragten Betriebe zu strukturellen Regionstypen *(vgl. Kap. 5.2.1. und 5.2.2.)*	
Regionstyp	Standorte der befragten Betriebe
WCY Wien City	Wien 1. Bez.
WIN Wien-Innen	Wien 2. - 9. und 20. Bez.
WRW Wien-Rand-West	Wien 12. - 19. Bez.
WRS Wien-Rand Südost	Wien 10., 11., 21. - 23. Bez.
LH Landeshauptstädte	Linz, Salzburg, Eisenstadt
BHW Bezirkshauptstädte bei Wien	Stockerau, Korneuburg
BHZ Bezirkshauptstädte	Mistelbach, Gänserndorf, Baden, St.Pölten, Amstetten, Groß Siegharts, Zwettel, Peuerbach, Schärding, Gmunden, Vöcklabruck, Ried/Innkreis, Birkfeld, Bruck/Mur
IND industrialisierte Gemeinden	Wr. Neudorf, Laxenburg, Biedermannsdorf, Achau, Statzendorf, St. Geogorgen/Steinfeld, Taufkirchen/Pram, Altheim
FVG Fremdenverkehrsgemeinden	Schörfling/Attersee, Seewalchen/Attersee, Straßburg, Gurk, Weitensfeld, Kleinglödnitz, Metnitz, Gnesau, Sirnitz
LR Gemeinde im ländlichen Raum	Großkrut, Obersiebenbrunn, Untersiebenbrunn, Leopoldsdorf im Marchfeld, Pama

- **Nachbarschaftslage** zu Wien bzw. zu größeren Städten: Damit sollen die besonderen Situationen der unmittelbaren Nähe zum Wirtschaftsdiensteangebot aber auch Hinweise auf Auswirkungen von Suburbanisierungsvorgängen auf die Interaktionsmuster besonders erfaßbar werden.
- **Bezirkshauptstädte** in Niederösterreich, Oberösterreich und der Steiermark werden besonders erfaßt, um Unterschiede der Zentrenstrukturen, insbesondere von Monopol- bzw. Oligopolsituation im Siedlungssystem einzubauen.
- Innerhalb Wiens wird besonders die **Citylage** bei der Auswahl betont, weil damit die assoziative Interaktionssituation innerhalb der Wirtschaftsdienste erfaßt werden kann.

Die Verteilung der befragten Betriebe auf die Raumkategorien zeigt ein deutliches **Übergewicht am Standort Wien (39 %)**, was wesentlich über der Gesamtkonzentration der Wirtschaftsunternehmen auf Wien mit 23,4 % der nichtlandwirtschaftlichen Arbeitsstätten liegt (*Beitr. z. Österr. Stat. H. 650/10*); dies ist mit der Intention begründet, für die Verflechtungssituationen innerhalb Wiens als Großstadt mit den und zwischen den Wirtschaftsdiensten ein Assoziationsanalyse ansetzen zu können (*vgl. Kap. 12.2.3.c.*). Die Landeshauptstädte (12 %) haben einen Anteil, der etwa ihrer Rolle als Standorte von Wirtschaftsunternehmungen entspricht, die **Bezirkshauptorte** sind mit insgesamt **32 %** stärker besetzt, um regionale Variationen aufdecken zu können. Sonstige Standortkategorien sind mit etwa 5 % nur schwach besetzt; damit sollten Hinweise auf deren grundsätzliche Besonderheiten möglich werden - nicht angestrebt wurde eine Streuung auf alle regionalen Varianten der Lage- und Standortgegebenheiten dieser Kategorie.

+ **Branche - Tätigkeitsbereich des Nachfragebetriebes**: Die in der Befragung vorliegenden verbalen Branchenbezeichnungen wurden über die funktional-hierarchische Systematik (*vgl. Kap. 3.2.3., Tab. 1.*) zugeordnet; dabei wurde für den Einsatz im Bereich der assoziativen Interaktionsanalyse unter den Wirtschaftsdiensten eine sehr differenzierte Kategorisierung dieses Bereiches verwendet; für die übrigen Branchen wurde wegen des Interesses an generellen Aussagen und wegen der geringen Aufgliederbarkeit des Datenmaterials (Signifikanz) auf feinere Branchendifferenzierungen verzichtet. Die Verteilung der befragten Betriebe auf die Wirtschaftsbranchen ließ sich nicht so gut steuern wie die räumliche Verteilung: Einerseits dominieren mit insgesamt 45 % die Wirtschaftsdienste selbst als Nach-

Tabelle 8 :
Räumliche Verteilung der befragten Betriebe nach strukturellen Regionstypen (*Kap. 5.2.1.*) und Branchen (*WDAT2*)

| Branche | Standortkategorien | | | | | | | | | | | |
	WCY	WIN	WRW	WRS	Wien	LH	BHW	BH	IND	FVG	LR	Sum
Industrie	2,7	11,7	27,0	1,8	43,2	9,9	8,1	20,7	9,9	0,0	8,1	26,4
Fremdenverkehr	2,5	7,5	12,5	0,0	22,5	2,5	0,0	12,5	7,5	50,0	5,0	9,5
Einzelhandel	6,3	11,3	12,5	0,0	30,0	12,5	1,3	45,0	3,8	0,0	7,5	19,0
dispositiv WD	25,0	4,2	10,4	10,4	50,0	10,4	14,6	22,9	2,1	0,0	0,0	11,4
operative WD	9,7	5,3	26,5	5,3	46,9	9,7	8,8	27,4	4,4	0,9	1,8	26,9
Verkehrsdienste	3,6	0,0	10,7	7,1	21,4	50,0	7,1	21,4	0,0	0,0	0,0	6,7
Summe	7,9	7,9	19,8	3,6	39,0	12,4	6,9	26,7	5,5	5,0	4,5	100,0

Abkürzungen für Standortkategorien siehe Tab. 7.

frager deutlich: Dies ist aber beabsichtigt und wurde deshalb so gesteuert, damit die Daten auch im Zusammenhang mit der Analyse der assoziativen Verflechtungen zwischen den Wirtschaftsdiensten - insbesondere im Großstadtraum eingesetzt werden können *(Kap. 12.2.3.)*. Industrie und Gewerbe decken 26 % der befragten Betriebe, Einzelhandel 19 %, Fremdenverkehrsbetriebe 9,5 %. Diese Verteilung ergibt sich z.T. auch zwangsläufig aus den Intensionen der räumlichen Auswahl. Insgesamt besteht damit aber die Möglichkeit, die Hypothese eines Einflusses des Wirtschaftszieles auf die Nachfragestruktur und das Nachfrageverhalten empirisch zu prüfen.

+ **Betriebsgröße:** Zur Testung der Größenhypothese wurden bei den Faktfragen drei Größenkriterien erfaßt: Die Zahl der **Beschäftigten**, die **Bürofläche** und die gesamte **Betriebsfläche.** Die Bürofläche wurde als einfaches Maß der "internen Tertiärisierung" der Nachfragebetriebe konzipiert, das einen Schluß auf die interne Ausdifferenzierung vor allem der dispositiven und der Verwaltungsfunktionen erlaubt - dies allerdings nur bei Industrie, Gewerbe, Handels-, Verkehrs- und Fremdenverkehrsbetrieben, nicht bei Bürobetrieben.

+ **Organisatorischer Status:** Im Rahmen der Organisationshypothese spielt die Dichotomie von Selbständigkeit und Abhängigkeit des Nachfragerbetriebes eine bedeutende Rolle. Es wird daher der Status "Filiale/Zweigbetrieb" erfaßt, sodaß damit eine organisationstheoretische differenzierte Analyse möglich wird.

+ **Gründungsjahr:** Das Betriebsalter der Nachfragerbetriebe wird auf der Basis der "Lebenszyklushypothese" als erklärende Variable in die Analyse eingebaut. Es wird davon ausgegangen, daß sich die Nachfrage und Nutzung von Wirtschaftsdiensten und die Kontaktstrukturen über den Lebenszyklus von Betrieben verändern, insbesondere auch im Bezug auf die räumliche Orientierung *(Anpassungshypothese; vgl. Kap. 12.2.2.d)*.

Mit diesem Set an Faktfragen können nur einige grundlegende Hypothesen geprüft werden. Weitere Faktfragen, die im Fragebogen vorgesehen waren, wie (mikroräumliche Lagebeschreibung, Standortmotivation) können wegen überwiegend fehlender Antworten nicht verwertet werden. Es ist Aufgabe weiterer Spezialuntersuchungen z.B. folgende Details vertieft zu analysieren:

— Exakte Erfassung der (externen) Standortsituation der einzelnen Nachfragerbetriebe (Größe der Standortgemeinde, Existenz von Wirtschaftsdiensten in der Standortgemeinde, Bodenpreise, Mietkosten usw.).
— Interne Unternehmensgliederung (Abteilungen, ...) und Ausdifferenzierung der Unternehmensfunktionen als Grundlage der Prüfung der Organisationshypothese und der Auslagerungshypothese.
— Kontaktsituationen aufgrund der EDV- und Telematik-Ausstattung,

b) Abhängige Variable

Das eigentliche Ziel der Betriebsbefragung liegt in der **Erfassung der Wirtschaftsdienstekontakte** von Wirtschaftsbetrieben, also von charakteristischen Mustern der Beschaffung ausgelagerter Unternehmensfunktionen mit dem Charakter von Wirtschaftsdienstleistungen. **Analyseeinheit** (i.e.S.) ist daher genau genommen der **einzel-**

ne **Kontaktbereich** (Beschaffung einer bestimmten ausgelagerten Unternehmensfunktion bei einem bestimmten Wirtschaftsdienstpartner), wobei auf die "übliche" Kontaktrealisation abgestellt wird. Die Erfassung erfolgt mittels einer stark standardisierten Matrix *(vgl. Fragebogenmuster, Tab. 6.)*, die zweidimensional augebaut ist.

● **Liste der Wirtschaftsdienstleistungen** (nachgefragten Unternehmensfunktionen): Der Fragebogen arbeitet mit **30 Diensten**, welche als Unternehmensfunktionen identifizierbar sind und welche weitgehend als selbstständige Leistungsinhalte von Wirtschaftsdienste-Anbietern auftreten; es liegt der Auswahl also explizit das Konzept der "ausgelagerten Unternehmensfunktionen" zugrunde *(Kap. 3.1.)*, das unter einem empirisch bedingten Generalisierungsaspekt eingesetzt wird. Die Liste ist stark standardisiert, sodaß einfache Funktionsbegriffe zur Abbildung verwendet werden. Es wird versucht, das gesamte Spektrum der Unternehmensfunktionen abzudecken, die auf Wirtschaftsdienste ausgelagert werden können, ohne die betriebliche Selbständigkeit aufzugeben. Leitlinie ist die **funktional-hierarchische Systematik** *(vgl. Kap. 3.2.3.)*.

● **Interaktionsmerkmale:** Die zweite Dimension der Matrix wird durch Interaktionsmerkmale gebildet, mit denen Interaktionsstrukturen, -bedingungen und -orientierungsmuster erfaßt werden können.

  — **Interaktionspartner:** Die Beschaffung der ausgelagerten Unternehmensfunktionen erfolgt über Wirtschaftsdienste-Unternehmen oder intern von Zweigbetrieben. Durch die Angabe der Art des Leistungsgebers über **Betriebsbegriffe** (Mehrfachnennungen sind möglich) wird die Struktur der Kontaktpartner abgebildet, wobei durch den Bezug zum nachgefragten Dienst eine Analyse der Leistungsstrukturen von Wirtschaftsdienstebetrieben möglich wird (Dienstepakete); es werden also bewußt Wirtschaftsdienstleistungen und Wirtschaftsdienstebetriebe nicht gleichgesetzt, wie es in vielen Erhebungsansätzen geschieht.

  — **Standorte der Interaktionspartner:** Die Standorte der Wirtschaftsdienstbetriebe, die als Kontaktpartner gewählt werden, wurden über **relative Raumkategorien** erfaßt. Diese Methode ermöglicht die Erfassung komplexer und differenzierter Orientierungsmuster über relative Standort- und Orientierungsangaben. Diese Vorgangsweise ermöglicht auch die Erfassung von **Orientierungskombinationen** (‚wobei maximal je 2 Nennungen von Partnerstandorten mög-

Tabelle 9 :
Räumliche Kontaktmatrix: Relative Raumkategorien
der räumlichen Orientierung der Wirtschaftsdienstenachfrage

Nachfrager standorte	Beschaffungsstandorte Standortkategorien								
	ZENTRAL				LOKAL	DISPERS			
	Z1	Z2	Z3	Z4	L	D1	D2	D3	D4
Wien-City					WCY		W	Ö	A
Wien	WCY				BEZ		W	Ö	A
Landeshauptstadt		W	LCY		LH		BL	Ö	A
Bezirkhst b. Wien		W			BH	BEZ	BL	Ö	A
Bezirkshauptst.		W	LH		BH	BEZ	BL	Ö	A
sonst. Gemeinden		W	LH	BH	GEM	BEZ	BL	Ö	A

WCY - Wien-City, W - Wien, Ö - Österreich, A - Ausland, BEZ - Bezirk, LCY - Landeshauptstadt-City, BH - Bezirkshauptstadt, LH - Landeshauptstadt, GEM - Standortgemeinde, BL - Bundesland, Ö - Österreich, A - Ausland

lich waren) auf einer relativ einfachen Basis der Datenerfassung. Die Methode
der exakten Adreßerfassung der Kontaktpartner wurde deshalb nicht gewählt,
weil dabei der Aufwand bei der Erfassung und der Ertrag bei der Auswertung
nicht in ein sinnvolles Verhältnis gebracht werden können. Räumliches Verhalten ist in der Regel nicht auf Individualadressen gerichtet, sondern auf Standortkategorien, daher würde eine adreßgenaue Erfassung Überinformation
bedeuten. Mit dieser Erfassungsmethode können auch wichtige erste Hinweise
auf die **Art und das Ausmaß der "multiplen Standortorganisation"** gewonnen
werden *(vgl. Kap. 8.1.)*.

— **Interaktionsmedium:** Die Interpretation von Interaktionsmustern und Verhaltensweisen braucht die Information über die **Interaktionstechnologie** *(vgl. Kap.
12.2.1.c)*. Nicht zuletzt auch wegen der stürmischen Entwicklung von EDV und
Telekommunikation kommt den verwendeten Medien für die Interaktionsge-
staltung erhöhte Bedeutung zu. Im Fragebogen wurde die Kontaktformen persönlich, Telephonbenutzung, Telexbenutzung, Briefverkehr, direkte
Datenleitung unterschieden.

— **Kontakthäufigkeit:** Die Erfassung der Kontakthäufigkeiten erfolgt über **generalisierte Zeitraum-Begriffe** "täglich, wöchentlich, jährlich, seltener". Das
Merkmal dient vor allem der Gewichtung der Medienbenutzung bzw. zusammen mit dieser zu einer Wertung der räumlichen Orientierungsmuster und zur
Hochrechnung der Kontaktbereiche auf Interaktionsfälle zur Wirtschaftsdien-
stebeschaffung.

Die durchgeführte Diskussion der Datensituation bzw. der Datenbeschaffung zum gestellten Themenkomplex ergibt folgende Probleme mit der empirischen Umsetzbarkeit des Forschungsansatzes:

- Die verfügbaren Daten, vorwiegend der **amtlichen Statistik** weisen gegenüber dem theoretischen Konzept des Wirtschaftsdienste-Begriffes bzw. der Wirtschaftsdienstsystematik wesentliche **Inkompatibilitäten** der Branchengliederung und Einordnung zu den Wirtschaftsdiensten auf, die dazu führen, daß wesentliche Abstriche gegenüber den präzisen Anforderungen des Konzeptes gemacht werden müssen.
- Diese Probleme konnten über die Erstellung von Wirtschaftsdienstdatenbanken nur z.T. behoben werden, da auch diese auf Sekundärquellen aufgebaut sind. Dennoch konnte hier eine wesentlich kompatiblere Deckung mit dem Wirtschaftsdienstbegriff und der Wirtschaftsdienstsystematik erreicht werden. Der Nachteil der Wirtschaftsdienste-Datenbanken besteht in ihrer **Selektivität** gegenüber der realen Grundgesamtheit.
- Ein weiterer Versuch der Behebung der grundlegenden Datenprobleme besteht im Einsatz der **Betriebsbefragung** zur Erfassung von Nachfragemustern. Auch diese Erhebung konnte aus Kostengründen nicht zufallsgestreut angelegt werden. Es wurde daher vielmehr das Konzept **"Schichtung" auf Raumtypen** als Auswahlkonzept angewendet.

TEIL IV

WIRTSCHAFTSDIENSTE
ORGANISATIONS- UND STANDORTFRAGEN

Im Kern der Themenstellung dieser Arbeit steht die **Untersuchung der räumlichen Organisation der intermediären Dienstleistungsproduktion und ihrer Bedeutung im Zentren- und Regionssystem Österreichs**. Es wird daher in diesem Abschnitt versucht, die strukturellen und räumlichen Verhältnisse diese Wirtschaftszeiges und seine Bedeutung im Wirtschaftsraum, vor allem im Zentren- und Regionssystem vor einem entsprechenden raumtheoretischen Hintergrund zu analysieren.

7. Wirtschaftsdiensteunternehmungen /-betriebe

Die von Wirtschaftsunternehmungen kommende Nachfrage nach der Erstellung oder Durchführung von Unternehmensfunktionen führt unter der Voraussetzungen von entsprechenden Wirtschaftlichkeitspotentialen zur **Bildung von Spezialbetrieben** (Institutionalisierungshypothese), die sich die Erstellung entsprechender Einzelleistungen oder Leistungspakete zum Wirtschaftsziel machen. **Wirtschaftsdienste** (-betriebe, -unternehmen) wurden im Rahmen der Arbeitsdefinitionen *(Kap. 1.2. und 3.1.2.)* definiert als "**zielentsprechende Kombinationen von Wirtschaftsdienstetätigkeiten**", als "**Faktorkombinationen ... zur Deckung der Dienstenachfrage von Wirtschaftsunternehmen**", als Spezialunternehmungen zur Dienstleistungsproduktion.

7.1. Strukturmerkmale von Wirtschaftsdienstebetrieben

Einen ersten Zugang zu produktionswirtschaftlichen Aspekten von Wirtschaftsdienstunternehmungen liefern Analysen über generelle **Merkmale der Betriebsstruktur.** Zu dieser Fragestellung gibt es allerdings nur recht wenige Analyseansätze,
was wohl mit der generell schlechten Datenlage für solche Spezialanalysen zusammenhängt. Die vorliegenden Untersuchungen verwerten daher auch ausschließlich
primärstatistisches Material *(MARSHALL, J.N. 1983, 1982; DANIELS, P.W. 1984; DE
LANGE, N. 1983; HARTWIEG, J. 1983; SZIGMUND, A. 1984; GREENFIELD, H.T.
1966; etc.).* Die dabei behandelten **betrieblichen Strukturmerkmale** bei den Wirtschaftsdiensten sind Indikatoren für besondere Produktionsprobleme bzw. Variationsfaktoren für produktionswirtschaftliche Verhaltensweisen und das Interaktions-
und räumliche Verhalten von Unternehmungen.

+ **Betriebsgröße:** Wirtschaftsdiensteproduktion geschieht in der Regel im **Kleinbe-
trieb,** häufig sogar in Kleinstbetrieben: MARSHALL, J.N. *(1983)* gibt einen Anteil
der Kleinbetriebe mit weniger als 10 Beschäftigten von 40 % an, DE LANGE, N.
(1983) eine durchschnittliche Bürofläche der dominierenden Kleinstbetriebsgrup-
pe mit 110 - 140 m^2 *(vgl. auch HARTWIEG, J. 1983).* Diese Kleinbetrieblichkeit ist
ein Ausdruck der Professionalität, des hohen Individualisierungsgrades der Leistungen und bisher in geringem Maß bestehender oder genutzter Chancen der
Standardisierung durch Ausnutzung von scale economies.

+ **Organisatorischer Status:** Wenngleich die Kleinbetrieblichkeit deutlich dominiert und damit der selbständige Einzelbetrieb, läßt sich einerseits in einigen Bereichen der Wirtschaftsdienste eine **traditionelle Filialisierung** feststellen (Banken, Versicherungen, Reinigungsunternehmen, ...) und andererseits ein **aktueller
Trend zur mehrbetrieblichen Organisation** in bisher nicht davon erfaßten Bereichen. Dies hängt mit der verstärkten Nutzung von Standardisierungsvorteilen,
Größenvorteilen und besonders mit **Strategien der räumlichen Marktabdeckung**
und der leichteren Realisierbarkeit des Präsenzkriteriums zusammen.

+ Im anglo-amerikanischen Raum, wo der gesamte Wirtschaftsdienstebereich deutlich weiter entwickelt ist, besteht auch eine wesentlich stärkere **Filialisierung und
Mehrbetrieblichkeit:** MARSHALL, J.N. *(1983, S. 1348))* kann für britische Provinzstädte einen überraschend hohen Anteil von Mehrbetriebsunternehmungen
von **49 %** (!) feststellen mit im Durchschnitt 8 Einzelbetrieben pro Unternehmen;
es treten aber auch Firmen mit über 100 Einzelbetrieben und -standorten auf. Wie
bei den Zweigbetrieben des industriellen Sektors besteht auch bei den Wirtschaftsdiensten eine deutliche **externe Abhängigkeit:** 67 % aller Filialen haben die Firmenzentrale in London oder in SE-England: "the external controll of offices is an
important feature of business services in provincial conurbations".

+ **Dynamik der Wirtschaftsdienste:** Wirtschaftsdienste gelten als **Wachstumsbran-
che,** deren Dynamik sich aus dem wirtschaftlichen Strukturwandel und dem steigenden Wirtschaftsdienstebedarf ableitet *(vgl. Kap. 12.).* Das Wachstum der
Wirtschaftsdienstebranchen in der Form von **Betriebsneugründungen** erlebte bezogen auf die letzten Jahrzehnte eine ständige Steigerung bis in die achziger Jahre
hinein *(BEARSE, P.J. 1978).* Dazu kommt aber auch ein deutliches **Betriebs- und
Unternehmenswachstum:** z.B. 1976 - 1980: + 32 % Beschäftigungszuwachs bei

Wirtschaftsdiensten in britischen Provinzstädten *(MARSHALL, J.N. 1983)*. Eine deutliche Differenzierung der Dynammik ergibt sich bei Unterscheidung zwischen **traditionellen und "modernen" Wirtschaftsdiensten**. Zu den modernen Wachstumsbereichen zählen z.B. Datendienste, Unternehmensberatung, Rechtsdienste, Steuerberatung, ..., zu den stagnierenden Architektur- und Ingenieurbüros, der Verkehrssektor usw. Von besonderer Bedeutung für diese Dynamik ist der Zustand der spezifischen **Märkte**: besonders deutlich zeigt sich das bei jenen Wirtschaftsdiensten, welche dominant Wachstumsbranchen wie Versicherungen, Finanzdienste und Banken und andere Wirtschaftsdienste und Wachstumsindustrien zu Kunden haben *(MARSHALL, J.N. 1983)*.

+ **Betriebsalter**: Ein vor allem in Zusammenhang mit produktzyklischen Aspekten wichtiges Merkmal ist das Betriebsalter. Empirische Erfassungen zeigen einen deutlichen **Überhang jüngerer und jüngster Wirtschaftsdienste** *(HARTWIEG, J. 1983)*, der auf eine deutlich erhöhte Gründertätigkeit in den fünfziger und sechziger Jahren und eine besonders starke in der siebziger Jahren zurückgeht, sodaß der Anteil der jungen Unternehmungen sehr hoch ist. Das Betriebsalter differiert einerseits branchenmäßig nach traditionellen und modernen Wirtschaftsdiensten: Neben **"modernen" Branchen** (Datendienste, Rechtsdienste, Unternehmensberatung, Werbung) gibt es auch **alteingesessene Wirtschaftsdienste**, insbesondere in den Bereichen Immobilienbüros, Banken, Handelsvertreter usw. Daneben geht die Betriebsaltersdifferenzierung auch quer durch diese Branchengruppen. Die dominante Jugendlichkeit der Wirtschaftsdienste wird durch einen **hohen Produkt- und Prozeßinnovationsgrad** auch bei den traditionellen Wirtschaftsdiensten ergänzt, sodaß eine relativ hohe Flexibilität auch im Standortverhalten auftritt, aber auch eine hohe Wachstums- bzw. Stillegungswahrscheinlichkeit.

+ **Kundenstruktur**: Wirtschaftsdienste decken durch ihre Leistungen Unternehmensfunktionen im Bereich der betrieblichen Grundfunktionen, der Verwaltungsfunktionen und von allgemeinen Hilfsfunktionen und werden daher von praktisch allen Wirtschaftsdiensteunternehmen nachgefragt. Die **Kundenstruktur** ist daher sehr heterogen, sowohl was die Branchen betrifft als auch andere betriebliche Merkmale (Betriebsgröße, Innovativness, ...). GREENFIELD, H.I. *(1966)* weist für die meisten Wirtschaftsdienste **Beschäftigungsanteile mit Orientierung auf den intermediären Bedarf** von **50 %** und mehr nach, für das Transportwesen von 75 %, für Rechtsdienste, Engineering und Architektur, Buchhaltung, Rechnungswesen 90 %. Unter Benutzung von Input-Output-Daten kommt DANIELS, P.W. *(1985, Tab. 1.6.)* auf intermediäre Outputanteile von 46 % für den Transportbereich, 25,5 % für den Distributionssektor, von 40 % für Versicherungen, Banken und Finanzwesen, bei Vermögensverwaltung von 51 %. Von großer Bedeutung ist die Zusammensetzung der Kunden von Wirtschaftsdiensten, für deren Dynamik *(vgl. oben)* und für die Realisation der Endkombination im Diensteproduktionsprozeß, da hier die **Mitwirkung des "externen Faktors"**, des Diensteobjektes eine bedeutende Rolle spielt. Die Wirkung von **"Qualitätsunterschieden"** der "externen Faktoren" auf die Produktionsweise und das Produktionsergebnis wird theoretisch immer wieder angerissen, empirische Verifikationen liegen nicht vor.

+ **Mechanisierung, Technisierung**: Das Technisierungspotential der Dienstleistungswirtschaft wird traditionell als recht gering eingestuft. Diese Aussage ist grundsätzlich zu bezweifeln: Ein **hoher Technisierungsgrad** ist bei **traditionellen Wirtschaftsdiensten** (Verkehrswesen) evident. Wie groß die Mechanisierungspotentiale der Dienstleistungswirtschaft sind, zeigt sich unter anderem im Bereich der **Lagerwirtschaft**, beim **Einzelhandel** mit Selbstbedienung und Automatenkassen und setzt sich besonders durch die stürmische Entwicklung von **Informationstechnologien** (EDV und Telekommunikation) in der gesamten Dienstleistungswirtschaft fort. Hier liegt auch das wesentliche Mechanisierungspotential für die Wirtschaftsdienste, insbesondere bei Dominanz bürowirtschaftlicher Tätigkeiten. Aber auch in den Bereichen des Verkehrs oder beim Reinigungswesen besteht durch neue Spezialmaschinen ein beträchtliches Mechanisierungspotential. Die **Telekommunikationsausstattung bei Wirtschaftsdiensten** ist mit Ausnahme des Telephons noch recht schwach: 10 % der untersuchten Betriebe haben Telex, andere Systeme kommen nur vereinzelt vor, die EDV-Ausstattung ist wesentlich höher: z.B. Ingineurbüros 28 % *(HARTWIEG, J. 1983, 1982).*

+ **Beschäftigung, Arbeitskräfte:** Die gesamte Dienstleistungswirtschaft gilt generell als sehr **arbeitsintensiv** und wird immer wieder mit dem Bedarf an besonders qualifizierten Arbeitskräften in Verbindung gebracht: der Anteil der Arbeitskosten an den gesamten Inputkosten beträgt 70 % *(HARTWIEG, J. 1983).* Im Bereich der Wirtschaftsdienste sind zumindest zwei Richtungen des Arbeitskräftebedarfes zu unterscheiden: einerseits ein deutlicher Trend zur **Steigerung der Qualifikationsanforderungen,** insbesondere bei hochrangigen Entscheidungs- und Verwaltungsdienste, andererseits das Streben zum **Einsatz möglichst billiger Arbeitskraft** (geringe Qualifikation) in operativen Bereichen (Reinigungsdienste, Verkehr, ...).

7.2. Organisationstheoretische Aspekte

Die wesentlichen Bestimmungsfaktoren der organisatorischen Gestaltung der Wirtschaftsdiensteproduktion ergeben sich aus den Dienstemerkmalen **Zweiebenenstruktur, Mitwirkung des "externen Faktors"** und **multiple Standortspaltung und Mehrbetrieblichkeit** *(vgl. Kap. 8.).*

a) Zweiebenenstruktur

Die Produktion von Wirtschaftsdienstleistungen ist als Dienstleistungsproduktion charakterisiert durch die **organisatorische Zweiebenenstruktur** *(SCHEUCH, F. 1982, CORSTEN, H. 1985).* Die **organisationstheoretische Analyse** der Wirtschaftsdiensteproduktion zielt daher auf eine Zweiteilung der Problemstellung:

– Die organisatorischen Aufgaben "zur **Erstellung eines leistungsfähigen und leistungsbereiten Dienstepotentials"** (sekundäre Aufgabe) und

– die organisatorischen Aufgaben, "die sich durch die notwendige **raumzeitliche Kongruenz zwischen Dienstepotential und Diensteobjekt** ergeben" *(SCHEUCH, F. 1982, S. 97).*

● Die **Stufe der Potentialproduktion** und der Erhaltung des Leistungspotentials weist eine charakteristische **Mehrstufigkeit** auf, in der **originäre Produktionsfaktoren** zu **derivaten Produktionsfaktoren** kombiniert werden; die Leistungsbereit-

schaft ergibt sich aus der "Kombination originärer und/oder derivater Produktionsfaktoren" *(SCHEUCH, F. 1982, S. 79)*: Arbeitskräfte mit Grundqualifikation
werden durch Spezialausbildung und Erfahrung zu leistungsbereiten Teilpotentia-
len, zu adjunktiven Gütern, Entwicklung von Leistungsprogrammen und von Stan-
dardlösungen, Spezialwissen von Mitarbeitern wird zu Programmen verarbeitet,
Mitarbeiter werden durch Produktinformation zu marketingfähigen Vertretern
ausgebildet usw. Organisatorisch sind bei der Potentialerstellung verschiedene **Kooperationsgrade** möglich *(SCHEUCH, F. 1982, S. 97)*: Die Dienstepotentialorga-
nisation kann aus der Sicht des Kooperationsgrades organisiert sein als isoliertes
Diensteangebot, als kombiniertes Dienstepotential ohne ausdrückliche organisatorisch kombinierte Leistung des Anbieters (die Kombination entsteht aus Bedarfssituationen und -notwendigkeiten) oder als koordiniertes Angebot
selbständiger Dienstepotentiale (mit gegenseitiger Güterabhängigkeit). Bei den
Wirtschaftsdiensten dominiert die **isolierte Potentialproduktion**, wenngleich in
zunehmendem Maß auch Kooperationsformen auftreten (gemeinsame Rechenzentren, Berufsorganisationen mit gemeinsamen Leistungsangeboten, ...).

- Die **Stufe der Endkombination** als eigentlicher **Verrichtungsprozeß** ist bei Wirtschaftsdiensten in besonderem Maße durch die **Prozeßphasenstruktur** *(vgl. Abb.
  7.)*, also durch einen "**zeitlich disaggregierten Verrichtungsprozeß** gekennzeichnet
  (Erfüllung des Präsenzkriteriums durch eine Folge von aufeinander abgestimmte
  Kontaktsituationen im Rahmen eines umfassenden Dienstevollzugsprozesses)"
  (SCHEUCH, F. 1982, S. 116); in diese sind immer wieder Phasen der Potentialproduktion eingeschaltet. Die **Prozeßorganisation** im Bereich der Endkombination
  ist in sehr wesentlichem Ausmaß von den Aspekten **Raum und Zeit** bestimmt,
  "während die Potentialgestaltung unabhängig von Raum und Zeit" ist *(CORSTEN,
  H. 1985, S. 367)*. Die Produktionsobjekte weisen unterschiedliche **Mobilität** auf
  und unter Einbeziehung des Grades der Zentralisation und über Differenzierung
  nach Verrichtung und Objekt ergeben sich folgende **Organisationstypen** *(COR-
  STEN, H. 1985, S. 369)*:
  — **Ortsfeste Produktionsplätze** herrschen vor bei der **Werkbankfertigung**, bei der
    Verrichtung und Objekt zentralisiert sind. Sie ist das Ergebnis der konsequen-
    ten Anwendung der Strategie der **Arbeitsbündelung** - "von einem Mitarbeiter"
    wird "ein Einzelauftrag bis zu seiner Fertigstellung komplett bearbeitet" *(S.
    369)*; eine Erhöhung der variationalen Kapazität ist die Folge. Bei der **Werk-
    stattfertigung** ist die Verrichtung zentralisiert, nicht das Objekt: verrichtungs-
    gleiche oder - ähnliche Betriebsmittel (Arbeitskräfte mit ähnlichen Leistungen)
    sind räumlich zentralisiert. Die **Fließfertigung** hat ein zentraliertes Objekt bei
    dezentralisierter Verrichtung und die **ungebundene Arbeit** ist ganz unzentrali-
    siert organisiert (z.B. Servicebetrieb).
  — **Ortsveränderliche Produktionsorte** treten auf bei der **Baustellenfertigung**, die
    an ein immobiles Leistungsobjekt gebunden ist. Die Produktionsfaktoren müs-
    sen zum Ausbringungsort gebracht werden (z.B. Vertretersysteme bei Betriebs-
    beratung, ...). Ortsveränderliche Produktionsorte treten auch bei Fördermitteln
    auf, wo es um **Beförderungsprozesse** geht *(vgl. Kap. 8.1.3: multiple Standortor-
    ganisation)*.

Die **formale Ausprägung der Zweiebenbenstruktur** (in Abteilungen, Zweigbetrieben, ...) ist sehr unterschiedlich, bei größeren Betrieben in der Regel intensiver als bei Kleinbetrieben, bei **Wirtschaftsdiensten** mit intensiven personellen Kontakten und **Liefersystem** intensiver als bei **Abholsystemen** und geringer Kontaktintensität. In vielen Fällen kann die formale Ausdifferenzierung zur Bildung von **Zweigbetrieben** mit speziellen, durch die Bedürfnisse der Endkombination bedingten Produktionsweisen, Leistungsinhalten und Standorten führen, insbesondere bei Markt- und Kontaktfunktionen *(vgl. Kap. Kap. 8.1.4.: Mehrbetrieblichkeit und Plurilokalität)*. Andererseits besteht aber bei der Wirtschaftsdiensteproduktion eine **enge Verbindung von Potentialproduktion und Endkombination** durch einen **engen sachliche Konnex** zwischen der Tätigkeiten in beiden Produktionsbereichen, durch die übergreifende **personenbezogene Aufgabensynthese** und durch die **Prozeßphasenstruktur** mit ihrem mehrfachen Wechsel zwischen Vor- und Endkombination.

Das **Grundproblem der Organisationsgestaltung** bei Wirtschaftsdiensten ergibt sich aus dem **Verrichtungscharakter** besonders bei der Endkombination, aber auch aus der Dominanz personenbezogener Tätigkeiten. Die interne Arbeitsorganisation ist also geprägt durch **personenbezogene Stellenbildung** *(SCHEUCH, F. 1982)* im Rahmen der Aufgabensynthese, in der Aufgabenkombinationen personenbezogen gebündelt werden. Dieser Personenbezug der Aufgabensynthese geht soweit, daß Aufgaben auch übergreifend über die Zweiebenenstruktur der Vor- und Endkombination sythetisiert werden müssen. Dies ist besonders bei dispositiven, hochqualifizierten Leistungsbereichen der Fall; je stärker ein Wirtschaftsdienst auf routinemäßige, operative Unternehmensfunktionen bezogen ist, desto stärker schlägt sich die organisatorische Zweiebenenstruktur auch in der Aufgabensynthese und im Personenbezug nieder. Bei Hilfs- und Verwaltungsfunktionen besteht diese Trennung praktisch immer. **Ursache** dieser übergreifenden, **personenbezogenen Stellenbildung** sind vor allem der **Qualifikationsanspruch** und die notwendige sachliche **Verknüpfung zwischen Vorkombination und Leistungserstellung, die Prozeßphasenstruktur und die Dauerhaftigkeit von Dienstebeziehungen** *(SCHEUCH, F. 1982, S. 103)*. Die Aufgabensynthese wird bei Wirtschaftsdiensten stark bestimmt durch **Diensteobjektkriterien** (z.B. Spezialisierung von Steuerberatern auf bestimmte Wirtschaftsbranchen, Arbeitsgruppenbildung im Reinigungsbetrieb für spezielle Reinigungsprobleme, ...), aber auch durch **Hilfsmittelkriterien** (z.B. Einrichtung von EDV-Abteilungen). Die **Kriterien Raum und Zeit** spielen nach SCHEUCH, F. *(1982)* eine untergeordnete Rolle: besonders das Kriterium Raum hat aber wegen der räumlichen Nachfragebeziehungen eine zentrale Stellung in der Organisationsgestaltung von Wirtschaftsdiensten *(vgl. Kap. 8. und 12., vgl. auch unten b)*.

b) Mehrbetrieblichkeit von Wirtschaftsdiensten

Eine wesentliche Grundform der organisatorischen Gestaltung von Faktorkombinationen ist die Bildung von **Mehrbetriebsunternehmungen**, von Filialen und Zweigbetrieben usw. *(vgl. Kap. 8.1.)*. Wenngleich die Sinnhaftigkeit einer Filialisierung für Dienstleistungsbetriebe und besonders bei Wirtschaftsdiensten bezweifelt wird, kann ein verstärkter Trend zur Bildung von mehrbetrieblichen Diensten festgestellt werden *(MARSHALL, J.N. 1983; DANIELS, P.W. 1985 u.a.)*. Als Gründe für die geringere Filialisierungschance werden häufig der hohe Anteil der Eigenleistung in der Filiale bzw. der geringe Zentralisierungsvorteil von Führungsfunktionen angegeben *(LÜTKE, I. 1985, S. 27)*. Dennoch ist ein starker Trend zur Bildung von **mehrbetrieblichen Wirtschaftsdiensten** festzustellen - nicht nur bei schon traditionellen Mehrbetriebsbereichen mit z.T. starken vertikalen und horizontalen Integrationsgraden (Einzelhandel, öffentliche Dienste und Verwaltungssysteme, Banken, Versicherungen, ...), sondern auch bei traditionell stark einbetrieblich organisierten Wirtschaftsdiensten *(THRIFT, N. - DANIELS, P.W. 1985; LÜTKE, I. 1985; MARSHALL, J.N. 1983 u.a.)*. International und mit Bezug auf die Industrie aber auch im Bereich der öffentlichen Einrichtungen, beim Einzelhandel und einigen Wirtschaftsdiensten (Banken, Versicherungen, ...) gehört die Beobachtung der Entstehung von **Mehrbetriebsunternehmungen und komplexen Unternehmenskonglomeraten** zu den wichtigsten Erscheinungen moderner organisatorischer Entwicklung, die auch im Bereich der **Wirtschaftsdienste** zu beobachten ist. Diese Unternehmungen entwickeln diversifizierte Leistungsstrukturen, spezialisierte Funktionsteile und spezialisierte räumliche Arbeitsteilung in Anpassung an differenzierte Standort- und Raumqualitäten.

7.3. Produktionswirtschaftliche Bedingungen

a) Der Produktionsprozeß

Der Produktionsprozeß in Wirtschaftsdiensteunternehmen ist mit allen Charakteristika der Diensteproduktion ausgestattet; Leistungsinhalt und Produktionsergebnis sind **Dienstleistungen**. Die Besonderheit besteht darin, daß der Leistungsinhalt in der **Ausführung von "ausgelagerten Unternehmensfunktionen"** besteht; diese stellen in ihrer absetzbaren Quantität und/oder Qualität und Kombination (Dienstepakete) betriebswirtschaftlich tragende Wirtschaftsziele für Wirtschaftsdiensteunternehmungen dar. Die Erstellung von "ausgelagerten Unternehmensfunktionen" erfordert bestimmte organisatorisch sinnvoll strukturierte Aufgabenkombinationen, die primär der Produktion dieser Unternehmensfunktionen, aber auch von Nebentätigkeiten, dienen. Die spezifische Nutzenstiftung beim Diensteobjekt läßt sich durch eine auf die Ausführung von Unternehmensfunktionen bezogene Interpretation der Arten der Nutzenstiftung *(MALERI, R. 1973)* analysieren. Der Produktionsprozeß bei Wirtschaftsdiensten ist nach der **Art der Tätigkeiten** gekennzeichnet durch

+ eine **starke Dominanz der Bürotätigkeiten** im Bereich dispositiver Dienste und beim Verwaltungsbereich,
+ den **personellen Verrichtungscharakter** im Bereich der Endkombination (Unternehmens- und Steuerberatung, Bildung, ...) und
+ durch die **hohe Bedeutung technischer, materieller Prozesse** besonders bei operativen Wirtschaftsdiensten (Technische Büros, Verkehrsdienste, ...), in zunehmendem Maß aber auch bei den dispositiven Diensten durch die Informationstechnologie.

Im Bezug zur **zeitlichen Strukturierung** ist der Produktionsprozeß bei Wirtschaftsdiensten besonders stark gekennzeichnet durch die **Prozeßphasenstruktur**, also die

Tatsache, daß die Erstellung der Leistungen nicht in einem einzigen Verrichtungs-
akt, sondern in einem gestuften und phasenhaft zerlegten Verrichtungsprozeß geschieht. Man kann davon ausgehen, daß bei der Erstellung von Wirtschaftsdiensten
in der Regel ein zeitlich strukturierter Prozeß vorliegt, der zwei wesentliche Merkmale aufweist:

– Die **Wiederholbarkeit** und auch tatsächlich immer wieder auftretende Wiederho-
  lung von Phasenprozessen aufgrund wiederkehrenden Bedarfes und meist gleich-
  bleibender Partnerbeziehungen.

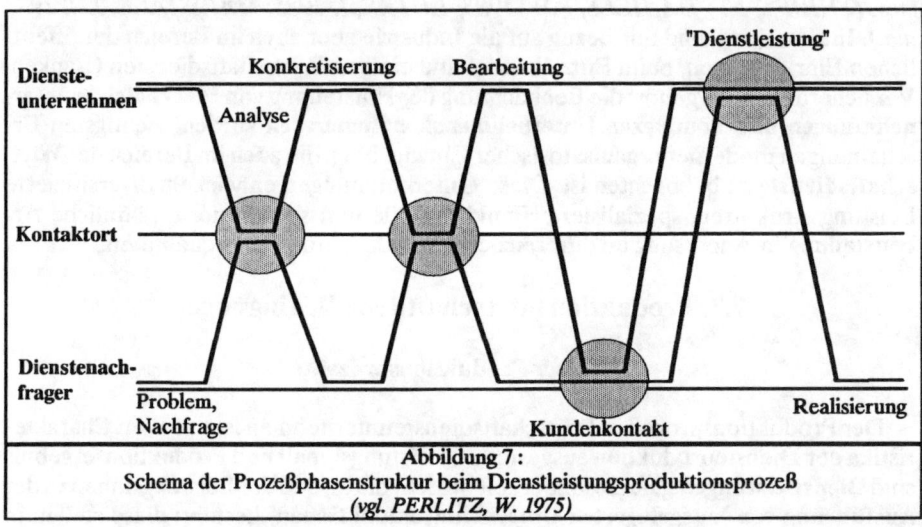

Abbildung 7:
Schema der Prozeßphasenstruktur beim Dienstleistungsproduktionsprozeß
(vgl. PERLITZ, W. 1975)

– Die **Prozeßphasenstruktur** selbst ist vor allem bedingt durch die Notwendigkeit
  des **Konkretisierungsprozesses** *(KAUFMANN, E.J. 1977)*, also durch eine gegen-
  seitige Justierung von Dienstepotential und Diensteobjekt. Der Diensteerstel-
  lungsprozeß erfolgt in einem mehrstufigen Wechsel von **Phasen der Potentialerstellung, der Teilverrichtung und Endverrichtung**, wobei problemspezifische
  Variationen in vielfältiger Form auftreten und ein starker **Konnex zur multiplen
  Standortspaltung** besteht *(vgl. Kap. 8.1.)*: das Auftreten starker Variation der Lei-
  stungsorte ist die Folge. Der Phasenwechsel zwischen Potentialproduktion und
  Endkombination ist durch vielfältigen Austausch von internen derivaten Produktionsfaktoren gekennzeichnet. Damit wird das System der Wirtschaftsdiensteepro-
  duktion äußerst flexibel in der zeitlichen und räumlichen Gestaltung und an
  individuelle Situationen anpaßbar, sowohl an strukturelle Situationen von Leistungsgeber und -nehmer als auch an räumliche Gegebenheiten.

b) Produktionsfaktorensysteme

Die **Produktionsfaktorenstruktur** ist bei Dienstleistungen und bei den Wirtschaftsdiensten durch eine Reihe von Besonderheiten gekennzeichnet, die sich auf
die Faktorsubstitution und die Produktivität in verschiedenster Weise auswirken. Als

generelles Produktionsfaktorenmerkmal ist die **Dominanz der personellen Produktionsfaktoren** festzuhalten, die in praktisch allen Analysen besonders betont wird *(CORSTEN, H. 1985; SCHEUCH, F. 1982; BEREKOVEN, L. 1974; DANIELS, P.W. 1986; ...)*. Diese Dominanz ergibt sich aus dem auch für viele weitere produktionswirtschaftlichen Besonderheiten geltenden **Individualisierungsgrad** und aus dem **Verrichtungscharakter**; darin liegt auch die Ursache der **Limitierung der Faktorsubstitution** *(CORSTEN, H. S. 363, Abb. 26)*. Aufgrund der Zweiebenenstruktur empfiehlt sich eine differenzierte Betrachtung für die Potentialproduktion und die Stufe der Endkombination:

- **Produktionsfaktorensystem der Vorkombination: Personale Produktionsfaktoren** spielen auf verschiedenen Ebenen eine bedeutende Rolle. Zunächst besteht im Bereich der Hauptaufgabe ein besonderer Bedarf an **spezialisierten Arbeitskräften** - einerseits von hochqualifizierten Arbeitskräften bei dispositiven Wirtschaftsdiensten (Wirtschaftsakademiker, Finanzfachleute, Steuerfachleute, ...), andererseits von **Facharbeitern** bei operativen Diensten (LKW-Fahrer, Lagerfachkräfte, Techniker, ...), aber auch an gering qualifizierten Arbeitskräften für Hilfsdienste, Reinigungs-, Entsorgungsdienste usw. Spezieller Bedarf besteht immer auch an Bürokräften für die Verwaltungstätigkeiten. Es zeigt sich also, daß der Bedarf an personalen Produktionsfaktoren durchaus nicht homogen ist, sondern durch die Vielfalt der Wirtschaftsdienstetätigkeiten eine breite, differenzierte Arbeitskraftnachfrage besteht. Von besonderer Bedeutung ist bei allen Wirtschaftsdiensten der **Werkstoff Informationen**, welcher in unterschiedlich spezialisierten Formen eingesetzt wird. Es handelt sich dabei um **spezialisiertes Wissen** (häufig personifiziert), um **Daten** über Leistungsobjekte und deren Umfeld. Die hohe Bedeutung der Informationen als Werkstoffe führt zu wesentlichen Substitutionspotentialen: personelle Arbeitsleistungen werden vermehrt durch Datentechnik und Telekommunikationssysteme ersetzt. Besonders wichtig ist der "**interne Produktionsfaktorenfuß**" von **derivaten Produktionsfaktoren** zwischen den beiden organisatorischen Ebenen der Potentialproduktion und der Endkombination (Erfahrungen mit dem Dienstobjekt, Bewertungen der Leistungen durch den "externen Faktor"): Die derivaten Produktionsfaktoren der Potentialproduktion sind Voraussetzung der Entkombination. Aber auch im Rahmen der Abwicklung von Phasenprozessen entstehen Zwischenprodukte der Endkombination, welche in den Phasen der zwischengeschalteten Vorkombination als Produktionsfaktoren zum Einsatz kommen.

- Im Bereich der **Endkombination** spielt der "**externe Faktor**" eine besondere Rolle *(SCHEUCH, F. 1982; CORSTEN, H. 1985; MALERI, R. 1973 u.a.)*, "da das Tätigwerden des Dienstepotentials nur nutzenstiftend ist, wenn in die Faktorkombination des Dienstanbieters (Dienstepotential) ein Diensteobjekt eingebracht wird, das nach Vollzug des Dienstes in veränderter Form als Ergebnis der Kombination interner (Dienstepotential) und externer (Diensteobjekt) Produktionsfaktoren vorliegt" *(SCHEUCH, F. 1982, S. 79)*. Daraus ergibt sich das produktionswirtschaftliche Problem der "**kundenpräsenzabhängigen Verrichtung**". In der Art und dem Grad der Einbeziehung des "externen Faktors" liegt ein bedeutendes **Potential zur Produktivitätssteigerung**, indem das Input-Output-Verhältnis durch "Externalisierung von Aktivitäten auf den Leistungsnehmer" verbessert werden kann *(COR-*

STEN, H. S. 362). Diese Substitution ist nur in einem begrenzten Umfang möglich, welcher durch den "Mindestaktivitätsgrad" bestimmt ist (Isoleistungskurven; z.B. Selbstbedienung, Selbstausfüllen von Formularen, Datenerhebung durch Betrieb, ...). Hemmfaktoren der Substitution sind die Dominanz technischer Einrichtung (schwierige Bedienung), Erklärungsbedürftigkeit und vor allem die Qualität des "externen Faktors" *(CORSTEN, H. 1985).* Bei **Wirtschaftsdiensten** kann aufgrund der Qualität des Diensteobjektes, vor allem bei dispositiven Wirtschaftsdiensten, von einem **hohen Substitutionspotential** ausgegangen werden, während bei operativen Wirtschaftsdiensten der "externe Faktor" in der Regel ein dem Leistungsgeber überlassenes Objekt aus der Verfügungsgewalt des Leistungsnehmers ist; es besteht daher keine aktive Verrichtungsleistung und auch kaum eine Auswirkung qualitativer Unterschiede. Die Maxime der organisatorischen und produktionswirtschaftlichen Gestaltung ist der **Rationalisierungsaspekt,** also die Optimierung der Produktivität und Wirtschaftlichkeit *(CORSTEN, H. 1985, S. 289).* Rationalisierung bedeutet, besonders bei der Diensteproduktion, nicht nur Automatisierung und Veränderung im Mensch-Maschine-Verhältnis bei den Produktionsfaktoren, sondern auch **Verbesserungen im organisatorischen und im Kontaktbereich.** Dienstleistungen gelten generell als Produktionsbereiche mit besonderen Problemen der Produktivitätssteigerung *(STANBACK, Th. M. 1981, S. 29ff),* wobei Kundenbezogenheit (externer Faktor) und Arbeitsintensität als wesentliche Rationalisierungshemmnisse gesehen werden *(CORSTEN, H. 1985, S. 289).* Dennoch kann davon ausgegangen werden, daß auch bei Wirtschaftsdiensten bedeutende **Rationalisierungsansätze** bestehen: Diese liegen vor allem in folgenden Bereichen, die z.T. eng miteinander zusammenhängen: Ausnutzung von scale economies, Prozeß- und Programmstandardisierung, Steigerung der Arbeitsproduktivität, Faktorsubstitution (Arbeit - Kapital), Technologieeffekte, Standortorganisation usw.

7.4. Interaktionsbedarf und Interaktionsbedingungen

Wirtschaftsdienste sind Unternehmungen, die wie andere Unternehmungen auch in ein Wirtschafts- und Raumsystem eingebunden sind, indem sie **Interaktionen** setzen müssen, um ihre Wirtschaftsziele erreichen zu können *(SCOTT, A.J. 1983)* und unterliegen den Bedingungen der räumlichen Implikation. Die Besonderheiten des Interaktionsmusters von Wirtschaftsdiensten ergeben sich aus der Mitwirkung der Leistungsobjekte ("externer Faktoren") am Leistungs- und Distributionsprozeß (Kontaktorganisation) und aus der großen Bedeutung des Informationsaustausches. Direkte **empirische Untersuchungen** über die **Verflechtungsmuster von Wirtschaftsdiensten** sind selten; insbesondere auf der Beschaffungsseite (Benutzung von Diensten durch Wirtschaftsdienste, Behördenkontakte usw.), d.h. über die funktionale Interaktion und Assoziation gibt es recht wenige Untersuchungen *(DANIELS, P.W. 1985, S. 73).* Über die Absatzseite, also die Verteilung der Produkte und die Marktstrukturen, liegen einige direkte Untersuchungen vor *(MARSHALL, J.N. 1983; DE LANGE, N. 1983; HARTWIEG, J. 1983, ...).* Indirekt kann über die Marktstrukturen aus den vielfältigen Analysen der Dienstebeziehungen der Industrie relativ viel erschlossen werden *(vgl. Kap. 12.).*

a) Inputverflechtungen

Wirtschaftsdienste produzieren unter Einsatz von Diensten oder diensteartigen Tätigkeiten, **Diensteassoziationen** spielen daher eine bedeutende Rolle: "Few business services can create their 'product' without some recourse to the consumption of a range of spezialist office and related services" *(DANIELS, P.W. 1984, S. 127)*. Wie bei den Dienstebeziehungen aller Wirtschaftsunternehmen *(vgl. Kap. 12.1.)* spielen auch bei den Wirtschaftsdiensten selbst zunächst der Externalisierungsgrad und seine Ursachen eine wesentliche Rolle. Die **Hauptfunktionen**, die auf dem Markt durch Wirtschaftsdienstebetriebe nachgefragt werden, sind Versicherung, Finanz- und Bankdienste, Rechtsdienste und Wirtschaftstreuhänderdienste *(BURROWS, E.H. 1973)*. "The norm for non-use of external sources for a particular service requirement is 40 - 45 per cent ..." *(DANIELS, P.W. 1984, S. 127)*. Besonders charakteristisch ist (aufgrund der Untersuchungen für britische Provinzstädte) eine starke **lokale und maximal regionale Orientierung beim Diensteinput von Wirtschaftsdiensten**; überregionale Orientierung wird gefördert durch hohe Spezialisierungsgrade der nachgefragten Dienste und durch die Abhängigkeit von head offices bei Wirtschaftsdienstefilialen. Variationen der Dienstebeziehungen von Wirtschaftsdiensten werden durch den organisatorischen Status, durch den Spezialisierungsgrad, die Art der Dienste usw. bestimmt *(vgl. Kap. 12.1.4.)*. Wirtschaftsdienste gelten als besonders arbeitsintensiv und in besonderem Maße auch abhängig von spezialisiertem und hochqualifiziertem Personal (Ausnahme operative Anlagendienste und z.T. Verkehrsdienste), **Arbeitsmarktbeziehungen** sind daher ein wichtiger Bestandteil der Beschaffungsentscheidungen. Dazu kommt das bei den meisten Wirtschaftsdiensten bestehende Wachstum und der damit steigende Bedarf an Arbeitskräften. "With labour accounting for some 70 per cent of the input costs of most office establishments it is clearly important to consider the degree to which local sources are used." *(DANIELS, P.W. 1984, S. 125)*. Daraus entstehen beträchtliche Interaktionen mit den lokalen öffentlichen und privaten Arbeitsmarktagenturen, mit den lokalen Massenmedien; aber auch die gestreuten personellen Kontakte spielen eine große Rolle.

b) Absatzinteraktionen

Absatztheoretische Probleme der Wirtschaftsdiensteproduktion ergeben sich aus der Zweiebenenstruktur. Einerseits kann in der Regel nur ein Leistungsversprechen, also nur die **Leistungsbereitschaft des Dienstepotentials** vermarktet werden *(SCHEUCH, F. 1982)*, andererseits muß aufgrund der Mitwirkung des Diensteobjektes der **Kontaktorganisation** und dabei auch der Wahl des Leistungsortes besonders beachtet werden. Die **Kontaktorganisation** erfolgt über **Liefersysteme** und/oder **Abholsysteme**, der bei speicherbaren Dienstepotentialen mögliche Verkauf über Zwischenstationen tritt bei Wirtschaftsdiensten kaum auf. Liefer- und Abholsysteme treten in verschiedensten Kombinationen (Phasenprozeß) auf, eine Dominanz einer der beiden Formen kann nicht logisch begründet werden *(vgl. Kap. 12.1.)*.
+ Die **Marktstrukturen** zeigen aufgrund der Untersuchung von MARSHALL, J.N. *(1983, über britische Provinzstädte)* folgende Kundenstruktur: Der überwiegende Teil der Umsätze von Wirtschaftsdiensten kommt aus Kontakten mit **Industrie-**

und Bauunternehmungen (35 %), von Privatpersonen (18 %), Einzel- und Großhandel und von anderen Dienstleistungen. "Business service firms provide a relatively small proportion of the income" *(MARSHALL, J.N. 1983, S. 1348)*, was auf
eine relativ geringe Assoziation der Wirtschaftsdienste hinweisen würde. Wichtig
ist die relativ hohe Anhängigkeit der Umsätze von wenigen Großkunden.

+ **Branchenspezifische Differenzierungen** der Kundenstruktur: Anwälte, Versicherungen, Finanzdienste bedienen in hohem Maß private Kunden, während Werbeagenturen, Unternehmensberater, EDV-Betriebe, Technische Büros usw. sehr
wenige private Kunden aufweisen. Architekten und Ingenieurbüros haben eine
starke Auftragskonzentration auf die öffentliche Verwaltung *(MARSHALL, J.N.
1983, S. 1349)*. Eine Differenzierung nach dem organisatorischen Status zeigt, daß
Klein-, Einbetriebsunternehmen und unabhängige Wirtschaftsdienste stärker auf
private Kunden orientiert sind und Großbetriebe und Mehrbetriebsunternehmungen starke Bezüge zur staatlichen Wirtschaft und zur öffentlichen Hand aufweisen.
Die Struktur der Marktbeziehungen wird also von den drei Faktoren Betriebsgröße, organisatorischer Status und Eigentumsverhältnisse bestimmt.

+ Die **räumliche Marktstruktur** des Leistungsabsatzes wird weitgehend durch die
Konkurrenzfähigkeit der Leistungen und den Grad der Spezialisierung bestimmt,
wobei der organisatorische Status der Diensteanbieter und die Art der Dienste
eine weitere differenzierende Rolle haben. Von Bedeutung ist eine relativ starke
Kleinräumigkeit der Outputbeziehungen (40 - 70 % gehen zu Nachfragern in der
gleichen Stadt), wobei dieses Merkmal mit sinkender Stadtgröße und peripherer
Lage zunimmt. Distance-decay-Wirkungen sind beim marktmäßigen Output stärker wirksam als bei den internen Outputs und variieren mit der Dienstebranche:
bei "proffessional services" stammen 61 % der Kunden und 47 % des Umsatzes aus
der gleichen Stadt, bei Versicherungen und Banken 43 bzw. 44 % *(DANIELS, P.W.
1984 für britische Provinzstädte)*. Ähnliche Ergebnisse liefert MARSHALL, J.N.
(1983): 77 % der Umsätze von Wirtschaftsdiensten stammen von Kunden innerhalb von 50 Meilen um den Wirtschaftsdienstestandort. Es lassen sich **zwei
Gruppen der räumlichen Marktstruktur** unterscheiden: **lokale Wirtschaftsdienste**: Anwälte, Finanzunternehmen, Versicherungsagenturen: 50 - 70 % der Umsätze stammen von lokalen Kunden; es handelt sich um Kleinbetriebe, unabhängige Einzelfirmen, abhängige Filialen, charakteristisch ist auch ein stärkerer
Anteil der Umsätze von privaten Kunden, **nationale Wirtschaftsdienste**: EDV-
Dienste, Managementberater, Werbeagenturen usw.: 25 - 33 % der Umsätze
kommen aus dem nationalen Markt, bei EDV-Diensten sogar nur 22 %.

c) Arten der Kontaktorganisation und Medialisierung

Die Interaktionen von Wirtschaftsdiensten sind durch eine starke Dominanz von
Informationen im weitesten Sinn des Wortes bestimmt, sie werden einerseits als **Produktionsfaktoren und Leistungspotential** eingesetzt, aber auch als **Leistungsinhalt**
abgesetzt. Besonders bei den dispositiven Wirtschaftsdiensten spielen daher die in-
formationstheoretischen Aspekte eine besondere Rolle. Geht man von der Existenz
eines hierarchischen Systems von Wirtschaftszentren aus, welches das räumliche
Muster des Angebotes von Wirtschaftsdiensten bestimmt, so ist die **Benutzung von**

Wirtschaftsdiensten zu einem wesentlichen Teil von der **ökonomischen Erreichbarkeit** (Kosten-Nutzenverhältnis, Notwendigkeit, ...), aber auch von der **räumlichen Erreichbarkeit** abhängig (Angebotshypothese). Diese wird zunächst einmal bestimmt durch die Wirkungen der Distanz (distance decay), welche sehr wesentlich von der Transportfähigkeit der Interaktionsinhalte modifiziert wird. Im Rahmen der Wirtschaftsdienstebeziehungen sind die wichtigsten Austauschinhalte Informationen (Entscheidungen, Meinungen, Nachrichten, Daten usw.), die entsprechenden Transportbehälter, die physische Form dieser Güter sind gesprochene Worte, graphische Bilder, schriftliche Aufzeichnungen, die entweder von Personen selbst als Produzenten der Informationsinhalte (face-to-face), über Postsysteme oder mittels elektrischer oder elektronisch-digitaler Transformierungen über Telekommunikationssysteme (Telephon, Telex, Datenleitungen, ...) transportiert werden.

Entsprechend der **funktional-hierarchischen Systematik** der Wirtschaftsdienste ist bei einer räumlichen Interpretation der Nachfrageorientierung davon auszugehen, daß die Mechanisierbarkeit - insbesondere der Einsatz modernern Telekommunikationssysteme - in deutlicher Korrelation mit dieser Systematik variiert: Mit steigender hierarchischer Stellung im Wirtschaftsprozeß nimmt die Mechanisierbarkeit deutlich ab. Die Interaktionsflüsse bei hochrangigen Funktionen wie Planung, Entscheidung, Disposition usw. sind wesentlich schwerer technisierbar als jene bei Routinetätigkeiten. Es erhebt sich daher die Frage nach der Rolle und Wirkung der modernen Kommunikationstechnologien: Es gibt zwei diametral entgegengesetzte Theorien zu dieser Frage *(GAD, G. 1968, S. 168)*.
- Die **klassische Theorie** geht von der wirtschaftlichen Nähe aus und sagt, daß die **Nähe zum Informationspotential** gleichzusetzen ist mit räumlicher Nähe bzw. nur durch diese realisiert werden kann *(HAIG, R.M. 1926; HOOVER, E. - VERNON, R. 1959; GOTTMANN, J. 1961; ...)*. Informationen, insbesondere ihre intelligenteren Formen, und informationsintensive Institutionen und Unternehmungen/Betriebe verursachen höchste Transaktionskosten und brauchen daher räumliche Nähe und räumliche Ballung.
- Die jüngeren Theorien sind **Dispersionstheorien** *(WEBBER, M.M. 1964)*: Durch die modernen Kommunikationstechnologien ist wirtschaftliche Nähe auch ohne räumliche Nähe realisierbar, die Zwänge zur Ballung fallen weg, die Zugänglichkeit der Information wird räumlich homogener bzw. ubiquitär. Ballungen entstehen oder bleiben erhalten nur aufgrund der Vorteile für materielle Verflechtungen (industrielle Verbundsysteme).
- Realistischer, und für die Erklärung der Dienstekontakte brauchbarer, erscheint allerdings ein Ansatz, der als **selektive Dispersionstheorie** bezeichnet werden kann. Entsprechend der funktional-hierarchischen Systematik der Dienstebeziehungen und damit dem Grad der Standardisierbarkeit (Mechanisierbarkeit) kommt es zu **selektiver räumlicher Konzentradition/Dispersion** und damit auch zu Veränderungen des generellen Orientierungsmusters bei der Abwicklung und Inanspruchnahme von Wirtschaftsdiensten.

Diese selektiven Tendenzen sind Ursache von **räumlichen Disparitäten** (räumliche Arbeitsteilung) aber auch ein in der Regionalplanung einsetzbares Instrument.

Die Verbesserungen der Transportfähigkeit, die Steigerung der Massenleistungsfähigkeit, der Schnelligkeit vor allem bei den standardisierten Formen des Informationsaustausches und damit bei den Routineinteraktionen führt auf der Grundlage von organisatorischen Differenzierungen (Abteilungsbildung) zu **räumlich selektiven Prozessen:**

— **Hierarchische Spitzenfunktionen** (mit starken Anteilen von Face to face-Kontakten und Konferenzinteraktionen) konzentrieren sich an **Ballungsstandorten** (Stadtzentren, Metropolen, ...) und distanzieren sich immer mehr von den

— **Routinefunktionen,** welche Suburbanisierungstendenzen, teilweise sogar Abwanderungstendenzen zu dispersen Standorten aufweisen *(vgl. auch: KORDEY, N. 1986; SPEHL, H. 1985; MÜDESBACHER, A. 1985; HOBERG, R. 1983 u.a.).*

7.5. Grundstrukturen der Wirtschaftsdienste in Österreich

Da die Wirtschaftsdienste als eigener Wirtschaftszweig bisher für Österreich nicht behandelt wurden, weder in einem engeren Sinn entsprechend den in der amtlichen Statistik verwendeten "Wirtschaftsdienstebegriffen" noch im Sinne des "Wirtschaftsdienstebegriffes" dieser Arbeit *(vgl. Kap. 3.1.),* ist zunächst der Versuch zu unternehmen, den **Umfang der Wirtschaftsdienste** zu schätzen und seine **Grundstrukturen** zu analysieren, bevor auf die räumlichen und regionalen Aspekte eingegangen werden kann *(vgl. Kap. 8. - 11.; vgl. auch FRADINGER, B. 1983; SCHUTT, H. 1986; NÖLLNER, E. 1986; SZIGMUND, A. 1984; LÜTKE, I. 1985; FRÜHWIRT, U. 1983; STAUDACHER, CH. 1985, FRANTA, G. 1987 u.a.).* Die Schwierigkeiten dieser Aufgabenstellung liegen einerseits im Fehlen von Voruntersuchungen - Erfahrungen mit ausländischen Untersuchungen sind zwar nützlich aber nicht übertragbar - und andererseits in der mangelnden Abstimmung der amtlichen Statistik auf den theoretischen begründeten und hier verwendeten "Wirtschaftsdienstebegriff" *(vgl. Kap. 6.1.).*

7.5.1. Abschätzung des Umfanges der Wirtschaftsdienste

Die Wirtschaftsdienste stellen einen wichtigen Teilbereich der gesamten Dienstleistungswirtschaft dar, der mit den anderen Branchen und Funktionsbereichen zahlreiche Überschneidungen und Verbindungen aufweist. Die Dienstleistungswirtschaft wird in Österreich, so wie in vielen anderen Ländern auch, in wirtschaftsstrukturellen Untersuchungen nicht oder nur knapp behandelt *(z.B.: Österr. Strukurberichtersattung, Bd. III und V, 1985, ...; SKOLKA, J. 1984, S. 591.):*

+ Der **"Tertiäre Sektor"** (= Dienstleistungswirtschaft) umfaßt in Österreich 1981 52,3 %, **1984 54,7 % der Erwerbstätigen** (18,1 % Handel, 6,6 % Verkehr und Nachrichtenwesen, 6,5 % Vermögensverwaltung, 21,1 % sonstige Dienste), mit einem steigenden Anteil von 39,4 % im Jahre 1964 über 45,6 % 1973. Im Vergleich zu anderen Ländern liegt dieser Wert durchaus im oberen Mittelfeld: USA 66,4 %, Schweden 63,1 %, Dänemark 62,5 %, Japan 54,5 %, BRD 51,0 %, Schweiz 53,6 % *(Österr. Strukturberichterstattung, Bd. III. Übersicht 15 A, S. 50).* Der **Produktionsumfang (BIP) der Dienstleistungen** in Österreich macht **1984** einen Anteil von **56,3** % (nominell), von 53,6 % (real) aus, 1964 nur 44,4 % bzw. 51,6 %. Die Dynamik des Dienstleistungssektors fällt nominell mit 10,4 % (jährlich 1964 - 1984) hoch aus, real beträgt er aber nur 4 %, was mit der durchschnittlichen Preisentwicklung zusammenhängt; insbesondere bei den produktionsabhängigen und öffentlichen Diensten, aber auch beim Gastgewerbe *(SKOLKA, J. 1986, S. 591 - 600)*.

+ Die **Wirtschaftsdienste** werden für verschiedene Länder auf Anteile von etwa **18 - 37 %** geschätzt: GREENFIELD, H.I. *(1966, S. 22)* gibt für die USA einen Beschäftigungsanteil von 12,5 für 1947 und von 13,2 % für 1960 an und einen Anteil am Nationaleinkommen von 20,4 bzw. 22,7 %. NOYELLE, TH. *(1983, S. 283)* schätzt den Anteil der Wirtschaftsdienste (= "distributive services" und "corporate acitivities") für 1947 auf 29 % (GNP) und 19,6 % (Beschäftigung) und für 1977 entsprechend auf 36 % bzw. 23,3 %. STANBACK, TH. *(1979, S. 16)* spricht von einem Anteil der producer services am gesamten "intermediate output" von 26,7 %. Für Großbritannien wird der Beschäftigungsanteil der producer services (im institutionellen Sinn) für 1981 mit 8,6 % angegeben, im funktionalen Sinn ergibt sich ein output/employment-Anteil von 37 % *(MARSHALL, J.N.- u.a. 1983, S. 17)*.

+ Für **Österreich** gibt es eine etwas ältere Abschätzung der Bedeutung und des Umfanges der "Produktionsabhängigen Dienstleistungen" *(SCHWÖDIAUER, E. 1971, S. 50)*. Durch eine grobe Aufrechnung der Branchen Verkehr und Handel, welche "der Überwindung von räumlichen und zeitlichen Differenzen zwischen Gütererzeugung und -verwendung" dienen, Banken und Versicherungen, welche "eng mit der materiellen Produktion" zusammenhängen, und der Rechts- und Wirtschaftsdienste, die "hauptsächlich von Unternehmen gekauft werden", ergibt sich ein Stand der Erwerbstätigen in diesem Bereich von 643.200, das sind 20,1 % der Beschäftigten insgesamt und 48,2 % der Dienstleistungsbeschäftigung *(SCHWÖDIAUER, F. 1971, S. 50)*. Versucht man diese Abgrenzung auf **1981** anzuwenden *(Beitr. z. Österr. Stat. 650/10, 1983)*, so ergibt sich ein Stand an **Erwerbstätigen im Wirtschaftsdienstebereich von 795.550**, das sind **29,5 %** der gesamten Erwerbstätigen und 53,2 % der Dienstleistungsbeschäftigung. Dies würde auf eine bedeutende Dynamik dieses gesamten Bereiches schließen lassen.

+ Ein Ansatz zur Erfassung des Gesamtvolumens und der Bedeutung liegt in der **Verwendung der Input-Output-Tabellen** *(DANIELS, P.W. 1985, S. 10 - 13; WOOD, P. 1985, S. 10)*. Dieser Ansatz ist insoferne von Bedeutung, als damit der intermediäre Charakter des Leistungsprozesses erfaßt wird; er hat allerdings den Nachteil, daß auch hier die Kompatibilität mit dem Wirtschaftsdienstebegriff nur bedingt gegeben ist *(vgl. Kap. 6.1.4.)*. Legt man das Ergebnis der Produktionskonten der IO-Analyse *(Input-Output-Tabellen 1976, Bd. 1, Tab. 1, Beitr. z. Österr. Stat. 796/1)* zugrunde und rechnet man die Güterarten entsprechend dem Wirtschaftsdienstebegriff *(Kap. 6.1.4.)* auf, so ergibt sich ein **Bruttoproduktionswertanteil von 15,3** % (inklusive 859 Dienst- und Geschäftsreisen, 919 imputierte Bankgebühr ein Anteil von 17,9 %), wertschöpfungsmäßig liegt der Anteil mit 21,8 % deutlich höher. Für Großbritannien wird ein Wert von 18,9 % angegeben *(DANIELS, P.W. 1985, S. 10)*. Versucht man den in vielen Wirtschaftsdienstebereichen enthaltenen **Leistungsanteil im Endverbrauch** herauszurechnen (Gewichtung über den Anteil des Intermediärverbrauchs des jeweiligen Outputs) so verringert sich der Leistungsanteil entsprechend auf **9,9 % des Bruttoproduktionswertes** bzw. **12,0 % der Wertschöpfung**. Der Anteil der Wirtschaftsdienstleistungen am gesamten Intermediärverbrauch beträgt nach den Produktionskonten: Kosten *(Tab. 2, Beitr. z.*

Österr. Stat. 768/1) nur **0,36 %** (!!!), würde also gegenüber dem intermediären Güteraustausch nur eine unbedeutende Größe darstellen. Es zeigt sich also auch in
der IO-Statistik das große Problem der Bewertung und Erfassung der Dienstleistungen im Wirtschaftsprozeß.

Mit den zur Verfügung stehenden Quellen und Daten läßt sich der Bestand und
die Struktur der Wirtschaftsdienste in Österreich nur recht unzureichend erfassen.
Ein Versuch zur **Messung des Bestandes der Wirtschaftsdienste in Österreich**, der
von einen institutionellen und einem funktionalen Ansatz ausgeht, schätzt zunächst
die **Zahl der Betriebe**, um darauf aufbauend eine institutionelle **Beschäftigungs- und
Leistungsschätzung** zu erstellen *(STAUDACHER, CH. 1987, Kap. 5.2.1., S. 391 -
405.)*:

+ **Der institutionelle Bestand der Wirtschaftsdienste** kann mit ca. 63.000 Betrieben
  angegeben werden, das sind etwa **22 %** aller Arbeitsstätten und etwa 29 % der
  Dienste-Arbeitsstätten *(vgl. STAUDACHER, CH. 1987, Tab. 5.2/3.)*.
+ Die institutionelle Beschäftigung umfaßt ca. 520.000 Beschäftigte; das sind etwa
  15% der Gesamtbeschäftigung bzw. 26,2 % der Dienstleistungsbeschaffung *(vgl.
  STAUDACHER, CH. 1987, Tab. 5.2/4.)*.
+ Nach der Meßgröße der **institutionellen Wertschöpfung** (216 Mrd S.) ergibt sich
  ein Anteil der Wirtschaftsdienste von **28,9 %** am gesamten Nettoproduktionswert
  und von **45,7 %** an der Summe des Nettoproduktionswertes der Dienstleistungen
  (vgl. STAUDACHER, CH. 1987, Tab. 5.2/5.).
+ Der **funktionale Anteil** läßt sich mit **26,8 %** (bereinigte Berufsgruppensumme/Ge-
  samtbeschäftigung) angegeben, der Beschäftigungsanteil an der Dienstleistungswirtschaft liegt entsprechend bei 61,3 % *(vgl. STAUDACHER, CH. 1987, Tab.
  5.2/7.)*.
+ Das **Verhältnis zwischen marktmäßigen Wirtschaftsdiensten und der "internen
  Tertiärisierung"** läßt sich aus der Differenz zwischen dem Umfang der Dienstetä-
  tigkeiten (915.000) und der Beschäftigung in Wirtschaftsdienste-Unternehmen
  (institutionelle Beschäftigung: 519.000) errechnen. Die **"interne Tertiärisierung"**
  macht also etwa **43 %** der gesamten wirtschaftsbezogenen Dienstleistungsentwicklung in Österreich aus.

7.5.2. Grundstrukturen und Entwicklungstendenzen

Nach dem Versuch eine Abschätzung des Umfanges und der Bedeutung der Wirtschaftsdienste in Österreich soll versucht werden, einige wesentlich betriebliche/un-
ternehmerische Grundstrukturen herauszuarbeiten. Als Basis für die Analyse sind
einerseits Ergebnisse der amtlichen Statistik *(Arbeitstättenzählungen, Stat. der
Gewerbl. Wirtschaft)* verwendbar und andererseits Daten aus der Wirtschaftsdienste-
datenbank *(WDAT1; vgl. Kap. 6.1.)*.

a) Betriebsgrößenstrukturen

Bürobetriebe, Dienstleistungsbetriebe und auch Wirtschaftsdienste neigen traditionell als Unternehmen zu kleinen und mittleren Größen; diese Tendenz schwächt

sich durch Unternehmenskonzentration (Filialisierung, Rationalisierung, Ausnutzung von Größenvorteilen, ...) ab. Die **Zahl der Beschäftigten** (nicht die der unselbständigen Beschäftigten) kann bei Dienstleistungsbetrieben als gutes **Maß für die Betriebsgröße** verwendet werden, da der menschliche Arbeitsfaktor eine bedeutende Rolle spielt; es gibt aber auch hier wichtige Ausnahmen wie den Einzelhandel (Selbstbedienung, ...), Leasing- und Vermietungsunternehmen, Speditionen, Verkehrsbetriebe usw., wo Technisierung und Kapitalintensität z.T. starke Abweichungen bewirken können. Hier kann die **Kapitalausstattung** der Unternehmungen als zusätzliches Merkmal und gutes Korrektiv zur Darstellung der Betriebsgröße eingesetzt werden. Eine alternative Möglichkeit der Betriebsgrößenmessung besteht in der Verwendung von Angaben über **Betriebsflächen, Umsätze** usw., die aber nicht zur Verfügung stehen. Über die Besetzung der Betriebsgrößenklassen *(vgl. STAUDA-CHER, CH. 1987, Tab. 5.2./8, S. 407)* läßt sich die **Kleinbetrieblichkeit** deutlich nachweisen: **64 %** aller Wirtschaftsdienste sind den Kleinstbetrieben (1 - 4 Beschäftigte) zuzurechnen, mehr als 9 Beschäftigte erreichen nur 18,7 %; "großbetriebliche" Strukturen (mehr als 49 Beschäftigte) finden sich nur bei 3 % der Betriebe! Besonders charakteristisch ist diese Kleinstbetrieblichkeit, die sich durch die Dominanz von **Ein-Mann-** oder **Betriebsleiter-Sekretärin-Betriebe** charakterisieren läßt, bei den Rechtsdiensten, Technischen Büros, Versicherungsmaklern, Werbe- und Marktforschungsinstituten, Handelsmaklern, beim Realitätenwesen und Leasing- und Vermietungswesen. Großbetrieblicher organisiert sind das Finanzwesen, Forschungsinstitute, Versicherungsunternehmungen, Speditionen, Servicebetriebe und ganz besonders die Bewachungsunternehmen, mit einem Anteil der "großbetrieblichen" Unternehmen (über 49 Beschäftigte) von 35 %!

Die **Kapitalausstattung** ist eine zweite (verfügbare) Meßgröße *(vgl. STAUDA-CHER, CH. 1987, Tab. 5.2/9, WDAT1)* der Betriebsgröße, mit der vor allem die Ausstattung mit **technischen Einrichtungen** bzw. mit **Realitäten** als Wirtschaftsgrundlage zum Ausdruck kommt. Die Kapitalausstattung ist zum Teil abhängig von der Rechtsform (Ges.m.b.H) und kann hier nur als Hinweis auf eine besondere Bedeutung dieses Produktionsfaktors gewertet werden. Aufgrund der Kleinbetrieblichkeit und der z.T. bestehenden geringen Kapitalintensität, der geringeren Investitionsbedürfnisse liegt die **Kapitalausstattung** der überwiegenden Zahl der Wirtschaftsdienstebetriebe (75,5 %) **unter 500.000 S.** Höhere Kapitalausstattung tritt bei typischen Teilbereichen der Wirtschaftsdienste auf, wo diese Gegenstand des Wirtschaftszieles ist (Finanzunternehmen, Versicherungsunternehmen), wo hoher Investitionsbedarf besteht (Speditionen und Verkehrsunternehmen, Forschungsinstitute) und wo die Kapitalausstattung notwendige Ressource ist (Leasing- und Vermietung).

b) Organisationsstruktur

Zu den wichtigsten Veränderungen in der modernen Wirtschaftsentwicklung zählt die organisatorische Umstrukturierung, insbesondere die Bildung von **Mehrbetriebsunternehmungen** (Filialsysteme, Kettenbetriebe, vertikale Integration bei Standortdifferenzierung, ...). Es ist zu prüfen, ob und in welcher Weise diese Entwicklungen auch bei den Wirtschaftsdiensten feststellbar sind. In der gesamten Dienstleistungswirtschaft kommt der betrieblichen Organisation, insbesondere dem Einsatz besonderer Organisationsformen für die Kontaktorganisation eine große Bedeutung zu. Filialisierung und Bildung von Mehrbetriebsunternehmungen bzw. die Internationalisierung, sind wichtige Erscheinungsformen im Entwicklungsprozeß auch der Wirtschaftsdienste. Im Zusammenhang mit der kleinbetrieblichen Struktur ist die **Dominanz der Einbetriebsunternehmungen mit 92 %** aller Wirtschaftsdienste-Unternehmungen ein durchaus plausibler Zustand *(STAUDACHER, CH. 1987, Tab. 5.2./10, S. 412; WDAT1)*. Dominant wird also die räumliche Kontaktorganisation nicht über Filialsysteme durchgeführt, sondern das Angebot bleibt überwiegend räumlich sehr beschränkt (Abholsysteme) oder wird über mobile derivate Potentialfaktoren verteilt (multiple Standortorganisation). Besonders **stark einbetrieblich** organisiert sind Wirtschaftsdienste wie Versicherungsmakler, Werbe- und Marktforschungsinstitute und Handelsmakler, Unternehmungen, die aus der Leistung einer Unternehmerpersönlichkeit leben und darum herum nur wenige Ergänzungsfunktionen brauchen. Daher ist auch die Neigung zur funktionalen Differenzierung (Mehrbetriebsunternehmen, Filialsysteme) gering. Als **Mehrbetriebsunternehmungen** sind bisher nur **7,6 %** Unternehmen organisiert; in vielen Branchen handelt es sich dann aber um die Marktführer. **20,5 %** aller Betriebe sind als Filialen einzustufen, **8,8 %** darunter als **Regionalzentralen.** Besonders **stark mehrbetrieblich** organisiert sind die **Wachdienste,** die mit 75 % Filialbetrieben eine sehr hohe organisatorische und räumliche Differenzierung aufweisen und die **Speditionen** (27 % Filialbetriebe). In allen diesen Fällen sind besondere Faktoren für diese Organisationsstruktur verantwortlich: Bei den Speditionen das flächendeckende Verkehrsnetz und die notwendige Präsenz an seinen Knoten- und Umschlagspunkten, bei den Wachinstituten die Nähe zum immobilen Leistungsobjekt. Ähnliche mehrbetriebliche Strukturen bestehen auch bei **Versicherungsunternehmen** und beim **Bankwesen.** Diese Trends der organisatorischen Struktur lassen sich auch über den **Grad der Filialisierung** *(Anteil der Filialen an den Abeitsstätten; STAUDACHER, CH. 1987, Tab. 5.2/10, S. 412)* bestätigen: Hohe Filialisierung tritt nach dieser Quelle bei den Branchen Entsorgungsdienste (97,8), Großhandel (81,9 %), Lagerung (59,5 %), Verkehrsdienste (41,9 %) und Speditionen (41,4 %) auf, während Bürodienste, Versicherungen und Versicherungsmakler, Realitätenbüros, Wirtschaftsberatung, Werbung als meist junge Unternehmungen meist selbständig organisiert sind.

c) Betriebsalter

Insbesondere im Zusammenhang mit dem Lebenszyklusansatz der Standortwahltheorien von Bürobetrieben und Wirtschaftsdiensten, aber auch im Zusammenhang mit anderen Strukturkennzeichen *(Organisation, Betriebsgröße etc.; siehe oben)* kommt dem **Unternehmens- bzw. Betriebsalter** eine sehr bedeutende Rolle zu *(Datenbasis: WDAT1, vgl. Kap. 6.2.).*
- **Betriebsalter und Branchenstruktur:** Wirtschaftsdienste gelten allgemein als dynamischer junger Zweig der Wirtschaft *(STAUDACHER, CH. Tab. 5.2./1A und Abb. 5.2./1, S. 416):* **69,6 %** aller Betriebe sind erst nach 1965 entstanden, auf die letzten 10 Jahre (1975 - 1985) entfallen 41,9 %. Man kann also durchaus mit Recht von einer **Gründungswelle** in den letzten 20 Jahren sprechen. Als

- **"moderne Wirtschaftsdienste"** können eingestuft werden: Finanzwesen (63,1 % nach 1975 gegründet; Filialisierung), Wirtschaftsberatung (52,6 % nach 1975), Versicherungsmakler (60,2 %), EDV-Dienste (56,7 %), Realitätenwesen und Leasing (60,1 %), Werbung (50,5 %), Technische Büros, Reinigungsdienste und Entsorgungsdienste. Diese "modernen Wirtschaftsdienste" können als die aktuellen **Innovationsbranchen** im Dienstebereich angesehen werden, sie wachsen dynamisch und breiten sich stark im Raum aus. Bei vielen Branchen handelt es sich um solche, die erst in den letzten Jahrzehnten entstanden sind.
- Als **"traditionelle Wirtschaftsdienste"**, die durch ihre historische Funktion und Gründung schon in der früh- und hochindustriellen Phase entstanden sind und durch aktuelle Stagnation bzw. Schrumpfung in der institutionellen Entwicklung gekennzeichnet sind, können eingestuft werden: Verkehrsdienste, Speditionen, Wachdienste, Bürodienste.
- **Der Wandel der Betriebsgröße mit dem Betriebsalter:** Veränderungen der Betriebs- und Unternehmensgröße im Zusammenhang mit dem Betriebsalter (Gründungsperioden) können auf zwei Erklärungsansätze zurückgeführt werden: Nach den Aussagen des **Lebenszykluskonzeptes** besteht ein Trend zum Betriebswachstum mit dem Betriebsalter bis zu einem bestimmten Schwellenwert; eine alternative Erklärung liegt in sich ändernden **Betriebsgrößen von Neugründungen** im Zeitablauf *(STAUDACHER, CH. 1987, Tab. 5.2./3A, Abb. 5.23, S. 418; WDAT1).* Die Daten zeigen eine deutliche Verlagerung der Betriebsgröße zu **großbetrieblicher Struktur mit steigendem Betriebsalter:** Bei den Betrieben, die vor 1945 gegründet wurden, liegt das Schwergewicht der Betriebsgrößen zwischen 5 und 20 Beschäftigten (45,3 %), es rückt bei den Gründungen aus den sechziger und bis zur Mitte der siebziger Jahre zu den Größengruppen von 6 - 10 Beschäftigten (35,0 %) und liegt bei den jüngsten Gründungen ab 1981 dominant bei Betrieben mit 1 - 5 Beschäftigten (47,4 % !). Aus diesen Befunden kann geschlossen werden, daß sich nicht die Gründungsstruktur (also die Betriebsgröße bei Betriebsgründung) im Ablauf der letzten Jahrzehnte grundsätzlich geändert hat, sondern daß die **Betriebszyklusthese** gültig ist, die von deutlichem Betriebs- und Unternehmenswachstum der überlebenden Betriebe ausgeht.
- **Veränderungen der Organisationsstruktur mit dem Betriebsalter:** Die organisatorische Struktur von Unternehmungen, insbesondere die Differenzierung von Einbetriebs- und Mehrbetriebsunternehmungen ist ein wichtiges strategisches Merkmal. Es kann angenommen werden, daß sich die Organisationsstrategie im Zuge des **Unternehmenszyklus** charakteristisch wandelt. Zunehmendes Unternehmensalter ist in der Regel verbunden mit zunehmender Ausdifferenzierung der Organisationsstruktur und damit auch mit einem verstärkten Übergang zur Mehrbetrieblichkeit und zu Mehrstandort-Unternehmen. Die Analyse der Organisations- und Altersstruktur der Wirtschaftsdienste zeigt eine ganz deutliche Differenzierung *(STAUDACHER, CH. 1987, Tab. 5.2./4A, Abb. 5.2./4, S. 420; WDAT1):*
  - Bei den **Wirtschaftsdiensten mit hohem Betriebsalter** (Gründung bis 1945) besteht eine deutlich **erhöhte Mehrbetrieblichkeit:** 35,6 % der Betriebsstätten sind Filialen,

− bei den **jungen und jüngsten Betriebsgründungen** (nach 1965 bzw. nach 1975) hingegen besteht **dominante Einbetrieblichkeit**: Anteil der Einbetriebsunternehmungen an den Arbeitsstätten 81,5 bzw. 93,7 %.

Die **Internationalisierung der Wirtschaftsdienste** ist auch in Österreich vorhanden, insbesondere in der Form der Gründung von "Österreich-Zentralen" ausländischer Unternehmungen; eine aktive, also von österreichischen Unternehmen ausgehende Internationalisierung ist selten (z.B. Banken) und wesentlich jünger als die inländische Bildung von Mehrbetriebsunternehmen. Bedeutend ist ein relativ großer Anteil von internationalen Wirtschaftsdiensten, die aus dem vorigen Jahrhundert stammen: es treten also auch hier zwei Kategorien auf - alteingesessene Unternehmen (Versicherungen, Auskunfteien, Inkassobüros, ...) und junge und jüngste Neugründungen (Adreßbüros, Werbung, Marktforschung, Unternehmensberatung, EDV-Dienste, Speditionen, Consulting, Handelsagenturen, ...).

d) Strukturelle Dynamik

Die Dynamik und ihr enger Konnex mit aktuellen gesamtwirtschaftlichen und räumlichen Entwicklungsprozessen ist ein wesentliches Argument für die Befassung mit den Wirtschaftsdiensten in der Literatur *(GREENFIELD, H.T. 1966; DANIELS, P.W. 1985; NOYELLE, Th. 1983; BEARSE, P.J. 1978 u.a.).* Für **Österreich** ergibt sich auf der Basis der Daten der Arbeitsstättenzählung *(1973 und 1981)* eine nicht ganz so dynamische Situation, wie sie generell für Wirtschaftsdienste erwartet wird *(STAU-DACHER, CH. 1987, Tab. 5.2/12, S. 422):* Im Zeitraum **1973 - 1981** ergab sich ein Durchschnittswachstum der Anzahl der **Betriebe** (Arbeitsstätten) von + **7,2 %** und der institutionellen **Beschäftigung** von + **6,2 %**. Diese Dynamik liegt allerdings deutlich über der Gesamtentwicklung aller Arbeitsstätten mit nur + 1,1 % Zuwachs und auch deutlich über dem gesamten Beschäftigungszuwachs von nur + 0,9 %. Auch gegenüber der gesamten Dienstleistungsbranche zeigt sich eine deutlich stärkere Dynamik. Differenziert man die Dynamik nach Wirtschaftsdienstebereichen, so läßt sich die oben schon angesprochene deutliche Zweiteilung in schrumpfende und dynamische Wirtschaftsdienstebereiche klar bestätigen:

+ Bei den **"modernen Wirtschaftsdienste"** zeigt sich jene Dynamik, die auch in der Literatur angesprochen ist: **Betriebszuwachs 1971 - 1983: 25,0 %, Beschäftigungszuwachs 16,4 %,**

+ bei den **"traditionellen Wirtschaftsdiensten"** zeigen sich im Durchschnitt starke Schrumpfungen: Anzahl der **Betriebe -10,6 %,** institutionelle **Beschäftigung - 4,0 %.**

Bei den Wirtschaftsdienste zeigt sich also eine sehr unterschiedliche **Dynamik** zwischen Gruppen mit starker bis dramatischer Schrumpfung (Lagerungs- und Verkehrsbetrieben), Schrumpfung (Speditionen, Handelsmakler und beim Großhandel) Beschäftigungszuwachs bei betrieblich/unternehmerischer Konzentration (Bewachungsdienste, Versicherungen), deutlichem Wachstum (Realitätenwesen, Vermietung/Leasing, Reinigungsdiensten, Finanz- und Kreditwesen und Wirtschaftsberatung) und explosionsartigem Wachstum (Entsorgungsdiensten, Technische Büros, Versicherungsbüros, Werbung/Marktforschung, allgemeine Bürodiensten und bei Forschung und Entwicklung).

e) Betriebliche Basisdaten

Neben den Strukturdaten der Betriebsgröße, der Organisationsstruktur und dem Betriebsalter sind aus verschiedener Sicht betriebliche Basisdaten von Interesse, die Grundstrukturen abbilden und Indikatoren für Verhaltensweisen sind und Vergleiche mit anderen Branchen erlauben *(Stat. d. Gew. Wirtschaft, Teil 1, Beitr. z. Österr. Stat., H. 790/1)*:

+ **Nettoproduktionswert (NPW):** Die wichtigste wirtschaftliche Kenngröße ist die **Wertschöpfung** (Leistung) eines Betriebes, ausgedrückt durch den Nettoproduktionswert, als "Leistungsgröße, die die Feststellung der Beiträge der einzelnen Wirtschaftszweige am Brutto-Inlandsprodukt ermöglicht" *(Beitr. z. Österr. Stat. 790/1, S. 11; STAUDACHER, CH. 1987, Tab. 5.2./13, S. 426)*. Der **Wertschöpfungsanteil der Wirtschaftsdienste** liegt in Österreich bei **32,4 %**. Das liegt deutlich über dem Anteil am Bestand an Wirtschaftsdienstebetrieben (19 %) bzw. am Beschäftigungsanteil (25,5 %), sodaß die Hypothese einer relativ **überdurchschnittlichen Wertschöpfung** bei den Wirtschaftsdiensten gerechtfertigt erscheint. Im österreichischen Durchschnitt beträgt der NPW pro Betrieb und Jahr 4,03 Mio. S, der **NPW der Wirtschaftsdienste** pro Betrieb und Jahr im Durchschnitt **6,1 Mio. S:** den Spitzenwert unter der Wirtschaftsdienstegruppen erreichen Finanz- und Versicherungsunternehmen mit 35 bzw. 22 Mio. S, stark über dem Durchschnitt liegen auch die Verkehrsdienste und Speditionen mit 11 bzw. 13,5 Mio. S pro Betrieb, überdurchschnittliche Werte erzielen auch Forschung & Entwicklung, die sonstigen Bürodienste, der Großhandel, Vermietung und Leasing. Diese Unterschiede belegen **Auswirkungen unterschiedlicher Produktionsweisen,** die nicht mit grundsätzlichen Unterschieden der Leistungsqualität in diesen Branchen begründet sein können: der Anteil der Vorleistungen dürfte unter anderem ein wichtiger Grund sein.

+ Die **Vorleistungsquote** als Spiegelbild der Nettoquote *(im österr. Durchschnitt 30,3 % = Wertschöpfung in Prozent des BPW)* weist auf solche unterschiedliche Produktionsweisen hin, die sich in der Tatsache ausdrücken, daß die Vorleistungen eine bedeutende Rolle bei den Wirtschaftsdiensten spielen: Dies ist besonders der Fall beim Großhandel (NQ nur 11,7 %, Warenlager, -umschlag), beim Realitätenwesen (NQ = 25,1 %), bei Handelsmaklern (NQ = 10,7 %) und Spediteuren (NQ = 11,5 %). Bei den warenverbundenen Wirtschaftsdiensten ist hier sichtlich durch den hohen Durchsatzanteil am BPW eine relativ geringe Nettoquote charakteristisch.

+ Die **"Leistungsqualität"** läßt sich am ehesten durch den NPW/Beschäftigtem abbilden; dieser beträgt im österreichischen Durschnitt 348.000 S. Im Durchschnitt der **Wirtschaftsdienste 438.000 S,** was auf eine deutlich **höhere Arbeitsintensität** hinweist. Auch hier zeigen sich Unterschiede, die nicht nur mit den unterschiedlichen Arbeitsleistungen der Beschäftigten begründet sein können. Sie beruhen auf unterschiedlichen Leistungschancen aufgrund der **Wirtschaftsziele** und "Produktionstechnologien" der einzelnen Wirtschaftsdienstebereiche, auf unterschiedlicher Mechanisierung und Automation usw. Sehr **hohe Leistungsquoten** weisen folgende Branchen auf: Vermietung und Leasing, Finanzbereich, Forschung, Versicherungswesen, Realitätenwesen und Handelsmakler. Überdurchschnittliche

Qualifikation der Beschäftigten (Forschung) bzw. große **Bedeutung von Geld und Kapital** oder **materiellen Einsatzfaktoren** dürften diese hohen Leistungsquoten bedingen.

+ **Investitionen:** Eine zweite wichtige und verfügbare Größe sind die Investitionen, die "alle steuerlich aktivierbaren Anschaffungen zum Sachanlagevermögen, einschließlich der mit betriebseigenen Kräften durchgeführten Investitionen" umfassen: werterhöhende Erweiterungen, Um- und Anbauten, Verbesserungen, aktivierungsfähige Reparaturen, ...", "die die normale Nutzungsdauer erhöhen" *(Beitr. z. Österr. Stat. 790/1, S. 11; vgl. STAUDACHER, CH. 1987, Tab. 5.2./13, S. 426).* Investitionen sind ein Maß für die Bedeutung von Anlagen, Technologie und Automation bzw. eine Hinweis auf gerade im Ablauf befindliche grundsätzliche Veränderungen in diesen Bereichen (Einführung neuer Technologien wie z.B. Telematik). Im österreichischen Durchschnitt aller nichtlandwirtschaftlichen Betriebe betragen die Investitionen pro Betrieb und Jahr 749. 000 S; bei den **Wirtschaftsdiensten** liegt dieser Wert im Durchschnitt mit **1,5 Mio. S** (!!) deutlich höher, was z.T. mit der EDV-Umstellung zu tun hat. Zwei Gruppen von Wirtschaftsdienstebereichen sind feststellbar:

   – **Geringe Investitionsraten** weisen auf: Wirtschaftsberatung (84.000 S), Handelsmakler (81.000 S bzw. 172.000 S je nach Quelle), aber auch die Forschungsinstitute, technische Büros, Bürodienste, Servicebetriebe und die Werbe- und Marktforschungsbranche. Es handelt sich hier um **Kleinstbürosbetriebe** oder z.T. um **traditionelle Branchen**, die zumindest derzeit nur einen geringen Investitionsbedarf aufweisen und eher als **personalintensiv** einzustufen sind.

   – **Hohe Investitionsraten** finden sich vor allem beim Finanzwesen (3,7 Mio. S), bei Versicherungsanstalten (2,4 Mio. S), Vermietung und Leasing (5,1 Mio. S) und beim Verkehrswesen (5,6 Mio. S); hoch sind die Investitionsraten auch beim Realitätenwesen und bei den Speditionen. Hier spielt der besondere Bedarf an Anlagen, beweglichen Gütern (Verkehrsmittel) aber auch der direkte Immobilienbezug des Wirtschaftszieles (Kapitalanlage, ...) eine große Rolle; es sind also **anlagen-, technologie- und/oder immobilienintensive Bereiche.**

+ Die **Substitution von Arbeit durch Kapital** läßt sich durch die Investitionen pro Beschäftigtem abbilden: Im österreichischen Durchschnitt beträgt diese Investitionsrate 64.800 S, bei den **Wirtschaftsdiensten** aber **94.900 S**, was auf den im Dienstleistungsbereich bestehenden **Nachholbedarf in der Technisierung** hindeutet. Besonders hoch sind diese Investitionsraten bei den Vermietungs- und Leasingbetrieben; hier handelt es sich aber um einen kapitalintensiven Zweig, für den diese Investitionen zum Kern des Wirtschaftszieles gehören und bei dem diese keine Arbeitskraftsubstitution darstellt. Hohe Werte finden sich bei ähnlichen Bereichen wie dem Realitätenwesen und bei Verkehrsdiensten und den technischen Büros. Sehr niedrig bleibt diese Investitionsrate bei den eigentlichen Büro-Wirtschaftsdiensten wie der Forschung, der Wirtschaftsberatung, den Handelsmaklern, Service- und Wartungsbetrieben, wo weiterhin die Personalintensität, z.T. sogar hohe Know how-Intensität besteht.

+ **Personalaufwand:** Dieser umfaßt "die Bruttogehälter der Angestellten, die Bruttolöhne der Arbeiter, die Bruttoentschädigungen der Lehrlinge, die gesetzlichen Pflichtbeiträge des Arbeitgebers und den sonstigen Personalaufwand" *(Beitr. z.*

Österr. Stat. H. 790/1, S. 10, 650/10; vgl. STAUDACHER, CH. 1987, Tab. 5.2./14, S. 430). Ausgehend von der Hypothese der quantitativen und qualitativen Personalintensität der Dienstleistungen und der Wirtschaftsdienste erhebt sich die Frage nach der Höhe der **Personalaufwandes pro Betrieb**: Dieser liegt im österr. Durchschnitt bei 2,6 Mio. S - bei den **Wirtschaftsdiensten** mit **4,1 Mio. S** deutlich höher. Die Abweichungen der einzelnen Wirtschaftsdienstebereiche lassen ähnliche Muster erkennen wie bei den oben besprochenen Kennwerten: Hohe Werte bei Finanzwesen (15,9 Mio. S), Versicherungswesen (12,9 Mio. S), Verkehrsdiensten (9,2 Mio. S). Es zeigt sich, daß bei diesen Branchen nicht nur hohe Kapitalintensität sondern gleichzeitig auch hohe Personalintensität besteht. Niedrig sind die Werte bei Wirtschaftsberatung, Handelsmaklern, Vermietung und Leasing, Werbung usw.

+ Das **Qualifikationsniveau der Beschäftigten** läßt sich über den Personalaufwand je Beschäftigtem grob abbilden: Im österr. Durchschnitt beträgt dieser Kennwert 220.700 S, bei den **Wirtschaftsdiensten** aber 263.200 S. Abweichungen mit erhöhtem Personalaufwand und damit höheren Qualifikationsansprüchen finden sich beim Finanzwesen (359.000 S), bei Versicherungen (318.000 S), im Forschungsbereich, bei Verkehrsdiensten, Speditionen und beim Großhandel.

+ Die **Personalintensität im Bezug auf die Leistung** läßt sich mit dem Verhältnis von Personalaufwand zu NPW (in %) ausdrücken: Die Personalintensität beträgt im österr. Durschnitt 63,3 %, bei den **Wirtschaftsdiensten** 59,4 %! Die meisten Branchen liegen um diesen Durchschnitt, Abweichungen nach unten treten bei jenen Bereichen auf, bei denen die Wertschöpfung aus dem Umgang mit und der Verwertung von Kapital und Immobilien, etc. kommt (Finanzwesen, Handelsmakler, Vermietung und Leasing, Immobilienwesen).

+ Ein wesentlich differenzierendes Merkmal bezüglich der Personalaffinität bzw. -intensität ergibt sich aus der **Personalstruktur**:

  — **"white-/blue-collar"-Struktur**: Annäherungsweise läßt sich die Beschäftigung in Bürotätigkeiten und mechanische, materialbezogene Hilfsdienste über das Verhältnis von Angestellten und Arbeitern abbilden. Es zeigen sich dabei **Wirtschaftsdienst-Branchen** mit extremer "blue collar"-Struktur: Sicherheitsdienste, Entsorgungsdienste; auf der anderen Seite sind reine Bürotätigkeiten stark dominant bei Finanzdiensten, Versicherungen, Wirtschaftsberatungen, Rechtsdiensten, Technischen Büros und z.T. Großhandel (hier stimmt allerdings die Korrelation zwischen Angestelltenstatus und Art der Tätigkeiten überhaupt nicht, was kollektivvertraglich bedingt ist) und bei der Forschung & Entwicklung.

  — Der **Anteil der weiblichen Beschäftigten** korreliert mit dem Angestelltenanteil im Trend, Abweichungen sind branchenspezifisch: Entsorgungsdienste mit gering qualifizierten Frauentätigkeiten, Finanzdienste, Wirtschaftsberatung, Rechtsdienste mit starkem Anteil von "frauenspezifischen" Bürotätigkeiten, Verkehrsdienste, Großhandel, Lagerung, Technische Büros und besonders Sicherheitsdienste mit geringem Frauenanteil. **Heimarbeit** spielt durchwegs ein äußerst geringe Rolle.

+ **Spezialisierung/Dienstepakete**: Eine wesentliche Frage in diesem Zusammenhang ist, in welchem Ausmaße Spezialisierung bzw. die Ausbildung von Dienstepaketen charakteristisch ist *(Input-Output-Statistik 1981; Beitr. z. Österr. Stat. 769; vgl. STAUDACHER, CH. 1987, Tab. 5.2/15, S. 437)*: Der **Spezialisierungsgrad der Wirtschaftsdienste** auf charakteristische Produktionen *(gemäß Provinienzkonzept; vgl. Kap. 6.2.4.)* beträgt **14,8 %** bezogen auf die heimische Produktion und 6,6 % bezogen auf den Bruttoproduktionswert *(Österr. Durchschnitt für alle Wirtschaftsbereiche 10,3 %)*. Damit läßt sich also für die Wirtschaftsdienste **keine besonders starke Spezialisierung** auf charakteristische Produktionen feststellen, insbesondere auch deshalb nicht, weil die Schwankungen zwischen den einzelnen Wirtschaftsdienstebranchen sehr beträchtlich sind: Die Ausbildung von Dienstepakten läßt sich durch hohe Anteile nicht charakteristischer Produktionen erfassen. Die **Integration nicht-charakteristischer Produktionen** in das Produktionsprogramm kann einerseits als unternehmerische **Diversifikation** vorgenommen werden, andererseits aber - und das erscheint gerade bei Wirtschaftsdiensten der wichtigere Aspekt zu sein - als **Komplementierung,** also als Ergänzung des Leistungsprogrammes durch Nebenfunktionen und/oder durch funktionale Parallelproduktionen (Reparaturdienste - hoher Handels- und Beratungsanteil, Großhandel, Handelsvermittlung und Lagerung - hohe Anteile von Beratungs-, Wartungs- und Serviceleistungen, Speditionen - hohe Verkehrsleistungsanteile, Verkehr - hohe Speditionsleistungsanteile, Technische Dienste, Werbe- und Messewesen, Vermietungsbereich).

+ **Import-, Exportstruktur:** Aufgrund der speziellen Produktionsbedingungen der Wirtschaftsdienste (Kontaktintensität, Individualität, geringer Anteil internationaler Unternehmungen, ...) ist zumindest im derzeitigen Entwicklungsstadium mit **geringen Auslandsverflechtungen** zu rechnen! *(Input-Output-Statistik 1981; Beitr. z. Österr. Stat. 769/1,2; vgl. STAUDACHER, CH. 1987, Tab. 5.2./15)*: Während für alle Wirtschaftsbereiche ein **Importanteil** (am Gesamtgüteraufkommen) von 13,6 % besteht, beträgt dieser Wert für die **Wirtschaftsdienste nur 2,7 %,** wobei nur für den Großhandel eine besonders hohe Abweichung nach oben mit 23,5 % von Bedeutung ist (Import- und Exportfunktion). Bei der **Exportverflechtung** hingegen liegen die Wirtschaftsdienste mit **8,0 %** Anteil am gesamten Güteraufkommen nur in geringerem Ausmaß hinter dem Durchschnitt aller Wirtschaftsbereiche mit 10,8 % zurück (!). Die Unterschiede zwischen den Wirtschaftsdienstebereichen sind aber wesentlich größer. Hohe Exportverflechtungen weisen auf: Speditionen 63,5 %, Verkehr 20,4 %, Großhandel 12,8 %, Handelsvermittlung 11,0 %; alle anderen Bereiche liegen deutlich unter dem Durchschnitt. Wirtschaftsdienste haben also mit einigen charakteristischen Ausnahmen sehr geringe Import-, Exportverflechtungen. Diese Tatsache korreliert deutlich mit der bisher geringen Entwicklung des allgemeinen Dienstleistungsaußenhandels.

+ **Rolle als Vorleistungsproduzenten (Intermediäre Verwendung):** Aufgrund der Definition der Wirtschaftsdienste als Produktionsfaktoren und als intermediäre Dienstleistungsproduktion kommt dem Vorleistungscharakter eine besonders wichtige Rolle zu. Aus der Input-Output-Tabelle 1976 *(Beitr. z. Österr. Stat. 769/1,2)* läßt sich dieser Vorleistungscharakter über die **intermediäre Verwendung des Güteraufkommens** der Wirtschaftsdienste abbilden: Im Durchschnitt liegen die **Wirtschaftsdienste mit einer intermediären Verwendungsquote von 51,1 %** deutlich über dem Durchschnitt der österr. Wirtschaft mit 39,0 %; zahlreiche Wirtschaftsdienste-Bereiche erreichen Vorleistungsrollen, die durchaus jenen der Industrie-produktion im Bereich der Produktionsgüterwirtschaft entsprechen (z.B. Blech-waren 58,7 %, Farben-, Anstrichmittel 69,9 %, Privatversicherung 66,2 %, Verkehr 48,0 %). Ein beträchtlicher Teil der Wirtschaftsdienste, insbesondere charakteri-stische Kerndienste wie Handelsvermittlung 89,0 %, Werbe- und Messewesen 96,7 % usw. erreichen Vorleistungsrollen, die in der Industrie nur ganz selten sind (Massenrohstoffproduktion); Zentralbüroleistungen erreichen 100 % Vorlei-stungsrolle. Vorliegende Angaben in der Literatur zum Vorleistungscharakter zeigen einige Übereinstimmungen, aber auch deutliche Abweichungen (die z.T. durch Verfahrensunterschiede in der Erstellung der IO-Tabellen begründet sein dürften): GREENFIELD, H.I. 1966 (S. 23) ermittelt für die USA für Transport-wesen 75 %, Kommunikationsdienste 50 %, Finanzwesen/Versicherung/Vermö-gensverwaltung 50 %, öffentliche Verwaltung 33 % und Buchhaltung/Rechnungs-wesen 90 % Anteil der Intermediärverwendung des Outputs *(vgl. auch DANIELS, P.W. 1985, S. 11, Tab. 1.7.).*

+ **Vorleistungsabhängigkeit:** Dienstleistungen und besonders Wirtschaftsdienste gelten in der Regel als Branchen geringer Vorleistungsabhängigkeit *(BEREKO-VEN, L. 1974, S. 49; LÜTKE, I. 1985, S. 27).* Im Vergleich zum österreichischen Durchschnitt aller Wirtschaftsbereiche mit 20,5 % **Vorleistungsquote** *(Anteil der Vorleistungen am BPW; vgl. STAUDACHER, Ch. 1987, Tab. 5.2/18, S. 439)* liegen die **Wirtschaftsdienste mit 10,6 %** generell deutlich darunter: Erhöhte Vorlei-stungsabhängigkeit besteht vor allem bei operativen Wirtschaftsdiensten wie den Speditionen mit 13,1 %, Großhandel mit 12,9 %, Verkehr mit 15,7 % und beson-ders bei den Reparaturdiensten mit 30,9 % (Rolle der Ersatzteile). Besonders auf-fallend ist der hohe Vorleistungsanteil bei Privatversicherungen mit 21,0 % der mit der Abhängigkeit von der Rückversicherungs- und die Prämienleistungen erklärt werden kann.

+ Die **Struktur der Vorleistungen** beim Dienstleistungsbereich bzw. bei Wirtschafts-diensten wird allgemein als dominant immateriell mit geringen Sachleistungsan-teilen und hoher Personalintensität beschrieben. Auf der Basis der IO-Statistik läßt sich auch hier ein Einblick gewinnen *(Absorptionsmatrix, Beitr. z. Österr. Stat. 769/2, Tab. 1, 2; STAUDACHER, CH. 1987, ab. 5.2/18, S. 439).* Die Absorptionsmatrix "zeigt die gütermäßige Zusammensetzung der Vorleistungen (Intermediärver-brauch) eines jeden Wirtschaftsbereiches, also den Einsatz von Waren und Dienst-leistungen für die laufende Produktion" *(RAINER, N. - FLEISCHMANN, E. 1985, S. 362).* Geht man von weitgehender Provinienz zwischen Aktivitäten und Gütern aus, so läßt sich ein grober Schluß auf **Branchenverflechtungen** ableiten:

  – Die gesamte **Vorleistungsstruktur** wird durch **Industriegüter** mit 69,3 % deut-lich beherrscht, was im materiellen Wirtschaftsprozeß nicht verwunderlich ist. Die **Wirtschaftsdienste** stellen **24 % der gesamten Vorleistungen**, die übrigen Dienstleistungen inklusive der öffentlichen Verwaltung, dem Gesundheitswe-sen und den persönlichen Diensten nur 6,7 %.

  – Die **Vorleistungen der Industrie** (inklusive Landwirtschaft) bestehen zu 80 % aus Industriegütern und nur zu **18,5 % aus Wirtschaftsdiensten**, sonstige Dienste machen nur 1,4 % aus. Darin zeigt sich einerseits die hohe interne Ver-flechtung der Industrie, insbesondere im Bereich der materiellen In- und

Outputs, aber auch die Bedeutung der Dienste für den materiellen Produktionsprozeß und damit die Rolle der Firmenzentralen als Dienstleister.

- Bei den **Wirtschaftsdiensten** kommen **44,5 % der Vorleistungen von anderen
  Wirtschaftsdienstebereichen**, was eine **hohe funktionale Assoziation** belegt
  (Agglomerationseffekte; vgl. Kap. 8. - 11.). Die interne Verflechtung (Vorlei-
  stungsbeziehungen zu Betrieben der gleichen Wirtschaftsdienste-Branche) ist
  besonders deutlich beim Versicherungswesen mit 52,0 % (Rückversicherungs-
  beziehungen); aus dieser "Rückversicherungsquote" erklärt sich auch die hohe
  Vorleistungsquote *(siehe oben)*. Hohe interne Verflechtungen treten auch beim
  Verkehr, bei Bank- und Kreditwesen und Technischen Diensten auf; alle anderen Wirtschaftsdienste-Bereiche zeigen keine so starke interne Verflechtung,
  z.T. sogar nur eine sehr geringe.
- Bei den meisten Wirtschaftsdiensten ist allerdings der **Vorleistungsbezug von
  anderen Wirtschaftsdienste-Branchen** sehr bedeutend: Versicherungen 79,7
  %, Handelsmakler 58,4 %, Geld- und Kreditwesen 57,6 %, Rechts- und Wirtschaftsberatung 50,8 %, Technische Dienste 51,5 %; niedrige Vorleistungsver-
  flechtungen mit den jeweils übrigen Wirtschaftsdienstebereichen treten beim
  Werbe- und Messewesen (hoher Konnex mit der Industrie), Realitäten- und
  Vermögensverwaltung, Vermietung und den Entsorgungsdienste, besonders
  aber bei Wissenschaft und Forschung.
- Der **Vorleistungsanteil an Industriegütern** beträgt für alle **Wirtschaftsdienste**
  48,0 % (!!) - liegt also deutlich über dem, was aufgrund der Immaterialität der
  Vorleistungsstruktur der Wirtschaftsdienste zu erwarten wäre. Dieser hohe
  Durchschnittswert für den Einsatz von Industriegütern ergibt sich aus der
  starken "**materiellen Orientierung**" einiger charakteristischer Wirtschaftsdien-
  ste-Aktivitäten: Lagerung 57,7 %, Realitätenwesen und Vermögensverwaltung
  58,5 %, Vermietung und Leasing 56,1 %, Wäscherei und Putzerei mit 62,7 %,
  Entsorgungsdienste mit 62,5 %, Wissenschaft und Forschung mit 63,8 % und
  besonders den Reparaturdiensten mit 78,9 %. Es sind also vor allem Branchen,
  die überwiegend dem **operativen Bereich** zuzurechnen sind (Ausnahme Wissenschaft und Forschung), wo hohe materielle Inputs produktionsnotwendig
  sind, wo also der Produktionsprozeß nicht ausschließlich in Büros, zumindest
  nicht in technologielosen Büros, abläuft.

8. Wirtschaftsdienste-Standorte -
theoretische Grundlagen des Standortverhaltens

Im Rahmen der systematischen Bearbeitung des Dienstleistungsbegriffes mußte festgestellt werden, daß die raumtheoretische Fragestellung nur punktuell der Begriffsfassung zugrunde liegt *(Kap. 2.)*. **Analyseelemente** des raumtheoretischen Ansatzes sind im Rahmen der Intentionen dieser Arbeit **Dienstleistungsbetriebe, -unternehmen** (institutioneller Ansatz) und die von diesen ausgeübten **Dienstleistungstätigkeiten** bzw. deren Inhalt und Ergebnis, die **Dienstleistungen. Erkenntnisobjekt** ist die **Standortanalytik** (Raumanalytik) der Dienstleistungsbetriebe und -unternehmungen und die **Standort- und Raumwirkung** ihrer Tätigkeiten und Verflechtungen. Die für die raumtheoretische Betrachtung **grundlegenden Erkenntnisse** bestehen in der **Kernrolle des "externen Faktors"**, der **Phasenstruktur** und in der **Zweiebenenorganisation** der Diensteproduktion.

8.1. Raumtheoretische Grundfragen

Die **Standortfrage von Dienstleistungsbetrieben**, also des Ortes der Potentialerstellung, kann mit der traditionellen allgemeinen Standortfrage von Dienstleistungsbetrieben gleichgesetzt werden.

- Diese geht zunächst deskriptiv von **Standortfaktorenkatalogen** *(EDWARDS, 1983; ALEXANDER, J. 1980; HARTWIEG, J. 1983 u.v.a.)* aus, die sich aus der Prüfung des Vorleistungsbedarfes bzw. der Absatzorientierung und -organisation auf Raum- und Standortrelevanz ergeben. Als Standortfaktoren gelten jene Produktionsfaktoren, die als Vorleistungen im Produktions- und Absatzprozeß durch ihre Existenz oder durch ihr Fehlen Vor- oder Nachteile der Produktion an einem bestimmten Standort bewirken *(WEBER, A. 1909; BEHRENS, K.CH. 1971)*.
- Eine zweite Ebene der allgemeinen Standortfrage bezieht sich auf die Umsetzung solcher realer Phänomene von raumbedingten Produktionsvor- bzw. -nachteilen in die Standortentscheidung (-wahl, -beharrung, -verlagerung) bzw. die entsprechende Gestaltung des Produktions- und Absatzprozesses *(LIEBMANN, P. 1971)* über **Theorien des Unternehmens- bzw. Unternehmerverhaltens** (Entscheidungstheorie, Bodenpreistheorie, Produktzyklusansatz, ...).

8.1.1. Die Standortfrage bei Dienstleistungsbetrieben - Potentialort

Entscheidend für die Standortwahl - unter Berücksichtigung der Umsetzung in das Entscheidungsverhalten - ist die **räumliche Mobilität der Produktionsfaktoren** an sich bzw. in Relation zu anderen Produktionsfaktoren. Es geht hier also um die Frage, ob und in welchem Ausmaß Produktionsfaktoren mobil oder mobilisierbar sind und damit eine Auflösung von Standortbindungen möglich wird. Die **Standortfrage bei Dienstleistungsbetrieben**, also dem Standort der Potentialerstellung und der physischen und organisatorischen Potentialsubstanz, ist von zwei Ebenen her zu betrachten: aus dem Blickwinkel der **Inputfaktoren der Potentialerstellung** und aus dem Blickwinkel der **Leistungserstellung** (= Endkombination).

a) Inputfaktoren der Leistungserstellung

Die in Dienstleistungsbetrieben eingesetzten Inputfaktoren lassen sich tendentiell als **dominant immaterielle Produktionsfaktoren** bestimmen *(MALERI, R. 1973)*, d.h., daß in der Dienstleistungsproduktion materielle Rohstofforientierung fehlt oder nur ausnahmsweise und eher unbedeutend auftritt, daß auch von geringer materieller Werkstofforientierung ausgegangen werden kann usw. Die **Inputfaktoren** können generell als **mobile Faktoren** bewertet werden bzw. als solche, die gegenüber den absatzseitigen Produktionsfaktoren als relativ mobil und beschaffbar gelten können. Der **Einsatz materieller Betriebsmittel** kann aber auch in der Dienstleistungsproduktion zu einem **standortentscheidenden Faktor** werden, da einerseits Gebäude und Räumlichkeiten mit hohen Investitionskosten (Boden- und Immobilienpreise) und/oder laufenden Kosten verbunden sind, und andererseits auch maschinelle Ausstattung (EDV) und Warenbestände (Handel) bedeutende Inputanteile ausmachen. Die Verfügbarkeit dieser Betriebsmittel bzw. die Kosten ihrer Beschaffung über räumliche Distanzen werden über Erreichbarkeitsbewertungen, Kontaktchancen, Prestigewerte usw. zu wesentlichen Standortbestimmungsfaktoren der Dienstleistungswirtschaft.

Die **dienstleistungsrelevanten Inputfaktoren** sind in der Regel stark **räumlich differenziert verteilt** und die wichtigste Regelhaftigkeit besteht in ihrer **Konzentration auf städtische Ballungsräume** (,wenn man von touristischen und einigen anderen Standortfaktorenkomplexen absieht) in Form von Standortfaktorenbündel. Daraus ergibt sich die **Hypothese der dominanten Zentrenorientierung** der Dienstleistungen aufgrund der Zentrenkonzentration der Inputfaktoren der Potentialerstellung aber auch der Leistungserstellung. Diese gilt grundsätzlich für alle Kategorien von Inputfaktoren, insbesondere für die Faktoren Arbeit und Kapital, aber auch für nicht- oder außerökonomische Faktoren wie Prestige, Wohnwertorientierung usw. Der **Faktor Boden** wirkt quantitativ eher als Dispersionsfaktor, qualitativ über die Bewertung nach Maßstäben der Zentralität, Erreichbarkeit, Prestige, Informationsdichte, Assoziation etc. als wichtiger Faktor der Zentrenorientierung. Der **Dienstleistungs-Betriebsstandort kann** an den Standort bestimmter **Vorleistungen**, die für die Erstellung und Aufrechterhaltung der Leistungsbereitschaft und/oder die Erstellung der Endkombination produktionsnotwendig sind, **gebunden** sein, wenn diese standortfix und nicht mobilisierbar sind. Die relativ starke Bindung der Erstellung des Leistungspotentials, also des Dienstleistungsbetriebes an räumlich fixierte Inputfaktoren verschiedenster Art, verlangt eine entsprechende **Mobilisierung der Endkombination,** der Leistungsobjekte bzw. den **Einsatz mobiler, derivater Potentialfaktoren.** Solche "**absolute**" **Standortfaktoren** können sein:
— **Naturfaktoren:** Diese führen in der Regel zu dispersen Verteilungen und die Nutzung setzt mobile Abnehmer (Fremdenverkehr) oder mobile derivate Potentialfaktoren (Wissenschaftler als Tagungsreferent, Vertreter) voraus.
— **Infrastruktursysteme:** Diese können in der Regel an zentralen Orten, in Städten, Stadtzentren, aber auch an Terminals, Verkehrsknoten usw. realisiert werden (Auslieferungslager, Großhandel, Vertreter, ...).

— **Agglomerationsvorteile** (Assoziationsvorteile): Diese führen zur Orientierung an agglomerativen, hierarchisch strukturierten Raummustern (Zentrensystemen) und zu Ballung an diesen meist recht systematisch verteilten Punkten. Die Bereichsbildung und die Kontakfelder sind dominant auf die jeweilige Agglomeration selbst oder auf andere Agglomerationspunkte beschränkt.

b) Outputbeziehungen der Potentialerstellung

Die **Absatzorientierung** und die **Orientierung am Leistungsobjekt** gelten in der Dienstleistungsliteratur als wesentliche Aussage zur allgemeinen Standortfrage. In Abhängigkeit von der Mobilität dieser Leistungsobjekte ist zu unterscheiden zwischen **Objektbindung** und **Objektorientierung**:

+ **Objektbindung** tritt bei (Absatz-) Beziehungen zu immobilen Leistungsobjekten (Anlagen) auf, die entweder dispers verstreut oder auch agglomeriert auftreten können. Davon und von der Art der Kontaktorganisation hängt die Wirkung auf die Standortorientierung der Dienstepotentiale ab: Die Objektbindung führt in Form der "Nachleistungsorientierung" dann entsprechend zu disperser oder agglomerierter Standortorientierung.

+ **Objektorientierung** tritt bei mobilen Leistungsobjekten, aber auch bei mobilen Leistungspotentialen auf. Die "Standortfindung" kann von der Objektbindung auf Faktoren der Potentialerstellung umgepolt werden. Die Leistungsobjektorientierung führt in Abhängigkeit von der Kontaktintensität (Fristigkeit) und der Verteilung der Mobilitätsleistung (Abhol-, Liefersysteme) in der Regel zu verschiedenen Hierarchiemustern zentralörtlicher Standorte und Bereichssysteme. An der unteren Grenze steht dabei die "disperse" **Leistungsnehmerorientierung** (eigentlich auch eine zentralörtliche Musterung). **Zentralörtlichen Systeme** entstehen aufgrund von Erreichbarkeitsvorteilen der Abnehmer oder für die Abnehmer (Kombinationsvorteile) und aufgrund von Attraktivitätsvorteilen (Angebotsintegration, -diversifikation); sie entstehen entweder "spontan" aufgrund von Marktbeziehungen oder aufgrund von "Setzung" oder "Verordnung".

Die **Mobilität des Leistungspotentials** ist entscheidend im Zusammenhang mit der Bindung des Produktionsortes an den Standort der Faktorkombination bzw. umgekehrt der Faktorkombination an den Produktionsort; sie ergibt sich aus

— der **Unabhängigkeit von standortfixen, immobilen Inputfaktoren** oder
— bei **Teilmobilität über spezielle mobile, derivate Potentialfaktoren** (adjunktive Güter), die als mobile "geschulte" Mitarbeiter (Vertreter, Betriebsberater, mobiler Arzt, ...) auftreten und damit auch eine Unabhängigkeit von outputseitigen Standortfaktoren bewirken können. Ähnliche Wirkungen auf die Lösung von absatzseitigen Standortfaktoren ergeben sich aus
— der **Medialisierung der Kontaktorganisation** und des Leistungserstellungsprozesses, weil damit die räumliche Synchronität und damit, bei standortfixen Leistungsobjekten, die Bindung an dessen Standort entfällt.

Aus der Kombination der inputseitigen Standortbindung des Leistungspotentials und der Mobilität des Leistungspotentials ergeben sich vier **Grundvarianten der**

Standortmobilität der Dienstleistungsproduktion *(KAUFMANN, E.J. 1977)*. Der Mobilitätsgrad und damit die **Gestaltungsfreiheit bei der Kontaktorganisation** zur Erfüllung des **Präsenzkriteriums** steigt in der genannten Abfolge deutlich:
— **Standortfixe Faktorkombinationen** mit total **immobilen Leistungspotentialen**, die nur bei entsprechender Mobilität der "externen Faktoren" produzieren können,
— **mobile Faktorkombinationen**, deren Leistungspotentiale selbst nicht mobilisierbar sind,
— standortfixe Faktorkombinationen, deren **Leistungspotentiale** aber **mobilisierbar** sind, sodaß auch ohne mobilen "externen Faktor" produziert werden kann und
— **mobile Faktorkombinationen** mit **mobilen oder mobilisierbaren Leistungspotentialen** und daher variablen Kontaktmöglichkeiten.

8.1.2. Die Produktionsortfrage von Dienstleistungen

Der Produktionsort der Dienstleistungen, also der Ort der Endkombination, hängt ab vom **Einsatz und von der Mobilität der Produktionsfaktoren** der zweiten Ebene der Dienstleistungsproduktion. Der Standort des Dienstepotentials (Dienstleistungsbetrieb) und jener der Diensterstellung (Endkombination) müssen nicht zusammenfallen *(CORSTEN, H. 1985)*. Diese Möglichkeit zur räumlichen **Trennung von Potentialort und Produktionsort** führt zur Ausbildung von verschiedensten Formen der "multiplen Standortspaltung" *(KAUFMANN, E. J. 1977; vgl. auch Kap. 8.1.4.)*. Die **Wahl des Produktionsortes,** der grundsätzlich am Ort des Leistungspotentials, am Ort des Leistungsobjektes oder alternativ auch an einem beliebigen anderen Ort oder im Rahmen von Phasenprozessen der Produktion auch an wechselnden Standorten liegen kann, hängt ab von der **Mobilität der Faktorkombination** zur Potentialerstellung, der **Mobilität der Verrichtung** als Leistungserstellungsprozeß, der **Mobilität der Leistungsnehmer** und von der **Art der gewählten Kontaktorganisation.**
● **Verrichtungen als Leistungsinhalte** sind entweder **inmobil** bei Bindung des Erstellungsvorganges an den Standort der Faktorkombination (Theater etc.) oder **mobil** bei Nutzung derivater, mobiler Potentialfaktoren, von Mediensystemen oder von Trägermedien, wenn eine entsprechende Arbeitsteilung zwischen Potentialerstellung und Absatz- bzw. Diensteproduktion stattfindet. Eine sehr wesentliche Form der Immobilität der Verrichtungsprozesse (Endkombination) ergibt sich aus der Bindung des Produktionsortes an den Potentialort bei unmittelbaren **Rückkoppelungsbedürfnissen** auf das Leistungspotential (Einzelhandel, Beratungsvorgänge, ...); der Mobilität des Leistungspotentials oder des "externen Faktors" kommt dabei eine erhöhte Bedeutung für die Kontaktrealisation zu.
● Sowohl die **Medialisierung** der Dienstleistungen als auch die funktionale Arbeitsteilung spielen in der gegenwärtigen Entwicklung des Dienstleistungssektors eine ganz bedeutende Rolle und verändern die Bedingungen der Produktionsortfrage - und damit indirekt in vielen Fällen auch die Betriebsstandortfrage grundlegend. Es entstehen bedeutende Potentiale zur **Auflösung des räumlichen Synchronitätsprinzips,** z.T. sogar der zeitlichen Synchronität (Videolehrgänge, ...). Die Medialisierung führt in fast allen Fällen der Diensteproduktion zu neuen **Varianten der multiplen Standortspaltung.** Die Mobilität der Endkombination, des Produktionsstandortes von Dienstleistungen, hängt also ab von den durch Standortfakto-

ren- und Produktionsfaktoren, Leistungsorganisation und Leistungspotential vorgegebenen Mobilitätsspielräumen der Potentialorganisation einerseits und den
Mobilitäten der Leistungsnehmer als extern mitwirkenden Faktoren andererseits.

- Die **Mobilität der Leistungsnehmer** steht diesen räumlichen Mobilitäten des Angebotes von Leistungspotentialen gegenüber. Die **Mobilität des "externen Faktors"** hängt erstens von seiner **Art** ab (standortfixierte Immobilien als Leistungsobjekt, Immobilität aus ökonomischen oder physischen Gründen, ...), von den
  Standortanforderungen der Nachfrager-Betriebe und Haushalte, wird aber wesentlich von den herrschenden **Marktmachtsystemen** und vom bestehenden Ver-
  kehrssystem mitbestimmt (Überwälzung von Distributionskosten auf Konsumenten, Verkehrsinfrastukturausbau). Bei immobiler Leistung und immobilen
  Leistungspotenialen, besonders aber unter den heute stark dominierenden Marktmachtverhältnissen und Verkehrsmobilitäten kommt es zur **ausbringungsorien-
  tierten Standortwahl der Dienstebetriebe**, da eine Produktion nur bei mobilen
  Leistungsobjekten oder bei "zwangsmobilisierten" Leistungsnehmern (Dominanz
  der Abholsysteme) möglich wird. Standortmuster, die zentralörtlich strukturiert
  sind, oder nachfrageorientierte disperse Verteilungen werden zur Regel.
- **Kontaktorganisation:** Die Art und Technik der **Herstellung des räumlichen
  und/oder zeitlich synchronen Kontaktes** erfolgt über spezifische Kontaktorganisationen, die aus der Sicht des Dienstleistungsunternehmens die Funktion von
  Marketinginstrumenten annehmen *(SCHEUCH, F. 1982)*. Im Zusammenhang mit
  der Frage nach dem Dienstleistungsort, insbesondere der Produktionsortfrage,
  bezieht sich die Bewertung benutzter Kontaktorganisationen auf das **Problem der
  Raumüberwindung**, insbesondere auf die Verteilung der entsprechenden Aufwände auf die an der Endkombination beteiligten Kontaktpartner.
  - **Liefersysteme** setzen die Mobilität des Dienstepotentials oder von Teilen in
    Form von mobilen, derivaten Potentialfaktoren oder aber Mobilität der Lei-
    stungen durch Einsatz von Trägermedien oder medialen Informationstransfer
    voraus. Es handelt sich dabei um die Auslagerung der Lieferleistung durch Ar-
    beitsteilung auf Handelssysteme oder um die Benutzung von medialen Infra-
    struktursystemen zu Lasten der Diensteunternehmung.
  - **Abholsysteme** setzen Mobilität des Diensteobjektes oder von Teilen (derivate,
    mobile Potentialfaktoren) oder ebenfalls die Nutzung von medialen Infrastruk-
    tursystemen zu Lasten des Diensteobjektes voraus.
  Sowohl Liefer- als auch Abholsysteme können in Form der **Selbstverrichtung**
  durch das Dienstepotential oder das Diensteobjekt organisiert sein, aber auch über
  Arbeitsteilung und **(Teil-) Auslagerung** auf spezialisierte Diensteunternehmungen
  verlagert werden. Vor allem im Phasenprozeß treten auch verschiedenste Kombinationen von räumlicher Kontaktorganisation auf.

8.1.3. Multiple Standortorganisation

KAUFMANN, E.J. *(1977, S. 139)* nennt drei Bezugsbereiche beim Einsatz des **Ge-
staltungsmittels "Ort"** im Rahmen der Leistungsplanung; von Bedeutung sind: "(1)
der **Ort**, an dem die **Akquisition**, insbesondere der Vertragsabschluß stattfindet; (2)
der **Ort**, an dem sich die **Produktivdienstleistungsunternehmung** mit ihrer Verwal-

tung befindet und (3) der **Ort**, an dem die **Dienstleistungserstellung** stattfindet".
"Dieser Ort muß nicht mit dem Standort der Produktivdienstleistungsunternehmung
übereinstimmen, er kann auch am Standort der Kundenunternehmung liegen oder
an einem dritten Standort" *(KAUFMANN, E.J. 1977, S. 139, 140)*. Dieses Phänomen
wird als **"multiple Standortspaltung"** *(in Ablehnung an die Standortspaltung des Ab-
satzgeschehens bei BEHRENS, K.Ch. 1961)* bezeichnet.

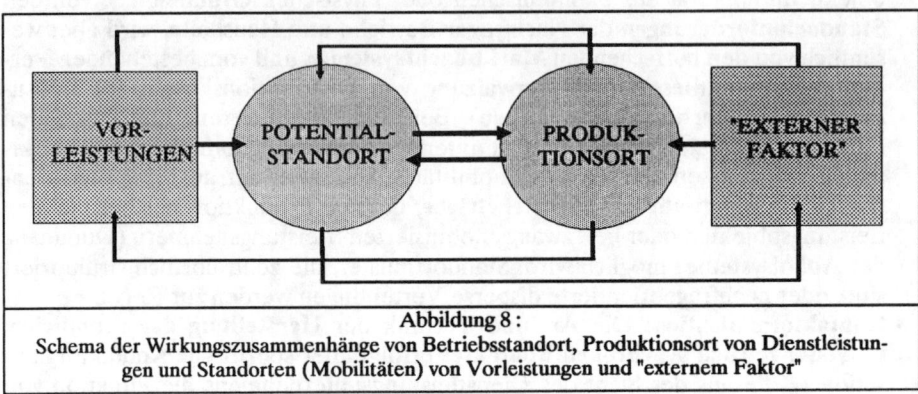

Abbildung 8 :
Schema der Wirkungszusammenhänge von Betriebsstandort, Produktionsort von Dienstleistungen und Standorten (Mobilitäten) von Vorleistungen und "externem Faktor"

Die Dienstleistungsproduktion kann auch an zahlreichen Orten stattfinden oder
überhaupt dispers in einem "Raum", "Gebiet" oder "Areal". **Potentialort** und **Produktionsort** stehen bezüglich ihrer Standortorientierung in einem Interdependenzver-
hältnis (Phasenstellung, interne Faktorbewegungen, ...), der Dienstleistungsbetrieb
in einem Abhängigkeitsverhältnis von den **Vorleistungen** (externe Produktionsfaktoren) und/oder dem Produktionsort, der Produktionsort von Dienstleistungen in Abhängigkeit vom **"externen Faktor"** und/oder dem Potentialort bzw. spezifischen
Vorleistungen, die stark mit jenen des Potentialortes korrelieren, aber auch deutlich
abweichen können. Rückwirkungen von Dienstepotentialort und/oder Produktionsort auf Vorleistungen bzw. den "externen Faktor" bezüglich ihrer räumlichen Orientierung sind dem Fragenkomplex der Raumwirkung der Diensteproduktion zuzuordnen.

Stellt man den allgemeinen Bedingungen der Standortwahl der Dienstepotentiale
und den Mobilitäten der Leistungserstellung die Mobilität des Diensteobjektes ge-
genüber und baut man die wichtigsten Grundformen der Kontaktrealisation (mediale
Kontakte, Liefer-, Abholkontakte) ein, so lassen sich grundlegende **räumliche
Dienstleistungskategorien** ableiten, die sich über die **Ausprägungen der multiplen
Standortspaltung** beschreiben lassen:

A. Bei **inputfaktorengebundenem Betriebsstandort und immobilen Leistungsnehmern und immobiler Leistungsbereitschaft** (Bindung an den Betriebsstandort)
kann die Diensteproduktion nur zustande kommen, wenn über eine **Medialisierung des Leistungsinhaltes oder -potentials** die räumliche Asynchronität über-
wunden werden kann. Die Medialisierung ist also unbedingte Voraussetzung für
die Diensteproduktion, wobei man von einer **alternativen Wahl oder Splittung des**

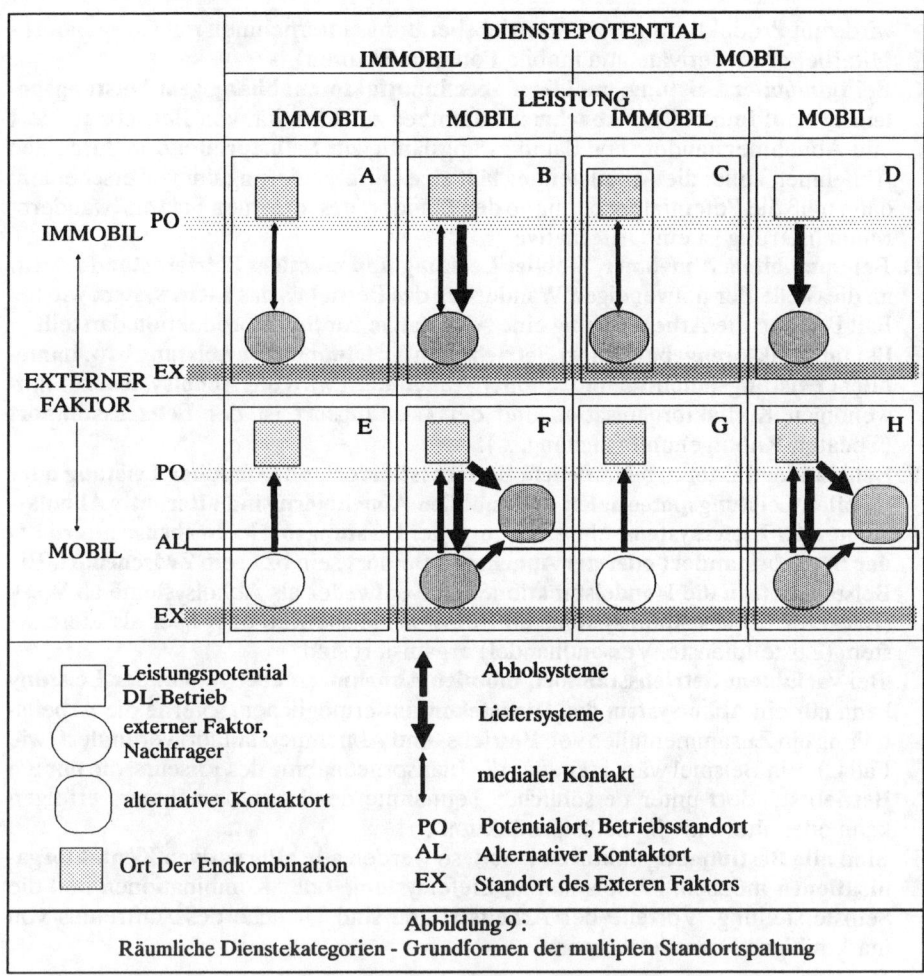

DIENSTEPOTENTIAL			
IMMOBIL		MOBIL	
LEISTUNG			
IMMOBIL	MOBIL	IMMOBIL	MOBIL

IMMOBIL

EXTERNER
FAKTOR

MOBIL

Abbildung 9 :
Räumliche Dienstekategorien - Grundformen der multiplen Standortspaltung

Leistungsortes auf den Leistungsgeber bzw. den Leistungsnehmer ausgehen kann; insbesondere bei Einsatz interaktiver Mediensysteme. Im Zuge der Ausbreitung moderner Telekommunikationssysteme ist diese Organisationsform des Dienstekontaktes eine mögliche Option in alle Bereiche der Dienstleistungswirtschaft, wo nicht persönliche Anwesenheit oder Einrichtungsbindung leistungskonstituierend ist (zeitraumbezogene Dienstleistungen, immobilienbezogene Dienstleistungen); für den Fall A ist sie allerdings unbedingt notwendig (z.B.: gesamter Informationsbereich).

B. Bei **inputfaktorengebundenem Betriebsstandort, immobilem Leistungsnehmer aber mobiler Leistungsbereitschaft** (z.B. über mobile derivate Potentialfaktoren = Teilmobilität des Leistungspotentials) kommt es über die **Organisation von Liefersystemen** zur Herstellung des Dienstekontaktes und der Abnehmerstandort wird zum Produktionsort (z.B. Betriebsberatungsunternehmen mit Citystandort - Mitarbeiter als derivate und mobile Potentialfaktoren).

C. Bei **immobiler Leistung, mobilem aber inputfaktorenabhängigem Leistungspotential und immobilem Abnehmer** kommt es zur Identität von Betriebsstandort und Abnehmerstandort und damit zwangsläufig zur **Selbstproduktion** durch den Abnehmer, außer die Arbeitsteilung läßt eine Differenzierung sinnvoll erscheinen; dann muß die Potentialerstellung an den Standort des "externen Faktors" wandern; Medialisierung ist eine Alternative.

D. Bei **immobilem Abnehmer, mobiler Leistung und mobilem Betriebsstandort** tritt an die Stelle der notwendigen Wanderung des Betriebes das **Liefersystem** wie bei Fall B, wenn die Arbeitsteilung eine Alternative zur Selbstproduktion darstellt.

E. Bei **inputfaktorengebundenem Betriebsstandort, immobiler Leistung bzw. immobilem Leistungspotential und mobilen Abnehmern** wird das **Abholsystem** zur notwendigen Kontaktorganisation und der **Leistungsort** ist der **Betriebsstandort** (Theater, Rhöntgenuntersuchung, ...).

F. Bei **standortfaktorengebundenem Betriebsstandort, aber mobiler Leistung oder mobilen Leistungspotentialen und mobilen Abnehmern** sind **alternativ Abholsysteme oder Liefersysteme** einsetzbar und der **Leistungsort kann ebenso alternativ der Betriebsstandort oder der Abnehmerstandort** sein bzw. ein **Zwischenort.** Ein Beispiel liefern die Handelsfunktionen, die entweder als Abholsysteme ab Werk (Bäckerei, ...), als Abholsysteme ab Einzelhandelsbetrieb oder aber als Liefersystem (Zustelldienste, Versandhandel) organisiert sind.

G. Bei **variablem Betriebsstandort, mobilen Abnehmern aber immobiler Leistung** kann nur ein **Abholsystem den Dienstekontakt** ermöglichen, soferne die Arbeitsteilung ein Zusammenfallen von Betriebs- und Abnehmerstandort verhindert (wie Fall C). Ein Beispiel wäre hier etwa die Inanspruchnahme des Friseurs, die nur am Betriebsstandort unter persönlicher Teilnahme des Leistungsnehmers erfolgen kann oder alternativ in "Selbstproduktion".

H. Sind **alle Bestimmungsfaktoren mobil,** so werden alle **alternativen Kontaktorganisationen** möglich: Abholsysteme, Liefersysteme oder Kombinationen und die Selbsterstellung. Vorteile der Arbeitsteilung sind Ursache des Auftretens von marktfähigen Dienstleistungen.

Aus dieser systematischen, raumtheoretischen Analyse geht hervor, daß in der **Dienstleistungswirtschaft** eine **relativ große Variabilität der räumlichen Gestaltung des Produktionsprozesses** besteht, die am besten mit dem Begriff **"multiple Standortorganisation"** beschreibbar ist. Unter dauerhaften Rahmenbedingungen von Wirtschaftssystemen (Marktmachtverhältnisse, Verkehrsinfrastruktur, ...) bilden sich in der Regel dominante Systeme für bestimmte Funktionsbereiche als "optimale" Lösungen heraus, welche dann auch die Raummuster dauerhaft bestimmen. Erst bei Änderung der Rahmenbedingungen (Innovationen) entstehen alternative Grundmuster (Versandhandel, ...). Für die **Wirtschaftsdienste** kann davon ausgegangen werden, daß für den **Potentialstandort hohe Standortbindung** besteht, die sich aus der **Zentrenorientierung** oder der **Vorleistungsorientierung** ergibt. Dies hat zur Folge, daß die bei den Dienstleistungen möglichen Versionen der mobilen Dienstepotentiale unbedeutend sind *(Fall C, D, G und H der räumlichen Dienstekategorien; Abb. 9.).* In

die vier verbleibenden Hauptkategorien der multiplen Standortorganisation lassen
sich alle Wirtschaftsdienste einordnen, z.T. allerdings mehrfach, weil sich für viele
Wirtschaftsdienste aufgrund variabler Rahmenbedingungen alternative Organisa-
tionsformen des Interaktionsprozesses und der Standortspaltung denken lassen:
+ Die weit überwiegende Mehrheit der Wirtschaftsdienste liegt im Bereich Typs F
  mit einer **Kombination aller denkbaren Alternativen der Kontaktrealisation**, vielfältigen Formen der Produktionsortwahl sowohl beim Einzelkontakt als auch im
  Rahmen von gestuften, prozeßartigen Produktionsprozessen sind möglich (z.B.:
  Unternehmensberatung, Großhandel, Finanzdienste, ...).
+ Bedeutend ist auch jene Form, bei der bei **mobilem externen Faktor ein Abholsy-
  stem** und damit eine **Verlagerung des Produktionsortes alleine auf den Potential-
  standort** eintritt (Typ E: C&C-Großhandel, Schulungsdienste, Auskunfteien, ...).
+ Als dritte Gruppe können jene Wirtschaftsdienste aufgefaßt werden, bei denen die
  **Kontaktrealisation durch mobile derivate Potentialfaktoren des Dienstepotenti-
  als oder des Diensteobjektes** realisiert wird, da sowohl externer Faktor als auch
  Dienstepotential standortgebunden sind (Typ B: Steuerberater, Reinigungsdienste, Wartungsdienste, ...).
+ Die vierte Grundform ergibt sich dort, wo die **Kontaktrealisation ausschließlich
  medial** erfolgt, da Dienstepotential und Diensteobjekt inmobil sind und nicht über
  mobile, derivate Potentialfaktoren verfügen (Typ A: z.B.: Datenbank, Auskunfts-
  dienste, ...).

In dieser **multiplen Standortorganisation** kann ein grundsätzlicher Unterschied
zur Sachgüterproduktion gesehen werden, wo Betriebsstandort und Produktionsort
immer identisch sind (Ausnahmen: Anlagenbau, Serviceleistungen), denn bei der
Dienstleistungsproduktion ist immer eine **Diskrepanz zwischen Standort der Faktorkombination**, die das Leistungspotential ausmacht, und/oder dem **Standort des Leistungsnehmers**, des externen Faktors, gegeben: Erfolgt die Endkombination am Ort
des Dienstepotentials, so besteht räumliche Differenz zum Standort des externen
Faktors, erfolgt sie am Standort des Leistungsnehmers, dann besteht eine räumliche
Differenz zum Dienstleistungsbetrieb, erfolgt die Produktion an einem anderen Ort,
so besteht die räumliche Spannung zwischen beiden am Produktionsprozeß teilneh-
menden Faktorkombinationen. Es besteht also bei der Dienstleistungsproduktion
eine **direkte Inklusion von räumlichen Entscheidungen in den Produktionsvorgang**:
Die Entscheidung über den Produktionsort ist somit ein essentieller Bestandteil der
Dienstleistungsproduktion, sie wird nicht erst beim Absatzprozeß virulent und kann
auch im Betriebsplanungsprozeß nicht vorweg genommen werden. Produktionsprozesse sind ohne **Standortentscheidung und Entscheidungen zur Überwindung von
räumlichen Distanzen** zumindest einer der beiden aktiven Seiten der Endkombination nicht möglich, sie sind für **jeden einzelnen Produktionsvorgang konstituierend**.
Die **Raumüberwindung** vom Standort des Dienstleistungsbetriebes und/oder dem
des "externen Faktors" zum Produktionsort (Endkombinationsort) ist **Teil des Produktionsprozesses**, weil die Kontaktorganisation Kernbestandteil der Dienstleistungsproduktion ist *(SCHEUCH, F. 1982, S. 119)*. Die Form der Kontaktorganisation
spielt daher bei der Produktionsortfrage - und in bestimmten Fällen daher auch bei
der Standortfrage - eine bedeutende Rolle: "associated with the choice of distribution

is the issue of location" *(COWELL, D.. 1984, S. 197)*. Das **Grundprinzip der multiplem Standortorganisation** führt in den verschiedensten Varianten über die **starke Identität der Standortfaktoren aller Produktionsebenen** zu einem
+ **hohen Zentrenbezug** der räumlichen Organisation der gesamten Wirtschaftsdienste-Produktion. Sowohl die Betriebsstandorte (Dienstepotentiale) als auch die Produktionsorte (Diensterealisation) sind dominant an Standortfaktoren städtischer Zentren gebunden (Agglomerationshypothese). Ausnahmen sind nur dort gegeben, wo eine Bindung des Betriebsstandortes oder des Produktionsortes an immobile disperse Leistungsobjekte besteht (absolute Standortfaktoren).
+ Daraus ergibt sich ein **hoher Städtesystem- und Regionssystembezug** der Wirtschaftsdienste-Produktion, indem eine Mitwirkung am Aufbau hierarchischer Systemordnungen, an zwischenstädtischen Verflechtungen und an der Entstehung von kontigenten Regionssystemen und räumlichen Abhängigkeiten und Disparitäten postuliert werden kann *(vgl. Kap. 10)*.

8.1.4. Plurilokalität und Standortnetze

Das Prinzip der "multiplen Standortorganisation" führt in der Dienstleistungswirtschaft bei entsprechender Ausformung und Persistenz zur **Mehrbetrieblichkeit** und **Plurilokalität** von Wirtschaftsdienste-Unternehmungen. **Funktionale räumliche Arbeitsteilung** zwischen der Ebene der Potentialproduktion und der Endkombination kann in der Form der Mehrbetrieblichkeit und Plurilokalität genutzt werden, indem entsprechende "**Unternehmensnetze**" aufgebaut werden. Der Hauptgrund für den Aufbau von **Mehrbetriebsunternehmungen** mit differenzierter räumlicher Arbeitsteilung, und damit der Plurilokalität von Wirtschaftsdiensten, liegt in der **Nutzung der Vorteile differenzierter Raumstukturen**. Die Plurilokalität von Unternehmen ist also eine Reaktion auf die unterschiedliche Eignung verschiedener Standorte für einzelne Unternehmensfunktionen zu interpretieren (Kostenvorteile, Kontaktvorteile, Marktnähe und -erschließung, Risikoverteilung usw.) und der Trend zur Plurilokalität steigt mit der Komplexität und Größe der Unternehmungen. In der Dienstleistungswirtschaft, und besonders bei den **Wirtschaftsdiensten**, sind folgende **funktionalen Inhalte** ausschlaggebend für die Filialisierung und räumliche Arbeitsteilung:
• **Marktpräsenz:** Der wichtigste Grund traditioneller und moderner Filialisierung bei Wirtschaftsdiensten ist die **räumliche Marktpräsenz**, also der Versuch durch spezialisierte Betriebszweige der Endkombination auf den einzelnen Teilmärkten eine Wirtschaftsraumes präsent zu sein, was vor allem durch die Anwesentheit von Teilbetrieben in den regionalen Zentren realisiert werden kann. Der Standortnutzen der einzelnen Filialen besteht in der Nutzung der "**Marktnähe**" und **Nähe zum "externen Faktor"**, der am Standort der Firmenzentrale nicht gegeben ist; die Standortfaktorbedürfnisse der Stufe der Endkombination sind also wesentlicher Filialisierungsgrund. Charakteristisch ist die Form vor allem bei Versorgungsdiensten (Einzelhandel, Versicherungen, Banken, öffentliche Dienste, ...), sie dringt aber immer stärker in die übrigen Bereiche der Wirtschaftsdienste vor (Reinigungsunternehmen, Unternehmensberater, ...), wo die Nähe zum Diensteobjekt von großer Bedeutung ist.

- **Vorleistungs- und Informationspräsenz:** Ein besonders wichtiger Grund der Bildung von Mehrbetriebsunternehmen ist in der **Informationspräsenz** zu suchen, welche besonders bei **dispositiven Entscheidungsdiensten** als assoziativer Faktor und vor allem als Faktor zur hierarchischen Standortanpassung von Filialsystemen führt; dispositive Dienste zeigen daher einen starken Trend zur Standortdifferenzierung im hierarchisch strukturierten Städtesystem (Bankrepräsentanzen, Handelsniederlassungen, ...) aber auch im mikroräumlichen Muster großstädtischer Ballungsräume (front offices - back offices).
- **Arbeitsmarktorientierung:** Vorteile differenzierter Arbeitsmärkte werden in der industriellen Standortwahl in vielfältiger Form genutzt - besonders von großen (multinationalen) Mehrbetriebsunternehmungen (internationale Arbeitsteilung). Auch in der Dienstleistungswirtschaft spielt dieser Faktor eine Rolle, besonders dort, wo eine **qualitative Arbeitsdifferenzierung** möglich ist: Auslagerung von Routinefunktionen aus Hochlohngebieten, insbesondere aus städtischen Agglomerationen in periphere Randlagen.
- **Bodenpreis- und Mietpreisreaktionen:** Insbesondere in großstädtischen Standorträumen kommt es auch bei Wirtschaftsdiensten zur Ausnutzung von Standortvorteilen differenzierter Boden- und/oder Mietpreismuster durch die Bildung von Mehrbetriebsunternehmen mit spezieller Aufgabenstellung: front offices im Stadtkern mit Informations- und Entscheidungsfunktion, back offces in suburbaner Lage mit Routinefunktionen.

8.2. Grundlagen zur räumlichen Implikation der Wirtschaftsdienste

Die aktive und passive räumliche Implikation der Wirtschaftsdienste ist empirisch recht wenig untersucht. Standortuntersuchungen in diesem Bereich sind wesentlich seltener als etwa Untersuchungen zum Nachfrageverhalten nach Wirtschaftsdiensten und zur räumlichen Orientierung. Keine Untersuchungen gibt es zum Problem des Produktionsorte, zur konkreten Kontaktorganisation und multiplen Standortorganisation *(DANIELS, P.W. 1984; BEARSE, P.J. 1978; DE LANGE, N. 1983 u.a.)*; die allgemeinere Bürostandortforschung hat sich wesentlich umfangreicher mit Standortmustern und dem Standortverhalten befaßt *(vgl. Büroforschungsansatz; Kap. 4.1.)*.

8.2.1. Spezifische Standortfaktoren

Der Standortfaktorenansatz kann als wissenschaftlich-methodisches Äquivalent zur Hypothese des funktionsaffinen Raum- und Standortverhaltens angesehen werden. Mit der Erstellung von **funktionsspezifischen Standortfaktorenkatalogen** wird versucht einen vermuteten Zusammenhang zwischen den Lage- und Standortansprüchen von Wirtschaftsunternehmungen bzw. von Teilfunktionen und dem räumlichen Verhalten, das als "Satisficer-Aktion/Reaktion-Verhalten" auf räumliche Umwelten zu verstehen ist, abzubilden. In weiterer Folge führt dieser Ansatz aber auch zu Bewertungsmaßstäben, zur Erfassung der Wirkung von Standort- und Lagegegebenheiten, zur Bewertung von Dezentralisierungsfähigkeiten (z.B. Bürodezentralisierung) usw. Die **traditionellen Standortfaktorenansätze** beziehen sich ausschließlich auf den **Produktionsstandort**, den Firmensitz, den Standort des Unternehmens und nur indirekt etwa über Erreichbarkeitsfaktoren auf die räumlichen Interaktions- und Verflechtungsbeziehungen; **Standortfaktoren für Interaktionsorte** außerhalb von Unternehmungen, bei Dienstleistungen für den **Produktionsort** (Ort der Endkombination) werden praktisch nirgends angesprochen *(BEHRENS, K.CH. 1971)*.

Für die Dienstleistungen bzw. für die Wirtschaftsdienste gibt es nur wenige Ansätze für eine systematische Standortfaktorenanalyse *(HEINEBERG, H. - HEINERITZ, G. 1983, S. 13 für die Bürofoschung; HEINEBERG, H. - LANGE, N. 1983, S. 235, 236; ALEXANDER, I. 1979; EDWARDS, L. 1983; PYE, R. 1979; GODDARD, J.B. - MORRIS, D. 1976; PRITCHARD, M. 1975, S. 1328)*. Eine direkte Übernahme von Standortfaktorenansätzen der Industriegeographie scheint ebenfalls nicht zielführend *(DANIELS, P.W. 19790, S. 4 u.a.)*. Die systematische Suche nach **Standortfaktoren der Wirtschaftsdienste** ist aber Voraussetzung für eine Standort- und räumliche Verhaltenstheorie. Aufgrund der Vielfalt der Funktionen und Anforderungen, der Beziehungen und Abhängigkeiten kann nicht davon ausgegangen werden, daß es für die Wirtschaftsdienste "einen" Standortfaktorenkatalog geben könnte. Es sind vielmehr spezifische Standortfaktorenkataloge zu entwickeln, welche auf die Besonderheiten der einzelnen Wirtschaftsdienste Rücksicht nehmen. Ansätze zur Differenzierung und Spezifizierung von **Standortfaktoren (-bedingungen) für Wirtschaftsdienste** sind in folgenden Aspekten zu suchen:
+ **Betriebliche Struktur- und Strategiemerkmale** liefern aufgrund der Hypothese des ziel- und funktionsaffinen räumlichen Verhaltens erste Differenzierungen von Raumansprüchen und Standortfaktoren:
  − **Strategievariable** (Gewinnmaximierung, Marktführerschaft, Bestandssicherung, ...) können zu wesentlich differenzierten Standortansprüchen führen: das Ziel der Marktführerschaft, der Marktausweitung führt z.B. zur Betonung des Kriteriums der räumlichen Marktpräsenz und damit der Kundennähe (Ausbildung von spezialisierten Filialsystem), Investitionsstrategien führen zur Betonung von Büroflächenfaktoren, ... usw.
  − **Branche, Wirtschaftsziel, Tätigkeitsbereich, Funktion:** Wirtschaftsdienste unterscheiden sich bezüglich ihrer Faktoreinsätze und damit auch im Zusammenhang mit den Standortanforderungen in Abhängigkeit vom Tätigkeitsbereich, bzw. der Branche. Es variieren die Flächenansprüche, Ansprüche an Verkehrs- und Infrastruktur, Arbeitskraftbedarf, der Bedarf an Kundenkontakt usw.; ein wesentlicher funktionsspezifischer Standortfaktor ist die Informationsverfügbarkeit, -beschaffung (Informationshypothese).
  − **Betriebsgröße** und **organisatorischer Status** bestimmen den Grad der **Internalisierung** von Dienstefunktionen und damit die Art der Kontaktbedürfnisse; der organisatorische Status spiegelt auch bei Wirtschaftsdiensten funktionale räumliche Arbeitsteilung und damit funktionsdifferenzierte Standortanforderungen.
+ **Lage- und Standortpotentiale** (-faktoren): Entsprechend dem distanziellen Ansatz der Wirtschaftsgeographie *(BARTELS, D. 1982, S. 44)* sind die Faktoren des räumlichen Verhaltens in zwei Kategorien zu teilen:
  − **Standortfaktoren, -potentiale (i.e.S.)** treten am Ort der wirtschaftlichen Aktivität auf und unterliegen keinen (bewert- oder meßbaren) Distanzbelastungen bei ihrer Nutzung. Sie ergeben sich aus den physischen Gegebenheiten des Ak-

tivitätsplatzes (Betriebsgeländegröße, -qualität, ...), der relativen Bewertung dieses Platzes (Bodenpreise, Mietkosten) und aus den "Anschlüssen" (Infrastruktur), welche sehr wesentlich die Erreichbarkeit der Lagefaktoren beeinflussen und deren Bewertung differenzieren. Die Bedeutung dieser Standortfaktoren liegt vor allem im Bereich der internen Gestaltung des Transformationsprozesses; bei Wirtschaftsdiensten werden diese über den "Immobilienwert" (Bürogrößen, Eignung, ...) besonders wichtig.

— **Lagefaktoren, -potentiale** werden im betrieblichen, räumlichen Verhalten in der Regel nicht direkt sondern immer nur über "Widerstandsgrößen" von Distanzeffekten wirksam. Es handelt sich um jene Faktoren der betrieblichen Umwelt, welche "in der Umgebung" *(BARTELS, D. 1982, S. 45)* als "Fernwirkungen" vorliegen. Zu diesen Lagefaktoren besteht Interdependenz, wenn betrieblicher Bedarf zu ihrer Nutzung besteht und die Distanzeffekte ("Reichweitegrenzen") nicht prohibitiv wirken und wenn Kenntnis von der Existenz vorhanden ist; es besteht Indifferenz, wenn die Reichweite überschritten ist oder wenn die Kenntnis ihrer Existenz oder Nutzungsmöglichkeit fehlt. Von besonderer Bedeutung sind die Lagefaktoren für das gesamte Interaktions- und Austauschverhalten.

In Abhängigkeit von diesen beiden Kategorien können sehr unterschiedliche **Entscheidungshorizonte** auftreten: Standortfaktoren liegen im interne Entscheidungsbereich, Lagefaktoren im externen und außerhalb des Verfügungsbereiches.

+ **Standortfaktoren, -anforderungen der Potentialproduktion bzw. der Endkombination**: Bei Dienstleistungen besteht in der **Zweiebenenstruktur** *(vgl. Kap. 7.2., SCHEUCH, F. 1982, CORSTEN, H. 1985 etc.)* eine wesentliche organisatorische Grundlage, die in einer systematischen Standortanforderungsanalyse, zu berücksichtigen ist; es ist zu unterscheiden zwischen

   — **Standort- und Lagefaktoren der Potentialproduktion**, also des Betriebsstandortes von Wirtschaftsdiensten, und

   — **Standort- und Lagefaktoren der Diensteproduktion**, also des Ortes der Leistungserstellung.

Aufgrund des **Potentials zur "multiplen Standortorganisation"** besteht in vielen Fällen der Wirtschaftsdiensteproduktion räumliche Trennung von Potentialproduktion und Endkombination; in Abhängigkeit von der Intensität dieser Trennung spielt die differenzierte Betrachtung eine zunehmende Rolle. Es besteht allerdings zwischen beiden organisatorischen Bereichen deutliche Abhängigkeit - der eine kann Standortfaktor für den anderen sein. Beide Bereiche besitzen in makroräumlicher Dimension hohe Faktoridentität bezüglich des Zentrenbezuges der räumlichen Orientierung *(vgl. Kap. 10.).*

+ **Differenzierung in Standortbedingungen und Potentialfaktoren** *(vgl. EDWARDS, L. 1983)*: Entgegen der üblichen undifferenzierten Behandlung von Standortfaktoren als Entscheidungsgrundlagen für die Betriebsstandortfindung ist zu unterscheiden zwischen Faktoren, die

   — als **Standortbedingungen, -anforderungen** auftreten, wenn bestimmte Wirtschaftsziele formuliert werden und diese in konkrete Raumsituationen bei bestimmten gegebenen Standort- und Lagepotentialen umgelegt werden (müssen), wenn also für einen **neuen Betrieb ein Standort** gesucht wird oder wenn in einem bestehenden Betrieb Wirtschaftsziele sich ändern oder neu definiert

werden (müssen) und als Auslösefaktoren (Streßfaktor) für **Neubewertungen von Standort- und Lagepotentialen** in Erscheinung treten, und
– **Potentialfaktoren**, die den theoretischen **Suchrahmen** bei gegebenen oder sich ändernden Wirtschaftszielen bestimmen. Die Abweichung zu den Standortanforderungen definieren einerseits die Realisationschance von Standortanforderungen bzw. die räumlichen Streßbedingungen, aus denen sich Veränderungen von Standortanforderungen (passive Anpassung) oder Verlagerungsentscheidungen (aktive Anpassung) ergeben können.
+ **Dimensionale Differenzierung:** Eine wesentliche, bisher weitgehend übersehene Differenzierung bezieht sich auf die **Dimensionen von räumlichen Verhaltens- und Entscheidungsprozessen.** Hier kommt die übliche Unterscheidung zwischen **mikro-, meso- und makrodimensionalem räumlichem Verhalten** zur Geltung: Standortfaktorenbündel unterscheiden sich z.T. recht beträchtlich in Abhängigkeit von der räumlichen Dimension, auf die sie sich beziehen, sowohl bei Standortentscheidungen im engeren Sinn als auch beim Interaktionsverhalten. Besonders von Bedeutung ist die Unterscheidung zwischen:
– **innerstädtischem räumlichen Verhalten** und den entsprechenden Standortfaktoren (Mietkosten, Bodenpreise, Prestigestandorte, Informationsdichte, Zentrenlage, Wohnortlage, ...) und
– **zwischenstädtischem, regionalem, räumlichen Verhalten** mit Faktoren wie Marktpräsenz, Städtesystemsprechung, Agglomerationsfaktoren, Kundennähe, ... usw.
Die Differenzierung scheint so bedeutend, daß eine getrennte Analyse sinnvoll erscheint *(vgl. Kap. 8.4. und 8.5.)*; auch deshalb, weil in diesen beiden Bereichen spezialisierte Theorieansätze existieren.

Für **Wirtschaftsdienste** kann im wesentlichen von den gleichen **Standortfaktoren** (-anforderungen, Streßfaktoren, Potenialfaktoren) ausgegangen werden, wie sie für Dienstleistungs- und Bürobetriebe erstellt werden, einige wesentliche Differenzierungen und Erweiterungen scheinen allerdings notwendig *(vgl. Tab. 7.)*:
● Der **Immobilenfaktor** wirkt wie bei Bürobetrieben bei der Standortbestimmung der Potentialproduktion, weniger bei der Standortwahl des Diensteproduktionsortes; wenn, dann sind Qualitätsfaktoren, Kosten und Standortimage (bei Funktionen der Kontaktorganisation) von Bedeutung.
● **Faktoren der Wirtschafts- und Raumstruktur, -dynamik und -politik** bilden Rahmenbedingungen und Raumdifferenzierungen für die räumlichen Verhaltensweisen beider organisatorischer Ebenen; für die Endkombination können vor allem Förderungen von Bedeutung sein.
● Der **Infrastrukturfaktor** weist keine Differenzierungen gegenüber Bürobetrieben oder gegenüber den Dienstleistungen auf; für die Endkombination sind Anschlußgunst und Parkplätze besondere Faktoren.
● **Arbeitsmarktfaktoren** lassen vor allem im qualitativen Bereich deutliche Differenzierungen erkennen, wobei besonders auf die Ambivalenz von hochqualifizierten Arbeitskräften auf der einen Seite und billigen, gering qualifizierten hinzuweisen ist.

Tabelle 10 :
Standortfaktoren, Standortanforderungen, Potentialfaktoren bei Wirtschaftsdiensten

Standort- anforderungen	Streßfaktoren am Standort	Potentialfaktoren alternativer Standorte
IMMOBILIENFAKTOR (mikro)		
Größe der	Expansions-	günstiges
Betriebsflächen/-räume	beschränkungen	Flächenangebot
Qualität der	Alter/Renovierungs-	*rationelle, moderne*
Betriebsflächen	bedarf	*Betriebsflächen/-räume*
Immobilienkosten	hohe Kosten	niedrige Kosten
räumliche Integration	*Desintegration*	Integration
Standortimage	*Imagemangel,*	*hohes Standortimage*
	-verlust	
WIRTSCHAFTSPOLTIKFAKTOR (mikro - makro)		
polit. Rahmen-	hohe Steuern,	hiedrige Steuern
bedingungen	enge Verordnungen	offener Rahmen
diensteadäquate	Wiedmungsbe-	günstige Planung
Raumplanung	schränkungen	
	Restriktionen	*Förderung*
INFRASTRUKTURFAKTOR (mikro - makro)		
Vielfalt und	Verkehrsprobleme	*vielfältige, moderne*
Qualität der	alte Infrastruktur	*Infrastruktur*
Infrastruktur	*Parkplatzmangel*	
	alte/keine Kommuni-	*moderne Kommuni-*
	kationsstruktur	*kationsstruktur*
STÄDTESYSTEMFAKTOR (makro)		
Hierarchie	*Hierarchiemangel*	*Hierarchiegunst*
Funktions-	*Funktionenmix*	*hohe Funktions-*
spezialisierung		*spezialisierung*
Prestige	*Prestigemangel*	*hoher Prestigewert*
	-verlust	
ARBEITSMARKTFAKTOR (makro)		
Quantität und	AK-Mangel	AK-Vielfalt
Qualität der AK		
Lohnkosten	hoch	hiedrig
ASSOZIATIONSFAKTOR (makro - mikro)		
Kontaktnähe	*Kontaktprobleme*	*hohe Agglomeration*
Agglomerations-	*Dispersions-*	*spezifische*
vorteile	*nachteile*	*Agglomationen*
Externalitäten		
ARBEITSTEILUNGSFAKTOR (makro)		
Möglichkeiten zur	*kleine Märkte*	*offene Märkte*
multiplen STO-Spaltung,		*funktionsspez.*
Mehrbetrieblichkeit		*Standortfaktoren*
MARKTFAKTOR (makro)		
Marktgröße	*kleine Märkte*	*Marktwachstum*
Marktzugang	*Konkurrenz*	*Marktnähe*
Marktstruktur	*Nachfragemangel*	*Nachfragedichte*

*kursiv - Faktoren, die als Standortfaktoren, -anforderungen der Endkombination,
also der Standorte der Diensteproduktion von besonderer Bedeutung sind*

- Der **Städtesystemfaktor**, also die Möglichkeit der Einordnung in ein entsprechendes Hierarchie- und Spezialisierungsmuster nationaler und internationaler Städtesysteme (bzw. innerstädtischer Zentrenmuster) kann als eine besonders wichtige Standortanforderung, aber auch als Streßfaktor und ganz besonders als Potentialfaktor für Wirtschaftsdienste aufgefaßt werden. Noch stärker als bei der Potentialstandortwahl ist die Hierarchie- und Funktionsentsprechung ein Faktor der Leistungsortbestimmung.
- Der **Assoziationsfaktor** kann bei Wirtschaftsdiensten als ein besonders wichtiger Anforderungs- und Potentialfaktor verstanden werden. Agglomerationsfaktoren (insbesondere Externalitäten, Kontaktpartnernähe, Nähe zum "externen Faktor" usw.) sind bei der Potentialproduktion (Informationsintensität) und bei der Leistungsortwahl besonders bedeutend.
- Der **Arbeitsteilungsfaktor** kann als spezifischer Faktor der Wirtschaftsdienste definiert werden. Dieser auf der organisatorischen Zweiebenenstruktur basierende und mit der Phasenprozeßstruktur zusammenhängende Faktor wurde bisher praktisch völlig übersehen. Die Existenz entsprechender Rahmenbedingungen ist Voraussetzung der **Realisation der Vorteile der multiplen Standortspaltung**; der Faktor ist daher von besonderer Bedeutung für die Entkombinationsstandorte.
- **Nachfrage- und Marktfaktoren** sind wegen der Rolle des "**externen Faktors**" für die Endkombination ein besonders wichtiger Standortfaktor, wobei nicht nur die Anzahl der potentiellen Nachfrager sondern auch deren "Produktionsqualität" (Mitwirkung an der Produktion) von Bedeutung ist.
- **Wirtschaftsziele, betriebsinterne Strukturen und Organisationsformen** etc. sind Variationsfaktoren, die die Affinitäten zu speziellen Standortfaktoren bestimmen, selbst aber nicht Standortfaktoren sind.

Zwischen diesen Standortanforderungsbündeln besteht hohe **Interdependenz**: Hierarchie- und Spezialisierungsentsprechung hängt eng mit dem Arbeitsteilungsfaktor zusammen, ebenso mit dem Assoziationsfaktor, mit dem Infrastrukturfaktor usw., Wirtschaftspolitikfaktoren können die Kostensituation, Immobilienverhältnisse und Arbeitsmarktbedingungen beeinflussen usw.

8.2.3. Raumtheoretische Differenzierung der Wirtschaftsdienste

Aufgrund des chorologischen Prinzip der Wirtschaftsgeographie *(Kap. 1.3.)* muß eine raumtheoretisch orientierte Systematik versuchen, den funktionalen Aspekt mit dem räumlichen zu integrieren. Basis dieser Integrationsversuches ist die **Hypothese des funktionsaffinen Standort- und Interaktionsverhalten** und die Vermutung über eine deutliche Korrelation der Rang- und Phasenstellung von Wirtschaftsdiensten mit der räumlichen Orientierung, den räumlichen Differenzierungsprozessen (Suburbanisierung, Dezentralisierung, Polarisierung) bei der Standort- und Produktionsortwahl und bei der Gestaltung der räumlichen Interaktionsmuster sowie den räumlichen Wirkungen. Während sich die traditionellen Ansätze zur raumtheoretischen Systematisierung mit Wirtschaftsdiensten überwiegend nur auf die allgemeine Standortfrage *(vgl. Kap. 3.2.)* beziehen, ergibt sich aus der raumtheoretischen Grundlagenanalyse für Dienstleistungen die Notwendigkeit für eine **Differenzierung in eine**

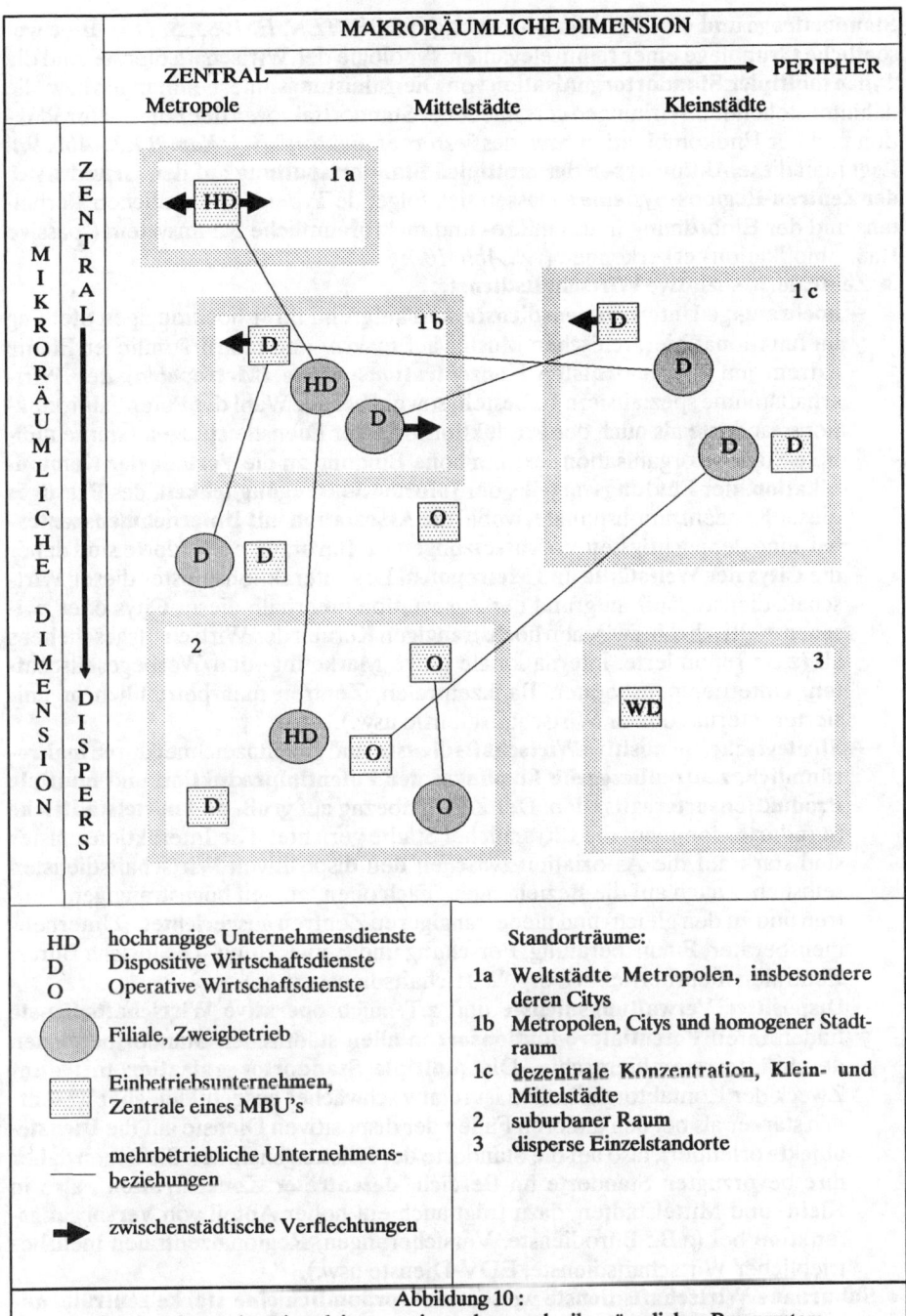

Abbildung 10 :
Die Einordnung der Dienstleistungen im makro- und mikroräumlichen Raumsystem -
Das Beispiel der Wirtschaftsdienste *(STAUDACHER, CH. 1987, S. 249)*

Standortfrage und eine Produktionsortfrage *(CORSTEN, H. 1985, S. 113)*. Eine wesentliche Grundlage einer raumrelevanten Typologie der Wirtschaftsdienste sind die **Typen multipler Standortorganisation** von Dienstleistungsunternehmungen bzw. die dahinter stehenden Wirkungen verschiedener Standortfaktoren der Potentialproduktion und der Endkombination bzw. des "externen Faktors" *(vgl. Kap. 8.1.3., Abb. 9.).* Legt man diese **Aktionstypen der multiplen Standortspaltung** auf den **Grundraster der Zentren-Regions-Systeme** so lassen sich folgende Typen des räumlichen Verhaltens und der Einordnung in das mikro- und makroräumliche Raumsystem ("passive Raumimplikation) erkerkennen *(vgl. Abb. 10.)*:

● **Zentrale, assoziative Wirtschaftsdienste:**
  – **hochrangige Unternehmensdienste** sind aufgrund ihrer hochrangigen Stellung im funktional-hierarchischen Muster auf makro- und mikroräumlicher Ebene extrem auf die **zentralsten Konzentrationspunkte (Metropolen)** der Wirtschaftsräume spezialisiert. Es besteht sowohl bei der Wahl der Potentialproduktionsstandorte als auch der Produktionsorte der Dienstleistungen (starke multiple Standortorganisation) extrem hohe Bindung an die **Vorteile der Kommunikation,** der **Fühlungsvorteile,** der **Informationszugänglichkeit,** des **Prestiges** dieser Konzentrationspunkte, wobei die **Assoziation mit Unternehmenszentralen** eine der wichtigsten Voraussetzungen ist. Bevorzugte Standorte sind daher die **Citys der Weltstädte** und **Metropolen.** Das Interaktionsmuster dieser Wirtschaftsdienste läuft aufgrund der Assoziation innerhalb dieser Citys oder zwischenstädtisch d.h. zwischen höchstrangigen Kernen des Wirtschaftsgeschehens ab (z.B.: renomierte, internationale tätige Marketing- und Werbegesellschaften, Unternehmensberater, Bankzentralen, Zentren mehrbetrieblich organisierter internationaler Wirtschaftsdienste usw.).
  – **Strategische, dispositive Wirtschaftsdienste** sind gekennzeichnet durch **makroräumlich, zentrenbezogene Fixpunkte der Potentialproduktion** und **multiple Produktionsorterealisation.** Der Zentrenbezug auf **groß- und mittelstädtische Standorte,** dominant die **Citys** solcher Städte gerichtet. Die Interaktionsmuster sind stark auf die Assoziation zwischen den dispositiven Wirtschaftsdiensten selbst aber auch auf die Beziehungen "nach oben" zu den höchstrangigen Zentren und zu den gleich- und niederrangigeren Zentren ausgerichtet. (Unternehmensberater, Finanzberatung, Forschung und Entwicklung, Technische Büros, Zentralen mehrbetrieblich org. Wirtschaftsdienste usw.)
  – **Dispositive Verwaltungsdienste** und z.T. auch **operative Wirtschaftsdienste** finden ihren **Potentialproduktionsort** in allen städtischen Standortbereichen der Städtesystemhierarchie. Die **multiple Standortorganisation** mit dem Zweck der Kontaktorganisation ist relativ schwächer ausgebildet, aber wesentlich stärker als bei den anderen Fällen der dispositiven Dienste auf die **Diensteobjekte** orientiert, also auf die Standorte der Leistungsnehmer. Sie haben daher ihre bevorzugten Standorte im Bereich "**dezentraler Konzentration**", also in Klein- und Mittelstädten, dazu trägt auch ein hoher Anteil von **Versorgungsfunktion** bei (z.B.: Bürodienste, Versicherungen, Regionalzentralen mehrbetrieblicher Wirtschaftsdienste, EDV-Dienste usw.).

● **Suburbane Wirtschaftsdienste** weisen **makroräumlich eine starke zentrale, mikroräumlich** aber eine **disperse (suburbane) Orientierung** der Potentialproduktionsorte auf, weil die **Suburbanisierungskräfte** zu alternativen Standorten führen. Flächenintensität, Infrastrukturorientierung, Büro- und Betriebsflächenangebot, etc. sind die Hauptfaktoren der Stadtrandorientierung bei operativen Wirtschaftsdiensten (z. B.: Speditionen, Verkehrsdienste, Entsorgungsdienste, ...), Prestige, Wohnstandortorientierung etc. bei dispositiven und operativen Bürodiensten (z.B.: EDV-Dienste, Unternehmensberater, Immobilienmakler, ...).

- **Disperse Wirtschaftsdienste** orientieren sich an **spezifischen absoluten Standortfaktoren** der Potentialproduktion, die über zentrenorientierte Standortfaktoren dominieren. Dieser Typus tritt im Rahmen der Wirtschaftsdienste eher als Sonderfall auf (Forschungsinstitute, Zolldienste, Verkehrsdienste, Filialen, ...).
- **Plurilokale Wirtschaftsdienste:** Aufgrund der auch für Wirtschaftsdienste in zunehmendem Maß wichtiger werdenden **Vorteile der funktionalen Standortdifferenzierung** (Arbeitsteilung), die nicht zuletzt auch durch die organisatorische Zweiebenenstruktur von Dienstleistungsbetrieben (Potentialproduktion - Endkombination) gefördert werden, entstehen in zunehmendem Maß Wirtschaftsdienste-Unternehmungen, die mit ihrem **plurilokalen Standortnetz** große Teile oder das gesamte **Zentren- und Regionssystem nationaler und internationaler Wirtschaftsräume** überspannen und die darin enthaltenen Standortdifferenzierung als Funktionsaffinitäten nutzen: traditionelle hierarchische Standortorganisation und Filialisierung bei Versicherungen und Banken, beim Bewachungsdienst etc.; junge Filialisierungstendenzen auch bei Speditionen, Unternehmensberatern, internationalen Marketingunternehmen etc. durch Trennung der head, front und back offices, durch marktorientierte Filialisierung usw.

Die räumliche Systematik zeigt, daß Wirtschaftsdienste in das gegenwärtig dominierenden Raumsystem der Zentren-Regions-Strukturen recht systematisch eingespannt sind. Über drei Prozesse, die z.T. interdependent sind, erfährt dieses **Standort- und Interaktionsmuster** der Wirtschaftsdienste eine wesentliche **Dynamisierung und Differenzierung:**

* **Räumliche Differenzierungsprozesse** des Zentren- und Regionssystems verändern das Muster der räumlichen Rahmenbedingungen: Ausbau der Verkehrsinfrastruktur, Intensivierung der Bodenpreisgradienten im innerstädtischen Zusammenhang, Verschärfung der Standortkonkurrenz um Fühlungsvorteile, Ausbau der Telekommunikation etc. sind Beispiele.
* **Produktionstechnische Innovationen** bei Wirtschaftsdiensten in der Form von neuen Bürotechnologien (EDV, Telekommunikation), interner Büroorganisation, aber auch in der Form neuer Techniken der Kontaktorganisation etc. bewirken Veränderungen der Standortansprüche und damit Verlagerungstendenzen.
* **Organisatorische Neuerungen,** insbesondere die infolge der funktionalen Arbeitsteilung auch bei Wirtschaftsdiensten immer stärker auftretenden Formen der Bildung von Mehrbetriebsunternehmungen führen zu differenzierten Standortmustern, die klar der räumlichen funktionalen Arbeitsteilung zuzuordnen sind. Eine besondere Dynamik in dieser Richtung ergibt sich aus der Differenzierung von Potentialproduktion und Endkombination, mit dem Ziel der Marktpräsenz im Zentren- und Regionssystem.

8.3. Theoriekonzepte zur räumlichen Implikation
der Wirtschaftsdienste

Ansätze für **Erklärungen** dieser sehr charakteristischen und systematischen **räumlichen Implikation der Wirtschaftsdienste** finden sich in den allgemeinen Ansätzen zur Erklärung von Raummustern und räumlichem Verhalten. *(DANIELS, P.W. 1985; HEINEBERG, H. - HEINRITZ, G. 1983, S. 12)*. Diese **Theorieansätze** verwenden recht verschiedene Erklärungsinhalte und beziehen sich auf unterschiedliche **Dimensionen** der Fragestellung: Theorieansätze, welche dominant **unternehmensinterne Struktur-, Strategievariable** und Organisationsmuster als Erklärungsvariable verwenden, **Interaktionstheoretische Ansätze,** die vor allem die Art und die Bedingungen der Interaktionsbedürfnisse und -verhaltensmuster als Erklärungsvariable einsetzen, Theorieansätze, die dominant **externe Rahmenbedingungen,** insbesondere Raumstrukturen als Erklärungsinhalte für räumliches Verhalten einsetzen. Mikroräumliche Anwendungen beziehen sich vorwiegend auf innerstädtische Standort- und Interaktionsmuster, makroräumliche auf zwischenstädtische und damit auf die Einordnung und Wirkung der Wirtschaftsdienste im Zentrensystem.

8.3.1. Interne Theorieansätze

Mehrere Theorieansätze gehen dominant von **unternehmensinternen Fakten** und Verhältnissen bzw. deren Veränderung beim Erklärungsversuch des räumlichen Verhaltens bzw. von Standortmustern aus:

• Der **Lebenszyklusansatz** *(COWAN, P. 1969; PRITCHARD, G. 1975)* geht von der **Hypothese variabler Standortansprüche,** variabler Streßempfindlichkeit aber auch variabler Realisierungschancen von Standortanforderungen im betrieblichen Entwicklungsprozeß aus; in der Wachstumsphase z.B. von steigenden Flächenansprüchen, steigenden allgemeinen Standortansprüchen, steigenden qualitativen Anforderungen an die genutzten Immobilien, an die Lagepotentiale, wachsender Marktgrößen usw. Die Verlagerungswahrscheinlichkeit und -richtung hängt wesentlich mit diesen Zyklen zusammen. **Investitionszyklen** und -schübe *(WINKELMANN, P. 1982)* spielen dabei eine ganz bedeutende Rolle. Der Antrieb für Entscheidungen im Bereich der räumlichen Implikationen kommt aus der internen Struktur und Entwicklung der Unternehmungen *(vgl. Kap. 8.5.2.).*

• **Organisationstheoretische Ansätze** *(WÄRNERYD, O. 1968; vgl. auch Integrations-/Desintegrationstheorie: SCOTT, A.J. 1983; vgl. Kap. 12.1.3.)* legen ebenfalls interne Struktur- und Prozeßvariable der Erklärung des Standortverhaltens zugrunde. Diese Ansätze spielen in der gesamten modernen Industriegeographie und in den regionalpolitischen Ansätzen eine ganz wichtige Rolle; es geht dort um die Frage, warum Unternehmungen bestimmte Funktionen räumlich konzentrieren, andere räumlich verstreuen, warum ganz bestimmte Funktionen, z.B. auch bestimmte Wirtschaftsdienste an bestimmte Niveaus im Städtesystem gebunden sind usw. Insbesondere im **Ansatz der funktionalen räumlichen Arbeitsteilung** wird ausgehend von den internen Organisationsprinzipien (Phase, Rang, Zweck, ...) postuliert, daß verschiedene Unternehmensfunktionen (Beschaffung, Absatz, Produktion, Management, Forschung, ...) zunächst organisatorisch differenziert werden können (müssen) und dann über ihre Spezialisierung spezifische Standort- und Lageansprüche aufweisen, auf die durch Ausnutzung von spezifischen Lage- und Standortvorteilen reagiert werden kann *(BADE, F. 1979)*. Durch organisatorische Spezialisierung entstehen **räumliche Differenzierungspotentiale**, welche nicht nur im industriellen Bereich (operative - dispositive Funktionen), sondern auch bei Dienstleistungen - insbesondere im Zusammenhang mit der organisatorischen **Zweiebenenstruktur** - vor größter Wichtigkeit sind (multiple Standortorganisation, Mehrbetrieblichkeit. Die derzeit feststellbaren Entwicklungen lassen sich folgendermaßen charakterisieren *(PRITCHARD, G. 1975)*:

— Deutliche **Konzentrationsbewegungen der dispositiven Wirtschaftsdienste** zu den hochrangigen Zentren mit strategischen Führungsfunktionen,

— **Dezentralisierung** von standardisierten Bürofunktionen: hochrangige und mittelrangige Funktionen neigen zur Subzentralisierung (Citywachstum), Routinefunktionen zur Suburbanisierung und zur hierarchischen Verlagerung in niederrangige Zentren.

— Keine wesentlichen Verlagerungstendenzen zeigen sich bei **Komplementärfunktionen** (z.B. Unternehmensdienste - Firmenzentralen).

Diese Tendenzen zeigen deutliche Variation in Abhängigkeit von Branchenspezifitäten (Gewicht, Wert, Transportfähigkeit, Verderblichkeit), von Interaktionsinhalten, Zugänglichkeit und Erreichbarkeit (Qualität des Verkehrssystems), von Bodenmarktsituationen usw. Die räumliche **Assoziation** und der starke **Zentrenbezug** erscheinen unter diesem Aspekt als notwendige Folge der bei den Wirtschaftsdiensten bestehenden **Kleinbetrieblichkeit**, Spezialisierung und weitgehenden Individualisierung (Mitwirkung des Diensteobjektes) und damit einer weitgehenden Instabilität und geringen Standardisierbarkeit der Verflechtungen.

• **Funktionaler Ansatz**: Ein Ansatz, der explizit vom **Wirtschaftsziel**, von Funktions- oder Leistungsart als Erklärung für räumliche Implikationen ausgeht, wird in der Literatur nicht formuliert: indirekt scheint aber der Gesichtspunkt der Branchendifferenzierung und der spezifischen Leistungsinhaltes in vielen Theorieansätzen als differenzierende Variable auf. Der Ansatz scheint auf den ersten Blick so trivial, daß er nicht als theoretischer Ansatz formuliert wird. Dabei muß aber davon ausgegangen werden, daß das Wirtschaftsziel einzelner Unternehmen/Betriebe nicht nur betriebliche **Strategieentscheidungen** über die Organisationsstruktur, über Beschäftigungsstrukturen, Partnerwahl usw. bestimmt, sondern auch betriebliche **Standortentscheidungen** und räumlich **Interaktionsentscheidungen**. Man kann daher davon ausgehen, daß diese Entscheidung nicht nur Nebenbedingungen setzen, sondern zu Grundsatzentscheidungen gehören. Das Wirtschaftsziel, die Produktion von bestimmten Leistungen hat spezifische Voraussetzungen, welche als Produktionsfaktoren im Zusammenhang mit ihrem räumlichen Auftreten als Standort- und Lagefaktoren den Handlungsrahmen darstellen. Der davon ableitbare Theorieansatz läßt sich als **funktionsaffines Standort- und Interaktionsverhalten** charakterisieren *(Kap. 1.3.)*. Dieser allgemeingültige Ansatz ist bei den Wirtschaftsdiensten deshalb so besonders wichtig, weil hier die Funktionsaffinitäten innerhalb der Branche sehr variabel sind und daher differenzierte Ansätze notwendig sind.

8.3.2. Interaktionstheoretische Ansätze

Der Erklärungsansatz geht von den Interaktionsmustern und -bedürfnissen aus und versucht räumliches Verhalten vor allem aus verschiedenen **Interaktionsformen und -technologien** zu erklären. BARTELS, D. *(1979)* faßt eine größere Gruppe von theoretischen Ansätzen unter dem Oberbegriff **"Stromtheorien"** zusammen *(TÖRN-QVIST, G. 1970; DANIELS, P.W. 1972, 1980; u.a.; vgl. Bürostandortforschung: CAPP, J.M. 1983; TAUCHEN, H. - WITTE, A.D. 1983; BARRAS, R. 1983; PRITCHARD, G. 1975; aktionsräumlicher Ansatz: OLANDER, L.O. 1979; RUPPERT, K. - SCHAFFER, F. 1969)*. Die **Basishypothese** geht von der **Dominanz von Informa- tionsbedürfnissen** aus, die das Standortverhalten von Wirtschaftsdiensten, insbesondere deren Zentrenorientierung bestimmen. Die Aussagen beziehen sich ausschließlich auf die Standorte der Betriebe/Unternehmungen, auf die Wahl der Diensteproduktionsorte wird praktisch nie Bezug genommen. Dieser Basisansatz läßt sich nach folgenden Aspekten differenzieren:

- **Kontaktintensität:** Generell kann davon ausgegangen werden, daß der Erklärungsbeitrag des Interaktionsansatzes umso größer ist, je größer die Kontaktintensität und damit der Interaktionsbedarf ist. Damit kommt dem Interaktionsansatz in der gesamten Dienstleistungswirtschaft eine große Bedeutung zu, da durch die **Involvierung des "externen Faktors"** in die Endkombination, aber auch durch den hohen **Informationsbedarf im Rahmen der Potentialerstellung** die Kontaktabwicklung zum Kernproblem wird. Bei den Wirtschaftsdiensten potenziert sich der Interaktionsbedarf - insbesondere bei den dispositiven Wirtschaftsdiensten -, da die Art der Interaktionen verstärkte Reagibilität im Bezug auf Kontakthäufigkeiten bewirkt. Die Standortentscheidungen und die Entscheidungen über die Musterung der räumlichen Interaktionen werden mit steigender Interaktionsintensität in überproportionaler Weise durch die Interaktionsbedürfniss bestimmt; **räumliche Ballung** wird zum Vorteilsstandort für die Abwicklung der notwendigen intensiven Kontakte.
- **Kontaktformen und -inhalte:** Die Hypothese sagt, daß differenzierte **Arten der Informationsflüsse** spezielle Standortorientierungen bewirken bzw. erfordern. In Abhängigkeit von der Programmierbarkeit, der Routinierbarkeit und der Transportfähigkeit dieser Informationsflüsse steigt/sinkt der Grad der räumlichen Clusterbildung, der Agglomeration und Assoziation und damit der Grad der hierarchischen Zentrenorientierung. Wirtschaftliche Aktivitäten neigen umso mehr zur räumlichen Konzentration, je geringer die **Belastbarkeit dieser Interaktionen mit Transportkosten** ist. Generell kann davon ausgegangen werden, daß Personalkontakte wesentlich transportempfindlicher sind als mediale Interaktionen. Die **Transportempfindlichkeit von Wirtschaftsdiensteinteraktionen** nimmt mit steigendem Rang in der funktional-hierarchischen Ordnung sehr stark zu (Face to face- Kontakte, transport of intellegence) und räumliche Agglomeration wird daher zum Vorteilsstandort; dies trifft vor allem zu bei hochrangigen dispositiven Wirtschaftsdiensten.
- **Kontaktorganisation, -technologie:** Interaktionen und Kontakte brauchen bestimmte Organisationen und Technologien, welche die "Transportfähigkeit" und damit die Wirkung auf das Interaktionsverhalten und das Standortverhalten we-

sentlich beeinflußen. Von besonderer Bedeutung ist dabei die **Medialisierbarkeit** der Interaktionsflüsse, also die Loslösung von der Bindung an personelle und damit arbeitsintensive Interaktionsprozesse. Es kann davon ausgegangen werden, daß eine dominante **Medialisierung** des weit überwiegenden Anteils aller Interaktionsmuster von Wirtschaftsdiensten zur räumlichen Loslösung von Kontaktpartnern führen kann, wegen eines fast immer bestehen bleibenden Rests an personellen Informationsflüssen aber nie vollständig zum Durchbruch kommt.

- **Relationshypothesen:** Damit ergibt sich für die Wirtschaftsdienste eine relativ hohe **Reagibilität gegenüber dem Standortmuster potentieller Kontaktpartner** bzw. ein starker Einfluß auf deren Standortverhalten (Raumwirkungshypothese). Dieser Einfluß spielt sich auf mehreren Ebenen ab:
  - Komplementaritätshypothese: Aufgrund der Kontaktintensität mit potentiellen Leistungsnehmern, also mit Wirtschaftsbetrieben, insbesondere mit deren Führungsinstitutionen besteht für alle Wirtschaftsdienste, besonders aber für die strategischen dispositiven und die dispositiven Verwaltungsdienste eine starke **räumliche Komplementarität** zur Wirtschaft. Insbesondere besteht für hochrangige Wirtschaftsdienste eine Tendenz zur "zirkulär-kummulativen" Agglomeration: "kommerzielle Dienste" ... "sind für Führungsaufgaben und Entscheidungen in der Wirtschaft wichtig. ... Im Sinne von Fühlungsvorteilen ziehen kommerzielle Dienste deshalb auch Zentralen von Industrieunternehmungen an und umgekehrt" *(HOLZ-HART, B. - WÜRTH, M. 1985)*. Es kann erwartet werden, das (dispositive) **Wirtschaftsdienste hohe räumliche Relation zur Verbreitung von Wirtschaftsunternehmungen** aufweisen, insbesondere zu den Entscheidungsinstanzen *(COHEN 1979; GOTTMAN, J. 1961)*.
  - Assoziationshypothese: Die Wirtschaftsdiensteproduktion, insbesondere die Potentialerstellung weist als dominierenden Produktionsfaktor hohen Bedarf an **"Dienstleistungsinput"** auf. Dieser besteht vorwiegend in Leistungen anderer Wirtschaftsdienste, sodaß erwartet werden kann, daß hohe **funktionale Assoziation zwischen den einzelnen Wirtschaftsdienstebereichen** besteht. Die Interaktionsinhalte sind in der Regel personenbezogene Informationen, die hoher Transportempfindlichkeit unterliegen; die Folge ist eine starke **räumliche Assoziation der Wirtschaftsdienste.**
  - Versorgungshypothese: Bei allen Wirtschaftsdiensten besteht eine deutliche Versorgungsfunktion, also ein Anbieten von Leistungen, die entsprechend dem **zentralörtlichen Konzept** an zentralen Standorten produziert und an dispersen Standorten verbraucht werden *(CHRISTALLER, W. 1968)*. Diese Versorgungsfunktion bewirkt auch bei der dominanten Orientierung an der Intermediärnachfrage eine Standortorientierung der Wirtschaftsdienste an hierarchisch organisierten Standortmustern. Daraus entsteht der Bedarf nach räumlicher Agglomeration des Diensteangebotes und einer funktionsentsprechenden Hierarchisierung (Anpassung an das Zentrensystem).

8.3.3. Externe Theorieansätze

Eine dritte Gruppe von Ansätzen geht von externen, in der Umwelt der Unternehmungen existierenden Grundlagen und Veränderungen aus. Grundlage aller dieser

Ansätze ist das **Prinzip des funktionsaffinen Standortverhaltens,** also die Hypothese, daß das räumliche Verhalten abgestimmt ist auf Reaktionen und Beziehungen zwischen Standortanforderungen und Raumgegebenheiten:

- **Agglomerations- und externalitätentheoretische Ansätze** (Assoziationsansätze) gehen vom **Prinzip der Agglomerationsvorteile oder -nachteile** aus, "die sich aus anderen Nutzungen und der Tätigkeit anderer Wirtschaftssubjekte ergeben" *(BARTELS, D. 1982, S. 45),* also aus Effekten "gleichzeitig laufender anderer Nutzungen". Die Hypothesen gehen also von den Vorteilen der Nähe aus, die ganz besonderen Standorten und Standorträumen eigen sind, nämlich **städtischen Zentren** in der makroräumlichen Dimension und den **City-, CBD-Bereichen** in mikroräumlicher Betrachtung. Die Basishypothese für Wirtschaftsdienste - nämlich ihr Zentrenbezug - geht im Zusammenhang mit der Assoziationshypothese auf diese **Externalitäteneffekte** zurück (z.B. zwischen Firmenzentralen und spezifischen Unternehmensdiensten, Rechtsdiensten und Gerichten, ...). Eine umfassende **Theorie der Agglomeration** und damit der zentral-peripheren Ordnung besteht nicht: Selbst die Theorie der Zentralen Orte erfaßt nur ein Segment aus den möglichen Agglomerationseffekten *(STAUDACHER, CH. 1984, S. 126; SCHÄTZL, L. 1978, S. 73).* Vier gedankliche Zugänge (Theorieansätze) zum Problemkreis der Agglomeration lassen sich erkennen:
  - **Agglomeration** entsteht, weil sie optimale, räumliche Voraussetzungen für **Versorgungssysteme** bietet. Es geht dabei um die Frage, wie sich Versorgungsunternehmungen (Betriebe, öffentliche Institutionen, ...) im Raum anordnen (sollen), damit eine optimale Versorgung möglich wird, damit die Anbieter von Gütern und Diensten durch die Erfüllung von je spezifischen **Thresholdnormen** ökonomisch lebensfähig sind und damit Nachfrager nach Gütern und Diensten günstige **Versorgungschancen** vorfinden. Agglomeration erklärt sich danach im wesentlichen aus den **Marktbeziehungen** der Einzelwirtschaften bzw. der räumlichen Agglomerationen von solchen. Hierher gehören vor allem das **Economic-Base-Konzept** und verwandte Ansätze, die davon ausgehen, daß bestimmte wirtschaftliche Leistungen an Ballungsstandorten (Region) produziert und in einem Ballungsumland (Regionsumland) abgesetzt werden müssen, damit regionales Wachstum möglich wird. In der **Theorie der zentralen Orte** *(CHRISTALLER, W. 1968)* werden diese als "zentrale Güter" bezeichnet, die "an wenigen Punkten, und zwar notwendig an den zentralen Punkten produziert bzw. angeboten" werden, "um an vielen verstreuten Punkten verbraucht zu werden" *(CHRISTALLER, W. 1968, S. 28).* Hierarchie und Rangstufung sind die beiden wesentlichen Ordnungsformen im organisatorischen Aufbau und bei der räumlichen Anordnung in Siedlungssytemen (Städtesystemen). Bei Wirtschaftsdiensten ergibt sich die Agglomeration aufgrund der **Versorgungsleistung** aus dem **Vorleistungscharakter**.
  - **Agglomeration** entsteht zweitens aufgrund des **Assoziationsprinzips:** Räumliche Ballung wird erklärt aus den Vorteilen, die sich für die Agglomerationsmitglieder aus deren **räumlicher Nähe** ergeben. Die gegenseitigen Austauschbeziehungen und Interaktionsmöglichkeiten, ihre Kommunikation usw. verläuft am Agglomerationsstandort unter vorteilhaften Bedingungen. Es sind nicht die Marktbeziehungen, aus denen die Agglomeration erklärt wird, son-

dern die Agglomerationsvorteile. Räumliche Ballung kann positive und negative Effekte haben, welche sich als (unentgoltene) Vorteile oder Nachteile bei der Durchführung von Unternehmensaktivitäten am Ballungsstandort niederschlagen. "location economies" *(ISARD, W. 1956)*, "Vorteile der Masse" *(LÖSCH, A. 1962)* ergeben sich für den Einzelbetrieb durch die räumliche Ballung von Betrieben gleicher Branche. Für die Wirtschaftsdienste liegt der Vorteil in den günstigeren **brancheninternen Kontaktmöglichkeiten** (intragroup linkages), was sehr häufig - insbesondere bei Groß- und Weltstädten - zur Ausbildung entsprechender innerstädtischer Ballungen (Viertelsbildungen) führt."urbanization economies", "Vorteile der Mischung" ergeben sich durch die räumliche Ballung von Subjekten verschiedenster Funktionsbereiche, wobei besonders deren funktionale Komplementarität wichtig ist. Für die Wirtschaftsdienste sind Vorteile der Mischung besonders wichtig, da erst durch diese komplementären Dienstefunktionen **Verbundsysteme von Wirtschaftsdiensten** mit entsprechender Informationsdichte und -breite entstehen können. Es handelt sich bei diesem Ansatz um Vorstellungen, die man auch dem Prinzip der kummulativen, zirkulären Verursachung *(MYRDAL, G. 1974)* zuordnen kann. Für die Wirtschaftsdienste ist der Ansatz essentiell aufgrund der dominierenden Rolle der Zentrenorientierung.

— **Agglomeration** ist eine Folge der **Spezialisierungsvorteile** ("Spezialisierungsregel"): Der Integrationsgrad der Wirtschaft ist am Ballungsstandort wegen der Interaktionsvorteile ("Interaktionsregel") und der Nutzungsdichte ("Zentralisierungsregel") besonders hoch, sodaß daraus Vorteile für die Ausbildung von spezialisierten Wirtschaftssubjekten entstehen *(BÖKEMAN, D. 1982, S. 183ff)*. Räumliche Funktionsspezialisierung und funktionale Arbeitsteilung sind daher als Erscheinungen aufzufassen, die sich aus den Vorteilen der Agglomeration ergeben. Es kommt zur Ausbildung von **hierarchischer Funktionsspezialisierung**, die ganz besonders wichtig ist im Zusammenhang mit der Städtesystemforschung. Bei den Wirtschaftsdiensten sind solche Spezialisierungen vor allem in Parallelität zur funktional-hierarchischen Systematik zu erwarten.

— **Agglomeration** entsteht weiters aus Vorteilen für die **Herrschaftsausübung** und der **Ausnutzung von Abhängigkeiten**. Abhängigkeitstheoretische Konzepte (Polarisations-, Entwicklungs-, Dependenz-, Herrschaftstheorien, ...) erklären die Entstehung von zentral-peripheren Mustern über Herrschaftsvorteile am Ballungsstandort bzw. über Dependenznachteile im abhängigen Umland. Ausgangspunkt der analytischen Überlegungen sind dabei häufig organisationstheoretische Fragestellungen (Unternehmensorganisation, Mehrbetriebsunternehmen, ...). Dieser Agglomerationsvorgang wirkt stark selektiv, indem es zur funktionalen Auseinanderlegung von Lenkungs-, Entscheidungs-, Planungs- und Kontrollfunktionen einerseits mit **räumlicher Konzentration von Macht** und räumlicher Dispersion abhängiger Funktionen (operative Funktionen) andererseits kommt. Der Prozeß ist als ein kummulativer, selbstverstärkender Vorgang aufzufassen, der keine automatische Gleichgewichtstendenz aufweist.

● **Hierarchieansätze** gehen von der Existenz hierarchisch gestufter und spezialisierter **Städtesysteme als Grundgerüst** der räumlichen Organisation von Wirtschaftsräumen aus: sie haben die Hypothese zur Grundlage, daß das Standortverhalten der Büro- und Dienstefunktionen an den Hierarchien und Spezialisierungen im Städtesystem orientiert ist. Grundlage der Anwendung auf die Wirtschaftsdienste ist ihr Zentrenbezug, insbesondere die funktional-hierarchische Affinität zum Zentremsystem *(vgl. Kap. 8.4.).*

- Die **Bodenpreis-, Bodenrententheorie** ("land use theory") geht vom Einfluß der Bodenrenten (bid-rent function) auf die Bodennutzung aus. Die Hypothese lautet: Im Konkurrenzkampf um optimale oder günstige Standorte und Lagepotentiale entscheidet die **Fähigkeit zu Anbieten und Leisten von Bodenrenten** (stark abhängig von der Wertschöpfungsintensität) über die räumliche Position im Bodenpreismuster *(vgl. Kap. 8.5.1.).*

- **Innovationsdiffusionsansatz** *(BEARSE, P. 1978; BROWN, L. 1981; NOYELLE, TH. 1983; MARSHALL, J.N. - DAMESICK, P. - WOOD, P. 1985)*: Die räumliche Verteilung von Phänomenen wird aus **Innovations- und Diffusionsprozessen** erklärt. Wirtschaftsdienste werden als Neuerungen aufgefaßt, die bevorzugt in den großen städtischen Ballungsräumen entstehen und deren Ausbreitung durch eine hierarchische Siedlungsstrukur, Existenz spezieller Arbeitskräftepotentiale, Diversifikation, Marktpotentiale usw. gefördert wird. Die Ausbreitung von Wirtschaftsdiensten geschieht durch "formation of new enterprise and the expansion of existing entreprice into potential new market areas" *(BEARSE, P.J. 1978, S. 564).* **Wirtschaftsdienste** werden als ein Bestandteil des **Verstädterungsprozesses** gesehen, sie reagieren in der Ausbreitungsdynamik auf charakteristische städtische Merkmale der potentiellen Zielregionen. Die Ausbreitung folgt einer logistischen Kurve, wobei der Adoptionszeitpunkt sowohl von Charakteristika des Wirtschaftsdienste-Zweiges als auch von Eigenschaften der potentiellen Zielregionan abhängt: Es zeigen sich Hinweise auf unterschiedliche **Diffunsionsgeschwindigkeiten** zwischen humankapitalorientierten und infrastrukturorientierten Diensten, "sophisticated" und "routinized services", neuen und alten Wirtschaftsdiensten usw. und vor allem zwischen "intermediate" und "final services". Der Adoptionszeitpunkt liegt um so früher je näher die Zielregion zum Innovationskern liegt, je höher die Region in der Städtehierarchie eingebettet ist, je größer und älter die zentrale Stadt der jeweiligen Region ist, ... je größer die mittlere Betriebsgröße ist und je größer die Wachstumsrate ist.

- **Theorien des Marktbezuges** *(ARMSTRONG, R. 1972)*: Die implizit in einigen Theorieansätzen enthaltenen Marktbezüge (Agglomerationsansätze, Hierarchieansätze, ...) werden als Erklärungsinhalt insofern herangezogen, als damit die Wahl entsprechender zentraler Standorte im hierarchischen Marktsystem begründet wird. Eine sehr wesentliche Rolle spielt dieser Ansatz bei der Bildung von **Mehrbetriebsunternehmungen,** insbesondere in der Form der Filialisierung zum Zweck der Kontaktorganisation, wo das Prinzip der Marktpräsenz bestimmend wird.

8.4.Makrorräumliche Verteilungs- und Aktivitätsmuster

Die makroräumliche Dimension der wirtschaftsgeographischen Analyse führt zur Betrachtung der **räumlichen Implikation der Wirtschaftsdienste im Städte- und Regionssystem**. Wirtschaftsdienste als städtische Funktionen mit starkem hierarchischen Zentrenbezug brauchen nach der Affinitätshypothese einen entsprechenden Standort im Zentrensystem mit spezifischen Eigenschaften der Stadtgröße, der Hierarchie, der Assoziations- und Agglomerationschancen usw. Städtesysteme bilden also den bestimmenden Rahmen der räumlichen Implikation der Wirtschaftsdienste auf der Makroebene.

8.4.1. Wirtschaftsdienste als Zentrenfunktionen

Dienstleistungen und insbesondere Wirtschaftsdienste gelten als betont zentrenbezogen in ihrer Standortorientierung und in ihrem Interaktionsverhalten, aber auch in ihren räumlichen Wirkungen; sie können daher (überwiegend) als **Zentrenfunktionen** angesprochen werden. Die Dienstleistungen als Zentrenfunktionen sind zu gliedern nach der **Marktstellung** und nach der **Funktion im Zentren- und Regionssystem**:

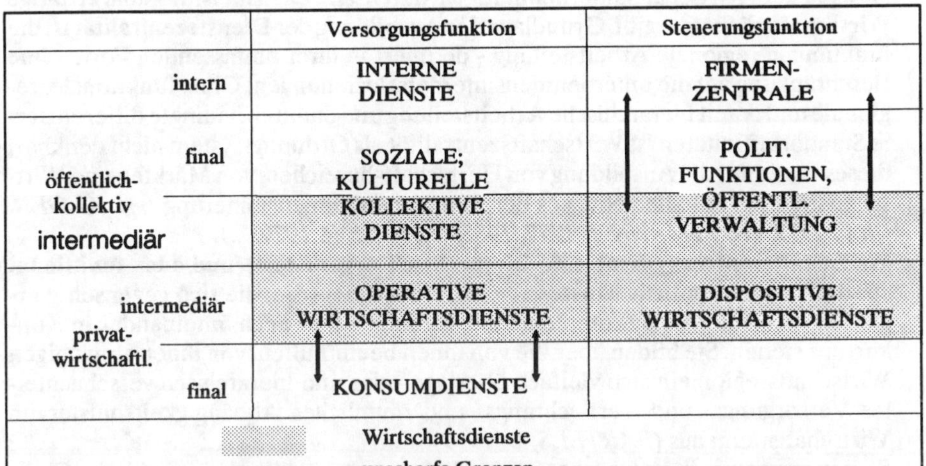

		Versorgungsfunktion	Steuerungsfunktion
	intern	**INTERNE DIENSTE**	**FIRMEN-ZENTRALE**
öffentlich-kollektiv **intermediär**	final	**SOZIALE; KULTURELLE KOLLEKTIVE DIENSTE**	**POLIT. FUNKTIONEN, ÖFFENTL. VERWALTUNG**
privat-wirtschaftl.	intermediär	**OPERATIVE WIRTSCHAFTSDIENSTE**	**DISPOSITIVE WIRTSCHAFTSDIENSTE**
	final	**KONSUMDIENSTE**	
		Wirtschaftsdienste	
		unscharfe Grenzen	

Abbildung 11 :
Gliederung der Zentrenfunktionen und die Einordnung der Wirtschaftsdienste

+ Nach der **Marktstellung** können die Dienste gegliedert werden in **öffentliche** und **privatwirtschaftliche**, diese wiederum in **interne** (nicht-marktmäßige) und **marktmäßige (intermediäre) Funktionen**: öffentliche Funktionen sind vom gesellschaftlichen Kollektivebedürfnis getragen, interne von organisatorischen Rationalitätsüberlegungen (Wirtschaftlichkeit, Sicherheit, Unabhängigkeit, ...) und die marktmäßigen von konkurrenzbestimmten Ertragsgesichtspunkten (Gewinnmaximierung, -optimierung, Sicherheit, ...).

+ Nach der **Funktion im Zentren- und Regionssystem** ist zu unterscheiden zwischen der **Versorgungsfunktion** und der **Steuerungsfunktion,** die der Lenkung und Machausübung dient.

Die **Wirtschaftsdienste** stellen innerhalb dieser Systematik ein sehr wichtiges, bisher in der Zentrenforschung wenig beachtetes Segment dar. Die **Zentrenbedeutung** der Wirtschaftsdienste läßt sich über folgende **Zentrenbegriffe** darstellen:

● **Wirtschaftszentren** sollen hier als **Ballungsstandorte von Zentrenfunktionen** definiert sein. Die Existenz von Zentrenfunktionen, ihre funktional-hierarchische Struktur und ihre Häufigkeit bestimmen die Bedeutung der einzelnen Dienstezentren und sie sind als ihre "**repräsentativen Dienste**" aufzufassen. Dienstezentren leiten ihre Rolle und Bedeutung aus folgenden Inhalten ab: Steuerungs- und Lenkungsfunktion, Instanzen der Grundsatzentscheidung, der Planung, der Durchführung, der Finanzierung, der Personalverwaltung, der Kontrolle, Arbeitsplatzfunktion, materielle Produktionskonzentration, Versorgungsfunktion, Agglomerationsfunktion, economic environment, Infrastruktur usw.

● **Wirtschaftszentralität** bezeichnet daher die **räumliche Eigenschaft von Wirtschaftszentren,** die sich aus der gesamten **Ordnungs-, Lenkungs-, Planungs-, Innovations- und Kontrollwirkung und auch aus den spezifischen Versorgungsleistungen** für Wirtschaftsunternehmungen durch am Dienstleistungsmarkt tätige **Wirtschaftsdienste** ergibt. Grundlage der Ausbildung der Dienstezentralität ist die funktionale regionale Arbeitsteilung - definiert in ihrer umfassenden Form ohne Beschränkung auf die unternehmensinternen Beziehungen: Ohne funktionale, regionale und damit hierarchische Arbeitsteilung und dadurch bedingte differenzierte Standortaffinitäten ist Wirtschaftszentralität als Ordnungssystem nicht denkbar; dieses bestimmt die Ausbildung von Herrschaftsbereichen, von Märkten und Wirtschaftsräumen auf allen Niveaus der räumlichen Dimensionierung *(vgl. ALGER, Ch.F. 1977; GOTTMANN, J. 1977, 1983; COHEN, R. 1979; ...).*

● **Wirtschaftszentrensysteme** sind **hierarchisch organisierte und/oder funktional spezialisierte räumliche Muster von Wirtschaftszentren,** die sich gegenseitig ergänzen, sich zueinander komplementär verhalten aber auch miteinander in Konkurrenz stehen. Sie bilden über die von ihnen beeinflußten, von ihnen abhängigen Wirtschaftsregion ein sich vielfach überlagerndes und hierarchisch verschachteltes Versorgungs- und Verflechtungs- und räumliches Abhängigkeitsmuster im Wirtschaftsraum aus *(BARTELS, D. 1979).*

● **Steuerungszentralität:** Oberbegriff für die gesamte räumlich-hierarchische Organisation von Wirtschaftsräumen durch **dispositive Entscheidungs- und Kontrollprozesse** (Planung, Kontrolle, Innovation, Anweisungen, ...) einschließlich der dadurch bedingten Disparitäten und Abhängigkeiten. Die Steuerungszentralität setzt sich aus mehreren Ebenen zusammen:

  − der nach dem **territorialen Prinzip organisierten Verwaltungszentralität,** getragen durch öffentliche und offiziöse Führungsfunktionen mit stark historisch fixierten Grundmustern und hoher räumlicher Stabilität,

  − der **Managementzentralität** mit der Funktion der (unternehmens-)internen Disposition und Kontrolle, die vor allem nach dem assoziativen Prinzip organisiert ist, wo aber auch territoriale und kontingente Prinzipien gelten, und der

– **intermediären Zentralität**, die von **Wirtschaftsdiensten** getragen wird und marktmäßige Disposition, Kontrolle, Innovation und Steuerung ausübt. Diese Ebene steht im Zentrum der Fragestellung dieser Arbeit und der Betrachtung der Wirtschaftsdienste als Zentren- und Steuerungsfunktionen. Zwei Ebene sind zu unterscheiden: einerseits die **dispositiven Führungs-, Entscheidungs- und Kontrollfunktionen**, die in ihren Spitzenpositionen in der speziellen Form der Transaktionszentralität auftreten *(transactions centrality: GOTTMANN, J. 1983; COREY, K.H. 1982)* und andererseits **operative Wirtschaftsdienste** *("infrastructure firms: FERNIE, J. 1979, S. 27).*

- **Versorgungszentralität**: Eine zweite wesentliche Ebene der Funktionen von Wirtschaftszentren wird durch die Versorgungsfunktion bestimmt, durch jene Einrichtungen, welche die **Zentren- und Umlandnachfrage nach Gütern und Diensten** deckt. Diese Funktionsebene stand in der traditionellen Zentrenforschung dominant an der Spitze *(Theorie der Zentralen Orte als Konsumversorgungsansatz: CHRISTALLER, W. 1968).* Versorgungszentren sind hierarchisch organisiert und bilden in der Regel **kontingente Gradientfelder** aus. Versorgungsleistungen sind aber nicht nur im Konsumbereich gefragt, sondern auch im intermediären Dienstebereich, wobei insbesondere die Wirtschaftsdienste eine wesentliche Rolle spielen.

8.4.2. Wirtschaftsdienste im Städtesystem

Wirtschaftsdienste als städtische Funktionen suchen oder brauchen nicht nur einen bestimmten innerstädtischen Standort sondern zu einem wesentlichen Teil auch einen **Standort in einer bestimmten Stadt** mit spezifischen Eigenschaften der Größe und der **hierarchischen Stellung im Städtesystem**, der Verkehrslage, der Funktionsspezialisierung usw. **Städtesysteme** lassen sich begrifflich und konzeptionell folgendermaßen fassen *(DE LANGE, N. 1980; BLOTEVOGEL, H.H. 1983; PRED, A. 1974; insbesondere nach BARTELS, D. 1979):* "Unter einem **nationalen Siedlungssystem** sollte ... ein räumliches dynamisches System im Sinne eines formalen Modells der allgemeinen Systemtheorie verstanden werden. ... dieses erscheint konstituiert aus einer **Menge von verorteten Siedlungseinheiten** (verschiedener Struktur und Funktion) als den Elementen des Systems und einer **Menge von Beziehungen** zwischen den einzelnen Systemelementen und weist im Zeitablauf Merkmale prozessualen Geschehens mit entsprechenden Veränderungen der Systemelemente und -beziehungen auf" *(BARTELS, D. 1979, S. 112).* "Siedlungen"werden als Systemelemente verstanden, die operational zu definieren und abzugrenzen sind, deren Auswahl (im Falle der Städtesysteme mit dem Stadtbegriff) begründet werden muß. Vor allem aber sind deren **Attribute** durch **Indikatoren** zu bestimmen, weil von diesen deren Beziehungen und Rollen im Städtesystem abgeleitet werden können. Eine der wichtigsten attributiven Kennzeichnungen besteht in den innerhalb der Siedlungen (Städten) wirksamen **Agglomerationseffekten** (Art und Größe der positiven oder negativen externen Effekte). Zu diesen attributiven Kennzeichnungen sind *(im Gegensatz zur Auffassung von BARTELS, D. 1979, S. 14)* auch die **Interrelationen** (räumliche Lagebeziehungen, Größe- und Teilhaberrelationen, Struktur-Relationen) zu rechnen, welche eigentlich nur als Indikatoren für Elementzustände interpretiert werden können. "Ein weiteres konstitutives Merkmal eines Städtesystemes ist seine **äußere**

Abgrenzbarkeit auf Grund einer höheren internen Verflochtenheit" *(BLOTEVO-GEL, H.H. 1983, S. 74; offenes System).*

Die **Systembeziehungen** bestehen aus **Interaktionen** zwischen den einzelnen Elementen, also **Austausch- und Kommunikationsbeziehungen** (gesellschaftlich-organisatorische Abhängigkeit, Weisungsbedingungen durch Steuerungszentralen, ...) unter Benutzung von Interaktionswegen und -medien. Unter dem Gesichtspunkt der räumlichen Ausprägung der Systembeziehungen im Siedlungssystem werden **zwei Grundtypen** unterschieden *(BARTELS, D. 1979, S. 118)*:

+ **Siedlungssysteme mit arealen Gradientfeld-Effekten:** Geht man von distance decay-Wirkungen auf den Interaktionsumfang aus, so ergibt sich, daß "um jedes Siedlungselement eine Art räumliches Gradientfeld abnehmender (tatsächlicher oder potentieller) Interaktionsintensität zu den Siedlungselementen der näheren und ferneren räumlichen 'Umgebung' angenommen und daß diese Umgebung als ein kontingenter (geschlossener und abgrenzbarer) komplementärer Einzugsbereich verstanden werden kann".

+ **Siedlungssysteme ohne kontingente Komplementärräume:** Die Interaktionen zwischen den Elementen spielen sich auf interregionaler Ebene ab und spiegeln sich "nicht oder nur lückenhaft in kontinuierlichen Raumdistanzgradienten" *(intermetropolitane Spezialisierung; PRED, A. 1975: "big city interdependence").*

Diese **Systemzustände** schließen sich nicht gegenseitig aus, vielmehr ist davon auszugehen, daß damit zwei komplementäre Zustände und miteinander in Verbindung stehende Ebenen angesprochen sind. Kontingente Arealfelder haben vorwiegend mit Versorgungsfunktionen zu tun (System der Zentralen Orte), nicht-kontingente Beziehungssysteme mit Steuerungsfunktionen, Machtbeziehungen und Abhängigkeiten (Städtesysteme i.e.S.). Die zwischen den Elementen eines Siedlungssystems bestehenden Interaktionen sind Ausdruck einer **Funktionsspezialisierung** zwischen den Elementen. Wenn in allen Städten alle Funktionen lokalisiert wären, so gäbe es keine Funktionsspezialisierung und es entfiele die Notwendigkeit für überlokalen Leistungsaustausch (geschlossener Tauschkreis mit dem jeweiligen Umland). Ein anderer Extremfall ist dort gegeben, wo jede Stadt nur eine einzige Funktion aus der gesamten in einem Wirtschaftssystem existierenden Funktionspalette aufweist und wo daher die jeweils fehlenden Funktionen durch Leistungen der übrigen Städte erbracht werden müssen. In der Regel kann man davon ausgehen, daß eine **hierarchische Funktionsspezialisierung** in Mischung mit **sektoralen Funktionsspezialisierung** auftritt *(BLOTEVOGEL, H.H. 1983, S. 74).*

8.4.3. Städtesystemanalysen

Städtesystemanalysen werfen eine Reihe von **methodischen und operationalen Problemen** auf, die von den verschiedensten Autoren in sehr unterschiedlicher Weise gelöst werden *(vgl. CAROLL, G.R. 1982).* Das Problem zerfällt in zwei Abschnitte: Erstens geht es um die Frage der **Abbildung von Städtesystemen**, also um die Darstellung der Größen- und/oder Bedeutungsverhältnisse, der Lageverhältnisse der einzelnen Elemente und ihrer Beziehungen, und zweitens geht es um die **Erklärung von**

Städtesystemtypen, also um die Frage nach den Ursachen für ganz bestimmte Ausprägungen, hierarchische oder sektorale Spezialisierungen, ... ihren Zusammenhang mit Wirtschaftssystemen, Entwicklungszuständen und nicht zuletzt um die Wirkungen von Städtesystemzuständen und -entwicklungen auf Wirtschaftssysteme *(nationale Siedlungssystempolitik: BARTELS, D. 1979, S. 134).*

Die **Abbildung von Städtesystemen** erfolgt in der Regel über die Verwendung von **Indikatoren** *(Interrelationen, BARTELS, D. 1979),* die jeweils mit Hypothesen über deren Aussagekraft über bestehende Interaktionen zwischen den Systemelementen belegt werden. Am häufigsten (oder fast ausschließlich) wird von der **Bevölkerungsgröße** ausgegangen, die mit der Hypothese belegt wird, daß mit dieser der Umfang aber auch die hierarchische Bedeutung der Beziehungen steigt. Die Bevölkerungsgröße ist auch Indikator der meist verwendeten **Rang-Größe-Ansätze** *(AUERBACH, F. 1913, ... vgl. Aufstellung bei CAROLL, G.R. 1982)* bzw. der Variante der **Primate-City-Forschung** *(JEFFERSON, M. 1939, ...).* Verfeinerungsmöglichkeiten der verwendeten Indikatoren der Abbildung liegen in der Verwendung von Beschäftigungsdaten, insbesondere von bestimmten Segmenten zur Kennzeichnung von sektoralen bzw. auch hierarchischen Funktionsspezialisierungen. Das Ergebnis sind verschiedene, meist **hierarchisch interpretierte Typkatologe von Städten** *(Typen Zentraler Orte - vgl. die vielfältigen Typenreihen in verschiedenen empirischen Zentrale-Orte-Untersuchungen; Funktionstypen, Spezialisierungskategorien - BLOTEVOGEL, H.H. 1983, ...).*

Eine grundsätzlich andere Indikatorenwahl kommt aus der **Zentralitätsforschung** *(HEINRITZ, G. 1979, GUSTAVSSON, K. 1973 u.a.),* die von der **Existenz (repräsentativer) Funktionen** ausgeht und diese mit der Hypothese belegt, daß ihre Existenz, Vielfalt und Menge ein Bild der Systembeziehungen zu geben vermag. "Beobachtungsdimension" ist "das Ausstattungsniveau oder -spektrum der Siedlungen hinsichtlich des Angebotes sogenannter zentraler Güter und Dienstleistungen" *(BARTELS, D. 1979, S. 125).* Die Zentralität (Bedeutung im Versorgungssystem) eines Ortes (Siedlung oder administrative Einheit bzw. Cluster zentraler Einrichtungen) wird gemessen über die **Angebotsseite**, also über die an diesem Ort **vorhandenen zentralen Einrichtungen**: Beim **funktionalen Ansatz** werden **Beschäftigungsdaten** als Meßgrößen verwendet *(z.B. BOUSTEDT, O. 1970),* wobei verschiedenste methodische Probleme auftreten *(HEINRITZ, G. 1979, S. 50).* Der **institutionelle Ansatz** geht von den zentralen Einrichtungen eines Ortes aus, indem **Kataloge von "repräsentativen" zentralen Einrichtungen** erstellt werden *(z.B. CHRISTALLER, W. 1950; BOBEK, H. - FESL, M. 1978),* wobei verschiedenste methodische Probleme zu lösen sind *(HEINRITZ, G. 1979, S. 54):* Erfassung der Qualitätsunterschiede, Problem des Schlusses vom Auftreten einer Funktion auf die Zentralität, Problem der Auswahl usw. In jedem Fall besteht das Problem der **Aggregation der Teilzentralitäten** zu einer Gesamtzentralität *(GUSTAVSSON, K. 1973, S. 55ff).*

IBLHER, P. *(1970)* geht von dem sehr weiten **Ansatz der Verortung der gesellschaftlichen Funktionen** aus, die von spezialisierten "funktionalen" Subsystemen ausgeführt werden können und welche sich in einer räumlichen Spezialisierung ausdrücken können. Untersucht wird, ob (in der BRD) "eine Zentralisierung der Haupt-

stadtfunktionen bzw. eine komplementäre Beziehung zwischen verschiedenen höchstrangigen Städten im Sinne einer funktionalen Ergänzung bzw. ein ... Konkurrenz-
verhältnis im Hinblick auf die verschiedenen gesellschaftlichen Aufgabenbereiche"
(IBLHER, P. 1970, S. 28) besteht. Dieser Ansatz ist im Grunde auch bei HALL, P.
(1978) angesprochen, wo ebenfalls Funktionen (Einrichtungen) als Indikatoren für
die Bedeutung von Weltstädten verwendet werden *(vgl. auch BÖHM, K. 1974)*. Als
Indikatoren des Funktionsbereiches
— **Politik** werden Einrichtungen der Legislative und Exekutive (Bundesbehörden,
   Bundesbahndirektionen, Parlament, Spitzenverbände, Gerichte, ...) verwendet,
   für den Bereich der
— **Wirtschaft** Einrichtungen von Spitzenverbänden der Wirtschaft (Sozialpartner-
   einrichtungen, Raiffeisenverband, ...), Industriekonzerne, Großunternehmen des
   tertiären Sektors (vor allem im Bezug auf Spezialisierungen) und für den Bereich
   der
— **Integration**: Schulen und Wissenschaftseinrichtungen, Informationssammelstel-
   len, Theater, Publizistik, Messen.

Systeme lassen sich am besten erfassen, wenn man deren **Interaktionsflüsse** kennt.
Eine Abbildung von Städtesystemen, die auf die tatsächlichen Beziehungen zwischen
den Elementen bzw. auf die Beziehungen zwischen den Subsystemen der Elemente
(Unternehmen, Haushalte, Institutionen, ...) zurückgreifen und die direkten Abhängigkeiten, Steuerungswirkungen usw. verfassen kann, hätte den großen Vorteil, daß
damit das System durch seine **Interrelationen** und durch die Rolle der Elemente ab-
gebildet wird und nicht nur auf dem Umweg über Indikatoren dieser Beziehungen.
Der Ansatz hat allerdings den **empirischen Nachteil**, daß die direkte Erfassung von
Interaktionsflüssen in der Regel sehr arbeitsaufwendig ist. Ansätze zur direkten
Messung und Erfassung von Städtesystemen über Interaktionsflüssen finden sich besonders in der Büroforschung und auch in der Wirtschaftsdienste-Forschung *(z.B.
TÖRNQVIST, G. 1973; CONZEN, M. P. 1975; ...)*.

8.4.4. Städtesystemtheorie

Städtesysteme und Zentrensysteme gehören zu den konstituierenden Elementen
hochentwickelter Wirtschaftsräume; die Erklärung ihrer Entstehung, Strukturierung
und Wirkung zählt daher zu den grundlegensten Intensionen **geographischer Theoriebildung**: Es gibt eine Reihe von Versuchen der Erklärung räumlicher Differenzierungen insbesondere der Ausbildung von zentral-peripheren Ordnungen und Wirt-
schaftszentrensystemen: neoklassische und polarisationstheoretische Ansätze, *(BÖ-
KEMANN, D. 1982)*, entwicklungstheoretische, arbeitsmarktbezogene und organisationstheoretische Ansätze *(TÖDTLING, F. 1983)*, Rang-Größe-Ansätze,
zentralörtliche Theorien, Stromtheorien, Entwicklungszentrentheorien, Organisa-
tions- und Herrschaftstheorien *(BARTELS, D. 1979)*, Grundrententheorie, die
Theorie der Zentralen Orte, Rank-Size-Rule-Konzepte und die Theorie der Wachstumspole *(LICHTENBERGER, E. 1985, S. 24)*.

a) Entwicklungs- und kulturstufentheoretische Ansätze

Einen wichtigen theoretischen Zugang liefert die dynamische Betrachtung *(vgl. CONZEN, M.P. 1975, S. 321).* **Städtesystem** können aufgrund ihrer sozialen und ökonomischen Bestimmtheit nur als **Zustände innerhalb von Entwicklungsprozessen** aufgefaßt werden. Ausgangspunkt sind meist - explizit oder nicht - **"Lebenszykluskonzepte"** für Siedlungs-/Städtesysteme, welche die Entwicklung nationaler Städtesysteme als einen phasenhaften Verlauf verstehen, der parallel zur Reife der sozialen und ökonomischen Entwicklung vor sich geht. Ausgangspunkt ist die **Entwicklungshypothese,** der die Auffassung zugrunde liegt, daß die Entwicklung der räumlichen Organisation im **Prozeß der langfristigen Dynamik einer Höherentwicklung** zustrebt und daß Städte und Städtesysteme für die räumliche Entwicklung eine ganz wesentliche Grundlage sind und daß deren hierarchische Organisation zu den Grundvoraussetzungen gehören. Die Entwicklung wird in der Regel über eine **Phasengliederung** dargestellt. FRIEDMANN, J. geht von vier Stufen aus:

+ "Die **vorindustrielle Raumstruktur** ist charakterisiert durch ... verteilte unabhängige Siedlungen mit einem limitierten Hinterland" *(SCHÄTZL, L. 1978, S. 123);* das System ist stabil und neigt zur Stagnation.

+ In der **transitionalen Phase** bilden sich Metropolen (Primatstädte) heraus, die mobile Produktionsfaktoren absorbieren; es entstehen Stagnations- und Entleerungsräume und das Raumsystem ist instabil.

+ In der **industriellen Phase** kommt es vor allem durch politische Gegenkräfte zur Dezentralisierung und Bildung von Subzentren. "Die einfache Zentrum-Peripherie-Struktur verändert sich allmählich zu einer Multikern-Struktur" *(SCHÄTZL, L. 1978, S. 123)* und große Teile der Peripherie werden in den produktiven Wirtschaftskreislauf integriert. Die Instabilität bleibt allerdings erhalten.

+ In der **postindustriellen Entwicklungsstufe** entsteht eine **"funktionale Interdependenz"** des räumlichen Systems, basierend auf dem **Hierarchieprinzip"** *(SCHÄTZL, L. 1978, S. 123).* Es kommt zu einer weitgehenden Integration aller Teilräume und die regionalen Disparitäten werden minimiert, sodaß eine weitgehende Stabilität entsteht. Aufgrund von Beobachtungen der Entwicklung des Städtesystems in den USA entstand die **These der Counterurbanisation** *(BERRY, B.J.L. 1976),* die zunächst nach dem vordergründigen Merkmale der Bevölkerungsdezentralisation definiert wird, aber auch alle Verlagerungen erfaßt, die in der Städtehierarchie abwärts verlaufen.

In Anwendung auf Städtesystemstrukturen wird der stufentheoretische Ansatz am Beispiel der räumlichen Konzentration von Headquarterfunktionen in Canada *(SEMPLE, R.K. - GREEN, M.B. 1983, Fig. 1, S. 390)* zu einem **Modell der Entwicklung der Konzentration von Führungsfunktionen** im Zusammenhang mit dem gesellschaftlichen Entwicklungsprozeß umgesetzt: Parallel zum Entwicklungsablauf in Industrieländern (kontinentaler Größe) treten folgende **Stadien der Konzentration von Führungsfunktionen im Städtesystem** auf: Mit dem Beginn der Entwicklung bzw. mit ihrem Fortschreiten steigt die Konzentration der Führungsfunktionen, wobei besonders ein relativer **Bedeutungszuwachs des nationalen Zentrums** charakteristisch ist. Am Kulminationspunkt dieser Entwicklung steht die **Phase der Dominanz des na-**

tionalen Zentrums (primacy). In der weiteren Entwicklung kommt es durch verschiedene Ausbreitungsprozesse (Verlagerungen, etc.) zur wirksamen Konkurrenz durch die wichtigsten Regionalzentren und die Konzentration der Führungsfunktionen auf das nationale Zentrum nimmt ab = **Phase der Dominanz der Regionalzentren**. Im weiteren Entwicklungsgang können dann auch die subregionalen Zentren so weit wachsen, daß sie mit dem nationalen Zentren und den Regionalzentren in Konkurrenz treten. Diese beginnen dann Steuerungsfunktionen zu verlieren, der Grad der Konzentration sinkt und das Städtesystem bewegt sich auf ein **Reifestadium** zu *(SEMPLE, R.K. - GREEN, M.B. 1983, S. 391)*.

Nach der sozioökonomischen These stehen **Städtesystemzustände** in einem ambivalenten Verhältnis zur Wirtschaftsstruktur, zum Entwicklungsstadium und zu den Rahmenbedingungen einer Volkswirtschaft. Auf der Basis dieser Hypothese wird in verschiedenen Ansätzen versucht die **Zusammenhänge zwischen Städtesystemstrukturen und sozialökonomischen Bedingungen** aufzudecken und zu erklären; dabei kann der Erklärungszusammenhang in beiden Richtungen gesehen werden - bestimmte Städtesysteme erklären Entwicklungszustände oder Chancen, Entwicklungszustände erklären bestimmte Städtesystemstrukturen. Hier sind jene Analysen zu nennen, in denen über Rang-Größe-Ansätze bzw. Primatverteilungsanalysen festgestellte Städtesystemstrukturen mit Entwicklungs- und Systemzuständen in Zusammenhang gebracht werden *(JEFFERSON, M. 1939; FRIEDMANN, J. 1978; BERRY, J.B.L. - GARRISON, W.L. 1958 u.a.; vgl. CAROLL, G.R. 1983)*:

+ **Primatverteilungen** werden dabei in Zusammenhang gebracht mit politischem **Zentralismus**, mit sozialistischer Verwaltung, hoher Kontrollintensität, wirtschaftlich mit **Agrargesellschaft** aber auch mit hohen Anteilen von Face to face-Kontakten, **Unterentwicklung**, Ungleichheit und Disparitäten, geringer Integration (duale Gesellschaft); Primat wird als Effekt des Kollonialismus mit festgeschriebener zentraler Verwaltung und starker Exportkonzentration der kolonialen Wirtschaft interpretiert.

+ **Polyzentrische Verteilungen** werden mit **föderalistischen** Staatsformen, hoher regionaler Selbständigkeit, geringen Disparitäten, mit der **Industriegesellschaft**, mit starker **Demokratisierung** usw. und besonders mit postindustriellen Verhältnissen (Dienstleistungsgesellschaft) in Verbindung gebracht.

b) Theorie der Wachstumspole

Entwicklungszentren- und Wachstumspolkonzepte sind als Versuche zu interpretieren, die **sektoralen Entwicklungs- und Wachstumstheorien** (insbesondere die polarisationstheoretischen) in die **räumliche Dimension** umzulegen und damit zu einer konkreten Verortung der Wachstums- und Entwicklungsanstöße zu kommen. **Beobachtungsdimension** sind "strukturelle Kennzeichnungen von **Siedlungen**" (Städte), die nach ihrer Ausstattung mit wachstumsrelevanten Wirtschaftsbranchen, nach unterschiedlichen Externalitäten (Lokalisations- und Urbanisationseffekte) und nach der räumlichen Lage (im Kommunikationsnetz) beschrieben werden. Die relevanten **Systembeziehungen** mit der Funktion der Weitergabe von Entwicklungsimpulsen bestehen aus produktionstechnologischen Beziehungen, Einkommens-Ausgaben-Multiplikator-Beziehungen, Faktorwanderungen, organisatorischen Steuerungsverflechtungen und Kommunikationskanälen. Ziel ist die Erklärung (Prognose) wirtschaftlicher Entwicklung und nicht die Erklärung von Städtesystemen. Dennoch wird von einem engen Zusammenhang zwischen dem wirtschaftlichen Wachstum und der Urbanisierung ausgegangen. Insbesondere das **Wachstumspolkonzept von LASUEN, J.** *(1970)* stellt auf diesen Zusammenhang ab und "zielt auf die Entwicklung eines dynamischen räumlichen Sytems von Wachstumspolen" *(SCHÄTZL, L. 1978, S. 137).* **Wachstumspole** sind **"cluster" von exportwirksamen Betrieben**, wobei die Entwicklung der Wachstumpole und des gesamten Systems der Wachstumspole von den Impulsen der nationalen Nachfrage verursacht wird; die Wettbewerbsfähigkeit entscheidet über die Verteilung der Wirkungen dieser Impulse. Die Ausbreitung der Wachstumsimpulse auf die sektorale und geographische Peripherie erfolgt über **"zwischenbetriebliche Vorwärts- und Rückwärtskoppelungen** des Marktes" *(SCHÄTZL, L. 1978, S. 138).*

Die Entstehung des Systems von Wachstumspolen wird entscheidend auf **Innovations- und Diffusionsprozesse** zurückgeführt: "Die Entwicklung der Wirtschaft und die Muster städtischer Siedlungen eines Landes sind die zeitlichen und räumlichen Spuren eines Prozesses der Adaption von Innovationen, wobei diese Spuren sektoral und räumlich diskontinuierlich auftreten" *(SCHÄTZL, L. 1978, S. 139).* Der Entwicklungsprozeß wird also aus **Abfolgen von Inventions-, Diffusions- und Adaptionsprozessen** erklärt. Die sektoralen "cluster", vor allem die **Inventionscluster** sind dominant **räumlich konzentriert** (große, offene Städte in hochentwickelten Ländern) aufgrund von internen und externen Ersparnissen, von Produktions- und Marktkomplementaritäten und entsprechenden Marktentwicklungsprozessen. Die regionale Polarisation wird also nicht alleine aus der Agglomeration von Industriebetrieben erklärt, sondern auch über Marktmechanismen. Die **Ausbreitung von Innovationen** erfolgt im Bereich der **Konsumgüter und (konsumtiven) Dienstleistungen** über alle vorhandenen Kommunikationsmedien und daher in **konzentrischen Ringen**, die Ausbreitung von **unternehmerischen Innovationen** hingegen nur über **spezialisierte Kommunikationskanäle**, wobei internationale und interregionale Mehrbetriebs- und Multistandortunternehmen eine wesentliche Rolle spielen. Städtesystementwicklungen und deren Strukturen werden also im wesentlichen erklärt aus den Systembeziehungen, insbesondere aus dem Prozeß der Ausbreitung von Entwicklungsimpulsen, die als Innovationen verstanden werden und deren Ausbreitung durch die Wettbewerbsfähigkeit der einzelen Zentren bestimmt wird. Die **Wettbewerbsfähigkeit** wiederum ergibt sich aus Strukturmerkmalen (Wachstumsbranchen), Externalitäten und Lagevorteilen im Gesamtsystem.

c) Organisations- und herrschaftstheoretische Ansätze

Städtesysteme und Städtesystemstrukturen werden als Ergebnis oder **Mittel der Ausübung von Steuerungsfunktionen bzw. der Machtausübung** gesehen. Dieser Ansatz hat im Zusammenhang mit dem historisch-genetischen Ansatz der Stadtforschung eine wichtige Rolle gespielt *(SCHÖLLER, P. 1960, 1967),* indem auf "ständestaatlich gestufte Führungshierarchien", "territorialherrschaftlich-regionale Stadtgründungsaktivitäten oder föderalistische Verfassungskomponenten" *(BARTELS, D. 1979, S. 132)* eingegangen wird. Aktuell spielt die zunehmende Dominanz von Multistandort- und Multifunktions-Unternehmen und -Behörden eine wesentliche Rolle, womit der Zusammenhang zwischen herrschaftstheoretischen und organisationstheoretischen Aspekten klar wird. Die Elemente des Systems, also die Städte werden in ihrer Systemrolle beschrieben über die in ihnen situierten "**Entscheidungs- und Verwaltungskompetenzen der öffentlichen Hand sowie des privatwirtschaftlichen Unternehmensbereiches ...** (z.B. Instanzen der Grundsatzentscheidung, der Planung, der Durchführung, der Finanzierung, der Personalverwaltung, der Kontrolle ...)" *(BARTELS, D. 1979, S. 133).* Die Konzentration von Unternehmenszentralen und Zentralverwaltungen auf die hochrangigen Zentren wird als sich selbst verstärkender zirkulärer Prozeß gesehen: "Die Ansiedlung oder Erweiterung einer Zentralverwaltung ... erfolgt aufgrund der lokalen Verfügbarkeit von spezialisierten Informationen und von unternehmerischen Dienstleistungen (Banken, Versicherungen, Rechtsdienste und Unternehmensberatung, Transport- und Kommunikationseinrichtungen) in hochrangigen Städten. Dadurch erhöht sich wiederum der Bedarf nach eben diesen Dienstleistungen, sodaß Neugründungen und Erweiterungen auch in diesem Bereich auftreten. ..." *(TÖDTLING, F. 1983, S. 61).* Die **Systembeziehungen** bestehen aus "**lenkenden Regelungs- und Kommunikationsströmen** innerhalb der in regionalem, nationalem oder übernationalem Rahmen organisierten Unternehmen, Gebietskörperschaften und sonstigen Institutionen" *(BARTELS, D. 1979, S. 133).* Die räumliche Konfiguration dieser Systembeziehungen weichen von den punkt-arealen Verflechtungen und den Systemstrukturen zentralörtlicher Städtehierarchien deutlich ab und führen zur Herausbildung von **Subsystemen metropolitaner Zentren** mit interregionalen Horizontalverflechtungen *(PRED, A. 1973, 1974, 1977; TÖRNQVIST, G. 1973).* Die verorteten Machtorganisationen, von denen Abhängigkeiten aufgebaut werden, sind also die Ursache der Städtebedeutung, des Systemaufbaus und auch der Wirkung von Städtesystemen.

d) Zentralörtliche Theorieansätze

Die Theorie der Zentralen Orte wird häufig als die **Theorie der Dienstleistungsgeographie** hingestellt. In der Interpretation von GRÜSSEFELDT, J. *(1980)* ergibt sich folgendes Bild: Die Theorie der Zentralen Orte von Christaller ist eine **rein deduktive Theorie**, die von einer Hypothese und von fünf unabhängigen Annahmen ausgeht: "Die **Hypothese** (H) lautet: Alle zentralen Orte und Dienstleistungen haben ihre eigene verschiedene Reichweite", d.h.: "Die Nachfrage nach zentralen Gütern und Diensten nimmt mit zunehmender Entfernung vom Angebotsstandort infolge steigender Transportkosten unterschiedlich stark ab". Die **Ausgangsbedingungen** lauten: A1 es existiert eine unbegrenzte isotrope Ebene, A2 alle Teile dieser Oberfläche werden gleichmäßig mit allen Gütern und Diensten versorgt, A3 in keinem Zentralen Ort werden zusätzlich Gewinne erwirtschaftet, A4 der Gewinn in den zentralen Orten wird dadurch maximiert, daß die Anbieter von Gütern und Diensten einen möglichst großen Abstand zu den Konkurrenten suchen, A5 alle Konsumenten minimieren ihren Aufwand. Erklärt werden soll die **Größe, Anzahl und Verteilung**

Zentraler Orte. Es ergeben sich bei Anwendung des deduktiven Modells folgende Schlußfolgerungen:

– Es gibt bestimmte **Größentypen zentraler Orte**, in denen jeweils eine bestimmte Anzahl von zentralen Gütern und Diensten angeboten wird, d.h. es gibt eine Hierarchie zentraler Orte.

– Es existiert eine bestimmte Anzahl zentraler Orte, die sich von systembildenden Ort ausgehend als Summe einer geometrischen Reihe ergibt, d.h. es gibt eine **gestufte Hierarchie** der zentralen Orte und keine kontinuierliche Rangfolge.

– Alle zentralen Orte liegen auf den Eckpunkten eines **Gitternetzes**, das durch regelmäßige Sechsecke gebildet wird *(GÜSSEFELDT, J. 1980, S.134)*.

Die Grundidee der Christaller'schen Theorie der Zentralen Orte ist in zahlreichen Versuchen "überprüft", erweitert, modifiziert worden *(vgl. die Hinweise bei HEIN-RITZ, H. 1979)* und sehr stark in die Regionalplanungsstrategien eingegangen *(z.B.: UHLMANN, 1979, S. 162)*, wo das analytische Konzept in ein normatives umgesetzt wird. Im Zusammenhang mit der Wertung der zentralörtlichen Theorie vor dem Hintergrund der Wirtschaftszentralität sind folgende Aspekte wichtig:

+ **Christaller** leitet die Ballung von zentralen Diensten allein aus der Notwendigkeit ab, daß bestimmte Gruppen von Diensten aufgrund ihrer **Thresholdbedingungen** an jeweils bestimmte Klassen zentraler Orte gebunden sind, weil diese nur an diesen erfüllt werden können. Die Ballung ergibt sich also allein aus der Notwendigkeit der Thresholdsicherung, sie wird nicht aus den Assoziationsvorteilen erklärt, welche sich aus der gegenseitigen Befruchtung der agglomerierten Einheiten (Konkurrenzanziehung, Attraktivitätssteigerung) und den Lagevorteilen, den Lokalisationseffekten und Urbanisationseffekten (komplementäre Funktionen) an diesen Ballungsstandorten ergeben.

+ Das **Zentralitätskonzept** (CHRISTALLER) hat den Mangel, daß die **Agglomerationsproblematik** nicht erfaßt ist. Für den Bereich der Wirtschaftszentralität ist eine Erweiterung um den Aspekt der Agglomeration besonders notwendig, weil die Wirtschaftsdienste als Träger der Wirtschaftszentralität sehr stark assoziativ reagieren und daher das Zentrensystem ohne die leitenden Agglomeratonseffekte nicht erklärt werden kann. Unter den kritischen Ansätzen zur Theorie der Zentralen Orte nach Christaller, welche allerdings in vielen Fällen nur Versuche sind, die rein deduktive Theorie in eine induktivere, empirischere Form umzuwandeln *(GÜSSEFELDT, J. 1980)*, ist die Betonung einer mangelnden Berücksichtigung der Agglomerationseffekte wohl einer der wichtigsten *(ULLMANN, J. 1979)*.

+ BARTELS, D. *(1979, S. 118)* stuft die zentralörtlichen Theorien als einen Typ von Siedlungssystemmodellen ein, bei denen ausschließlich **areale Gradientfelder** charakteristisch sind und in denen für "horizontale Systembeziehungen", wie sie in Städtesystemen vorkommen, kein Platz ist. Die bei der Wirtschaftszentralität so bedeutenden Suprasystemstrukturen und nicht-kontingenten Beziehungen kommen nicht vor.

+ Die Theorie der Zentralen Orte weist eine starke **Reduktion auf die Konsumzentralität** auf, obwohl sie von Christaller, wie seine Liste der repräsentativen Dienste zeigt *(CHRISTALLER, W. 1968, S. 139)*, zunächst als eine alle Wirtschaftsbereiche umfassende Theorie der Städteverteilung gedacht war *(Gleichsetzung der*

Theorie der Zentralen Orte Christallers mit der "Law of Retail Gravitation": GÜSSE-FELDT, J. 1980). Die Zentralitätsproblematik wird fast ausschließlich mit der Versorgungsproblematik von Endverbrauchern gleichgesetzt (Einzelhandelsversorgung, Gesundheitsdiensteversorgung, ...). Diese Schlagseite wird in der Literatur aber auch erkannt: Auch bei der Dynamisierung der Theorie der Zentralen Orte geht es vor allem um "Einzelhandelsstrukturen und Geschäftszentren. Hingegen bleibt der für die ursprüngliche Theorie der zentralen Orte ja ebenfalls wichtige **quartäre Bereich** durchwegs aus der Betrachtung ausgeschlossen" *(HEINRITZ, H. 1979, S. 134).* Den Modellen der Zentralitätsforschung fehlt ein wichtiger Teil, "der **Managementbereich großer Unternehmungen**" und der Bereich der "**informationsverarbeitenden Dienstleistungen**" *(MEUSEBURGER, P. 1968, S. 105)* und "the theory does not make any explicit reference to producer services" *(DANIELS, P.W. 1985, S. 105).*

8.4.5. Typen und Funktionen von Wirtschaftsdienstezentren

Typisierungsversuche von Dienstezentren sind selten und in der Regel untersuchungs- und regionsspezifisch struktruriert *(z.B. NOYELLE, TH. 1983 für die USA; DE LANGE, N. 1980 für die BRD).* Bringt man die bei den Wirtschaftsdiensten immer wieder auftretenden funktionalen und hierarchischen Gesichtspunkte mit der heute besonders wichtigen räumlichen Spannung "**Konzentration - Dispersion**" in Zusammenhang, so läßt sich eine deutlich Korrelation zwischen dem **Rang der Funktionen im dispositiven Prozeß** und der **räumlichen Konzentration** erkennen *(vgl. Kap. 8.2.3., Abb. 11.).* Aktive, aktuelle Differenzierungsprozesse führen dabei zu verstärkter selektiver räumlicher Konzentration/Dispersion (Suburbanisierung, Dezentralisierung, ...). Die räumliche Konzentration bzw. Dispersion kann makroräumlich durch die Zuordnung einzelner Funktionen und **Funktionsgruppen zu Städten verschiedener hierarchischer Stufen** (Bedeutungsstufen von Wirtschaftszentren) abgebildet werden, **mikroräumlich** durch die **Einordnung in das innerstädtische Spanungsfeld** der zentralen, subzentralen, urban-dispersen und suburbanen Lage. In diesem Spannungsfeld haben die verschiedenen **Wirtschaftsdienste und -gruppen** charakteristische Positionen, die sich aus ihrer Funktion und ihrer Stellung in der funktional-hierarchischen Systematik ableiten lassen. **Wirtschaftsdienste-Zentren** nehmen aufgrund der in ihnen verorteten Wirtschaftsdienste charakteristische Positionen ein, aus denen sich ihre Stellung im Zentrensystm ableitet. Es kommt auf allen dimensionalen Ebenen zur Ausbildung verschiedenster funktional-hierarchisch strukturierter Zentren und Zentrenmuster, die die gesamte dimensionale Breite umfassen:

● **Weltstädte** sind durch die "**Weltstadtfunktionen**" bestimmt, die das Spezifikum der Weltstadt- CBD's und der CBD-Randbereiche sowie der Subzentren und teilweise auch der suburbanen Umgebung sind. Assoziativ ergänzt werden sie in den zentralen Lagen durch **höchstrangige Unternehmensdienste**, welche für die Firmenzentralen Urbanisationsfaktoren darstellen. Die Cityrandbereiche und Subzentren sind inzwischen ebenfalls zu Standorten von Weltstadtfunktionen, von höchstrangigen Unternehmensdiensten und von hochrangigen dispositiven Diensten geworden. Die Prozesse der **Subzentralisierung und Suburbanisierung** sind voll im Gange; besonders wirksam ist dabei die unternehmensinterne Funktions-

differenzierung: Viele Firmen sind im CBD nur mehr durch ein front office vertreten, die Firmenzentrale befindet sich in subzentraler, manchmal auch suburbaner Lage, oft zusammen mit den routinierbaren Funktionen. **Weltstädte**
werden durch ihre spezifischen Funktionen zu **global wirksamen Kernen,** in denen
überwiegend internationale Verflechtungssysteme übergreifend über die großen
Blockbildungen wirken.

● **Blockhauptstädte bzw. Kontinentstädte** weisen sehr ähnliche Strukturen und Prozesse auf, allerdings mit etwas geringerer Bedeutung der Weltstadtfunktionen und
etwas abgeschwächter hierarchischer Stellung der sonstigen Funktionen. Vor
allem durch die **hierarchische Diffusion** von hochrangigen Wirtschaftsdiensten im
Rahmen der **Funktionsspezialisierung** gewinnen diese Städte zunehmend an Bedeutung *(vgl. Modell des Reifeprozesses von Städtesystemen; SEMPLE, R.K. -
GREEN, M.B. 1983).* Subzentralisierung und Suburbanisierung treten in ähnlicher
Form auf wie in den Weltstädten.

● **Hauptstädte** (Metropolen) sind die **nationalen Kerne,** in denen die **hochrangigen
dispositiven Dienste** in Assoziation mit den Routinediensten das bestimmende
Element darstellen. Höchstrangige Unternehmensdienste treten nur mehr seltener auf und beziehen sich auch nur mehr auf nationale Headquarters. Der Suburbanisierungsprozeß und der Vorgang des Citywachstums ist überwiegend stark.

● **Regional-, Klein- und Mittelstädte** weisen nur schwache räumliche Differenzierung der verschiedenen auch hier vorhandenen Wirtschaftsdienste auf, sodaß im
Zentrum Mischung und im gesamten Stadtgebiet eine relativ starke Streuung der
Funktionen auftritt, weil die gesamte städtische Dimension ziemlich undifferen-
zierte Standortqualitäten aufweist.

8.5. Mikroräumliche Standort- und Aktivitätsmuster

Das gesamte räumliche Verhalten von Wirtschaftsdiensten, sowohl die Standortwahl der Potentialproduktion und der Diensterstellung als auch das gesamte Inter-
aktionsgeschehen ist in dominanter Weise über den Zentrenbezug und die Hierarchisierung mit städtischen Standorten und Aktionsräumen verbunden. **Innerstädti-
sches Standort-, Interaktions- und Verlagerungsverhalten** stellt eine spezielle Ent-
scheidungsdimension dar, für welche die relevanten Determinanten in städtischen
Raumbezügen zu suchen sind.

8.5.1. Innerstädtische Standortmuster

Städtische Wirtschaftsräume bilden bei mikroräumlicher Betrachtung den Grundraster der räumlichen Implikation der Wirtschaftsdienste, insbesondere jener, die als
Zentrenfunktionen zu charakterisieren sind. Grundlage der Erklärung der räumlichen Implikation der Wirtschaftsdienste im städtischen Raum ist die **Hypothese des
funktionsaffinen Verhaltens,** Verhaltensmaxime ist die Orientierung am **Grundmuster der Stadtstruktur** und seiner **funktionsentsprechenden Bewertung.** Dieser
Grundraster ist bestimmt durch folgende generelle innerstädtische Raummuster:

+ **Zentral-periphere Muster:** Angelpunkt von Eigenschaftsveränderungen ist das
  Stadtzentrum, die Gradienten haben entweder zentrifugale oder zentripetale

Richtung (Parkplatzangebot, Prestigewerte, Büroflächenangebot, Zugänglichkeit, Assoziation, Bodenpreise, ...). Die Orientierung von Wirtschaftsdiensten an diesen Mustern wird durch die Gültigkeit und Bewertung der in der **Assoziations- bzw. Agglomerationshypothese** enthaltenen Standort- und Interaktionskriterien bestimmt: Entsprechend den Konzepten der Boden-Renten-Theorie wird auf das Verhältnis von notwendiger Zentrenlage und -nähe zur "Zahlungsfähigkeit" für Büroflächen, Erreichbarkeiten, Image usw. reagiert.

+ **Sektorale Muster:** Standortspezifitäten bestehen im städtischen Raum häufig in der Form von Sektoren oder **Viertelsbildungen** - Charakteristikum ist in der Regel die Spezialisierung auf bestimmte Eigenschaften (Wohnprestige, Erreichbarkeiten, Zugänglichkeit, Flächenangebot, Infrastrukturausstattung, ...). Eine besondere Variante der Spezialisierung von Stadtlagen besteht in der durch Hierarchie- und Agglomerationseffekte bestimmten **innerstädtischen Zentrenstruktur** (City, Subzentren, ...).

+ **"Homogene Muster":** Städtisches Milieu bestimmter Qualitäten tritt innerhalb von Städten bis zu einem gewissen Grad homogen auf und ist an allen städtischen Standorten weitgehend gleichgut erreich- und nutzbar (Arbeitskräfteangebot, Kontaktmöglichkeiten, Infrastrukturdichte, ...). Für viele Wirtschaftsdienste leitet sich daraus als Kriterium der Standortorientierung die **Homogenitätshypothese** ab: Entscheidend ist die Anwesenheit in einer Stadt bestimmter Systemstellung, der mikroräumliche Standort innerhalb der Stadt ist "zweitrangig" und wird weitgehend durch die Immobiliensituation bestimmt.

Mit Ausnahme von Ansätzen der Büroforschung besteht im Bezug auf die innerstädtische Verortung des quartären Sektor ein **Theoriedefizit:** "Die Verselbständigung des quartären Sektors vom konsumentenorientierten tertiären Sektor hat wohl die Bürostandortforschung als induktiven Forschungszweig begründet; daraus ist aber bisher noch keine Theorie des quartären Sektors entstanden" *(LICHTENBERGER, E. 1986, S. 207)*. Die innerstädtische Standortbildung läßt sich auf zwei Theorieansätze zurückführen *(LICHTENBERGER, E. 1986; FUCHS, M. - u.a. 1985)*:

● Die **Theorie des städtischen Bodenmarktes** begründet die räumlichen Muster der Stadt auf den Transportkosten und der städtischen Grundrente. Nach HAIG, R.N. *(1928)* entsteht die räumliche Struktur durch eine Minimierung der Reibungskosten. In der Weiterentwicklung durch ALONSO, W. *(1964)* werden die städtischen Standortentscheidungen durch eine **Tendenz zur Minimierung der Transportkosten und Mieten** bei gleichzeitiger **Maximierung der Nutzflächen** bestimmt. Entscheidend ist dann die "rent paying ability" des "erfolgreichsten Anbieters"; das ist jener, "welcher den größten Ertrag aus einer bestimmten Lage ziehen kann". Da dieser Ertrag abhängig ist von der Zugänglichkeit des Stadtzentrums, ergeben sich für die verschiedensten Nutzungen unterschiedliche Gradienten der Attraktivität und damit eine **funktionale Zonierung** (Ringbildung) der Stadt, wobei jeweils der "Meistbieter" die anderen Nutzungen verdrängt. Der Ansatz ist bei offener Interpretation auch auf sich verändernde Erreichbarkeitsverhältnisse übertragbar, insbesondere dadurch, daß man nicht deterministisch davon ausgeht, daß immer das Stadtzentrum der Punkt bester Zugänglichkeit und Standort höchster Attraktivitäten ist (Einflüsse von Planungsrestriktionen, Ausbau oder Verfall der Infrastruktur, Nachbarschaften usw.). Eine Varainte der Bodenpreistheorie besteht in der Theorie der Büroflächenproduktion (office development), die von der Hypothese ausgeht, daß das Standortverhalten häufig von der Existenz freier Büroflächen (als besonderer Form günstiger Bodenpreisverhältnisse) gesteuert wird, daß also Büroflächeninvestitionen *(BARRAS, R. 1983: Bauzyklentheorie)* im städtischen Raum sehr wesentlich die Bürostandortverteilung beinflussen *(BATEMANN, M. 1985)*.

- Die **Zentralörtliche Theorie** wurde aus dem zwischenstädtischen Dimensionsansatz unter Einschränkung auf das "marktwirtschaftlichen Axiom" für die innerstädtischen Standortmuster vor allem des Geschäftslebens übernommen und erklärt **innerstädtische Zentrenmuster und Geschäftsstraßensysteme** als räumlichen Ausdruck von Konsumfunktionen *(vgl. Kap. 8.4.4.d)*. Wesentlich erscheint am zentralörtlichen Konzept vor allem die funktionale und räumliche Hierarchisierung, also die Strukturierung räumlicher Verflechtungsmuster und Standortsysteme durch Abhängigkeiten, Über- bzw. Unterordnung. Zusammen mit dem Konzept der Agglomerationseffekte, der Wirkung von Lokalisations- und Urbanisationseffekten entsteht daraus eine Erklärung hierarchischer Zentrenmuster im innerstädtischen Beziehungsgeflecht.

- Direkte Bezüge innerstädtischer, standorttheoretischer Aussagen zu den Wirtschaftsdiensten gibt es nicht, indirekt und soweit Wirtschaftsdienste Bürofunktionen darstellen, liefert die **Bürostandortforschung** übertragbare Aussagen: Einen direkten Bezug auf die Miet- und Bodenpreistheorie nimmt das **Gleichgewichtsmodell des innerstädtischen Standortmusters** *(TAUCHEN, H. - WITTE, A.D. 1983; vgl. auch Kap. 4.1.)* für Büros, das explizit die Wirkungen der Agglomerationsvorteile, der Kontaktvorteile, der Anlagekosten und Transportkosten als Hauptvariable einbezieht. "Die Gleichgewichtsverteilung ist charakterisiert durch eine Bodenrenten-Funktion und eine Verteilung der Bürofirmen, in der die größere Zugänglichkeit zu Kontakten an zentralen Standorten durch höhere Mieten ausgeglichen wird"; dies entspricht weitgehend dem klassischen Konkurrenzansatz der Stadtgeographie, der sich auf Mietpreis-Bodenpreis- und Zugänglichkeitsgradienten bezieht.

Die Wirksamkeit der den Theorieansätzen grundgelegten Steuerungsfaktoren des räumlichen Verhaltens im städtischen Raum hängt sehr wesentlich von der **Stadtgröße und der Hierarchiestellung** ab: beides sind Indikatoren für die Intensität der Verflechtungen, die Spezialisierungsgrade und die Assoziation. Die bisherigen Ergebnisse der empirischen innerstädtischen Standortanalyse von Wirtschaftsdiensten beziehen sich weitgehend nur auf Fallstudien für einzelnen Wirtschaftsdienste-Bereiche und für einzelne Städte *(z.B. DE LANGE, N. 1983; HEINEBERG, H. - DE LANGE, N. 1983 u.a.; vgl. auch Kap. 4.1.)*. In verallgemeinerter Form liegen sie vor allem der Erstellung von Standortfaktorensystemen für Wirtschaftsdienste zugrunde *(Kap. 8.2.1.)*.

8.5.2. Verlagerungsvorgänge im städtischen Raum

Aussagen und Untersuchungen zur innerstädtischen Dynamik von Wirtschaftsdiensten sind selten und mit zwei wesentlichen Problemen behaftet: Die meisten Aussagen beziehen sich auf große Metropolen wie New York, Seattle, Sidney, Toronto usw. und die Wirtschaftsdienste sind nicht explizit als Branche Forschungsthema, sondern es werden Büroflächen, Bürobeschäftigung oder Firmenzentralen als "Ersatz" untersucht *(DANIELS, P.W. 1985, S. 214)*.

Der Standortwechsel als besondere Form der Standortfindung und -entscheidung ist im innerstädtischen Raum durch die Verlagerungsrichtungen und -dimensionen beschreibbar. Bewertungsmaßstab ist auch in diesem Fall das Strukturmuster der innerstädtischen Gliederung und seine Bewertung im Rahmen des Versuches von Unternehmungen funktionsaffine Standorte zu finden und zu realisieren. Versucht man eine **Systematisierung von Verlagerungsvorgängen** im städtischen Raum, so lassen sich die wichtigsten Verlagerungsdimensionen in den städtischen Raum klar einordnen und es lassen sich daraus Hypothesen zu ihrer Erklärung ableiten.

+ **Kleinräumige Verlagerungen** auf meist engem Raum sind dominant **immobilienbedingt**, d.h. sie werden bei grundsätzlicher Entsprechung des Standortraumes durch Nichtentsprechung der benutzten Immobilien (Büroräume) und vor allem das Auftreten von Alternativen in unmittelbarer Nähe (Freiwerden von Büroräumen durch Abzug von Firmen, Verdrängungsprozesse, Bürobautätigkeit) ausgelöst.

+ **Gerichtete räumliche Verlagerungen**, die aus dem unmittelbaren Standortraum herausführen und zu Veränderungen der Standortverteilungen im städtischen Muster und z.T. auch zu Veränderungen der Beziehungsmuster führen, sind nach der dominanten Verlagerungsrichtung im Zusammenhang mit den zentral-peripheren Gradienten zu gliedern:

  − **Zentrifugale Verlagerungen** sind vom Zentrum nach außen gerichtet und umfassen den Prozeß der **Subzentralisierung** (von der City an den Cityrand), den Prozeß der **Suburbanisierung** (vom Zentrum bzw. den Innenstadtbereichen an den Stadtrand) und den Prozeß der **Exurbanisierung** (von der Stadt in das nichtstädtische aber angrenzende Umland), aber auch den Prozeß der "Counterurbanisierung" *(BERRY, B.J.L. 1976)* als Form der zwischenstädtischen Verlagerung von hochrangigen Städten in niederrangige.

  − **Zentripedale Verlagerungen** sind von außen ins Zentrum gerichtet und als Konzentrationsvorgänge ausgebildet: Cityzentralisierung, Cityrandkonzentration und Stadtkonzentration sind die wichtigsten dimensionalen Grundformen.

  − **Tangentiale Verlagerungen** sind solche zwischen Stadtteilen, die in Bezug auf zentral-periphere Gradienten gleichwertig eingestuft sind, die aber aufgrund von **Spezialisierungen** individuelle Attraktivitätsunterschiede aufweisen (Büroflächenausbau, Verlagerung im Standortprestige, ...).

Verlagerungsvorgänge von Büros und Wirtschaftsdiensten im städtischen Raum können auf zwei Gruppen von **Verlagerungsmodellenbezogen** werden:

● **Lebenszyklusansatz** *(COWAN, P. 1969; nach PRITCHARD, G. 1975)*: Die Büroentwicklung wird als **"birth-growth-death-Prozeß"** beschrieben: Basishypothese ist dabei, daß "at each stage of office life cycle alternative accomodation is sought" *(PRITCHARD, G. 1975, S. 101)*. Das Standortverhalten ist also entwicklungsabhängig: Die Verlagerungsentscheidung ist die Umsetzung der gegenwärtigen und zukünftigen Bedürfnisse und ist direkt abhängig von Raumbedürfnissen und von den Mietkosten, vom Alter und den Rahmenbedingungen der benutzten Büroräume. Wenn diese Bedingungen nicht mehr entsprechen, wird ein alternativer Standort gesucht.

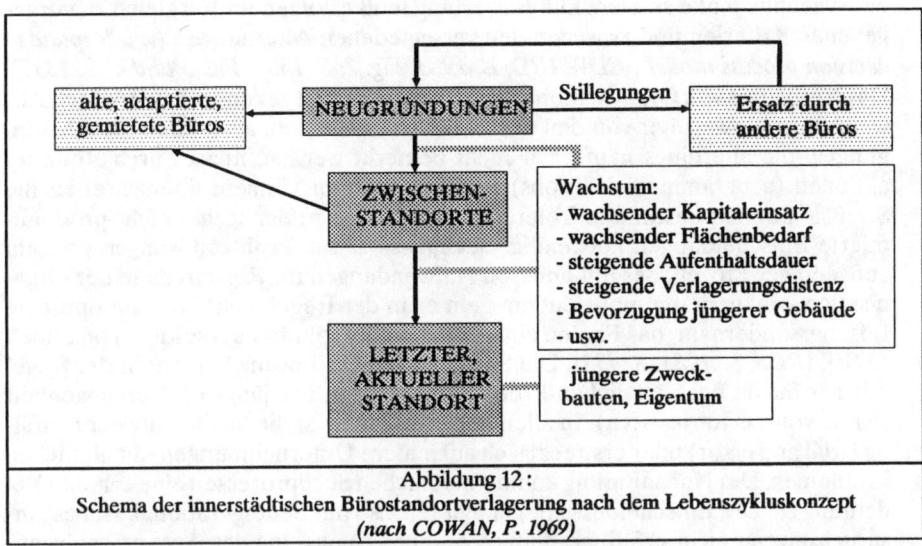

Abbildung 12 :
Schema der innerstädtischen Bürostandortverlagerung nach dem Lebenszykluskonzept
(nach COWAN, P. 1969)

Gründungsstandorte sind in der Regel gekennzeichnet durch geringe Bürogröße, geringe Kosten und wenige Adaptionsaufwand. Betriebe gehen an diesen Standorten entweder zugrunde (ihrer Büroräume werden frei) oder sie vergrößern schrittweise mit dem Wachstum die Bürofläche und Investitionen in die Räumlichkeiten. Die **Aufenthaltsdauer** an den aufeinanderfolgenden Standorten steigt proportional mit den Adaptierungskosten bis Büroeigentum möglich wird. Es erfolgt also ein Übergang von neugegründeten, jungen Büros in alten adaptierten Räumen zu gut entwickelten Büros in neuen, zweckgerechten Räumlichkeiten im Eigentum. Dieses Modell erklärt die Verlagerungen ausschließlich aus dem **Wachstum** (bzw. dem Schrumpfen), es gibt aber sicher auch außerhalb von quantitativen Wachstumsphasen von Unternehmungen zahlreiche Verlagerungsgründe, die nicht mit quantitativem, sondern eher mit **qualitativem Wachstum** zu tun haben: z.B. funktionale Veränderungen des Wirtschaftszieles, Veränderungen der externen Bedingungen, Veränderung der Produktionsweise usw.

• **Entscheidungstheoretischer Ansatz:** Im "Office-sector-process-model" *(ED-WARDS, L. 1983)* wird der Entscheidungsprozeß, der als Reiz-Such-Modell aufgefaßt wird, in zwei Abschnitte zerlegt: Am Beginn steht ein **Stimulus** (Unzufriedenheit mit den Bedingungen des Betriebes und den Beziehungen zum Umfeld). Die **Perzeption und Bewertung** geschieht im internen System der Firma (Übersetzung des Stimulus, Vergleich mit Streß-Toleranz-Grenzen, ...). Es folgt daraus die Festlegung der möglichen Verhaltensvarianten und die Auswahl der am meisten brauchbar erscheinenden Variante (z.B. die Verlagerungsentscheidung).

In der zweiten Phase geht es dann um die **Operationsnalisierung der Entschei-dung** aus der Phase 1: die Identifikation und Bewertung von alternativen Standor-ten oder/und Büroqualitäten, wobei besonders die räumlichen Bedürfnisse des Unternehmens, vor allem jene, welche zum ursprünglichen Streß geführt haben, eine wichtige Rolle spielen. Die Bewertung muß erfolgen im Vergleich zu vorge-gebenen Kriterien und zwischen den verschiedenen Alternativen *(vgl. "expanded decision process model", EDWARD, L. 1983, Fig. 2, S. 1334; Fig. 3 und 4, S. 1335).* Das Verhältnis von Organisationen zu ihrer Umwelt ist gekennzeichnet durch Ab-weichungen erwarteter von den tatsächlichen Zuständen, also durch **Streßbedin-gungen,** die allerdings häufig gar nicht bemerkt werden, meist durch Routine-aktionen (programmed decisions) behoben werden können; überschreiten die Streßsituationen bestimmte Toleranzgrenzen, sind in der Regel nicht-program-mierte Entscheidungen notwendig. **Suchprozesse für Problemlösungen** sind ein aufwendiger Prozeß, der mit anderen Aufwendungen für Resourcen in der Orga-nisation konkurrieren muß. Zudem geht es in der Regel nicht um eine optimale Lösung, sondern um das Finden einer "satisfactory solution as rapidly as possilbe". *(EDWARDS, L. 1983, S. 433).* Die Suche nach einer Lösung beginnt in der Regel mit der Suche nach ähnlichen Problemlösungen in der jüngsten Vergangenheit (Rolle von **Lernprozessen**). In allen anderen Fällen ist die Suche entweder zufäl-lig (trial and error) oder erstreckt sich auf andere Unternehmungen mit ähnlichen Problemen. Der **Nachahmung** kommt bei solchen Suchprozessen eine erhöhte Be-deutung zu. Die Entscheidungträger agieren also nur bedingt rational. Ist das An-spruchsniveau nicht erfüllbar, muß es zu einer Anpassung des Anspruchsniveaus kommen, also zu einer **Rückkoppelung** auf die Ausgangssituation; bei häufig auf-tretenden Problemen führen **Lernprozesse** zu einer Routinierung der Lösungen, bei seltenen Problemen, wie bei echten Standortentscheidungen ist die Wirkung kummulativer Erfahrung gering.

Damit sind die wesentlichen Grundlagen für eine **wirtschaftsgeographische Ana-lyse der Wirtschaftsdienste** (aufgrund des derzeitigen Forschungsstandes) abgedeckt. Es zeigen sich zwei wesentliche Ebenen:
+ Aus einzelwirtschaftlicher Sicht stellt die **multiple Standortorganisation der Dien-steproduktion und die funktionale Mehrbetrieblichkeit** und **Plurilokalität** den wesentlichen Kern dar.
+ Für die (passive) **räumliche Implikation der Wirtschaftsdienste** läßt sich ein dif-ferenziertes **Geflecht von Erklärungsansätzen** auf Makro- und Mikroebene iden-tifizieren.

TEIL V

WIRTSCHAFTSDIENSTE IM ZENTRENSYSTEM

Der österreichische Wirtschaftsraum ist ein typisches Beispiel für ein durch Verhältnisse und Entwicklung einer **Dienstleistungsgesellschaft** geprägtes Raumsystem. In solchen Raumsysstemen spielen die Dienstleistungen als Steuerungs- und Lenkungsinstitutionen, als Entwicklungs- und Innovationsfaktoren eine besonders wichtige Rolle. Es verwundert daher, daß für Österreich mit Ausnahme der Versorgungssysteme (Zentrale Orte) und wenigen Ansätzen der Analyse von Managementzentralität kaum Untersuchungen über das gesamte Dienstesystem und die Wirtschaftsdienste vorliegen. Diese Lücke soll im folgenden ansatzweise geschlossen werden.

9. Regionale und zwischenstädtische Standortverteilung der Wirtschaftsdienste

Die wirtschaftsgeographische Fragestellung versucht mit der Analyse der Standortmuster und der räumlichen Implikation einen Bezug zu räumlichen Dimensionen und Kategorien herzustellen. Den Hintergrund der räumlichen Analyse bildet daher der Grundraster der wirtschaftsräumlichen Struktur und Dynamik des Untersuchungsraumes. Bezugsrahmen ist das **Zentren- und Regionssystem Österreichs** das hier abgebildet wird über strukturelle Regionstypen bzw. über Typen regionaler Entwicklungszustände *(Kap. 5.2.1.).*

9.1. Standortorientierung im Zentren-Regions-System Österreichs

Zentrum-Regions-Systeme mit entsprechenden Gradienten der Standortgunst, der Marktzugänglichkeit und der Nachfrage nach Gütern und Diensten gehören zu den grundlegenden Raummustern, an denen sich das Standort- und Interaktionsverhalten von Wirtschaftsunternehmungen orientiert.

162

9.1.1. Die Standortverteilung nach strukturellen Regions- und Standortkategorien

Entsprechend dem Basisansatz des funktionsaffinen Standortverhalten der dominanten Zentrenorientierung bzw. dem Auftreten von räumlichen Spezialisierungen erhebt sich zunächst einmal die Frage nach der generellen **Standortorientierung im Zentren- und Regionssystem** *(Datenbasis: Arbeitsstättenzählung 1981, Beitr. z. Österr. Stat. H. 650; STAUDACHER, CH. 1987, Kap. 5.3.2.).*

Tabelle 11 :
Verteilung der Wirtschaftsdienste im System struktureller Regionstypen 1981 *(vgl. Tab. 3.)*
(Darstellung der Wirtschaftsdienste über Wirtschaftsklassen:
71, 77, 81, 82, 83, 84, 85, 88, 91, 92, 93; Analysebasis Arbeitsstätte;
Arbeitsstättenzählung 1981, Beitr. z. Österr. Stat. 650; WDAT1)

| | Wirtschaftsdienste | | | WD-Dichte je 100 | | je 1000 |
	AST	WDAT1	Besch.	AST	Besch	Einwoh.
Bundeshauptstadt	39,2	49,8	41,7	26,8	27,4	11,7
Landeshauptstädte	21,0	26,0	25,9	27,6	25,4	11,6
Viertelshauptstädte	8,3	11,9	8,2	22,9	18,4	8,8
Bezirkshauptorte	11,6	0,0	10,5	18,9	15,6	9,0
Gerichtsorte	5,2	1,6	3,3	17,0	14,1	7,2
Randgem. Wien	1,3	2,3	1,2	23,8	23,1	8,5
Randgem. Landeshst.	3,8	1,5	2,6	25,3	17,2	7,5
Randgem. Viertelshst.	0,7	1,6	0,4	17,9	12,1	5,2
Randgem. Bezirkshst.	1,0	0,0	0,7	18,1	11,5	4,8
Industrieorte	5,6	1,4	4,3	15,6	10,0	5,2
Fremdenverkehrsorte	2,3	1,0	1,2	13,2	13,1	8,4
Wirtschaftsdienste ges.	100,0	100,0	100,0	23,1	21,2	9,6
Städte insgesamt	76,2	97,1	87,6	16,2	13,3	5,0

AST - Arbeitsstätten, WD - Wirtschaftsdienste

+ **Zentrenkonzentration:** Sowohl unter Einsatz des institutionellen (Arbeitsstätten) als auch des funktionalen (Beschäftigten) Ansatzes läßt sich die Zentrenkonzentration deutlich bestätigen: **76,2 %** aller Wirtschaftsdienste-Arbeitsstätten (87,6 % der Wirtschaftsdienste-Beschäftigten) sind **in Städten und städtischen Kernräumen** konzentriert, während alle Vergleichswerte (Bevölkerungskonzentration, Arbeitsstätten- und Beschäftigungskonzentration) deutlich niedrigere Werte zeigen. Innerhalb der Zentrenkonzentration zeigt sich eine deutliche **Hierarchisierung** und Konzentration auf die hochrangigen Zentren: **Wien** konzentriert **39,2 %** der **Wirtschaftsdienste-Arbeitsstätten** und **41,7 %** der **Wirtschaftsdienste-Beschäftigten** auf sich, auf die hochrangigen Zentren (Wien und Landeshauptstädte) sind 60,2 % der Wirtschaftsdienste-Arbeitsstätten bzw. 67,6 % der Wirtschaftsdienste-Beschäftigten konzentriert. Nimmt man alle Wirtschaftsdienste in Kernraumlage (Bundes-, Landeshaupt-, Viertelshauptstädte und deren Umlandgemeinden) zusammen, so ergibt sich ein räumlicher Konzentrationsgrad von 74,3 % der Wirtschaftsdienste-Arbeitsstätten bzw. von 80 % der Wirtschaftsdienste-Beschäftigten *(Verwendet man als Datenbasis WDAT1, so ergibt sich eine noch viel stärkere Kon-*

zentration von 84,8 % auf die Kernräume; vgl. STAUDACHER, CH. 1987, S. 456).
Bezirks- und Gerichtsorte (Zentrale Orte der Mittleren und Unteren Stufe) konzentrieren trotz ihrer großen Zahl nur **16,8 % der Wirtschaftsdienste-Arbeitsstätten** bzw. 13,8 % der Wirtschaftsdienste-Beschäftigten auf sich.

+ Die "suburbane Lage", hier abgebildet durch den Standort in Umland-/Randgemeinden von Wien, Landeshaupt-, Viertelshaupt- oder Bezirksstädten, ist quantitativ nicht sehr bedeutend: nur **6,8 % der Wirtschaftsdienste-Arbeitsstätten** bzw. **4,9 % der Beschäftigten** sind hier situiert. Damit ist aber nicht der volle Umfang der Suburbanisierung abgebildet, da mit der administrativen Abgrenzung zwischen Kernstadt und Umland in der Regel der Suburbanisierungsraum zerschnitten wird. Die Suburbanisierung im Umland der Landeshauptstädte, auf die alleine 3,8 % bzw. 2,6 % (nach der Beschäftigung) entfallen, erweist sich als nicht sehr stark und auch als recht unterschiedlich: Linz, Salzburg und Innsbruck, aber auch Bregenz haben deutliche Suburbanisierungsringe, in Graz, Klagenfurt und Eisenstadt ist der Trend kaum erkennbar.

+ Die **Konzentration auf Spezialstandorte**, die sich hier als Standorte erhöhter Konzentration von Wirtschaftsdienste-Nachfragern (Industriebetriebe, Fremdenverkehrsbetriebe) darstellen, erweist sich mit insgesamt **7,9 % der Wirtschaftsdienste-Arbeitsstätten** bzw. **5,5 % der Wirtschaftsdienste-Beschäftigten** als recht bedeutend:. Die Nachfrageorientierung kann damit zwar als existentes, nicht aber als stark bestimmendes Kriterium eingestuft werden!

+ **Streulage:** Es wird damit die räumliche Verteilung einer **Grundschicht von Wirtschaftsdiensten** (Gemeinden mit weniger als 10 Wirtschaftsdiensten wurden der Streulage zugerechnet, auch dann, wenn sie über zentralörtliche oder Spezialisierungskriterien als Zentrenstandorte einzustufen wären) abgebildet: Insgesamt ist die Streulage, also die Besetzung von Kleinstädten und Gemeindehauptorten mit einer dispersen Grundschicht von Wirtschaftsdiensten eher unbedeutend: **23,8 % der Wirtschaftsdienste-Arbeitsstätten, 12,4 % der Wirtschaftsdienste-Beschäftigten.** Aufgrund der starken Filialisierung mancher Branchen (Banken und Sparkassen), aber auch aufgrund der starken Orientierung an dispersen Standortfaktoren (Verkehrslage, Marktgebiete, ...) einzelner Branchen erscheint diese geringe Besetzung umso bedeutender.

Eine differenzierte Analyse der **Standortmuster der Wirtschaftsdienste nach Hauptregionen** geht vor allem der Frage nach, ob auf dem Hintergrund differenzierter Siedlungsstrukturen und Regionalsysteme *(vgl. Kap. 5.2.1.)* grundlegende Unterschiede in der räumlichen Zuordnung zwischen den einzelnen Hauptregionen bestehen. Insbesondere von Bedeutung sind aufgrund des hochgradigen Zentrenbezuges der Wirtschaftsdienste die **Zentrensysteme** (Siedlungssystem) und **Spezialisierungen von Einzelstandorten.** Als Teilräume werden hier Bundesländer verwendet, welche weitgehend als wirtschaftliche Funktionalräume aufgefaßt werden können *(Ausnahme: Burgenland bzw. einzelne Abweichungen der Hauptregionen von den administrativen Landesgrenzen; vgl. BOBEK, H. - FESL, M. 1978, 1983).* Es zeigen sich signifikante Unterschiede der Standortorientierung zwischen den einzelnen Hauptregionen, die weitgehend mit dem Siedlungssystem und mit individuellen Standort- und Lageverhältnissen in Zusammenhang gebracht werden können:

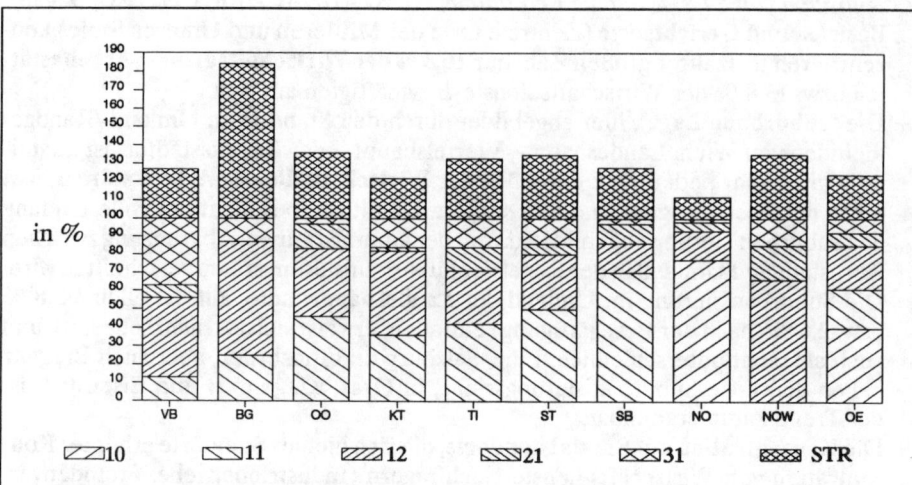

▨ 10	◩ 11	▨ 12	◪ 21	◪ 31	▦ STR	

10 - Bundeshauptstadt, 11 - Landeshauptstädte, 12 - Viertels-, Bezirksstädte, Gerichtsorte, 21 - Umland-
gemeinden, 31 Industrie-, Fremdenverkehrsgemeinden, STR - Streulagen, NOW - NÖ ohne Wien

Abbildung 13 :
Differenzierung der räumlichen Orientierung der Wirtschaftsdienste im System struktureller
Regionstypen nach Hauptregionen *(Arbeitsstättenzählung 1981, Beitr. z. Österr. Stat. 650/1-10)*

+ **Wirtschaftsdienste-Standorte in Streulagen** (mit weniger als 10 Wirtschaftsdiensten) mit nur die Grundausstattung umfassendem Bestand an Wirtschaftsdiensten
  treten im Burgenland mit dem am schwächsten hierarchisierten Siedlungssystem
  am stärksten auf (63,4 %); in Oberösterreich, Tirol Steiermark und Salzburg (über
  30 %) gehen die höheren Streulageanteile einerseits auf Siedlungsstrukturdefizi-
  te vor allem in den peripheren ländlichen Räumen (Mühlviertel, Oststeiermark)
  aber auch auf z.T. durch Industrialisierung und Fremdenverkehrsintensität bedingte Dispersion zurück.
+ Besonders von Bedeutung für die Standortorientierung ist aus dieser Sicht der
  Aufbau des Zentrensystems:
  — In **polyzentrischen Regionen** sind die Wirtschaftsdienste wesentlich stärker auf
    mittlere und niedrigere Ränge des Zentrensystems konzentriert als in mono-
    zentrischen. Dies trifft besonders zu für Vorarlberg mit der starken Stellung der
    Viertelshauptstädte und Industriegemeinden (Viertelhauptstädte und Bezirs-
    hauptorte + Industrieorte 75,2 %), ebenso für das Burgenland mit der relativ
    zur Landeshauptstadt starken Stellung zumindest einiger Bezirkshauptstädte
    und Industrieorte (Bezirkshauptstädte: 51,2 %), aber auch für Oberösterreich
    mit dem Städtedreieck im Kernraum (Linz - Wels - Steyr; Viertels- hauptstäd-
    te, Bezirkshauptorte + Gerichtsorte 45,6 %) und für Kärnten mit der Zweipo-
    ligkeit von Klagenfurt und Villach (Viertels- und Bezirkshauptorte 40,1 %).
  — **Monozentrische Strukturen** führen zu überdurchschnittlich hohen Konzentra-
    tionen der Wirtschaftsdienste in den/dem höchstrangigen Zentren/Zentrum. In
    der Hauptregion Wien besteht diese Monopolstellung in der absoluten Domi-
    nanz von Wien (73,6 %), die durch eine Reihe von bedeutenden Viertels- und

Bezirkshauptstädten (Wr. Neustadt, St. Pölten, Krems, ...) mit starken Wirtschaftsdienstebesetzungen nicht entscheidend reduziert wird. Ohne Wien würde die Hauptregion ein sehr polyzentrisches Verteilungsmuster der Wirtschaftsdienste aufweisen (Anteil der Viertels-, Bezirkshauptstädte und Gerichtsorte ohne Wien am Standortmuster 66,4 %).

+ **Standortspezialisierungen** sind durch individuelle Struktur- und Lageverhältnisse in den einzelnen Hauptregionen bedingt und führen zu divergierenden Wirtschaftsdienste-Standortorientierungen: Die Rolle von **Industrieorten** als Standorte tritt besonders in Vorarlberg (33 %), aber auch im Burgenland, Kärnten, Tirol und in der Steiermark hervor - ebenso in Niederösterreich, wenn man nur das Bundesland allein betrachtet. Die **Fremdenverkehrsfunktion** führt besonders in Kärnten und Tirol zu individuellen Lagen. Die Bevorzugung **suburbaner Standorte** hängt sehr wesentlich mit der Dynamik der jeweiligen Zentren, insbesondere der Regionszentren (Landeshauptstädte) und den örtlichen Lageverhältnissen (administrative Grenzen, ...) zusammen: besonders von Bedeutung sind diese Standortorientierungen in Oberösterreich im Umland von Linz (8 %), in Tirol mit den Nachbargemeinden von Innsbruck (8,6 %) und in Niederösterreich mit der Suburbanisierung um Wien mit 11 %.

9.1.2. Interne Strukturvariable und Standortorientierung

Geht man vom **Konzept der funktionsaffinen Standortwahl** aus, so sind bedeutende Differenzierungen der Standortorientierung in Abhängigkeit von der Branche und Wirtschaftsziel, der Organisationsstruktur und der Betriebsgröße und anderen Strukturmerkmalen, die aber aus Datenmangel nicht weiter analysiert werden können, einzelner Wirtschaftsdienste zu erwarten: Standortfaktoren und Lagebedingungen, Zentrums- und Assoziationsansprüche, Flächenbedarf, Infrastrukturansprüche usw. variieren mit diesen internen Rahmenbedingungen.

a) Wirtschaftszieldifferenzierung

Es kann erwartet werden, daß die einzelnen Wirtschaftsdienste aufgrund ihrer Wirtschaftsziele spezifische Standort- und Lageanforderungen entwickeln und im wirtschaftsräumlichen Strukturmuster unterschiedlich reagieren und daher in charakteristischer Konzentration/Dispersion auf solche Raumkategorien auftreten (Wirtschaftszielhypothese). Die **Zentrenorientierung** liegt bei den meisten Branchen (Ausnahme Speditionen) über 80 % und erreicht bei mehreren Gruppen über 90 % *(Datenbasis: WDAT1)*. Innerhalb der Zentrenorientierung sind die charakteristischen Unterschiede durch die **Hierarchiestellung** bestimmt:
— Typisch **metropolitane Wirtschaftsdienste** (über 50 % aller Betriebe in Wien) sind vorwiegend **dispositive Wirtschaftsdienste**: Technische Büros, EDV-Dienste, Wirtschaftsberatung, Finanzdienste (ohne Banken), Forschung & Entwicklung, Realitätenwesen, Werbung, Handelsagenturen und Versicherungsmakler. Standorte in niedrigeren Rängen des Zentrensystems sind zwar vorhanden, spielen aber eher eine unbedeutende Rolle.

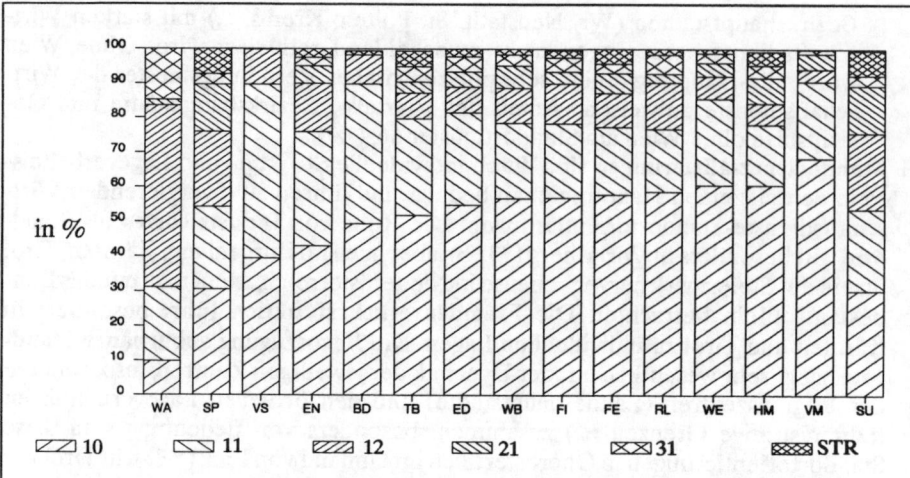

10 - Bundeshauptstadt, 11 - Landeshaupstädte, 12 - Viertels-, Beziksstädte, Gerichtsorte,
21 - Umlandgemeinden, 31 Industrie-, Fremdenverkehrsgemeinden, STR - Streulagen
WA - Wachdienste, SP - Speditionen, VS - Versicherungen, EN - Entsorgungsdienste, BD - Bürodienste, TB - Techn. Büros, ED - EDV-Dienste, WB - Wirtschaftsberatung, FI - Finanzdienste,
FE - Forschung&Entwicklung, RL - Realitätenwesen, WE - Werbung, HM - Handelsmakler, M - Versicherungsmakler, Su - Summe

Abbildung 14 :
Standortorientierung der einzelnen Wirtschaftsdienste im Muster struktureller Regionstypen
(WDAT1; STAUDACHER, CH. 1987, Abb. 5.3/6, S. 465))

— **Hierarchiebestimmte Wirtschaftsdienste** sind auf alle drei Hauptebenen des Zentrensystems, auf die Metropole, die Landeshaupt-, die Viertelshauptstädte oder Bezirkshauptorte verteilt: **Versicherungen** (ohne Filialsystem, nur Zentralen und Regionalzentralen sind erfaßt), **Entsorgungsdienste** und **Bürodienste**. Bestimmend dafür sind der Diensteobjektbezug und organisatorische, funktionale Standortdifferenzierungen von Dienstleistungs-Mehrbetriebsunternehmungen (räumliche Arbeitsteilung). Besonders deutlich ausgeprägt ist eine durchgängige Hierarchieverteilung bei den **Speditionen**, deren Standortmuster aber auch durch eine starke suburbane Lage (Randgemeinden 13 %) und durch Streulage (7,4 %: Grenzorte, Verkehrsknoten, ...) charakterisiert ist.
— **Dominant auf die unteren Ebenen des Zentrensystems** verteilt sind die **Wachdienste** (Viertelshauptstädte, Bezirkshauptorte und Kleinzentren im ländlichen Raum zusammen 62,2 % aller Standorte); dies ist bedingt durch die organisatorische Struktur in diesem Bereich, die gekennzeichnet ist durch die Existenz eines Großunternehmens, das in den Groß- und Mittelstädten keine Filialsysteme, wohl aber ein disperses Netz von Filialen bis auf das Niveau der Kleinstädte aufgebaut hat (Österr. Wachdienst); daneben gibt es nur einige kleinere Einzelunternehmen. Ursache dieser organisatorischen Struktur ist eindeutig die notwendige räumliche Nähe zum Diensteobjekt.

b) Organisatorische Differenzierungen

Die **funktionale räumliche Arbeitsteilung** stellt heute eine der wesentlichen Erklärungsansätze für differenziertes Standortverhalten insbesondere bei Mehrbetriebsunternehmungen dar. Da diese auch im Bereich der Wirtschaftsdienste in immer stärkerem Maß um sich greift, kann man davon ausgehen, daß **Einbetriebsunternehmen** in ihrer Standortorientierung sich von den Mehrbetriebsunternehmen abheben, und daß sich innerhalb der **Mehrbetriebsunternehmungen** deutliche Differenzierungen zwischen **Zentralen** und **Filialen** nachweisen lassen. Die organisationstheoretischen Grundannahmen der differenzierten Reaktion lassen sich (mit hoher Signifikanz) auch für die Wirtschaftsdienste gut bestätigen:

Tabelle 12 :
Standortorientierung der einzelnen Wirtschaftsdienste im Raster struktureller Regionstypen
(WDAT1; STAUDACHER, CH. 1987, Tab. 5.3/3)).

Organisationsform	Wien	LH-Mittel-städte	Klein-städte	Randgemeinden Wien	Randgemeinden LH-Mittel-städte	Ind. gem.	FVK-gem.	Streu-lagen
Einbetriebsunternehmen	56,6	21,5	10,0	1,6	2,4	1,4	1,5	1,2	1,1	2,6
MBU-Zentralen	61,5	23,1	3,6	1,2	3,6	1,8	1,8	1,8	0,0	1,8
MBU-Regionalzentralen	19,4	62,9	17,3	0,0	0,0	0,0	0,0	0,0	0,0	0,4
MBU-Filialen	15,9	31,7	28,4	3,7	3,3	3,7	0,4	3,7	1,1	8,1
Int. MBU-Zentralen	80,0	10,0	0,0	0,0	0,0	0,0	0,0	0,0	0,0	10,0
Int. MBU-Filialen	73,3	15,6	4,4	0,0	0,0	0,0	0,0	0,0	2,2	4,4
Summe	50,0	26,1	11,9	1,6	2,3	1,5	1,3	1,4	1,0	2,9

LHST - Landeshauptstädte, FVK - Fremdenverkehrs-, MBU - Mehrbetriebsunternehmen

+ **Zentralen von Mehrbetriebsunternehmen** weisen eine deutlich höhere (61,5 %), die Zentralen internationaler Mehrbetriebsunternehmen sogar eine sehr starke Konzentration auf die **Metropole** (80,0 %) auf, gegenüber nur 56,6 % bei den Einbetriebsunternehmungen.
+ **Regionalzentralen** sind funktionsgemäß ein Charakteristikum der Landeshauptstädte und z.T. auch der Viertelshaupt- und Bezirksstädte; Wien tritt nur insoferne als Standort von Regionalzentralen auf, als hier Landeshauptstadtfunktionen für Niederösterreich bzw. z.T. für Burgenland bestehen.
+ **Filialen** von Mehrbetriebsunternehmungen weisen eine deutlich erhöhte Streuung auf alle Raumkategorien auf, die Metropolenbesetzung ist sehr gering (15,9 %); die ebenfalls recht starke Besetzung der Landes-, Viertels- und Bezirkshauptstädte deutet darauf hin, daß von unterschiedlicher räumlicher Hierarchisierung der Mehrbetrieblichkeit ausgegangen werden muß: In einzelnen Branchen erstreckt sich die Filialisierung nur auf das Niveau der Hauptregionszentren, bei manchen auf das Niveau der Bezirkszentren und in ganz seltenen Fällen noch tiefer auf das Niveau der Gemeindehauptorte. Dieser räumliche Filialisierungsgrad hängt mit der Art der Kontaktorganisation und mit der notwendigen räumlichen Nähe zur Nachfrage zusammen.

+ **Filialen von internationalen Mehrbetriebsunternehmungen** weichen davon deutlich ab: Hier bestehen ähnliche Verteilungen wie bei den Zentralen - insbesondere eine sehr starke metropolitane Konzentration, weil diese Filialen im österreichischen Rahmen die Rolle von nationalen Zentralen ausüben.

9.1.3. Dynamische Differenzierungen der Standortorientierung

In Anbetracht der räumlich sehr stark konzentrierten Standortverteilung der Wirtschaftsdienste *(siehe oben)* kommt der Frage nach Veränderungen bzw. nach Anzeichen für sich ändernde Standorttendenzen eine wichtige Rolle zu. Bei einer so einseitigen Verteilung und Konzentration auf die Kernrräume müßten schon recht beträchtliche Verlagerungen bzw. Veränderungen der bevorzugten Gründungsstandorte neuer Unternehmungen feststellbar sein, daß spürbare Veränderungen in der räumlichen Verteilung auftreten oder zu erwarten sind.

a) Die räumliche Entwicklung der Wirtschaftsdienste im Zeitraum 1973 - 1981

Schon die allgemeine Analyse der Dynamik der Wirtschaftsdienste hat den innovatorischen Charakter dieses Wirtschaftszweiges aufgezeigt. Die **Querschnittsmethode** versucht über den Vergleich von räumlichen Verteilungszuständen *(1973 - 1981 entsprechend den Stichjahren der Arbeitsstättenzählung, Beitr. z. Österr. Stat. 433/01-10, 650/1-10)* dynamische räumliche Prozesse abzubilden und auf Ursachenkomplexe zurückführen; als räumliche Bezugsebene wird das System struktureller Regionstypen *(vgl. Kap. 5.2.1.)* verwendet. Trotz gewisser Probleme der Vergleichbarkeit der beiden Erhebungen *(vgl. Kap. 6.1.)* lassen sich einige wesentliche **Grundmuster und Differenzierungen der räumlichen Dynamik** erschließen.

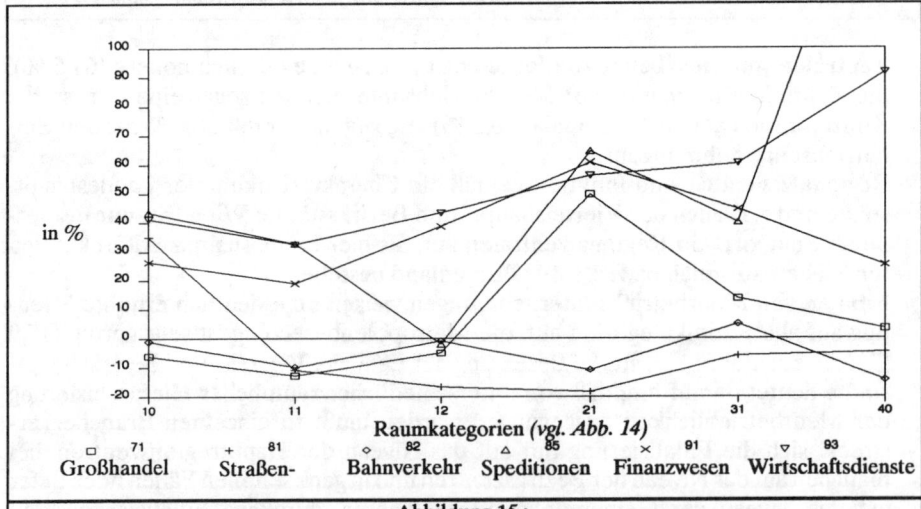

Abbildung 15 :
Veränderung der Verteilung der Wirtschaftsdienste (nach Wirtschaftsklassen)
auf die strukturellen Raumtypen 1973 - 1981 *(Beitr. z. Österr. Stat. 433/1-10, 650/1-10;*
STAUDACHER, CH. 1987, Tab. 5.3/7A, S. 722)

+ Die räumliche Verlagerung der Wirtschaftsdienste zwischen den Regionstypen ist
insgesamt bedeutend und umfaßt im angesprochenen Zeitraum 4845 Arbeitsstätten. Die räumliche Verlagerung der Wirtschaftsdienste **zwischen 1973 und 1981**
unterscheidet sich klar von der aller Arbeitsstätten im nichtlandwirtschaftlichen
Bereich:

  – Die Verlagerung bzw. die positive Gesamtentwicklung der Branche ist wesentlich stärker auf die **größeren Städte** konzentriert, insbesondere auf **Wien** (!)
  sowie die Industrie- und Fremdenverkehrsgemeinden, nicht so stark auf die
  Landeshauptstädte, die in der Gesamtentwicklung nichtlandwirtschaftlicher
  Arbeitsstätten die Spitzenposition einnehmen.

  – Deutlich überdurchschnittlich ist das Wachstum der Wirtschaftsdienste im **suburbanen Raum** und in den **Streulage** des ländlichen Raumes.

+ Im Gesamtniveau des Wachstums unterscheiden sich die einzelnen **Wirtschaftsdienste-Branchen** deutlich:

  – Bei den **Wirtschaftsdienste i.e.S.** (Wirtschaftsklasse 93) ist das **Zentrum des
  quantitativen Wachstums in Wien**: + 1879 Arbeitsstätten.; es besteht eine
  deutliche **Dezentralisierung** dieses Bereiches zu suburbanen Lagen und zu In-
  dustrie- und Fremdenverkehrsorten sowie ganz besonders zur Streulage.

  – Noch deutlicher kommt der **relative Dezentralisierungtrend** bei den **Speditionen** und **Reisebüros** (Wirtschaftsklasse 85) zum Ausdruck, indem in **suburbanen Lagen** und in den Gemeinden der **Streulage** die stärksten relativen Zu-
  wächse auftreten; stark ist das Wachstum auch in Wien und den Landeshauptstädten, was aber eher mit den Reisebüros und nicht mit den Speditionen zu tun
  hat (eine Differenzierung ist mit den Daten nicht möglich).

  – Ebenfalls deutliche **Dezentralisierungen** sind beim **Bankwesen** (Wirtschaftsklasse 91) durch überdurchschnittliches Wachstum in den **suburbanen Lagen**
  (Nachbargemeinden der Landeshauptstädte) aber auch in **Mittel- und Kleinstädten**, sowie in Industriestädten feststellbar; unterdurchschnittlich ist das
  Wachstum in Streulagen.

  – Das insgesamt stagnierende **Versicherungswesen** (Wirtschaftsklasse 92) zeigt
  ein räumlich sehr differenziertes Wachstum: Einerseits besteht starke Dynamik
  in der Metropole, andererseits aber auch in suburbanen Lagen und in Streulagen. Hier dürfte die **differenzierte räumliche Entwicklung** zwischen den großen
  Versicherungsunternehmen mit organisatorischen und räumlichen Konzentra-
  tionstendenzen und dem **Maklerwesen** mit deutlicher Dezentralisierung zum
  Ausdruck kommen.

  – Die am stärksten **polarisierte räumliche Dynamik** zeigt die **Großhandelsbran-
  che** (Wirtschaftsklasse 71), die insgesamt stagniert, darüber hinaus aber durch
  einen deutlichen **Verlagerungsprozeß** auf den **suburbanen Raum** gekennzeichnet ist.

  – Die **Verkehrsbranchen** weisen sehr uneinheitliche dynamische räumliche
  Muster auf. Besonders bedeutend scheint die ausschließliche Konzentration der
  positiven Entwicklung des Straßenverkehrsbereiches (Wirtschaftsklasse 81) auf
  Wien (Unternehmenskonzentration), also eine deutliche Metropolisierung im
  Gegensatz zu allen anderen Standortkategorien.

Die **räumliche Differenzierung der Dynamik der Wirtschaftsdienste** ist also gekennzeichnet durch z.T. gegenläufige Tendenzen der **Dezentralisierung** und der **Konzentration**, wobei die Konzentrationsbewegungen sehr stark auf die Metropole orientiert sind und bei einzelnen Branchen ein Rückzug aus der Fläche in Streulagen auftritt (Verkehrsdienste) auftritt. Dezentralisierungsbewegungen laufen auf drei Ebenen ab: Suburbanisierung ist bei allen Branchen bedeutend (Ausnahme: Verkehrsbranchen), daneben aber scheint ein deutlicher Trend zur hierarchischen Dezentralisierung im Städtesystem (Ausnahme: Speditionen, Versicherungen, Großhandel) und zur Dezentralisierung in Streulage zu bestehen (starkes Wachstum in Streulage bei Versicherungsmaklern, Wirtschaftsdiensten i.e.S. und Speditionen).

b) Altersstruktur und Betriebsgründungsverlauf

Es wird hier davon ausgegangen, daß **Betriebsgründungen** eine der wesentlichsten Teilbereiche von dynamischen Prozessen im Wirtschaftsraum darstellen. Diese sind ein Zeichen positiver Wirtschaftsentwicklung und sie haben eine deutliche räumliche Komponente, sodaß sie ein Bild räumlich differenzierten Wachstums abgeben. Betriebsgründungen sind entweder ein Zeichen **interner dynamischer Prozesse** des untersuchten Teilraumes oder eine von außen kommende und getragene **Diffusion**, eine Innovationsausbreitung neuer Betriebsformen, neuer Nachfrageformen etc. (eine entsprechende Differenzierung ist mit den Daten nicht möglich). Nicht erfaßt werden mit diesem Ansatz die Betriebsstillegungen und dynamische Prozesse durch unternehmens-/betriebsinterne Veränderungen (Betriebsgrößenwachstum, Änderung des Produktionsprogrammes, der Produktionsweisen, ...). Auf der Basis der Wirtschaftsdienste-Datenbank *(WDAT1)* lassen sich über die Angaben zum **Gründungsjahr** deutliche Hinweise auf eine **stark räumlich differenzierte dynamische Situation** bei

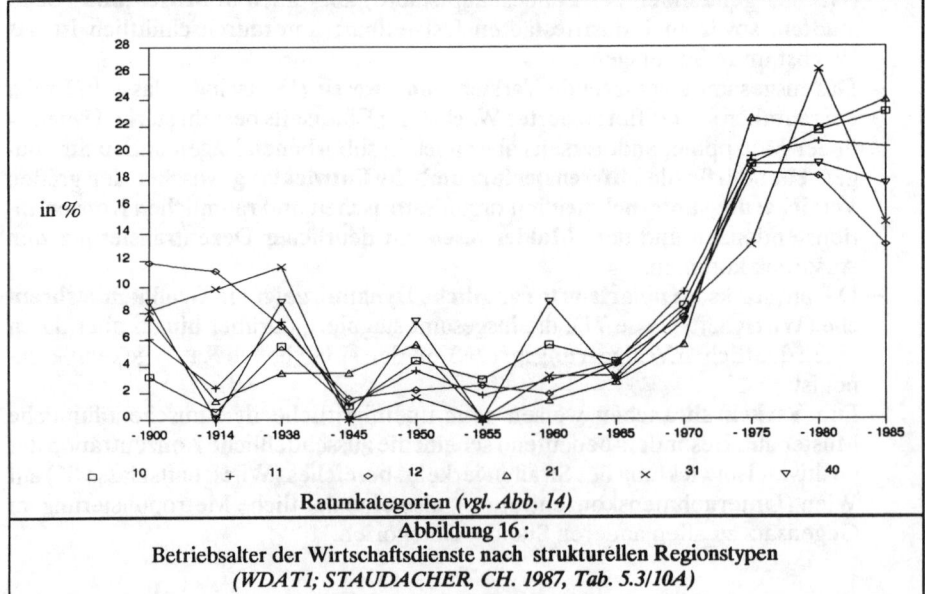

Raumkategorien *(vgl. Abb. 14)*

Abbildung 16 :
Betriebsalter der Wirtschaftsdienste nach strukturellen Regionstypen
(WDAT1; STAUDACHER, CH. 1987, Tab. 5.3/10A)

den Wirtschaftsdiensten feststellen. Läßt man Branchendifferenzierungen außer acht, so zeigt sich, daß die einzelnen Standorträume im Zeitablauf sehr unterschiedlich stark als **Betriebsgründungsräume** gewählt werden *(vgl. Abb. 16)*:

+ Die Grundtendenz einer **Boomphase der Betriebsgründungen** in den letzten 20 Jahren besteht in allen Raumkategorien: 69,6 % aller Gründungen entfallen auf den Zeitraum 1965 - 1985; sogar an den Standorten in Streulage dominieren diese jungen Gründungen deutlich.

+ In allen Raumkategorien besteht ein Grundbestand an **historischen Wirtschaftdienste-Gründungen** (Ausnahme: Fremdenverkehrsgemeinden), die mittlere Gründungsphase 1945 - 1965 ist überall schwach besetzt.

+ Die Altersstruktur der Wirtschaftsdienste in **städtischen Zentren** zeigt deutliche hierarchische Unterschiede, die einen **räumlichen Konzentrationsprozeß** erkennen lassen: Besonders Wien, aber auch die Landeshauptstädte weisen in den letzten beiden Jahrzehnten (1965 - 1985) eine überdurchschnittlich hohe Gründungsdynamik auf, während die Mittelstädte (Viertels- und Bezirkshauptorte) deutlich stärker mit älteren Gründungen von Wirtschaftsdiensten besetzt sind, die aus der Ausbauphase dieser Verwaltungszentren in der Gründerzeit und z.T. aus der Zwischenkriegszeit stammen. Sehr dynamisch entwickelt sich der Wirtschaftsdienstesektor in den Kleinstädten. Es kann also ein **zwischenstädtischer Diffusionsprozeß** auf die untersten Ebenen des Städtesystems vermutet werden.

+ Das **städtische Umland** ist nur bei **Wien,** hier aber in sehr starkem Maß durch junge Wirtschaftsdiente-Gründungen bestimmt, sodaß hier eine **starke Suburbanisierungstendenz** vermutet werden kann. Das städtische Umland der Landeshaupt- und Mittelstädte ist wesentlich weniger von solchen jungen Gründungen betroffen, was auf einen geringen Standortdruck hinweist.

+ **Industriegemeinden** zeigen eine sehr differenzierte Entwicklung, generell aber läßt sich erkennen, daß hier ein starker Wirtschaftsdienste-Bestand aus der Zeit vor 1945, z.T. vor 1900 besteht, also aus der Entwicklungsphase dieser Standorte. Junge Gründungen sind relativ wenig vertreten, was als Effekt der Stagnation (Probleme altindustrialisierter Regionen) interpretiert werden kann.

+ In den **Fremdenverkehrsorten** hingegen fehlen alle alten Gründungen vor 1900 ganz und es dominieren junge und jüngste Gründungen, was sichtlich mit der Fremdenverkehrsdynamik dieser Gemeinden zusammenhängt.

9.2. Standortorientierung und regionaler Entwicklungsstand

Die **Entwicklungshypothese** (Instrumentalhypothese) postuliert, daß die Ausstattung mit Wirtschaftsdiensten eine wesentliche Voraussetzung für regionale Entwicklung ist - insbesondere für eine endogene Entwicklung - und daß Wirtschaftsdienste bzw. die Nutzung ihrer Leistungen zu positiven Entwicklungen beitragen können *(vgl. Kap.13.)*. Es ist daher notwendig, die Verteilung von Wirtschaftsdiensten auf **räumliche Kategorien des Entwicklungsstandes und -potentials** zu beziehen. Als Grundgerüst zur Abbildung solcher räumlicher Kategorien des Entwicklungszustandes kann das System der "Gebietstypen nach dem Erreichbarkeitspotential und Entwicklungsstand" in Österreich verwendet werden *(vgl. Kap. 5.2.2.)*.

a) Räumliche Orientierung im Muster regionaler Entwicklungszustände

Die erwartete **Konzentration der Wirtschaftsdienste auf die "Kernrräume"** läßt sich mit hoher Signifikanz bestätigen *(Datenbasis: WDAT1)*: 69,7 % aller Wirtschaftsdienste entfallen auf die Kernräume höchster Erreichbarkeit und besten Entwicklungspotentials: das sind der Kernraum Wien und die Kernraumachse OÖ-Zentralraum-Salzburg-Hallein. 15,5 % entfallen auf die Kernraumkategorien mit hohem Entwicklungsstand und mittlerer Erreichbarkeit (Graz-Umgebung, Bruck/Mur, Unteres Inntal, Vorarlberger Rheintal). Alle anderen Kategorien sind mit nur sehr geringen Anteilen der Wirtschaftsdienste besetzt. Diese hohe Konzentration weist deutlich auf die vermuteten **Disparitäten** hin: einerseits besteht bei den Wirtschaftsdiensten selbst sichtlich eine hohe **Reagibilität auf Disparitäten** im Wirtschaftsraum, andererseits stützt die hohe negative Korrelation zwischen der Verteilung der Wirtschaftsdienste und von Peripheriemerkmalen die Vermutung der **Entwicklungshypothese**, also eines Zusammenhanges zwischen regionalen Entwicklungsproblemen und Unterausstattung mit Wirtschaftsdienste *(vgl. Kap. 12.)*. Prüft man die Reagibilität der einzelnen Wirtschaftsdienstebereiche auf unterschiedliche Entwicklungszustände, so läßt sich festhalten, daß mit Ausnahme einiger charakteristischer Branchen keine deutliche Variation auftritt *(Ausnahmen Versicherung, Wachdienste, Speditionen; vgl. STAUDACHER, Ch. 1987, Abb. 5.3/12, S. 488).*

Tabelle 13 :
Konzentration und Dispersion der Wirtschaftsdienste im Kern-Peripherie-System im
Vergleich zur Verteilung der nichtlandwirtschaftlich Beschäftigten
(KANIK, J. 1980; F. TÖDTLING 1983; WDAT1; CH. STAUDACHER 1987, S. 487-493)

ENTWICKLUNGS-POTENTIAL	ENTWICKLUNGSSTAND hoch mittel niedrig				
	Wirtschaftsdienstebetriebe in %			Summe	
hoch	*1:* 69,7	*4:* 3,3	x	73,0	47
mittel	*2:* 15,5	*5:* 7,8	*7:* 0,7	24,0	37
niedrig	*3:* 0,8	*6:* 0,8	*8:* 1,4	3,0	16
Summe	86,0	11,9	2,1	100	
nichtlandw. Beschäftigte in %	55	30	15		100

1: ... 9: - Raumkategorien der Entwicklungszustände; vgl. Kap. 5.2.2.,

b) Differenzierung der Organisationsstruktur

Die organisationstheoretischen Ansätze postulieren un, daß charakteristische Zusammenhänge zwischen der Unternehmensorganisation (organisatorischer Status) und dem Zentrum-Peripherie-Muster bestehen, was auch vielfach empirisch nachgewiesen ist *(vgl. Tab. 11.)*:
— **Einbetriebsunternehmen** sind mit 75,7 % deutlich überdurchschnittlich auf die **Kernrräume** bester Entwicklungspotentiale konzentriert.

Tabelle 14 :
Organisationsstruktur der Wirtschaftsdienste im Muster regionaler Entwicklungszustände
(Gebietstypen des Erreichbarkeitspotentials/Entwicklungsstandes - vgl. Tab. 10.;
STAUDACHER, CH. 1987, Abb. 5.3.12.)

Organistionsform	Raumkategorien des Entwicklungsstandes							
	1	2	3	4	5	6	8	9
Einbetriebsunternehmen	75,7	12,2	0,8	2,7	6,5	0,4	0,5	1,2
Mehrbetriebsunternehmen	83,4	12,4	0,0	1,2	2,4	0,0	0,0	0,6
MBU-Regionalzentralen	43,1	34,7	0,0	8,1	13,7	0,0	0,4	0,0
MBU-Filialen	38,4	26,0	2,1	4,6	16,7	4,3	2,5	5,3
Internat. MBU-Zentralen	100,0	0,0	0,0	0,0	0,0	0,0	0,0	0,0
Internat. MBU-Filialen	84,4	11,1	2,2	0,0	2,2	0,0	0,0	0,0
Summe	69,7	15,5	0,8	3,3	7,8	0,7	0,7	1,4

- **Unternehmenszentralen** von Mehrbetriebsunternehmen mit 83,4 %, Österreich-zentralen mit 100 % und Filialen von internationalen Mehrbetriebsunternehmen mit 84,4 % sind noch wesentlich stärker an den besten Lagen des Entwicklungspotentials und der Erreichbarkeit orientiert.
- Charakteristische **Abweichungen** lassen sich bei den **MBU-Regionalzentralen**, die an den mittleren Kategorien des Entwicklungszustandes (Kat. 2,4,5,) orientiert sind, feststellen, was mit der "regionalen" Funktion dieser Organisationseinheiten zu tun hat.
- Grundsätzlich anders sieht die Verteilung der **MBU-Filialen** aus, die deutlich stärker auf die Regionen mittlerer oder schlechter Entwicklungszustände verteilt sind und in den Kernrräumen mit besten Entwicklungspotentialen (Kat. 1) mit 38,4 % nur schwach vertreten sind. Diese Dispersion läßt sich mit der Funktion der **räumlichen Marktabdeckung** von Filialen und mit der Ausnutzung spezifischer Standortvorteile der Peripherie (Arbeitskräfte, Boidenpreise usw.) in Verbindung bringen.

c) Differenzierungen der Betriebsgrößen

Es kann entsprechend der **Betriebsgrößenhypothese** davon ausgegangen werden, daß in Standorten guter und sehr guter Entwicklungssituation größere Betriebe vorhanden sind als an Standorten schlechter Entwicklungszustände. Dabei bestehen

Tabelle 15 :
Betriebsgrößetnruktur der Wirtschaftsdienste im Muster regionaler Entwicklungszustände
(Raumkategorien siehe Tab. 10., WDAT1)

Beschäftigte	Raumkategorien des Entwicklungsstandes							
	1	2	3	4	5	6	8	9
- 5	67,8	13,2	1,7	7,4	9,1	0,0	0,8	0,0
- 10	79,8	13,5	0,0	0,0	3,4	0,0	1,1	2,2
- 20	76,5	11,8	0,0	2,9	3,9	0,0	1,0	3,9
50	80,0	7,1	0,0	0,0	11,4	1,4	0,0	0,0
- 100	64,0	24,0	0,0	4,0	8,0	0,0	0,0	0,0
- 500	83,9	12,9	0,0	0,0	3,2	0,0	0,0	0,0
501 -	85,7	14,3	0,0	0,0	0,0	0,0	0,0	0,0
Summe	69,8	15,3	0,8	3,3	7,8	0,7	0,7	1,7

deutliche Korreltionen mit dem organisatorischen Status *(vgl. oben)*. Entwicklungs-
starke Kernräume haben größere Märkte, dichtere Nachfrage und günstigere Rahmenbedingungen usw., was zu deutlich erhöhten Chancen zum Größenwachstum
führen kann.

Diese Hypothesen lassen sich recht gut bestätigen: Vor allem in den **Kernräumen**
bester Entwicklungszustände (Kat. 1) können deutlich steigende Anteile **höherer Be-**
triebsgrößenklassen von Wirtschaftsdiensten festgestellt werden: bei Kleinstbetrieben (unter 6 Beschäftige) sind nur 67,8 % auf diese Raumkategorie konzentriert, bei
den Großbetrieben (über 500 Beschäftigte) bereits 85,7 % !

d) Dynamische Aspekte

Die Differenzierung von Wirtschaftsräumen nach Entwicklungszuständen basiert
vor allem auch auf der Annahme, daß damit grundlegende Differenzen im Entwicklungsprozeß, in der Wirtschaftsentfaltung und im Wachstumsprozeß und damit in den
Entwicklungschancen abgebildet werden können. Verwendet man Gründungsjahre
von Wirtschaftsunternehmen als Indikatoren dynamischer Zustände, so müßte sich
eine klare Differenzierung ergeben: Kernräume und Gebiete mit hohem Entwick-
lungspotential bzw. günstigen Erreichbarkeiten müßten deutlich höhere Besetzungen mit jungen Betrieben aufweisen. Die Analyse zeigt deutlich *(vgl. STAUDACHER,*
CH. 1987, Abb. 5.3/13, S. 492), daß die **Kernräume** (Kat. 1) seit ca. 1955 schwach überdurchschnittlich **Gründungsraum von Wirtschaftsdiensten** sind, während ihre Besetzung mit "alten" Wirtschaftsdiensten aus der Gründerzeit- und Zwischenkriegsphase
deutlich unterdurchschnittlich ausfällt. In allen anderen Teilräumen besteht eine
starke Überalterung im Wirtschaftsdienstebestand. In den **Teilgebieten mit mittleren**
Entwicklungszuständen (Kat. 2,4.5) gibt es eine längere Unterbrechung der Gründungstätigkeit zwischen 1955 bis 1970, die im Kernraum fehlt. Periphere Gebiete mit
schlechten Entwicklungszuständen zeigen auch starke Überalterung und eine unterdurchschnittliche Dynamik in den letzten Jahrzehnten, die nur durch kurze Grün-
dungsschübe (um 1955 und um 1970) unterbrochen sind. Zieht man die sehr unterdurchschnittliche quantitative Besetzung und die Gründungsdynamik in den Gebieten außerhalb der Kernräume in Betracht, so muß daraus der Schluß gezogen werden,
daß beträchtliche Disparitäten für die Nutzungschancen des Angebotes von Wirtschaftsdiensten bestehen müssen, wenn die **Raumwirkungs- und Entwicklungshypo-**
these nur einigermaßen stimmt und von Bedeutung ist, was auch aufgrund dieses
Analyseergebnisses als sehr wahrscheinlich gelten kann.

10. Die Rolle der Wirtschaftsdienste im Zentrensystem Östereichs

Zu den Kernaussagen der Standort- und Interaktionshypothesen über Wirtschaftsdienste gehört die **Hypothese des Zentrenbezuges**, die so bedeutend erscheint, das sie einer ausführlicheren Analyse zu unterziehen ist. Diese Ansätze postulieren
— eine bedeutende **Abhängigkeit** der Wirtschaftsdienste vom bestehenden Zentrensystem im Bezug auf ihre wirtschaftlichen Aktivitäten (Nutzung von Externalitäten, Marktbildung, ...) und im Bezug auf ihr Standort- und Interaktionsverhalten *(Kap. 10.1.)*
— und **Wirkungen** der Wirtschaftsdienste im Zentren- und Regionssystem, indem diese als funktionale Elemente der Ausbildung von Wirtschaftszentren gesehen werden und Ausstattungsdefizite des Zentrensystems mit Wirtschaftsdiensten als räumliche Disparitäten interpretiert werden *(Kap. 10.2.)*.
Beide Aspekte sind eng miteinander verbunden und lassen sich nur schwer trennen. Vor allem besteht das empirische Problem der Trennung der Wirkungsrichtungen und ihrer Gewichtung.

10.1. Die Wirtschaftsdienste im System und Hierarchiemuster Zentraler Orte Österreichs

Der **hierarchische Zentrenbezug** der Wirtschaftsdienste ist als das dominante Merkmale der Standortorientierung der Wirtschaftsdienste im Regions- und Siedlungssystem. Die Analyse des Systems der Zentralen Orte liefert eine Abbildung des Zentrensystems und der Bereichsbildung, die an der Konsumversorgungsfunktion orientiert ist *(BOBEK, H. - FESL, M. 1978, 1983)*. Dennoch kann davon ausgegangen werden, daß damit eine weitgehend gültige Abbildung, wenn schon nicht vollinhaltliche Erklärung des Zentrensystems vorliegt, die als **Bezugsrahmen der räumlichen Orientierung der Wirtschaftsdienste** verwendet werden kann (Ausgangspunkt der Analyse sind die in der zentralörtlichen Analyse erfaßten und eingestuften Städte und Siedlungen). Folgende **Fragen** können gestellt und beantwortet werden:
— Gibt es eine Korrelation der räumlichen Orientierung der Wirtschaftsdienste mit dem zentralörtlichen System und wie ist diese strukturiert ?
— Zeigen die einzelnen Wirtschaftsdienste-Bereiche charakteristische Abweichungen in der Zentrenorientierung (Residuen)?

a) Die Häufigkeit der Wirtschaftsdienste im zentralörtlichen System

Die Einpassung der räumlichen Verteilung der **Wirtschaftsdienste im Zentrensystem** läßt bei quantitativer Betrachtung eine weitgehend **lineare Beziehung** erwarten. Wenn das System der Zentralen Orte eine gültige Abbildung des Zentrensystems Österreichs darstellt, kann vermutet werden, daß die Ausstattung mit Wirtschaftsdiensten weitgehend mit dem Hierarchiemuster der Zentralen Orte korreliert. Abweichungen von dieser Linearität weisen darauf hin, daß die Wirtschaftsdienste bzw. bestimmte Wirtschaftsdienste-Branchen von der zentralörtlichen Hierarchie abweichende räumliche Orientierungen aufweisen, die zu identifizierten und zu erklären sind. Sie sind aber auch ein Hinweis darauf, daß das Zentrensystem mit dem Muster

der Zentralen Orte nicht voll erfaßt ist. Um die Linearität bzw. besonders die Abweichungen erfassen zu können, wird hier bewußt mit der linearen Regression gearbeitet, weil über den Erklärungsanteil (r^2) die Abweichung von der vermuteten Beziehung gemessen werden kann *(vgl. Tab. 13.).*

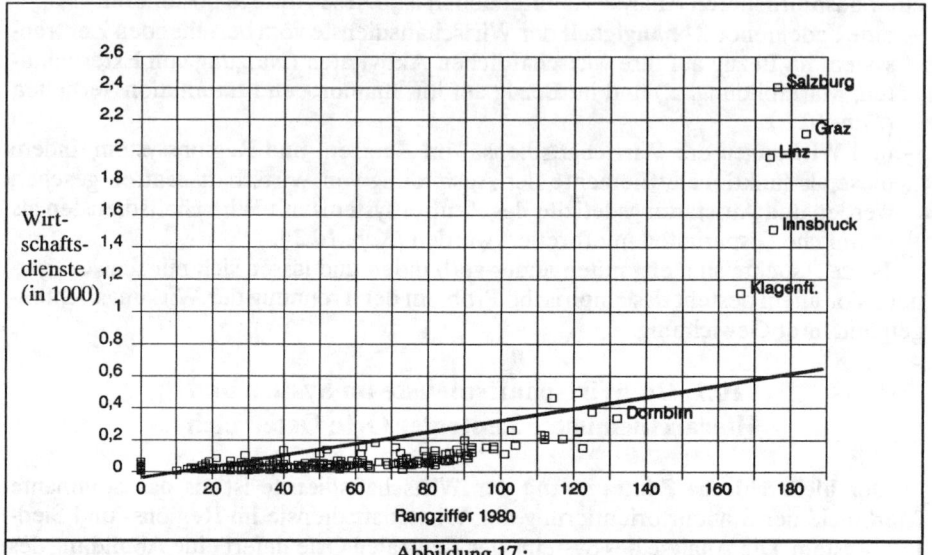

Abbildung 17 :
Relation der räumlichen Orientierung der Wirtschaftsdienste zum zentralörtlichen System
*(Rangziffern nach BOBEK, H. - FESL, M. 1983, Wirtschaftsdienste-Arbeitsstätten nach Arbeits-
stättenzählung 1981, Beitr. z. Österr. Stat. 650/1-10; vgl. STAUDACHER, CH. 1987, Tab. 5.3/14)*

+ **Zentralörtliche Orientierung**: Der Zusammenhang der räumlichen Orientierung
  der Wirtschaftsdienste mit dem System der Zentralen Orte ist relativ deutlich (r
  = 0,60). Es bestätigt sich damit die Vermutung, daß die Zentrenorientierung ein
  sehr wichtiges Standortkriterium für Wirtschaftsdienste darstellt. Es muß allerdings festgestellt werden, daß zwischen der zentralörtlichen Rangziffern *(BOBEK,
  H. - FESL, M. 1983)* und dem Besatz mit Wirtschaftsdienste-Arbeitsstätten kein
  linearer Zusammenhang besteht (die lineare Regression erklärt nur 36,5 % der
  Varianz).
+ **Assoziationswirkungen**: Die charakteristischen Abweichungen von der linearen
  Regression liegen dominant im Bereich der **hochrangigen Zentralen Orte**, also bei
  Wien mit 17716 Wirtschaftsdienste, bei den gut entwickelten Landeshauptstädten
  (Salzburg, Graz, Linz, Innsbruck, Klagenfurt) und z.T. bei einigen Viertelshauptstädten (Villach, St. Pölten, Wels, Dornbirn): Hier liegt der Besatz mit Wirtschaftsdiensten deutlich über den aufgrund der zentralörtlichen Rangstellung zu erwarteten Werten. Das hängt zunächst damit zusammen, daß in der Analyse des zentralörtlichen Systems nur das Auftreten von Diensten berücksichtigt wird, nicht
  aber die Häufigkeit; diese wird entsprechend dem Konsumansatz nur als "Ausdruck der Bevölkerungsmenge, nicht aber des Ranges" gewertet *(BOBEK, H. -
  FESL, M. 1978, S. 8)*. Im Rahmen der Wirtschaftszentralität muß im Gegensatz

dazu davon ausgegangen werden, daß die Häufigkeit des **Auftretens von Wirtschaftsdiensten ein relevantes Zentrenmerkmal** darstellt, da in dieser Häufigkeit
nicht nur eine Reaktion auf die Anzahl der potentiellen Nachfrager (Wirtschaftsunternehmen) steckt, sondern vor allem Assoziationswirkungen der Wirtschaftsdienste untereinander und mit anderen Diensten zum Ausdruck kommen.

Tabelle 16 :
Relation der räumlichen Orientierung der Wirtschaftsdienste im zentralörtlichen System
*(Regression - a,b, Korrelation - r, Bestimmtheitsmaß - r^2, Grenze der Grundausstattung als Rangzif-
fer; BOBEK, H. - FESL. M. 1983, Arbeitsstättenzählung 1981, Beitr. z. Österr. Stat. 650/1-10;
STAUDACHER, CH. 1987, Tab. 5.3/8, S. 503)*

	a	b	r	r^2
Wirtschaftsdienste gesamt	-92,44	3,96	0,60	0,360
Großhandel (WKL71)	-35,22	1,42	0,56	0,314
Straßenverkenr (WKL81)	-4,49	0,31	0,60	0,355
Bahnverkehr (WKL 82)	-0,31	0,07	0,56	0,314
Schiffsverkehr (WKL83)	0,03	0,00	0,01	0,000
Luftverkehr (WKL84)	-0,04	0,00	0,17	0,030
Speditionen/Reisebüros (WKL85)	-3,15	0,13	0,54	0,292
Nachrichtenwesen (WKL88)	-0,77	0,09	0,62	0,384
Finanzwesen (WKL91)	-4,17	0,23	0,68	0,462
Versicherungswesen (WKL92)	-4,24	0,20	0,84	0,706
Wirtschaftsdienste i.e.S. (WKL93)	-40,63	1,50	0,59	0,348
Wirtschaftsdienste-Dichte ings.	0,002	18,66	0,01	0,000
Wirtschaftsdienste-Dichte kleiner 30	0,06	14,64	0,38	0,144

+ Das **Wirtschaftsdienste-Zentrensystem** weist wesentlich **steilere Hierarchien** auf
als das konsumbestimmte. Trotz der besseren Repräsentation der Wirtschaftsdienste im Dienstekatalog hochrangiger Zentren *(nach der zentralörtlichen Zentrenan-
alyse, vgl. Kap. 4.6.2.b)*, muß festgestellt werden, daß die Wirtschaftszentralität der
Metropolen und der Regionalzentren im zentralörtlichen System nicht entsprechend abgebildet ist. Dies trifft nicht nur für die Viertelshauptstädte zu *(vgl.
BOBEK, H. - FESL, M. 1978, S. 94: Viertelshauptstädte zeigen ein starkes Überwiegen der "wirtschaftlichen Dienste" - gemessen an der Dienstequote: Arbeitsbevölkerung
in den Wirtschaftsabteilungen 7A + 9A je 1000 Einwohner)*, sondern in noch viel stärkerem Maß für die Landeshauptstädte und die Metropole Wien. **Assoziation und
räumliche Ballung** in betrieblicher Vielfalt von Wirtschaftsdienste-Angeboten
sind dominante Bestimmungsfaktoren der überdurchschnittlichen Konzentration
von Wirtschaftsdiensten in hochrangigen Zentren.

+ **Unabhängigkeit von Wirtschafts- und Konsumzentralität** in den Bereichen der
Zentralen Orte der Mittleren und Unteren Stufen: In der Regel zeigt sich in den
Zentralen Orten mit Rangziffern unter 100 eine starke Unabhängigkeit der Wirtschaftsdienste-Ausstattung vom zentralörtlichen Rang: Die Besetzung mit Wirtschaftsdiensten verändert sich - abgesehen von individuellen Variationsbedin-
gungen über den gesamten Bereich zentralörtlicher Ränge bis zur Rangziffer 100 -
nicht wesentlich, sodaß für Klein- und Mittelstädte von einer **Grundausstattung**
ausgegangen werden kann, die den wirtschaftlichen Nachfragebedürfnissen dieser

Standorte und ihrer Einzugsbereiche entspricht. Erst beim Übergang zur Funktion der Viertelshauptstädte wird die Wirtschaftsdiensteausstattung zum besonderen Merkmal.

+ Die **Branchendifferenzierung der zentralörtlichen Orientierung** zeigen sich im wesentlichen im Grand der Hierarchieanpassung *(vgl. STAUDACHER, CH. 1987, Abb. 5.3/15, S. 504; vgl. Tab. 13.)*:

   — Der Zusammenhang mit der zentralörtlichen Hierarchie ist am klarsten beim **Versicherungswesen** ($r = 0,8$, $r^2 = 0,71$) hier besteht bereits ab den Zentralen Orten der mittleren Stufe (Rangziffer 50) eine klare Hierarchiebeziehung. Versicherungsunternehmen sind überwiegend mehrbetrieblich und hierarchisch organisiert und zeigen daher starke Zentren- und Hierarchieaffinität.

   — Ähnlich, aber erst ab der Rangziffer 80 wirksam ist die Zentren- und Hierarchieaffinität beim **Finanzwesen** ($r = 0,68$, $r^2 = 0,46$), wo auch die Mehrbetrieblichkeit durch die starke Filialisierung eine wichtige Rolle spielt. Die rangunabhängige Grundausstattung reicht hier nur bis zur Rangziffer 80 - größere Zentrale Orte der mittleren Stufe zeigen also bereits Assoziationswirkung.

   — Sehr ähnlich der Grundverteilung ist die räumliche Orientierung beim **Großhandel** ($r = 0,56$, $r^2 = 0,31$) und bei den **Wirtschaftsdiensten i.e.S.** (Wirtschaftsklasse 98; $r = 0,59$, $r^2 = 0,35$), wobei Abweichungen von der Grundschichtausstattung vor allem in Umlandgemeinden (Maria Enzersdorf, Perchtoldsdorf, Klosterneuburg, Leonding usw.) auftreten. Die hierarchieunabhängige Grundausstattung reicht bis zur Rangziffer 100.

   — Bei den **Verkehrsdiensten** reicht die hierarchieunabhängige Grundausstattung etwa bis zum Rang 90, wobei die Variationsbreite relativ größer ist (besonders bei den Einrichtungen des Bahnverkehrs) und sehr deutlich **Individuallagen** in Erscheinung treten: Besonders deútlich ist das bei den Bahnverkehrseinrichtungen ($r = 0,56$, $r^2 = 0,31$) mit der führenden Position von Villach (neben Wien) und zahlreichen einzelnen Orten niedriger zentralörtlicher Ränge aber starker Besetzung mit Bahneinrichtungen (Bezirkshauptorte mit Bahnknotenfunktion). Bei den Speditionen/Reisebüros ($r = 0 ,54$, $r^2 = 0,29$) besteht hierarchieunabhängige Besetzung mit Wirtschaftsdiensten bis zur Rangziffer 130, also bis zu den Viertelshaupt- und schwach ausgestatteten Landeshauptstädten. Nur die Landeshauptstädte (guter Ausstattung) weisen starke Hierarchiedifferenzierung auf. Aus der hierarchieunabhängigen Verteilung treten einzelne Standorte mit starken Besetzungen aufgrund von Individualitäten hervor: Verkehrsstandorte wie Wels, Arnoldstein, Schwechat, z.T. auch Fremdenverkehrsorte.

b) Wirtschaftsdienste-Dichte im Zentrensystem

Die Einpassung der räumlichen Orientierung in das System der Zentralen Orte ist nicht nur am absoluten Auftreten von Wirtschaftsdiensten erkennbar, sondern auch durch die **Wirtschaftsdienste-Dichte** (Wirtschaftsdienste-Arbeitsstätten je 100 Arbeitsstätten im nicht- landwirtschaftlichen Bereich), mit der die **Versorgungsleistung** in Relation zur potentiellen örtlichen Nachfrage gemessen werden kann. Mit der Wirtschaftsdienste-Dichte kann entschieden werden, ob und wieweit die Häufigkeit

des Auftretens von Wirtschaftsdiensten ein für die Wirtschaftszentralität wichtiges
Merkmal darstellt.

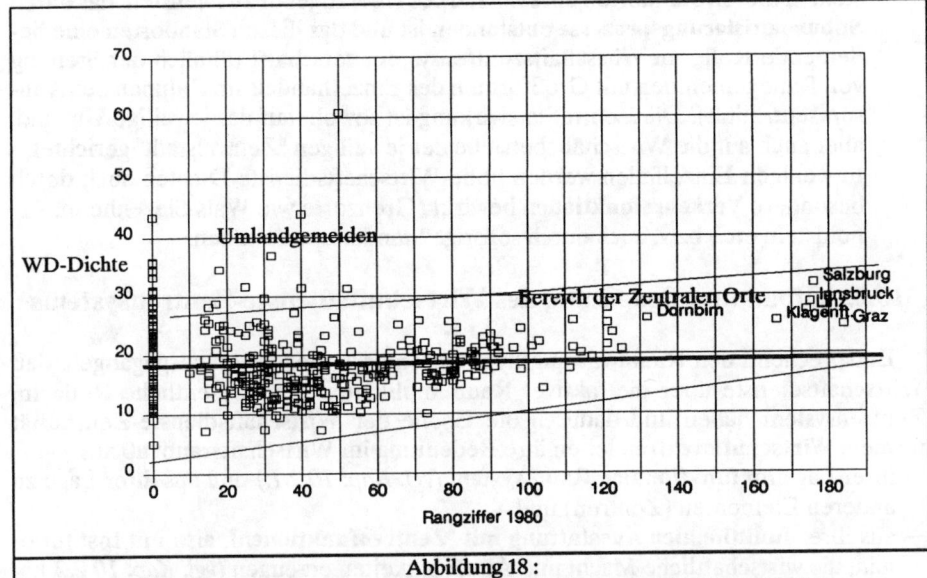

Abbildung 18 :
Variation der Wirtschaftsdienste-Dichte über die Rangstufen der Zentralen Orte
*(vgl. STAUDACHER, CH. 1987; Abb. 5.3/16; BOBEK, H. - FESL, M. 1983, Arbeitsstättenzäh-
lung 1981, Beitr. z. Österr. Stat. 650/1-10; STAUDACHER, CH. 1987, Abb. 5.3/16, S. 507)*

+ Die **Wirtschaftsdienste-Dichte** - berechnet über alle zentralen Orte zeigt **keine mit
der Rangziffer zusammenhängende Variation** *(Regressionskoeffizient = 0,002,
r = 0,012)*. Im Durchschnitt beträgt die **Wirtschaftsdienste-Dichte 18,8** und weist
vor allem bei Zentralen Orten mit niedrigen Rängen eine starke Schwankungs-
breite zwischen 8 und 55 auf. Betrachtet man nur die Zentralen Orte, die keine extremen Wirtschaftsdienste-Dichten aufweisen (kleiner 30), dann zeigt sich wohl
ein deutlicher Trend der **Zunahme der Wirtschaftsdienste-Dichte mit dem zentralörtlichen Rang**; eine Zunahme der Rangziffer um 100 bedeutet eine Zunahme
der Wirtschaftsdienste-Dichte um 5,5: Mit dem zentralörtlichen Rang steigt also
auch der "örtliche Überschuß" an Wirtschaftsdiensteangebot und damit die "Wirtschaftszentralität"; diese wird, wie schon oben festgestellt, also nicht nur durch das
Auftreten von bestimmten Wirtschaftsdienste-Funktionen, sondern auch durch
deren Häufigkeit bestimmt!

+ Die **Wirtschaftsdienste-Dichte** zeigt neben dieser Korrelation auch deutliche **Abweichungen vom Zentrensystem**, die sichtlich mit besonderen Raumqualitäten und
Spezialisierungen zusammenhängen

— Bei den Standorten mit hohen Wirtschaftsdienste-Dichte handelt es sich sehr
häufig um **Umlandgemeinden** mit zentralörtlicher Funktion rund um die größeren Städte, vereinzelt um Randgemeinden kleiner zentraler Orte. Hier erreichen die Wirtschaftsdienste-Dichten Spitzenwerte bis über 50, was sich einerseits durch eine starke Besetzung mit spezifischen Wirtschaftsdiensten bzw.

durch die häufig schwache Rolle als Betriebsgemeinden ergibt. Dadurch entsteht in diesen Standorten ein sehr starkes Überangebot an Diensten, das durch **Suburbanisierungsprozesse** entstanden ist und das diesen Standorten eine bedeutende Rolle im Wirtschaftszentrensystem verschafft (ähnlich der Stellung von Randgemeinden mit Großformen des Einzelhandels im Rahmen der Konsumzentralität). Die Zentralitätswirkung ist sowohl auf das jeweilige Umland, aber auch auf die Wirtschaftsbetriebe der jeweiligen "Zentralstadt" gerichtet.
 − In wenigen Einzelfällen werden hohe Wirtschaftsdienste-Dichten auch durch besondere **Verkehrsfunktionen** bewirkt (Grenzorte wie Wals-Siezenheim, Arnoldstein etc.) bzw. auch durch sonstige Standortspezialitäten.

10.2. Aufbau und Bedeutung des Wirtschaftsdienste-Zentrensystems

Entsprechend den Raumwirkungshypothesen wird hier davon ausgegangen, daß Wirtschaftsdienste über die "aktive" Raumimplikation eine wesentliche Rolle im Zentrensystem haben und dadurch die Ebene der Wirtschaftsdienste-Zentralität formen. **Wirtschaftszentren** leiten ihre Bedeutung im Wirtschaftsraum ab aus
 − ihrer Lage im **funktionalen Raumsystem** *(vgl. Kap. 10.2.1.)* und aus ihrer Lage zu anderen Elementen (Zentren) und
 − aus ihrer **funktionalen Ausstattung mit "Zentrenfunktionen"**, also mit Institutionen, die wirtschaftliche Macht und Abhängigkeiten erzeugen *(vgl. Kap. 10.2.2.)*.

10.2.1. Lagemuster der Wirtschaftsdienstezentren

Räumliche Analysebasis sind **Standortgemeinden** *(dabei müssen administrative Einheiten = Gemeinden als räumliche Einheiten zugrunde gelegt werden, als Untergrenze der Ballungsgröße wird das Auftreten von weniger als 10 Wirtschaftsdiensten pro räumlicher Einheit gesetzt)*, **Abbildungsdimensionen** sind die **absolute räumliche Verteilung**, also das Auftreten von Wirtschaftsdiensten im Siedlungssystem, die **relative Besetzung** mit Wirtschaftsdiensten (Wirtschaftsdienste-Dichten = Wirtschaftsdienste-Arbeitsstätten je 100 Arbeitsstätten in der Standortgemeinde). Beide Größen dienen zur Erfassung der Zentrengröße und -bedeutung im Bezug auf die intermetiäre Zentrenfunktion (Wirtschaftsdienstezentren). Die **Lagemuster von Zentren** im Wirtschaftsraum, deren internes **hierarchisches Verhältnis**, ihre **Spezialisierungen** und topographischen Individualitäten sind wesentliche Beschreibungsdimensionen der Analyse der Zentrenverteilung und -struktur. Die Zentrenwirkung von Wirtschaftsdiensten zeigt starke Abhängigkeit vom vorgegebenen Zentrenmuster, von den durch andere Zentrenfunktionen (historisch) vordefinierten Siedlungsstrukturen, sodaß sich eine nach Hauptregionen differenzierte Analyse empfiehlt *(vgl. Abb. 19.)*.
 • **Hauptregion Wien:** Neben dem übermächtigen Zentrum **Wien** mit 17.700 Wirtschaftsdiensten gibt es zwar eine deutliche Konzentration von Wirtschaftsdiensten im Städteband Mödling (202 Wirtschaftsdienste-Arbeitsstätten) - Baden (270), welche durch starke Industrialisierung im Wr. Becken und durch Suburbanisierungstendenzen in die Randgemeinden Perchtoldsdorf (140), Brunn am Geb. (70), Vösendorf (90), Hinterbrühl (55), Wr. Neudorf (70), Ma. Enzersdorf (140) usw.

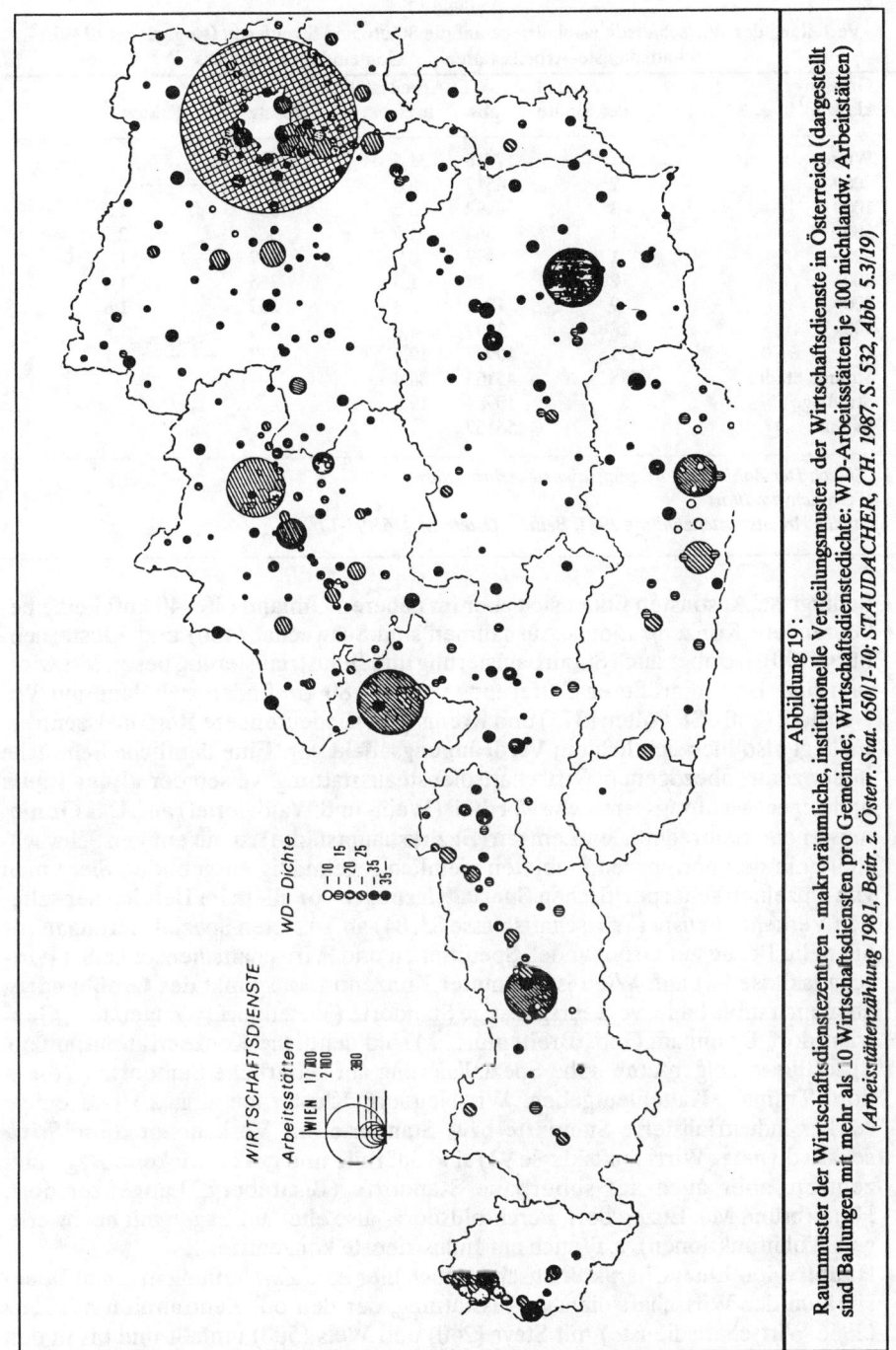

Abbildung 19:

Raummuster der Wirtschaftsdienstezentren - makroräumliche, institutionelle Verteilungsmuster der Wirtschaftsdienste in Österreich (dargestellt sind Ballungen mit mehr als 10 Wirtschaftsdiensten pro Gemeinde; Wirtschaftsdienstedichte: WD-Arbeitsstätten je 100 nichtlandw. Arbeitsstätten)

(Arbeitsstättenzählung 1981, Beitr. z. Österr. Stat. 650/1-10; STAUDACHER, CH. 1987, S. 532, Abb. 5.3/19)

Tabelle 17:
Verteilung der Wirtschaftsdienstebetriebe auf die Städte und Streulagen (weniger als 10 Wirtschaftsdienste-Arbeitsstätten pro Gemeinde) Österreichs

Größen-klassen [1)	Anzahl der Städte	WD-Arbeitsstätten abs.	in %	Besatz	Faktor [2)
Wien	1	17716	31,5	17716	
2000 -	2	4517	8,0	2259	7,8
1000 -	3	4592	8,2	1530	1,5
500 -	1	564	1,0	564	2,7
400 -	1	497	0,9	497	1,1
300 -	2	712	1,3	365	1,4
200 -	9	1861	3,3	207	1,8
100 -	28	3797	6,8	136	1,5
10 -	331	10907	19,4	33	4,1
Summe Städte	378	45163	80,4		
Streulage		10984	19,6		
Summe		56157			

[1) *Nach Der Zahl Der Wirtschaftsdienste-Arbeitsstätten*
[2) *Größenverhältnis*
Quelle: Arbeitsstättenzählung 1981, Beitr. z. Österr. Stat. 650/1-10

bedingt ist. Ansonsten findet sich aber im näheren Umland (30 - 40 km) keine bedeutendere Konzentration - Ausnahmen sind Schwechat (160) und Klosterneuburg (190), wo aber auch Suburbanisierung und Industrialisierung besonders wirksam sind. Erst in größerer Entfernung von 60 - 80 km finden sich dann mit Wr. Neustadt (260), St. Pölten (375) und Krems (210) bedeutendere Regionalszentren. Es liegt also hier sichtlich ein **Verdrängungseffekt** vor. Eine deutliche Schwäche in der zentrenbezogenen Wirtschaftsdiensteausstattung weisen der **alpine Raum** und der **entwicklungsschwache Nordteil** (Wein- und Waldviertel) auf. Das Grundmuster der kleinregionalen Zentren (Bezirkshauptstädte) ist mit einigen Schwachstellen in den peripheren Gebieten ziemlich regelmäßig ausgebildet. Sieht man von einzelnen sehr spezifischen **Spezialisierungen** vor allem im Bereich der seltenen Verkehrsdienste (Wirtschaftsklasse 83, 84) ab, so treten Spezialisierungen vor allem im Bezug auf Großhandel, Speditionen und Wirtschaftsdienste i.e.S. (Wirtschaftsklasse 93) auf. Wien ist absoluter Konzentrationspunkt des **Großhandels**, aber auch suburbane, verkehrsgünstige Standorte (Vösendorf, Wr. Neudorf, Guntramsdorf, Brunn am Geb., Breitenfurt, ...) sind deutliche Konzentrationspunkte. **Speditionen** zeigen eine hohe Spezialisierung auf suburbane Standorte (Vösendorf, Trumau, Kaltenleutgeben, Wr. Neudorf, Klosterneuburg, ...) und einige stärker industrialisierte Standorte bzw. Standorte mit Verkehrsfunktion. **Wirtschaftsdienste** (Wirtschaftsklasse 93) sind auf reife und gut entwickelte Regionalzentren, aber auch auf suburbane Standorte (Bisamberg, Langenzersdorf, Hinterbrühl, Ma. Enzersdorf, Perchtoldsdorf - also eher auf Lagen mit hochwertigen Wohnfunktionen), z.T. auch auf Industrieorte konzentriert.

• **Hauptregion Linz**: Charakteristisch ist auch hier eine Zweiteilung in einen **Intensivraum** der Wirtschaftsdienste-Ausstattung, der den oö. Zentralraum mit Linz (1966 Wirtschaftsdienste) mit Steyr (240) und Wels (500) umfaßt und bis in den

Raum Vöcklabruck - Gmunden reicht, und ein Gebiet mit sehr schwacher Ausstattung und geringer Attraktivität für Wirtschaftsdienste, das Teile des **Innvier-
tels** und besonders das gesamte **Mühlviertel** umfaßt. Hier sind nicht einmal die
unmittelbaren Umlandgemeinden von **Linz** stärker mit Wirtschaftsdiensten besetzt. Die Suburbanisierung beschränkt sich auf westliche und südliche Nachbargemeinden von Linz, vereinzelt auch auf solche von Wels und Steyr (Ansfelden 65,
Leonding 106, Traun 120, ...). Im Kernraum ist **Linz** mit einem stark ausgebilde-
ten **Umlandring** mit 1970 Wirtschaftsdiensten das Zentrum. Zusammen mit dem
zweiten Hauptpol Wels und den Umgegungsgemeinden ist hier ein vielfältiges Potential von über 3000 Wirtschaftsdiensten konzentriert. Zusammen mit Steyr
ergibt sich daraus als Charakteristikum dieser Hauptregion eine für gut entwickelte Kernräume typische **Mehrpoligkeit.**

- **Hauptregion Salzburg:** Hier besteht durch die hohe quantitative und intensive
Ausstattung von Salzburg (2400 Wirtschaftsdienste) eine ganz beträchtliche **Mo-
nopolisierung**, die sich im totalen Fehlen weiterer bedeutenderer Regional- oder
Kleinzentren im Bundesland und im angrenzenden oö Zuordnungsbereich aus-
wirkt. Die Ringbildung im Umland von Salzburg ist deutlich (Puch 30 Wirtschaftsdienste, Oberalm 30, Anif 30, Bergheim 76, Wals-Siezenheim 70, Elsbethen 40,
Eugendorf 40). Die kleinregionalen Zentren sind gut ausgebildet, z.T. führt die
Fremdenverkehrsintensität zu einer verstärkten Dispersion der Wirtschaftsdienste (Bad Hofgastein, Bad Gastein, ...). Spezialisierungsmuster des **Großhandels**
sind auch in Salzburg auf die suburbanen Lagen, die z.T. mit Verkehrslagen zusammenfallen, konzentriert. **Speditionen** sind auch hier auf die Landeshauptstadt
(nicht zuletzt auch aufgrund ihrer Grenz- und Verkehrslage) und die Umlandgemeinden (Wals, Bergheim, ... bis Hallein) konzentriert; deutlich ist die Konzentration der Reisebüros auf Fremdenverkehrsorte. Besonders stark wird die Mono-
polisierung auf Salzburg durch die Konzentration der **Wirtschaftsdienste** i.e.S.
(Wirtschaftsklasse 93); beträchtlich ist bei diesen die suburbane Standortkonzen-
tration (Umlandgemeinden von Salzburg).

- **Hauptregion Innsbruck:** Innsbruck bildet ein ziemlich **monopoles Zentrum** (1500
Wirtschaftsdienste), wobei eine deutliche Suburbanisierung auf Nachbargemeinden besteht (Axams 40 Wirtschaftsdienste, Völs 40, Ampass, Kematen, Mils,
Mutters, ...). Im **Unterland** ist die Zentrenbildung beträchtlich stärker ausgebildet
als im Oberland, was mit der Industrialisierung und der Verkehrsachsenfunktion
zu tun hat. Fremdenverkehr führt auch hier zur Intensivierung und regionalen Dispersion (Wildschönau, Fieberbrunn, Mayerhofen, ...). Der **Großhandel** zeigt deutliche Konzentration in den Umlandgemeinden von Innsbruck bzw. auf die Grenz-
nähe (Ebbs). **Speditionen** haben hohe Konzentrationen auf Standorte des Unter-
inntales mit seiner international bedeutenden Durchgangsfunktion im Verkehrs-
geschehen. **Reisebüros** sind Konzentrationsmerkmal von Fremdenverkehrsorten.
Wirtschaftsdienste i.e.S. (Wirtschaftsklasse 93) weisen auch in Tirol charakteristische Konzentration auf regionale Zentrenstandorte auf.

- **Hauptregion Bregenz-Dornbirn-Feldkirch:** Hier zeigen sich am deutlichsten die
Charakteristika eines hochentwickelten Industrieriers mit **mehrpoliger Vertei-
lung** der Zentren (Bregenz 230 Wirtschaftsdienste, Dornbirn 340, Lustenau 160,
Feldkirch 250). Insgesamt sind 2300 Wirtschaftsdienste auf engstem Raum kon-

zentriert, was durchaus den übrigen Hauptregionenszentren entspricht. Zusätzlich besteht eine hohe Wirtschaftsdienstedichte auf der Basis einer hochkonzentrierten betrieblichen Nachfrage. Die Suburbanisierung umfaßt fast alle bedeutenderen Orte des Rheintales, besonders aber den Bereich um Bregenz - Dornbirn - Lustenau. **Großhandelskonzentrationen** sind selten und beziehen sich auch hier dominant auf suburbane Lagen (Fussach, Hard, Lustenau, Frastanz, ...); aufgrund der hohen Industrialisierung weisen fast alle größeren Orte ein erhöhte Konzentration von **Speditionen** auf; **Wirtschaftsdienste** i.e.S. (Wirtschaftsklasse 93) sind wie in den anderen Hauptregionen auch deutlich auf die Zentren konzentriert.

- **Hauptregion Graz:** Graz bildet ein **monopoles Zentrum** mit 2100 Wirtschaftsdiensten und nur ganz schwach ausgebildeter Suburbanisierung (Gratkorn, Gratwein, Judendorf, Karlsdorf, ...) in einer mit weiteren Zentren nur sehr **schwach ausgestatteten Hauptregion.** Diese Schwäche besteht im Netz und in der Ausstattung mit Zentren in der Süd- und Oststeiermark und im südlichen Burgenland ebenso wie im Bereich des Ennstales. Sehr schwach ist die Zentrenbildung und -ausstattung auch im Industrierevier der **Mur-Mürz-Furche,** wo nur Leoben (210 Wirtschaftsdienste), Bruck an der Mur (125) und Kapfenberg (90) eine deutlichere Konzentration darstellen. Dies könnte einerseits mit der generellen Krise dieser Industriezone, aber auch mit ihrer Großbetrieblichkeit und besonders mit ihrer Außensteuerung zu tun haben. In Ansätzen sind Intensivierungen durch Fremdenverkehr (Bad Aussee) und Verkehrsroutenlage (Gastarbeiterroute) erkennbar. Großhandelskonzentrationen sind selten und betreffen auch hier Umlandgemeinden, **Speditionen** konzentrieren sich verstärkt auf Verkehrslagen und z.T. auch auf Industriestandorte; **Wirtschaftsdienste** i.e.S. (Wirtschaftsklasse 93) zeigen auch hier Zentrenspezialisierung.
- **Hauptregion Klagenfurt-Villach:** Kärnten hat ein typisch **dipoles Zentrensystem** mit Klagenfurt (1100 Wirtschaftsdienste) und Villach (560 Wirtschaftsdienste). Sehr deutlich ist die Verdichtung mit Kleinzentren durch den Fremdenverkehr und die Industrialisierung ausgebildet, sodaß mit den kleinregionalen Zentren der **Bezirkshauptstädte** eine sehr dichte Versorgung besteht. Nur Oberkärnten und Osttirol weisen (trotz Fremdenverkehr) eine sehr schwache Besetzung auf. **Großhandelskonzentrationen** sind in Kärnten nicht existent; Konzentrationsstandorte von **Speditionen** (Arnoldstein) und besonders von **Reisebüros** sind stark verbreitet (Fremdenverkehrsorte in den Seengebieten). Beide Branchen zeigen in Abweichung zu den anderen Hauptregionen starke Konzentration auf die Wirtschaftszentren (Klagenfurt, Villach, Spittal an der Drau). **Wirtschaftsdienste** i.e.S. (WKL 93) sind auch hier deutlich auf Zentren konzentriert.

10.2.2. Funktionale Ausstattung der Wirtschaftsdienste-Zentren

Unter dem Blickwinkel der "aktive Raumimplikation" der Wirtschaftsdienste werden diese vor allem als Zentrenfunktionen gesehen, die eine wesentliche Schicht im Funktionenmix von Wirtschaftszentren darstellen. Die Abbildung der **Wirtschaftsdienstezentralität** erfolgt daher auf dem indikatorischen Weg *(Kap. 8.4.3)* über das Auftreten von Wirtschaftsdiensten als "repräsentative Funktionen". Dabei wird von der Hypothese ausgegangen, daß Ballungs- und Assoziationsstandorte im Zentrensystem umso bedeutender sind, umso mehr Macht ausüben und räumliche Abhängigkeit bewirken, je größer die Quantität, die Vielfalt und die Spezialisierung der Zentren aufgrund der in ihnen angesiedelten Wirtschaftsdienste ist.

Zur **Abbildung und Analyse der Wirtschaftsdienstezentralität** im Sinne der Zentrenbildungshypothese *(vgl. Kap. 8.4.)* können folgende Meßgrößen einzelner Siedlungseinheiten verwendet werden:

a) als quantitatives Maß die **Zahl der Wirtschaftsdienste**, welche die Ballungsgröße und damit indirekt die Vielfalt der Wirtschaftsdienste-Struktur abbildet,

b) als relatives Maß die **"örtliche Wirtschaftsdienstedichte"**. Diese läßt sich als Maß für den **"überörtlichen Bedeutungsüberschuß"** interpretieren und damit als ein Maß der Regionsbildung und hierarchischen Strukturierung im Zentrensystem. Als Bezugsgröße der Berechnung der Wirtschaftsdienste-Dichte wird der Gesamtbestand an örtlichen, innergemeindlichen nichtlandwirtschaftlichen Betrieben (Arbeitsstätten) verwendet, also die potentielle örtliche Nachfrage: Je höher die "örtliche Wirtschaftsdienste-Dichte" im Einzelfall ist, desto geringer ist das lokal gebundene Leistungspotential und desto größer ist die "potentielle Überschußleistung", die dann als Wirkungsmaß der "aktiven Raumimplikation" im Zentren- und Regionssystem interpretiert werden kann.

c) Eine Verfeinerung der "Zentralitätsmessung" ergibt sich über den Bezug auf das **Segment der dispositiven Wirtschaftsdienste**: Es wird dabei wie oben die Zahl der dispositiven Wirtschaftsdienste (Wirtschaftsklasse 91, 92, 93) als Maß des **"örtlichen dispositiven Bedeutungsüberschuß"** verwendet.

d) **Intensität und Quantität der Ausstattung mit Wirtschaftsdiensten** bestimmen die Bedeutung der Standorte von Wirtschaftsdiensten im Zentrensystem. Die gesamte Wirtschaftsdienste-Zentralität läßt sich durch eine **Zentralitätsziffer** messen: Die Wirtschaftsdienste-Zentralitärt ergibt sich aus dem Produkt der

   — **Ausstattung** mit Wirtschaftsdiensten (Arbeitsstätten), also der Anzahl der Institutionen mit Wirtschaftsdienste-Angebot, und

   — der **relativen Besetzung** mit Wirtschaftsdienste-Institution, bezogen auf die potentielle Nachfrage (Arbeitsstätten insgesamt), also der Wirtschaftsdienste-Dichte.

Die **dispositive Wirtschaftsdienste-Zentralität** eines Wirtschaftsdienste-Standortes ergibt sich in gleicher Weise aus den entsprechenden Werten der dispositiven Wirtschaftsdienste *(funktional-hierarchische Systematik, Kap. 3.1.3.)*. Die multiplikative Beziehung wird deshalb gewählt, weil im Bereiche der Wirtschaftszentralität die Bedeutung von Standorten nicht nur über das Auftreten von Zentrenfunktionen, sondern auch durch assoziative interne Verflechtungen und damit durch die Mehrfachbesetzung bestimmt wird.

Prüft man die **Korrelation bzw. Regression dieser Zentralitätsmaße** *(vgl. Abb. 20.)*, so zeigt sich, daß der quantitative (Ausstattung mit Wirtschaftsdiensten) und der qualitative (Wirtschaftsdienste-Dichte) Ansatz eine sinnvolle Differenzierung darstellen (b = 0,007 bzw. 0,013, r^2 = 0,051 bzw. 0,102) und damit wesentlich differenzierte Dimensionen der Wirtschaftszentralität abgebildet werden können:

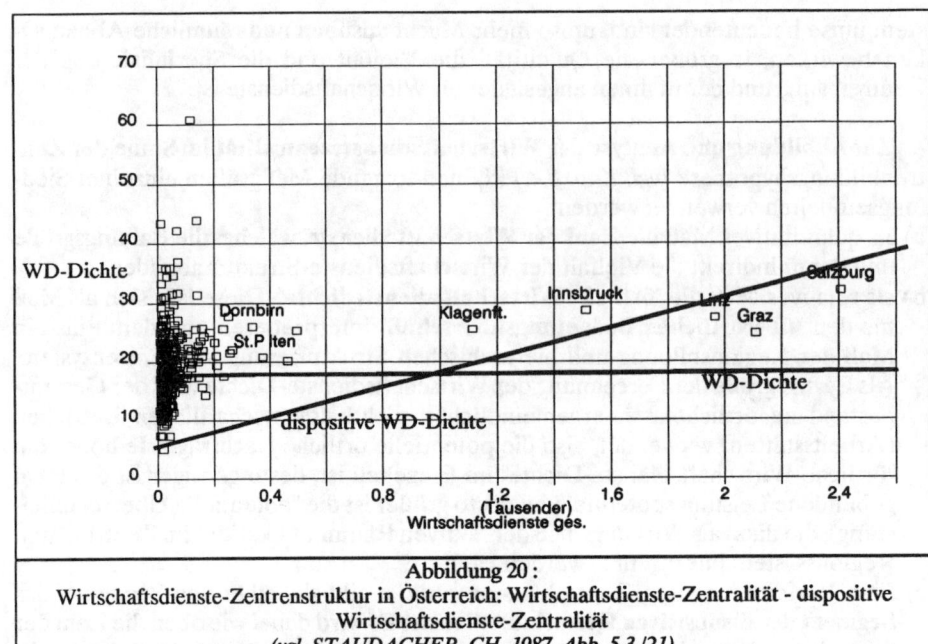

Abbildung 20 :
Wirtschaftsdienste-Zentrenstruktur in Österreich: Wirtschaftsdienste-Zentralität - dispositive
Wirtschaftsdienste-Zentralität
(vgl. STAUDACHER, CH. 1987, Abb. 5.3./21)

● Bei den **Hauptregionszentren** und der Bundeshauptstadt besteht nur ein geringer
   Zusammenhang zwischen quantitativer Diensteausstattung und Überschußkapa-
   zität (Wirtschaftsdienste-Dichte). Größenwachstum (nach der institutionellen
   Ausstattung) führt nicht zu weiterer Überschußkapazität und damit zur Vergröße-
   rung der Einzugsbereiche. Diese Grundtatsache weist auf folgende Aspekte hin:
   — Der **Wirtschaftsdienste-Besatz** von Wirtschaftszentren mißt nur einen Teil der
      gesamten Wirtschaftszentralität, also nur die durch privatwirtschaftliche Wirt-
      schaftsdienste getragene Zentralität. Der Anteil der Wirtschaftsdienste-Zen-
      tralität an der Gesamtzentralität wird vor allem bei den Hauptregionszentren
      mit zunehmender Gesamtgröße relativ geringer. In der Gesamtzentralität wird
      die Wirkung der Wirtschaftsdienste zunehmend von anderen Zentrenfunktio-
      nen überlagert: Öffentliche und offiziöse Zentralitätsfunktionen (Gerichte,
      Verwaltung, Verbände usw.), unternehmensinterne Beziehungen (Firmenzen-
      tralen), Konsumzentralität.
   — Mit der **Ausstattung von Hauptregionszentren** scheint ein qualitativer Schwel-
      lenwert erreicht, der nur mehr über eine Intensivierung der **internen Verflech-
      tungen** am Ballungsstandort multiplikativ vermehrt wird. Damit bleibt ab einem
      bestimmten Niveau die spezifische Wirtschaftsdienste-Zentralität unverändert.
   Diese Erkenntnis widerspricht der **Hypothese** eines durchgängig **hierarchischen
   Aufbaus** des durch Wirtschaftsdienste bestimmter Zentrensystems, welche postu-
   liert, daß auch in den oberen Rängen eine deutliche qualitative, also den Zentra-
   litätsgrad und die Zentralitätsrolle betreffende Differenzierung und damit
   Hierarchie besteht. Aufgrund des institutionellen Arbeitsstättenkonzeptes der Da-

tenbasis *(Arbeitsstättenzählung 1981)* kann diese Differenzierung aber nicht erfaßt werden, weil über die Wirtschaftsklassengliederung keine ausreichende Funktions- und Bedeutungsdifferenzierung möglich ist. Weder die getrennte Analyse nur nach dispositiven Diensten, noch eine Analyse nach Arbeitsstättengrößen (Beschäftigte) als Indikater für unterschiedliche Bedeutungen und Wirkungen führt zu einem differenzierten Ergebnis.

• Bei den **Klein- und Mittelzentren** (einschließlich den Viertelshauptstädten) hingegen läßt sich auch ohne Bedeutungs- und Größendifferenzierung ein klarer Zusammenhang zwischen der Größe der Standortballung und der Intensität der Ausstattung erkennen. Bei den Größenordnungen von Standortballungen der Wirtschaftsdienste von 10 - 400 Wirtschaftsdiensten scheint ein wesentlicher Zusammenhang zwischen der Gesamtausstattung mit Wirtschaftsdiensten und der Überschußkapazität (Wirtschaftsdienste-Dichte) zu bestehen: je größer die Zentren desto größer auch der "örtliche Bedeutungsüberschuß". Zentrenwachstum ist bei diesen Zentrengrößen sichtlich nicht mit interner Verflechtungsintensivierung sondern mit einer Ausweitung der Abhängigkeitsbereiche verbunden. Die Variationsbreite der Überschußkapazität ist in diesem Bereich recht deutlich und zeigt den starken Einfluß von individuellen Lage- und Funktionsbedingungen.

• Dieser **"Zentrenstruktur"** als hierarchischem Basismuster steht eine wichtige Gruppe von Wirtschaftsdienste-Standorten gegenüber, die durch grundsätzlich anders bestimmte Zusammenhänge von Kapazität und Intensität der Wirtschaftsdienste-Ausstattung gekennzeichnet ist. Diese Standorte sind charakterisiert durch

  — **geringe Ballungsgröße** der angesiedelten Wirtschaftsdienste, also geringe unmittelbare Wirkung von Assoziationseffekten, aber

  — besonders **hohe Intensität** der Wirtschaftsdienste-Ausstattung und damit durch hohe Überschußkapazität.

Diese **"Wirtschaftsdiensteorte"** sind meist eher kleine Gemeinden, die durch besondere **Lagemerkmale** zu Vorzugsstandorten von Wirtschaftsdiensten geworden sind. Es sind vor allem die **Umlandgemeinden der Kernstädte**, insbesondere solche Gemeinden, die mit der Kernstadt siedlungsmäßig eng verwachsen sind, die besondere Infrastrukturvorteile, Wohnwertvorteile und ähnliche Vorzüge aufweisen: **Zentralraum Wien:** Mauerbach, Gerasdorf, Maria Enzersdorf, Wr. Neudorf, Hinterbrühl, Perchtoldsdorf etc., aber auch die Städte um Wien weisen erhöhte Überschußkapazitäten auf: Schwechat, Klosterneuburg, Purkersdorf usw. **oö-Zentralraum:** Leonding, Puchenau, Wilhering, Traun bei Linz, Thalheim bei Wels. **Grazer Zentralraum:** Feldkirchen, Judendorf-Straßenegel, etc., **Zentralraum Salzburg:** Elsbethen, Wals-Siezenheim, Eugendorf, Bergheim, **Tiroler Zentralraum:** Ampass, Axams, Rum, Mils usw. **Vorarlberger Zentralraum:** Lauterach, Hart **Kärtner Zentralraum:** Ebenthal, Lendorf usw. Vereinzelt treten solche Intensitätsstandorte auch in der Nachbarschaft von Bezirkshauptorten auf: z.B. Schalchen bei Mattighofen, Furth bei Krems usw. Die Funktion der Umlandgemeinden als Wirtschaftsdienste-Orte mit starker Überschußkapazität aufgrund von besonderen Standortattraktivitäten weist auf deutliche **Suburbanisierungstendenzen** hin. Diese "Ringbildung" aus wirtschaftdienste-intensiven Standorten um die großen und mittleren Wirtschaftszentren ist ein deutliches Zeichen für Auslagerungsprozesse aus den städtischen Kernen *(vgl. Kap. 11.)*; diese Umlandgemeinden sind aber für sich nicht als echte Wirtschaftszentren einzustufen, da ihr Gesamtbesatz zu gering ist und auch häufig deutliche Spezialisierungen bestehen. Sie haben wesentliche Ergänzungsfunktionen für die jeweiligen Kernstädte und stärken deren Stellung im Wirtschaftszentrensystem.

Faßt man zusammen, so lassen sich folgende wesentlichen **Grundmuster der räumlichen Implikation der Wirtschaftsdienste** im Zentren- und Regionssystem sind (für Österreich) erkennen:

• **Makroräumlicher Zentrenbezug**: Entsprechend dem Grundkonzept des funktionsaffinen Standortverhaltens kommt dem Zentrenbezug als Stanortmaxime eine ganz besondere Bedeutung zu (Agglomerations- und Assoziationshypothese). Dieser besteht auf allen dimensionalen Betrachtungsebenen makroräumlich für ganz Österreich, mesoräumlich innerhalb der Hauptregionen und mikroräumlich-innerstädtisch *(vgl. Kap. 11.)*. Der Zentrenbezug ist durch deutliche Hierarchiemuster strukturiert, also durch charakteristische Varationen der Häufigkeit und der Dichte des Auftretens von Wirtschaftsdiensten in Korrelation mit der Stellung der Standorte als Wirtschaftszentren. Wirtschaftsdienste orientieren ihr Standortverhalten

– an der **räumlichen Assoziation mit anderen Wirtschaftsdiensten** und mit anderen öffentlichen und/oder privaten Diensten (Städtefunktionen, interne Assoziation) und

– an der **räumlichen Ausrichtung auf Wirtschaftsdienste-Nachfrager** (Industrie, Gewerbe, andere Dienste, öffentliche Einrichtungen), wobei eine deutliche Überlagerung durch das Hierarchieprinzip in der räumlichen Wikrung existiert (Versorgungshypothese).

Die **interne Assoziation** führt zur räumlichen Ballung im städtischen Milieu und zur Ausbildung von nichtkontingenten hierarchischen oder lateralen Beziehungsmustern im Städtesystem, die **"Versorgungsassoziation"** zur räumlichen Ballung und Ausbildung von kontingenten Gradientfeldern (geschlossenen Versorgungsgebiete) mit deutlicher Hierarchiesierung der Zentren und der zugeordneten Versorgungsbereiche.

- **Funktionsspezialisierung:** Der Zentrenbezug wird überlagert durch Funktionsspezialisierungen, die sich aus meist standort- und lageindividuellen Affinitäten ergeben: Dazu gehören die Lage an besonderen Orten des Verkehrssystems (Grenzorte, Verkehrsknotenpunkte), Fremdenverkehrsorte, bestimmte Agrarreviere (Weinorte) und Industriekonzentrationen. Zum Teil steckt die Funktionsspezialisierung auch in der Hierarchie, insbesondere über organisatorische (unternehmensinterne) Differenzierung zwischen dispositiven und operativen Funktionen (funktionale Arbeitsteilung).

- **Suburbanisierung:** Eine wesentliche Standortkategorie läßt sich an der starken Konzentration der Wirtschaftsdienste, insbesondere der Branchen Großhandel, Speditionen, z.T. auch der dispositiven Wirtschaftsdienste auf Umlandgemeinden erkennen. In dieser Kategorie läßt sich vor allem auch eine recht starke Dynamik im Standortsystem erkennen. Spezifische Standortaffinität bei charakteristischen Wirtschaftsdiensten (flächenintensive, prestigebezogene, verkehrsorientierte, ...) führen zu verstärkter Stadtrandtendenz.

- **Grundschichtdispersion:** Die Basisschicht der Wirtschaftsdiensteausstattung im Siedlungssystem wird von den größeren Gemeindehauptorten (zentrale Orte der Untersten Stufe), kleinen Industrieorten, z.T. spezialisierten Verkehrsorten getragen, die heute mit allgemeinen Grundfunktionen wie Bankfiliale, Gemeindeamt, Wirtschaftsreuhänder usw. ausgestattet sind. Diese Basisausstattung kann nicht als Zentrencharakteristikum gewertet werden. Der echte Zentrenbezug endet also in der Regel bei den Zentralen Orten der Unteren Stufe, also bei Gerichtsorten, wo Grundfunktionen wie Rechtsdienste, öffentliche Wirtschaftsdienste, Wirtschaftsreuhänder, Gerichte usw. z. T. in Mehrfachbesetzung das Funktionsbild bestimmen.

- **Regionale Differenzierungen:** Die absolute und relative räumliche Verteilung der Wirtschaftsdienste variiert über bestimmte erkennbare regelhafte Muster der Zentrenorientierung, der Hierarchiezuordnung und der Spezialisierung hinaus mit regionalen Unterschieden, die sich durch **individuelle Lagen** (Verkehrsdurchgangsräume, Fremdenverkehrsräume, städtische Kernräume, ...) im Wirtschaftsraum aber auch durch Kategorien des regionalen Entwicklungsstandes und der regionalen Entwicklungschancen abbilden lassen. Besonders deutlich wird diese regionale Differenzierung durch den Bezug der räumlichen Orientierung der Wirtschaftsdienste auf **Funktionalregionen**, in denen individuelle Gegebenheiten, insbesondere unterschiedliche Hierarchiemuster im Zentrensystem (Mono- polisierung, Mehrkernigkeit) als Chancen des Standortverhaltens stark durchschlagen.

- Die räumliche Dynamik im Zentren- und Regionssystem ist gekennzeichnet durch eine sehr deutliche generelle **Kernraumkonzentration**, die in sich durch Dezentralisierungs-, Suburbanisierungstrends, also durch Verlagerungen von den Kernstädten in die Randbereiche bzw. zu niederrangigeren Zentren gegliedert ist. Die Aufwertung der Kernraumrandbereiche und der mittleren Hierarchien im Zentrensystem wird aber auch durch einen deutlichen **Rückzug aus der Fläche** getragen.

- Diese Grundtendenzen werden durch spezifische **strategische Situationen**, die durch betrieblich-unternehmerische Struktur- und Strategievariable abgebildet werden können, variiert. Die stärksten Wirkungen gehen dabei von organisatorischen Unterschieden und dem Wirtschaftsziel bzw. generellen Branchendifferenzierungen aus.

- Die Bedeutung der Wirtschaftsdienste als Zentrenfunktionen (Zentrenbildungshypothese) erlaubt eine differenzierte, die bisherigen Ergebnisse der **Zentrensystemanalysen** (Zentralörtliches System, Führungszentren) wesentlich ergänzende Analyse des Wirtschaftszentrensystems: Vor allem von Bedeutung sind wesentliche Abweichungen der Wirtschaftsdienste-Zentren vom zentralörtlichen System, insbesondere in der Hierarchieabstufung und der Monolopisierung durch die hoch- und höchstrangigen Zentren.

11. Die Wirtschaftsdienste als städtische Funktionen

Wirtschaftsdienste sind, wie die makrorräumliche Analyse gezeigt hat, in sehr wesentlichem Ausmaß mit einer städtischen, am Zentralraum orientierten Standortorientierung verbunden *(vgl. Kap. 10.)*. Damit wird klar, daß von ihrem Auftreten und ihren ökonomischen Wirkungen bedeutende Auswirkungen auf die innerstädtischen Strukturen ausgehen und damit die städtische, mikrorräumliche Dimension zu untersuchen ist.

11.1. Wirtschaftsdienste in Groß- und Mittelstädten

a) Struktureller Vergleich: Wirtschaftsdienste sind (überwiegend) städtische Funktionen, die in der Lage sind, eine bedeutende Schicht der Wirtschaftszentralität zu tragen. Es kann davon ausgegangen werden, daß Wirtschaftsdienste als städtische Funktionen besondere strukturelle Merkmale und dynamische Charakteristika aufweisen, die sich vor allem auf folgende Aspekte beziehen:

● **Branchenstruktur:** Es kann davon ausgegangen werden, daß der Branchen-Mix der Wirtschaftsdienste in Städten, insbesondere in Großstädten vom allgemeinen **Branchen-Mix** abweicht, insbesondere in Richtung auf eine stärkere Besetzung der dispositiven und der strategischen dispositiven Wirtschaftsdienste.

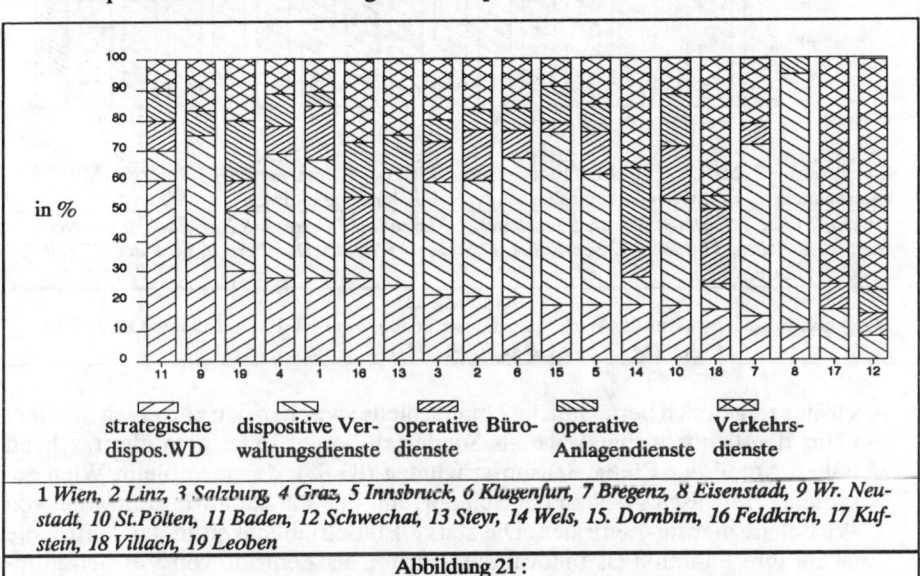

1 *Wien, 2 Linz, 3 Salzburg, 4 Graz, 5 Innsbruck, 6 Klagenfurt, 7 Bregenz, 8 Eisenstadt, 9 Wr. Neustadt, 10 St.Pölten, 11 Baden, 12 Schwechat, 13 Steyr, 14 Wels, 15. Dornbirn, 16 Feldkirch, 17 Kufstein, 18 Villach, 19 Leoben*

Abbildung 21 :
Branchenstruktur der Wirtschaftsdienste in Groß- und Mittelstädten
(STAUDACHER, CH. 1987, Tab. 5.4/3A)

Als recht homogen erweist sich die Branchenstruktur in der **Bundeshauptstadt** und den gut entwickelten **Landeshauptstädten** (Wien, Linz, Salzburg, Graz, Innsbruck, Klagenfurt); hier besteht ein relativ hoher Anteil strategischer Wirtschaftsdienste von etwa 20 - 27 % und von ca. 40 % dispositiven Wirtschaftsdiensten. Die **Mittel-**

städte (Viertels- und Bezirksstädte, einschließlich Bregenz und Eisenstadt) lassen deutlich zwei Gruppen erkennen: Städte mit hohem Anteil der dispositiven und strategischen Dienste (besonders Eisenstadt, Wr. Neustadt, aber auch St. Pölten, Baden, Steyr, Dornbirn) und Städte mit starker Dominanz der operativen Dienste (besonders Schwechat, Wels, Kufstein, Villach, Feldkirch) und z.T. dominierenden Anteilen der Speditionen (Schwechat, Kufstein, Villach).

● **Organisatorischer Status:** Aufgrund der selektiven Wirkung der funktionalen räumlichen Arbeitsteilung insbesondere in mehrbetrieblich organisierten Unternehmungen ist eine verstärkte Besetzung von Städten mit Führungsfunktionen und damit von Firmenzentralen von Wirtschaftsdienste-Unternehmen zu erwarten.

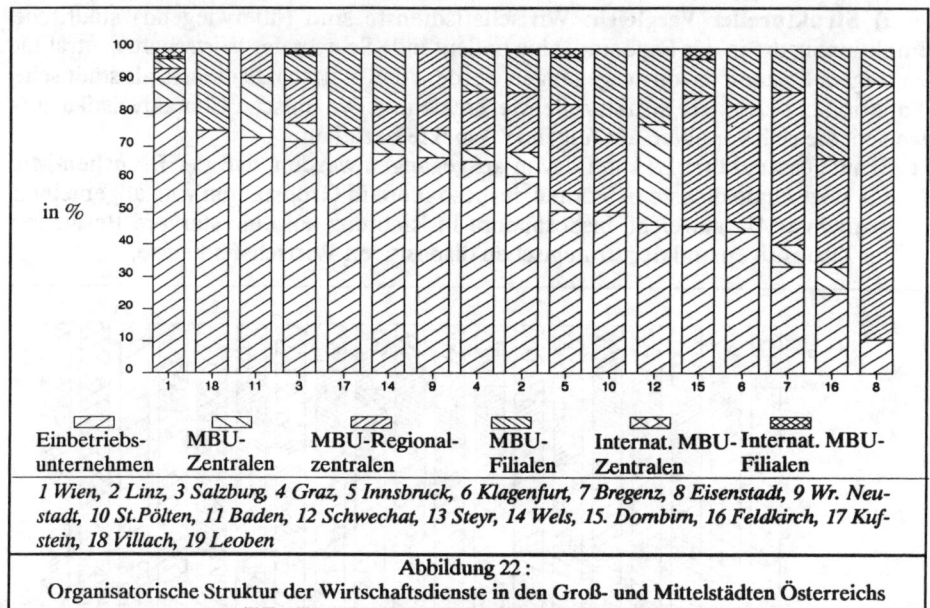

| Einbetriebs-unternehmen | MBU-Zentralen | MBU-Regional-zentralen | MBU-Filialen | Internat. MBU-Zentralen | Internat. MBU-Filialen |

1 Wien, 2 Linz, 3 Salzburg, 4 Graz, 5 Innsbruck, 6 Klagenfurt, 7 Bregenz, 8 Eisenstadt, 9 Wr. Neustadt, 10 St.Pölten, 11 Baden, 12 Schwechat, 13 Steyr, 14 Wels, 15. Dornbirn, 16 Feldkirch, 17 Kufstein, 18 Villach, 19 Leoben

Abbildung 22 :
Organisatorische Struktur der Wirtschaftsdienste in den Groß- und Mittelstädten Österreichs
(WDAT1; STAUDACHER, CH. 1987, Tab. 5.4/4A)

Auch hier zeigen sich beträchtliche Unterschiede zwischen den einzelnen Städten:
— Ganz deutlich tritt hier **Wien** als Sonderfall hervor mit einem überraschend hohen Anteil der **Einbetriebsunternehmen** (83 %); dennoch bleibt Wien gesamtösterreichisch gesehen der Standort mit der stärksten Konzentration von Wirtschaftsdienste-Zentralen. Die starke Einbetrieblichkeit in der Metropole ist auf ihre Funktion als Innovationszentrum, als Zentrum von Versuchsgründungen und der Entstehung neuer Betriebsformen zurückzuführen.
— In den **Landeshauptstädten** und **größeren Mittelstädten** (bzw. Mittelstädten mit Kernraumlage) dominieren ebenfalls die Einbetriebsunternehmen. Hier treten aber schon die **Regionalzentralen** und **Filialen** der MBU deutlich in Erscheinung. Eine überaus starke Besetzung mit Wirtschaftsdienste-Zentralen weisen nur Baden und Schwechat auf.

— In einer Reihe von **Mittelstädten** (Klagenfurt, Dornbirn, Bregenz, Feldkirch) und vor allem in Eisenstadt überwiegen die **Regionalzentralen** und **Filialen**; besonders in Eisenstadt treten die Regionalzentren ("Exposituren") deutlich in Erscheinung - hier sind also die Wirtschaftsdienste-Funktionen im Rahmen der jungen Entwicklung zur Landeshauptstadt nicht vorwiegend durch eigenständige Einbetriebsgründungen getragen, sondern durch die Gründung von Regionalzentralen von außen.

- **Betriebsgröße**: Aufgrund der größeren Märkte und Einzugsbereiche kann erwartet werden, daß städtische Wirtschaftsdienste deutlich größer sind als nicht städtische. Dem widerspricht die in diesem Bereich dominierende kleinbetriebliche Produktionsweise, die sich aus verstärkten Anteilen von Neugründungen in Städten als Innovationszentren ergibt.

- **Betriebsalter**: Aufgrund der größeren Märkte und Einzugsbereiche kann erwartet werden, daß städtische Wirtschaftsdienste auf zwei Hauptgründungsphasen zurückzuführen sind: Die traditionelle Wirtschaftsdienstetätigkeit war ausschließlich auf Städte beschränkt, die jüngeren Entwicklungen im Bereich der Wirtschaftsdienste sind als Innovationen ebenfalls auf die Kernräume konzentriert.

- **Betriebswirtschaftliche Merkmale**: Städtische Wirtschaftsdienste sind aufgrund ihrer besonderen Märkte und Standortverhältnisse in der Regel von günstigeren Rahmenbedingungen (Kernraumsituationen) umgeben. Sie haben daher stärkere Marktpositionen, höhere Wertschöpfung, besseres Image, günstigere Kontaktbedingungen, höhere Innovationsfähigkeit usw.

b) Standortmuster und -differenzierungen: Unter Einbezug der Ergebnisse einer Analyse der Standortmuster und -differenzierungen der Wirtschaftsdienste in den Landeshauptstädten *(vgl. STAUDACHER, CH. 1987, S. 582 - 599; Datenbasis: WDAT1 - vgl. Kap. 6.2.1.)* lassen sich für die **innerstädtischen Standorttendenzen in den Groß- und Mittelstädten** folgende charakteristische Grundtendenzen und Unterschiede festhalten *(vgl. Tab. 18.)*:

+ In allen Städten läßt sich ohne Ausnahme die **starke Zentrumsorientierung der Wirtschaftsdienste** klar nachweisen. Der Konzentrationsgrad auf die Kernstadtbereiche erreicht überall 60 % und z.T. sogar deutlich mehr. Dabei kann vermutet werden, daß mit dem Übergang zu Kleinstädten dieser Anteil immer bedeutender wird.

+ Die Zentrumskozentration zeigt allerdings in fast allen Fällen (Ausnahme Wien) starke Assymetrie durch **negative "Altstadteffekte"**, die dazu führen, daß der Anteil der Altstadt gegenüber dem gesamten Cityrandbereich bzw. sogar einzelnen Sektoren in der Wirtschaftsdienste-Besetzung zurücktritt. In einigen Städten (Salzburg, Innsbruck) wird die eigentliche Altstadt von den Wirtschaftsdiensten gemieden (Anteile von 8,3 bzw. 3,6 %). Auch in der Besetzung mit strategischen Wirtschaftsdiensten zeigt sich überwiegend dieser Altstadteffekt (Ausnahme Wien).

+ Aus der starken Stellung der Cityrandzonen und aufgrund von Hinweisen auf dynamische Differenzierungen kann auf einen allgemeinen Trend zur **Subzentralisierung der Wirtschaftsdienste** geschlossen werden.

+ Der **Zentrum-Rand-Gradient** der Wirtschaftsdiensteverteilung ist bei allen Städten deutlich ausgeprägt und scheint bei Kleinstädten stärker in Erscheinung

Tabelle 18 : Städtevergleich: strukturelle und dynamische Merkmale der innerstädtischen Standortmuster der Wirtschaftsdienste in den österreichsichen Groß- und Mittelstädten *(vgl. STAUDACHER, CH. 1987, Kap. 5.4.4.)*						
	Wien	Graz	Linz	Salz-burg	Inns-bruck	Klagen-furt
	Wirtschaftsdienste-Anteil					
Altstadt	14,6	23,3	22,7	8,3	3,6	41,8
City	14,6	34,3	27,0	31,2	24,6	41,8
Cityrand	23,7	34,3	33,1	27,3	54,5	43,3
Innenzone	34,4					
Kernstadt	72,7	68,6	60,1	56,5	79,1	85,1
Anteil der						
Einbetriebsunternehmen	83,1	63,8	61,2	71,2	50,0	44,8
MBU-Regionalzentralen	3,3	18,6	18,2	13,2	27,3	43,3
Filialen	2,8	12,3	12,8	8,3	14,5	17,9
Randlagedynamik [1]	73,1- 90,0	70,0- 73,0	61,6- 83,3	62,5- 81,8	66,6- 85,8	40,0- 100,0
Randlagedynamik [2]	1,9- 10,1	13,6- 25,0	5,1- 12,8	3,5- 7,5	0,0- 13,6	?
Wohnlageanteil [4]	10,4 [3]	[3]	4,0	4,4	10,9 [3]	
Assymetrie [5]	sehr stark	sehr stark	sehr stark	stark	gering	sehr stark

[1] *Anteil der Wirtschaftsdienste mit Gründung nach 1965,*
[2] *Anteil der Gründungen in Randlage an allen Gründungen der Perioden 1976-80, 1981-85*
[3] *Anteil der Wirtschaftsdienste in Stadtteilen mit hochwertigen Wohnlagen,*
[4] *Für Wien sind die westlichen Randlagen zusammengefaßt, für Graz und Klagenfurt lassen keine Werte angeben, da die Stadtteilabgrenzung solche Bezüge nicht abbildet.*
[5] *Stärke der Differenzierung in einen stark besetzten, dispositiven Sektor und einen schwachen operativen Sektor*

zu treten als bei größeren bzw. in Wien. Dabei ist eine relativ deutliche **Branchen-differenzierung** zu beobachten: Vor allem Verkehrsdienste und operative Anlagendienste haben in der Regel ihr Standortschwergewicht eher in den Randzonen als im Kern der Städte; besonders gut ist dies für Wien nachzuweisen.

+ Sehr deutlich ist in allen Städten eine starke **Sektorenassymetrie** des Stadtrandbereiches, an welchen sich die Standortverteilung und Branchendifferenzierung der Wirtschaftsdienste anpaßt: In praktisch allen Städten gibt es einen Randsektor mit hohem Wohnwertcharakter und damit hoher Dominanz von büromäßigen (meist dispositiven) Wirtschaftsdiensten und einem Randsektor mit Infrastrukturvorteilen, Flächenangebot, Verkehrsanschlüssen und starker industrieller und gewerblicher Struktur und entsprechend starkem Aufteten von operativen, flächenintensiven, verkehrsbezogenen Wirtschaftsdiensten. Die Lage dieser Sektoren ist in den einzelnen Städten individuell topographieabhängig.

+ Neben den schon angesprochenen strukturellen Differenzierungen in Korrelation zur Stadtgröße ist besonders auf die Unterschiede in der **Organisationsstruktur der Wirtschaftsdienste** hizuweisen. Die Bedeutung der Einbetriebsunternehmungen ist in Wien am größten und sinkt relativ konstant mit der Stadtgröße, wobei die Bedeutung der Regionalzentren immer stärker das Strukturbild bestimmt. Das weist auf deutliche Außenabhängigkeiten in den kleineren Städten hin. Überwiegend besteht eine gewissen Konzentration der MBU-Zentralen oder -Regionalzentralen, Filialen sind eher dispers oder in Randlage situiert.

+ **Suburbanisierungstendenzen** sind in allen Städten zwar durch die Standortorientierung der neueren Wirtschaftsdienste-Gründungen vorhanden und zeigen sich in erhöhten Anteilen von jüngeren Wirtschaftsdienste-Unternehmen in den Stadtrandbereichen. Der Anteil der Gründungen in den jüngeren Perioden (1976-80, 1981-85) bleibt in allen untersuchten Städten gering!

+ **Verlagerungstendenzen:** Für die Landeshauptstädte liegen keine direkten Informationen über Verlagerungsprozesse vor, die in der Wirtschaftsdienste-Datenbank enthaltene Information *(vgl. WDAT1)* sind nur sehr marginal und lassen keine Aussagen zu *(vgl. Kap. 11.3.).*

11.2. Wirtschaftsdienste in Wien

a) **Strukturelle Besonderheiten:** Wien als **Metropole der städtischen Konzentration** von Wirtschaftsdiensten verdient eine genauere strukturelle Analyse; aufgrund der Ergebnisse der Arbeitsstättenzählung besteht die Möglichkeit, für Wien einige spezielle Strukturdaten zu prüfen - insbesondere im Vergleich zum gesamtösterreichischen Bestand *(vgl. auch Kap. 7.).* Es zeigt sich, daß die Struktur der Wirtschaftsdienste in Wien in allen Belangen deutlich von der gesamtösterreichischen abweicht und daher die Hypothese grundlegend **abweichender Strukturen städtischer Wirt-**

Tabelle 19 : Strukturmerkmale der Wirtschaftsdienste in Wien: Organisationsstruktur und Beschäftigungsstruktur *(vgl. STAUDACHER, CH. 1987, Tab. 5.4/2)*							
Wirtschaftsdienste	organisat. Status			Beschäftigte			
	Untern.	Teil	je AST	weibl.	Inhaber	Angest	Arbeiter
Rechtsdienste	96,9	3,1	4,8	70,8	19,7	69,2	7,9
Wirtschaftsberatung	90,8	9,2	5,6	62,6	13,1	76,2	5,9
Technische Büros	81,1	18,9	4,7	31,3	17,6	71,2	5,1
Forschung und Entwicklung	-	-	16,8	44,9	1,5	87,7	10,2
Finanzdienste	13,7	86,3	37,9	51,9	0,1	95,3	3,5
Versicherungsmakler	89,8	10,2	4,3	49,8	15,7	77,5	3,1
Versicherungsunternehmen	8,7	91,3	60,0	42,6	0,0	94,4	3,7
Bürodienste	90,4	9,6	5,5	45,5	12,2	71,8	13,0
Handelsmakler	91,9	8,1	3,0	46,2	23,5	67,7	5,7
Werbung	88,7	11,3	4,3	47,5	15,9	62,4	16,9
Großhandel	69,9	30,1	10,0	40,8	5,2	74,1	17,1
Sicherheitsdienste	63,6	36,4	147,0	4,0	0,2	5,5	94,2
Entsorgungsdienste	56,6	43,4	20,1	61,8	2,3	13,5	83,1
Vermietung	55,6	44,4	6,4	47,8	6,7	55,2	37,0
Realitätenwesen	91,2	8,8	5,2	60,7	9,5	66,7	20,6
Lagerung	70,3	29,7	4,0	24,3	14,9	44,6	39,2
Verkehrsdienste	85,8	14,2	7,9	20,0	8,8	63,1	26,3
Speditionen	38,8	61,2	23,1	35,3	1,1	62,8	30,4

AST - Arbeitsstätten, Teil - Unternehmensteil

schaftsdienste (zumindest für Großstädte) belegt erscheint. Die Abweichungen
liegen vor allem bei einigen branchenspezifischen Charakteristika:
- **Geringere Filialisierung** bei Entsorgungsdiensten, Vermietung, Werbung, Versicherungsmaklern, also bei den Wirtschaftsdienste-Bereichen, die im räumlich geschlossenen städtischen Markt nicht in dem Ausmaß Filialstandorte zur Marktabdeckung brauchen, wie jene im zwischenstädtischen und außerstädtischen Bereich (Hierarchisierungseffekte, Erreichbarkeitsprobleme).
- **Erhöhte "white collar"-Struktur** in allen Bereichen (mit Ausnahme der beiden typischen "blue collar"-Branchen Sicherheitsdienste und Entsorgungsdienste) und
  branchenspezifische Verschiebungen zu stärkerer Bürostruktur bei Technischen
  Büros, Wirtschaftsberatung, Versicherungsmaklern, Versicherungen und Finanzdiensten und
- **verstärkte "blue collar"-Struktur** bei Werbung, Realitätenwesen, Lagerung und
  Handelsmaklern.

Insgesamt sind damit doch deutlich Hinweise auf eine Wirkung von Strategien der
funktionalen räumlichen Arbeitsteilung mit räumlicher Konzentration höherwertiger Tätigkeiten im städtischen, spezifisch dem großstädtischen Ballungsraum erkennbar.

b) Standortmuster der Wirtschaftsdienste: Wien ist als absolute Ballung von
17716 Wirtschaftsdiensten (Arbeitsstätten) das absolute **Zentrum der Konzentration
der Wirtschaftsdienste** in Österreich wichtigster Ansatzpunkt der mikroräumlichen
Analyse von Standortmustern und Verlagerungsvorgängen. Wien hat die Funktion
einer **Metropole** und damit auch gewisse, wenn auch im Vergleich zu anderen Großstädten der Welt bescheidene **Weltstadtfunktionen**. Die Metropolenfunktion drückt
sich in der räumlichen, organisatorischen und daher auch machtmäßigen Konzentration fast aller gesellschaftlichen und wirtschaftlichen Teilfunktionen aus. Neben der
absoluten Bevölkerungsballung stellt Wien innerhalb Österreichs auch die absolut
größte Ballung an Wirtschaftsbetrieben, insbesondere auch an solchen mit besonders
hohem Bedarf an spezialisierten Diensten dar *(Firmenzentralen: vgl. TÖDTLING, F.
1983; internationale Firmen, Österreichzentralen internationaler Firmen, Außenhan-
delskontaktstellen usw.)*.

Die **innerstädtische Raumstruktur Wiens** ist durch einen deutlichen **Zentren-
Rand-Gegensatz** gekennzeichnet, sodaß die **City** als Kernraum, als Angelpunkt aller
räumlichen Standortentscheidungen und Verlagerungsprozesse angesehen werden
muß. Charakteristisch ist ein hierarchisch aufgebautes Zentrensystem (City, Ge-
schäftsstraßen, Subzenten), das den gesamten Stadtraum überdeckt. Wien verfügt
aufgrund seiner Größe über einen relativ großen **"homogenen" Stadtraum** (dichtver-
bautes Stadtgebiet), der weitestgehende Flexibilität in der mikroräumlichen Standortwahl erlaubt (Reaktionen auf Immobilienwerte und -preise). **Suburbanisierungsprozesse** treten bei allen Bereichen städtischer Funktionen (öffentliche Einrichtungen, privatwirtschaftliche Dienstezentralen, ...) auf und führen zu Verlagerungen in
"Freiräume" des Cityrandes (Bürobautätigkeit, Verdrängung der Wohnfunktion)
bzw. des Stadtrandes (Industriezonen, Satellitenstädte). Ein wesentliches Kennzeichen der Stadtstruktur Wien ist die **räumliche und funktionale Assymetrie** zwischen

dem Westteil als bevorzugtem Wohngebiet, der Zone mit City- und Zentrendynamik und der im Südosten anschließenden Hauptsuburbanisierungszone (Stadtrandentwicklung), in die auch Dienstleistungssuburbanisierung (Einzelhandel, Großhandel, Wirtschaftsdienste) einbezogen ist, bzw. fast ausschließlich industrieller Funktion und geringer stadtfunktionaler Integration. Diese Strukturmuster schlagen auf die Standortorientierung und die Verlagerungstendenzen, auf strukturelle Differenzierungen (Funktionsaffinitäten, Dynamik usw.) auch bei den **Wirtschaftsdiensten** deutlich durch. Diese Besonderheiten des absoluten Ballungsraumes Wien verlangen eine entsprechende Analyse, die aufgrund der Datenlage gerade für Wien besser möglich ist als für die übrigen Landeshauptstädte *(Ergebnisse der Arbeitsstättenzählung auf der Basis von Zählbezirken; Beitr. z. Österr. Stat. 650/9; Verlagerungsdatei WDAT3).*

Zur Problematik der Standortverteilung und des Standortverhaltens von Wirtschaftsdiensten in Wien liegen bisher nur einige **Fallstudien** vor, die am Beispiel einzelner Branchen versuchen wesentliche Grundzüge zu erarbeiten *(FRÜHWIRTH, U. 1983 über Immobilienbüros, NÖLLNER, E. 1986 über EDV-Dienstleistungsbetriebe, LÜTKE, I. 1985 über Wirtschaftstreuhänder, STAUDACHER, Ch. 1981 über Forschungsinstitutionen).*

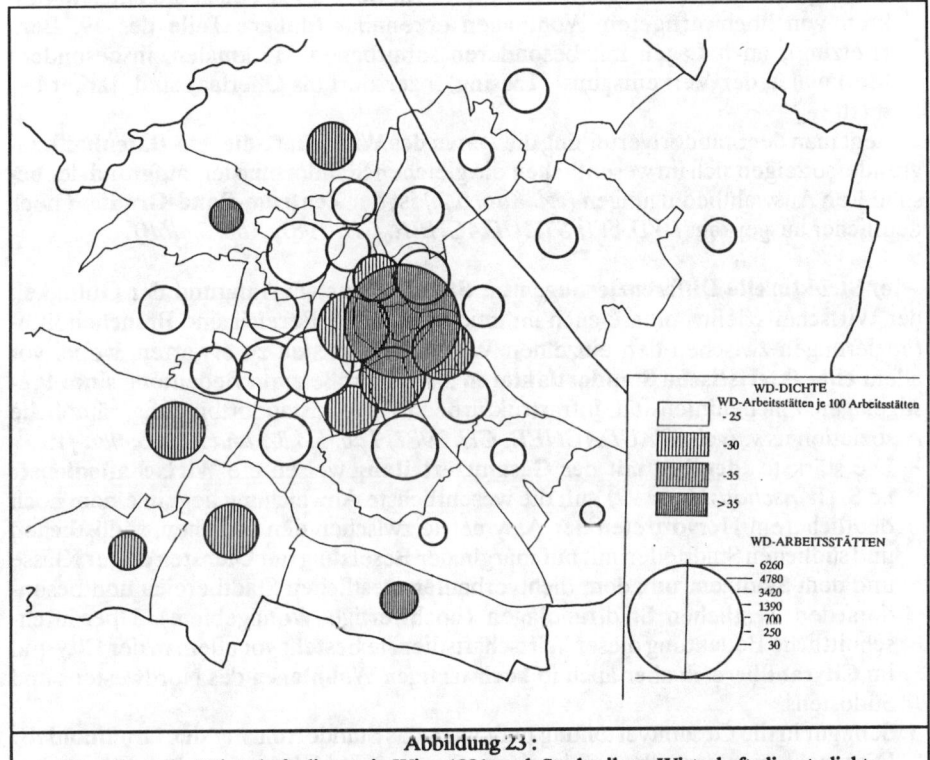

Abbildung 23 :
Verteilung der Wirtschaftsdienste in Wien 1981 nach Stadtteilen - Wirtschaftsdienstedichte
(Wirtschaftsdienste-Arbeitsstätten; Stadtteilgliederung siehe Kap. 5.2.1.; Abeitsstättenzählung 1981, Beitr. z. Österr. Stat. 650/9; STAUDACHER, CH. 1987, Abb. 5.4/6, S. 556)

Die quantitative und kartographische Analyse der institutionellen **Standortverteilung der Wirtschaftsdienste** zeigt folgende Grundzüge *(vgl. Abb. 23)*:

+ Grundsätzlich bestätigt sich der **Kern-Rand-Gradient** sehr deutlich und charakterisiert das Standortmuster der Wirtschaftsdienste in Wien. Der Konzentrationsgrad ist beträchtlich: **City und Cityrand** konzentrieren **35,1 %** aller Wirtschafts-
dienstearbeitsstätten, der innerste Citykern immer noch 14,6 %; über 50 % der
Wirtschaftsdienste haben ihren Standort im City- und Cityrandbereich einschließlich der unmittelbar angrenzenden Stadtteile. Auf die gesamten Teile des Stadtrandes entfallen nur 3237 Wirtschaftsdienste (18,2 %).

+ Sehr auffallen ist die **starke Assymetrie** der Standortverteilung der Wirtschaftsdienste in Wien: Der Osten und Südosten, das sind vor allem der 21. und 22., der
11. und die äußeren Teile des 10. Bezirkes sind im Vergleich zu den übrigen Stadtteilen sehr schwach mit Wirtschaftsdiensten besetzt: In dieser östlichen Hälfte
Wiens sind nur 2369 oder 13,3 % der Wirtschaftsdienste angesiedelt!

+ Abweichungen von diesem Grundmuster zeigen sich an mehreren charakteristischen Stellen: In **Citywachstumsbereichen** scheinen Wirtschaftsdienste eine wesentliche Triebkraft zu sein, was sich vor allem entlang der Citywachstumszone
"Mariahilferstraße" zeigt. Besonders deutlich ist die starke Wirtschaftsdienste-Besetzung in den inneren Teilen des 17. und 18. Bez.; z.T. ist auch die Anziehungskraft von hochwertigeren Wohnlagen erkennbar (äußere Teile des 19. Bez.,
Hietzing); auch Lagen mit besonderen suburbanen Merkmalen, insbesondere
Merkmalen der Verkehrsgunst (Liesing, Inzersdorf bis Oberlaa) sind stärker besetzt.

Legt man der Standortverteilung die **Daten des Wirtschaftsdienste-Datenbank** zugrunde, so zeigen sich im wesentlichen die gleichen Standortmuster: aufgrund der besonderen Auswahlbedingungen *(vgl. Kap. 6.2.)* ist der **Zentrum-Rand-Gradient** noch
deutlicher ausgeprägt *(WDAT1; STAUDACHER, CH. 1987, Abb. 5.4/6B)*.

c) **Strukturelle Differenzierungen im Standortmuster:** Aufgrund der Gültigkeit
der Wirtschaftszielhypothese auch im innerstädtischen Bereich sind Branchendifferenzierungen zwischen den einzelnen Wirtschaftsdiensten zu erwarten, wobei vor
allem **charakteristische Standortfaktoren** als Leitgrößen von Bedeutung sind: Pre-
stigelagen, Flächenintensität, Infrastrukturbedarf, Wohnstandortbindung, räumliche
Assoziation usw. *(vgl. STAUDACHER, CH. 1987, Tab. 5.4.3A und Abb. 5.4/8a-f)*:

+ Die stärkste **Identität mit der Gesamtverteilung** weisen die **Wirtschaftsdienste**
i.e.S. *(Wirtschaftsklasse 93)* auf; die wesentlichste Abweichung liegt in einem noch
deutlicherem Hervortreten der Assymetrie zwischen den östlichen, südöstlichen
und südlichen Stadtteilen mit nur marginaler Besetzung mit Diensten dieser Klasse
und dem Stadtzentrum, dem dichtverbauten westlichen Stadtbereich und besonders den westlichen Stadtrandlagen (hochwertige Wohngebiete). Überdurchschnittliche Bedeutung dieser Wirtschaftsdienste besteht vor allem in der **City** und
im **Cityrandbereich** aber auch in **hochwertigen Wohnlagen** des Nordwestens und
Südostens.

+ Sehr gut in die Gesamtverteilung paßt auch das Standortmuster des **Großhandels:**
Dies wohl auch deshalb, weil in dieser Gruppe Handelsdienste ohne Flächenbedarf (Handelsmakler) mit Streckengeschäft als weitgehend reine Bürobetriebe mit

flächenintensiven Lagerungs- und Warenumschlagsbetrieben des Großhandels vermischt sind, sodaß sowohl die typischen Bürolagen des Stadtzentrums bzw. der hochwertigen Wohnlagen als auch die infrastrukturgünstigen und suburbanen Lagen besetzt sind (*vgl. unten: Standortanalyse auf der Basis von WDAT1*). Besonders intensiv ist die Besetzung mit Großhandelsdiensten in einem Ring um die City ("Gürtelzone") und im SE- und S-Rand.

+ Deutliche Abweichungen von der Gesamtverteilung insbesondere in Richtung auf eine verstärkte **City- und Stadtkernkonzentration** tritt bei den **Reisebüros/Speditionen** (Wirtschaftsklasse 85), beim **Finanzwesen** (Wirtschaftsklasse 91) und den **Versicherungen** (Wirtschaftsklasse 92) auf. In allen drei Fällen sind in den Wirtschaftsklassen Branchenbereiche bzw. Organisationsformen mit differenzierten Standortanforderungen vermischt: Eine Trennung von Reisebüros und Speditionen wäre besonders wegen der recht unterschiedlichen Standortanforderungen notwendig, beim Finanzwesen wäre es sinnvoll, die Filialen und Hauptsitze zu trennen und beim Versicherungswesen sind die Versicherungsgesellschaften und die kleinen Versicherungsbüros und -makler getrennt zu betrachten.

+ Die deutlichste Abweichung tritt bei **Verkehrsdiensten** auf: Bei Straßenverkehrsunternehmen (Wirtschaftsklasse 81) besteht **kein Zentrum-Rand-Gefälle** der Verteilung, **Stadtrandlagen** und spezifische Lagen im **Infrastruktursystem** (Bahnhöfe) sind ein bestimmendes Element. Dementsprechend weisen Stadtteile mit Lage an Ausfallsstraßen (14. Bez., 23. Bez. Inzersdorf), in Bahnhofsbereichen (10. Bez. im Bereich des Süd-, Ostbahnhofes) und suburbane Lagen erhöhte Besetzungen auf. Ähnliche Beziehungen bestehen auch bei den Wirtschaftsklassen 82 (Bahnverkehrsunternehmen: City, Westbahnhofsbereich, Prater) und 83 (Schifffahrt: Handelskai) und 84 (Luftverkehr: City). Durch die Integration des Poststellennetzes in der Wirtschaftsklasse 88: Nachrichtenübermittlung dominiert bei dieser Branche eine ziemlich homogene Gleichverteilung über alle Stadtteile.

Nimmt man die branchenmäßige z.T. besser aufgeschlüsselten Informationen der Wirtschaftsdienste-Datenbank (*WDAT1; vgl. STAUDACHER, CH. 1987, Tab. 5.4/9*) zu Hilfe, so lassen sich in einigen Bereichen wesentlich differenzierte **Aussagen zu Einzelbranchen** der Wirtschaftsdienste machen. Beim Vergleich ist zu beachten, daß die Standortverteilung der in der Wirtschaftsdienste-Datenbank erfaßten Wirtschaftsdienste beträchtlich von der Arbeitsstättenverteilung abweicht, insbesondere im Bezug auf die **Citykonzentration:** Die Wirtschaftsdienste-Arbeitsstätten sind mit nur 14,6 % auf die City konzentriert, während diese nach WDAT1 im Durchschnitt 54,2 % Citykonzentration ausweisen; zur Vergleichbarkeit ist also ein Faktor von 3,7 zu beachten. (*Diese Unterschiede beruhen auf den Differenzen zwischen dem Arbeitsstättenkonzept der Arbeitsstättenzählung und dem Betriebsprinzip der Wirtschaftsdienste-Datenbank; vgl. auch Kap. 6.1. und 6.2.*).

− Zunächst einmal zeigt sich, daß die klassischen Wirtschaftsdienste als Einzelbranchen wesentlich **stärkere Citykonzentrationen** aufweisen als durch die Mischgruppe Wirtschaftsdienste (Wirtschaftsklasse 93: 19,0 %) deutlich wird: Forschung & Entwicklung 50 %, Wirtschaftsberatung 53,1 %, Technische Büros 37,1 %, EDV-Dienste 45,5 %, allgemeine Bürodienste 55,6 %, Werbung 49,6 %, Bewachungs-66,7 % und Entsorgungsdienste 42,6 %.

— Im Bereich der Handelsdienste, für welche laut Arbeitsstättenzählung *(siehe oben)* eine Citykonzentration von 12,8 % (hochgerechnet mit dem Vergleichsfaktor 3,7) von 47,5 % auftritt, zeigt sich für die Teilgruppe der **Handelsmakler** (als dominant reine Bürobetriebe) eine Citykonzentration von 57,2 %, was auf eine deutliche Differenzierung im Standortverhalten zwischen "Bürobetrieben" des Handels und dem Großhandel mit Lagergeschäft hinweist.

— Durch eine Differenzierung im Versicherungsbereich zeigt sich, daß bei **Versicherungsmakler** eine stärkere Dispersion und damit geringere Citykonzentration auftritt: Versicherungsunternehmen 74,2 % - Versicherungsmakler 68,9 %; dies dürfte mit dem Ausweichen von kleineren Büros auf billigere Mietzonen des Cityrandes bzw. des dichtverbauten Stadtgebietes aber auch auf Bindungen der Bürostandorte an Wohnstandorte zu begründen sein.

— Wesentlich ist auch das Herausdifferenzieren der **Speditionen** aus der Wirtschaftsklasse 85: Für die Speditionen wird eine Citykonzentration von 54,2 % ausgewiesen, was deutlich unter dem hochgerechneten Wert der Arbeitsstättenkonzentration der Wirtschaftsklasse 85 (einschließlich der Reisebüros) mit 84,7 % liegt. Die Speditionen weisen also eine bedeutend stärkere Dispersion vor allem auf das homogene Stadtgebiet und z.T. auch auf die Randbereiche auf, während die zweite Teilgruppe der Reisebüros sichtlich wesentlich stärker konzentriert auftreten.

11.3. Standortdynamik der Wirtschaftsdienste in Wien

Standortentwicklungen im großstädtischen Raum erfolgen unter dem Aspekt des **funktionsaffinen Standortverhaltens** in Reaktion und in Anpassung an gegebene oder sich in der Bewertung wandelnde städtische Raumstrukturen; diese können durch Verlagerungsvorgänge und durch räumlich differenzierte und **zeitlich variierende Gründungspräferenzen** abgebildet werden.

11.3.1. Verlagerungsrichtungen, -intensitäten

Ein wichtiger Teilaspekt dieser Standortdynamik besteht in der Wirkung von **Standortverlagerungen**, die aufgrund von konkreten Verlagerungsentscheidungen und Entscheidungen über Verlagerungsrichtung und -dimension ablaufen. **In der Verlagerungsdatei** *(WDAT3; Kap. 6.2.2.)* sind für Wien Verlagerungsinformationen für ausgeählte Wirtschaftsdienste für 1973 - 1984 enthalten. Der erfaßte Bestand an Wirtschaftsdienste beschränkt sich auf die Branchen Werbung und Marktforschung, Technische Büros - Ingenieurbüros, Unternehmensberatung und Datenverarbeitung, Außenhandel, Immobilien- und Vermögenstreuhänder. Damit bezieht sich die Verlagerungsdatei entsprechend der funktional-hierarchischen Systematik nur auf die Bereiche der **dispositiven Wirtschaftsdienste** und auf die **operativen Bürodienste**; Verkehrsdienste sind nicht enthalt, die wenig flächenintensiven und infrastrukturintensiven Unternehmen aufweisen und welche vornehmlich auf die Standortfaktoren Kontaktintensität, Prestigelage, z.T. Wohnstandortbindung, Assoziationsvorteile usw. orientiert sind. Diese Einschränkung ist bei der Interpretation der Ergebnisse der Verlagerungsanalyse zu beachten.

Die **Branchenverteilung** zeigt eine deutliche Dominanz der Außenhandelsunternehmen mit 40 %, 22,3 % sind Werbe- und Marktforschungsunternehmen, nur 5,4 % sind Technische Büros. Der überwiegende Teil der Unternehmen ist entweder als Ges.m.b.H. oder als nicht protokollierte Firma rechtlich organisiert. 98,5 % der verlagerten Betriebe sind Hauptbetriebe, Filialisierung spielt also bei der Verlagerung praktisch keine Rolle. In der **Verlagerungsdatei** *(WDAT3)* werden als **mikroräumliche oder lokale Bewegungen** solche Standortverlagerungen gewertet, die innerhalb von Zählbezirken ablaufen, als **gerichtete Mobilitäten** solche Verlagerungen, welche Zählbezirksgrenzen überschreiten. Verlagerung ist definiert als Verlagerung des Betriebsstandortes (Adressänderung) im Zeitraum 1973 - 1984, ohne daß ein konkreter Zeitbezug hergestellt werden könnte.

Tabelle 20 : Verlagerungsausmaß der ausgewählter Wirtschaftsdienste im Zeitraum 1973 - 1984 in Wien *(WDAT3; STAUDACHER, Ch. 1987, Tab. 5.4/4B)*						
	Fachgruppen [1]					
	120	173	174	164	308	Summe
tätige Betriebe	1097	290	1099	1399	1914	5799
Verlagerungen	228	73	203	301	543	1348
in % aller erfaßten Verlagerungen	16,9	5,4	15,1	22,3	40,3	100,0
in % der tätigen Betriebe	20,8	25,2	18,5	21,5	28,4	23,2
jährliche Verlagerungsrate	1,9	2,3	1,7	2,0	2,6	2,1

[1] *120 - Immobilien- und Treuhandmakler, 173 - Technische Büros, Ingenieurbüros, 174 - Unternehmensberater und EDV-Betriebe, 164 - Werbe- und Marketingbüros, 308 - Außenhandelsunternehmen*

Vom gesamten untersuchten Bestand an Wirtschaftsdiensten von 5799 "tätigen Betrieben" haben insgesamt 1348, das sind 23,2 % im Zeitraum 1973 bis 1984 mindestens einmal ihren Standort verlagert. Verteilt auf den Zeitraum von 11 Jahren ergibt das eine durchschnittliche **jährliche Verlagerungsrate von 2,1 %.** Insgesamt ist also die räumliche Mobilität damit recht gering, wenn man die Merkmale Kleinbetrieblichkeit, geringe Investitionen, hoher Anteil junger Betriebe usw. in Betracht zieht; im Vergleich dazu ermittelt ARNOLD, K. *(1987, im Druck)* für die Wiener Industrie eine Verlagerungsrate von 18 % für den Zeitraum von 1970 bis 1985, also eine jährliche Verlagerungsquote von 1,2 %; die Mobilität der überwiegend kleinbetrieblichen Wirtschaftsdienste liegt damit doch über den anderen Wirtschaftsbereichen. Die stärkste **Verlagerungsteilnahme** weisen die Außenhandelsunternehmen mit 26,4 % auf, Technische Büros haben zu 25,2 % ihren Standorte verlagert, Unternehmensberater und Datenverarbeiter zeigen die geringste Verlagerungsintensität. Sachliche Begründungen für diese unterschiedlichen Verlagerungsintensitäten lassen sich ohne Motivationsforschung nur vermuten.

Betrachtet man zunächst das **absolute Ausmaß der Verlagerungsprozesse** im Wiener Raum, so zeigen sich folgende charakteristische Grundmuster:
— Das **absolute Mobilitätszentrum** liegt im Bereich **City - Cityrand - West-Innen**, also in jenem Stadtraum mit der dichtesten Verbauung und Raumnutzung und mit der stärksten Konzentration wirtschaftlicher Funktionen: 61,9 % aller Verlage-

rungsvorgänge und 62,7 % aller lokalen Umzüge (innerhalb des gleichen Zählbe-
zirkes) finden hier statt; 88,6 % aller zentrifugalen Verlagerungen haben hier ihren
Ausgangspunkt und noch immer 38,0 % aller zentripetalen Verlagerungen finden
hier ihr Ziel. Nimmt man noch den ebenfalls relativ stark integrierten Bereich NW-
Innen dazu, so erhöhen sich die entsprechenden Werte auf 72 %, 72,4 %, 94,4 %
bzw. 50,0 %. Damit ist also entsprechend der innerstädtischen räumlichen Standortverteilung der Wirtschaftsdienste in Wien *(Kap. 11.1.)* auch die räumliche Mobilität auf den Stadtkern konzentriert.

Tabelle 21 :
Standortverlagerungen von Wirtschaftsdensten in Wien
im Zeitraum 1973 - 1984 *(WDAT3)*

	City		Innen				Rand				Trans	Rand	
	CK	CR	Süd	West	NW	Ost	Süd	SW	West	NW	Ost	Ost	insg.
Umzüge	35,8	35,6	24,3	32,1	31,4	28,8	20,8	53,6	26,3	27,7	33,3	45,5	34,2
subzentral	*53,8*	*31,6*											*17,9*
suburban	*10,4*	*20,1*	*100*	*100*	*100*	*100*							*15,6*
zentrifugal	64,2	51,7	13,5	26,2	18,6	28,8							33,6
zentripetal		12,6	36,5	29,5	25,7	25,0	54,2	30,9	57,9	68,1	37,5	36,4	22,5
tangential			25,7	12,2	24,3	17,3	25,0	15,5	15,8	4,3	29,9	18,2	9,7
Summe	240	348	74	237	140	52	24	97	38	47	24	11	1332

CK - Citykern, CR - Cityrand; Stadtteilgliederung siehe Abb. 24

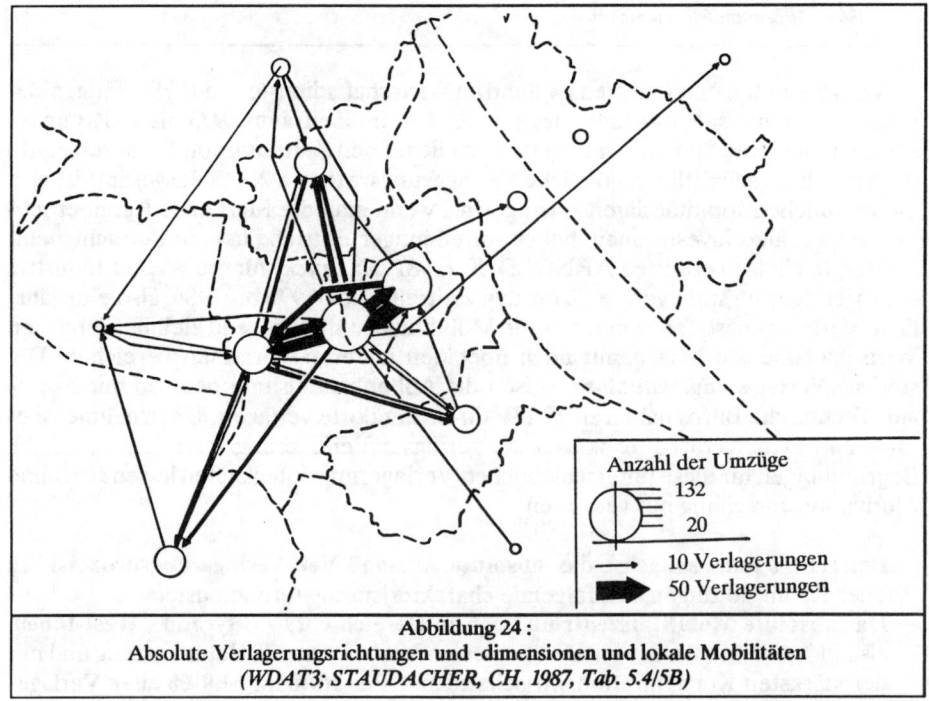

Anzahl der Umzüge
132
20
→ 10 Verlagerungen
➡ 50 Verlagerungen

Abbildung 24 :
Absolute Verlagerungsrichtungen und -dimensionen und lokale Mobilitäten
(WDAT3; STAUDACHER, CH. 1987, Tab. 5.4/5B)

- Die **Randbereiche** der Stadt sind in den Verlagerungsprozesse relativ wenig inkludiert. In der Regel ohne besondere einseitige Richtung, sondern eher in einem Austausch; am stärksten als Zielraum von Bewegungen tritt dabei der West-Rand (14. und Teile des 16. Bez.) auf. Intensiv sind die lokalen Umzüge besonders in Stadtteil Süd-Innen (innerer 10. und äußerer 3. Bez.) und besonders im SW-Bereich (23. und 13. Bez.).

Zwei **Grundsätze** sind aus dieser **Mobilitätsanalyse** deutlich erkennbar: Die **Mobilität ist konzentriert auf den "homogenen Innenstadtraum"** (Homogenitätshypothese): Anwesenheit in diesem Teilraum ist entscheidend aufgrund der Kontaktvorteile, der Assoziationsvorteile usw.; ein konkreter Standort drängt sich nicht unbedingt auf, sodaß sich **immobilienbedingte Mobilität** jederzeit realisieren läßt, solange dieser "homogene Innenstadtraum" nicht verlassen werden muß. Ein wesentlicher Teil der gesamten Mobilität läßt sich also mit dem meist lebenszyklisch variierenden Immobilienbedarf erklären (Lebenszyklusansatz der Bürostandortforschung). Ein ausgesprochener **Suburbanisierungtrend** mit wirklich bedeutenden Verlagerungen **existiert nicht:** Von allen zentrifugalen Bewegungen entfällt nur knapp die Hälfte auf Bewegungen an den Stadtrand (15,6 % aller Verlagerungen); von allen von den Citylagen ausgehenden zentrifugalen Verlagerungen sind ebenfalls nur 28,4 % an den Stadtrand gerichtet (Dabei ist der Stadtrand sehr großzügig abgegrenzt, also die echte Suburbanisierung wahrscheinlich noch geringer). Man kann vielmehr festhalten, daß für Wien ein **Subzentralisierungsprozeß** dominiert: die zentrifugalen Bewegungen von der City in den Cityrand und jene aus der City in den Stadtteil West-Innen machen 34,9 % aller zentrifugalen Bewegungen aus. Diesen zentrifugalen Verlagerungen stehen zudem deutliche **zentripetale Verlagerungsprozesse** gegenüber: diese sind mit 22,5 % aller Verlagerungen deutlich stärker vertreten als die zentrifugalen Randbewegungen mit 15,6 %.

	Verlagerungen insg.	in %	potentielle Verlagerer	relative Bedeutung
lokale Umzüge	456	34,6	17990 [1]	25,4
zentrifug. Verlagerungen	447	33,6	13970 [2]	32,0
subzentral	*239*	*17,9*	*6262* [3]	*38,2*
suburban	*208*	*15,6*	*13970* [2]	*14,9*
zentripetale Verlagerungen	300	22,5	15386 [4]	11,3
tangentiale Verlagerungen	129	9,7	11437 [5]	11,3

Tabelle 22 :
Relative Mobilitätsteilnahme: Gewichtung der Verlagerungsdimensionen über das Mobilitätspotential *(WDAT3; STAUDACHER, CH. 1987, Tab. 5.45B)*

[1] *alle WD Arbeitsstätten,* [2] *ohne Stadtrand-Stadtteile,* [3] *WD in der City,* [4] *ohne Citykern*
[5] *ohne City und Citykern*

Das tatsächliche Ausmaß von Mobilitätsprozessen ist abhängig von der potentiellen Ausgangsmasse, also vom **Verlagerungspotential.** Geht man davon aus, daß an den verschiedenen Verlagerungsdimensionen und -richtungen nicht alle Wirtschaftsdienste teilnehmen können (z.B. Citybetriebe können nicht an zentripetalen Bewegungen teilnehmen, für Stadtrandbetriebe sind keine zentrifugalen Bewegungen im Datensatz enthalten), dann lassen sich Bezugsgrößen **potentieller Verlagerer** errechnen: In unserem Falle wird auf die Gesamtzahl der Wirtschaftsdienste-Arbeitsstätten bezogen (je 1000): Es zeigt sich hier ganz deutlich, daß die **Subzentralisierung** die wichtigste Erscheinung unter den Verlagerungen darstellt, daß also der Citybezug noch immer stark ist und dominierende Suburbanisierung verhindert; die **lokalen Umzüge** als zweitwichtigste Verlagerungsform bestätigen die Hypothese des Standortsuchprozesses (Betriebszyklusansatz, Homogenitätshypothese).

11.3.2. Branchendifferenzierungen im Verlagerungsprozeß

Aufgrund der starken internen Differenzierung der Wirtschaftsdienste (*vgl. Kap. 11.1.*) ist zu erwarten, daß einzelne Wirtschaftsdienste z.T. beträchtliche Unterschiede in der Verlagerungsintensität aber auch bei den Verlagerungsrichtungen und -dimensionen aufweisen. Grundlage dieser Vorstellung ist die **Hypothese des funktionsaffinen Standort- und Verlagerungsverhaltens** und damit der Annahme, daß das Wirtschaftsziel eine wichtige Basiskategorie funktionsaffinen Verhaltens darstellt (*vgl. STAUDACHER, CH. 1987, Tab, 5.4/14 a-e im Anhang und Abb. 5.4/14, S. 576ff*).

+ **Werbung und Marktforschung:** Die Mobilitätsintensität ist mit 21,5 % relativ gering. Das Mobilitätsmuster stimmt weitgehend mit dem allgemeinen Muster überein; das Schwergewicht der zentrifugalen Verlagerungen ist mit 34,7 % aller Verlagerungen etwas stärker ausgeprägt. Auch bei relativer Betrachtung zeigt sich die Dominanz der zentripetalen Bewegungen, insbesondere zum Cityrand (Subzentralisierung).

+ **Technische Büros - Ingenieurbüros:** Die Mobilitätsintensität ist mit 25,2 % relativ hoch und relativ stärker durch größere Distanzen gekennzeichnet - nur 20,0 % lokale Umzüge. Deutlich weichen die Verlagerungen dieser Fachgruppe durch die dominierende Richtung von den anderen untersuchten Wirtschaftsdiensten ab: Zentrifugale Bewegungen dominieren mit 47,1 % ganz deutlich; dies zeigt sich auch bei den Hauptverwaltungen, wo als dominante Richtung jene nach West-Innen z.T. auch zum SW-Rand deutlich hervortritt.

+ **Unternehmensberatung und Datenverarbeitung:** Die Gesamtmobilität mit 18,5 % ist am geringsten von allen untersuchten Branchen. Die Mobilitätsmuster sind ganz besonders gekennzeichnet durch eine starke Konzentration der Wanderungsziele im Bereich des Cityrandes und z.T. des Bereiches West-Innen; charakteristisch ist auch das Auftreten sehr großer Wanderungsdistanzen. Es scheint ein räumlicher Konzentrationsprozesse aus peripheren Wohnstandortlagen zu speziellen Bürostandorten im Stadtkern (Betriebszyklushypothese) abzulaufen.

+ **Außenhandelsunternehmen:** Hier besteht mit 28,4 % die stärkste Verlagerungsintensität. Quantitativ zeigen sich keine wesentlichen Abweichungen im Verlagerungsmuster vom Gesamtmuster. Die Wanderungsrichtungen sind stark durch die Zentralisierung im Bereich City - Cityrand - West-Innen charakterisiert, wobei zusätzlich zwischen diesen Stadtteilen beträchtliche Austauschbewegungen auftreten. Die Verlagerungsdistanzen sind z.T. recht beträchtlich; tangentiale Bewegungen spielen eine größere Rolle.

+ **Immobilien- und Vermögenstreuhänder:** Die Mobilitätsintensität ist relativ gering, wobei besonders stark mit 39,5 % die lokalen Umzüge hervortreten. Die Bewegungsrichtungen sind dominant zentripetal ausgerichtet und auf den Cityrand konzentriert; zwischen Citykern und Cityrand besteht ein starkes Austauschverhältnis.

11.3.3. Räumlich variierende Gründungspräferenzen

Die räumlichen Verlagerungen von Gründungspräferenzen stellen eine weitere Möglichkeit der Abbildung räumlicher Dynamik im Großstadtraum dar. Nimmt man diese *(WDAT1)* als Indikatoren für die räumliche Dynamik, so muß entsprechend den Hypothesen im Stadtraum davon ausgegangen werden, daß deutliche **Suburbanisierungstendenzen** auftreten, andererseits aber auch verstärkte **Gründungskonzentrationen im Stadtzentrum** bei "modernen" Wirtschaftsdiensten, die sich im Innovationsstadium befinden.

Tabelle 23 : Verlagerungen der Gründungspräferenzen der Wirtschaftsdienste in Wien *(WDAT1, STAUDACHER, CH. 1987, Tab. 5.4/11A)*			
Gründungsperioden			
1971-75	1976-80	1981-85	Summe
CITY 48,8	51,9	39,3	48,1
INNENRING 27,7	27,0	44,9	34,2
SÜDRAND 12,7	11,0	7,1	10,1
WESTRAND 8,9	7,6	4,6	5,4
OSTRAND 1,9	2,5	4,0	2,0
Summe 100,0	100,0	100,0	100,0

Stadtteilgliederung siehe Abb. 24

Für Wien läßt sich eine **Suburbanisierungstendenz** durch einen Vergleich der Altersstrukturen der Wirtschaftsdienste **nicht bestätigen!**

+ Die **Stadtrandgebiete** werden zwar überhaupt erst in den jüngeren Gründungsperioden in den **Gründungsraum** einbezogen - vor 1970 wurden dort nur vereinzelt Wirtschaftsdienste gegründet -,

+ der Anteil der jüngeren und jüngsten Gründungen zeigt allerdings **keine Schwerpunktbildung am Stadtrand:** Seit den siebziger Jahren entfallen durchgehend ca. 10 % aller Gründungen der einzelnen Zeitabschnitt auf den Stadtrand.

+ Das **Schwergewicht der Gründungstätigkeit** liegt in allen Gründungsphasen mit meist mehr als **50 % in der City** - entsprechend der Cityorientierungshypothese. Nur in der Periode 1981 - 85 läßt sich eine verstärkte auch quantitativ bedeutendere Gründungsttätigcit im **subzentralen Raum** (westlicher Innenring) erkennen.

Faßt man die Ergebnisse zusammen, so lassen sich für das innerstädtischen Standortmuster der Wirtschaftsdienste folgende mit dem Grundprinzip des funktionsaffinen Standortverhaltens sich deckende Grundtendenzen festgestellt:

- Dominantes Standortmerkmal der Wirtschaftsdienste im innerstädtischen Muster ist wie im zwischenstädtischen Bereich die Zentrenorientierung, bzw. konkreter die **Cityorientierung**. In allen untersuchten Städten ist die City quantitativer und auch qualitativer Pol der Wirtschaftsdienste. Hier zeigt sich die dominante Rolle der Assoziations- und Erreichbarkeitsfaktoren im Standortverhalten der Wirtschaftsdienste.

- Dieser Cityorientierung steht ein deutlicher **Kern-Rand-Gradient** gegenüber, der die unterschiedliche Intensität der Assoziations- und Erreichbarkeitswirkung auf die Standortentscheidung bei verschiedenen Wirtschaftsdiensten (Branchen, Organisationsformen, Altersgruppen, ...) abbildet.

- Überlagert werden diese beiden Hauptverteilungsprinzipien durch in allen Städten auftretende **Assymetrien** der quantitativen und qualitativen Verteilung. In praktisch allen Städten gibt es Sektoren mit hochwertigem Wohnprestige - diese sind auch bevorzugte Standorte von Wirtschaftsdiensten. Ausnahmen sind nur infrastrukturorientierte Wirtschaftsdienste, die auch in den Industrie- und Gewerbesektoren stärker vertreten sind.

- Die **Mobilität** der Wirtschaftsdienste liegt mit 2,1 % pro Jahr deutlich über der der Industrie. Der überwiegende Anteil aller räumlichen Verlagerungen von Wirtschaftsdiensten erfolgt im kleinräumigen Bereich. Absolutes **Mobilitätszentrum** ist die **Innenstadt** (City, Cityrand, dichtverbauter Innenbereich). Diese Verlagerungsverhalten ist Ausdruck des Suchverhaltens, es hängt zusammen mit Wachstumsprozessen (Lebenszyklushypothese) und ist im wesentlichen immobilienbedingt. Innerstädtische Verlagerungen erfolgen nicht aus Gründen der Verbesserung von Zugänglichkeit, räumlicher Assoziation usw. (Homogenitätshypothese), sondern dominant als Anpassung an geänderte Immobilienbedürfnisse.

- Im Gegensatz zu den Vermutungen aufgrund von beobachteten Verlagerungsprozessen in Städten außerhalb Österreichs tritt in den österreichischen Groß- und Mittelstädten **keine bedeutende Suburbanisierung** auf; sie ist nur bei einigen flächen- und infrastrukturintensiven Branchen vorhanden. Wesentlich bedeutender ist die **Subzentralisierung,** die mit deutlichem Citywachstum korrelierbar ist und sich auch mit der Homogenitätshypothese parallelisieren läßt.

TEIL VI

WIRTSCHAFTSDIENSTE ALS BASISFUNKTIONEN IM WIRTSCHAFTSRAUM

Die **Basisfunktionen von Wirtschaftsdiensten** bestehen in ihrer dispositiven und operativen Leistung, in der Steuerungswirkung und Versorgung mit Unternehmensfunktionen. Die **Nachfrage nach Wirtschaftsdiensten** auf dem Dienstemarkt und ihre räumliche Organisation ist daher ein weitrs Kernthema der Analyse *(Kap. 12.)*. Damit zusammenhängend ergibt sich als zweite Ebene der **Rolle der Wirtschaftsdienste in der Raumentwicklung** und ihre Bedeutung für die Regionalpolitik und -entwicklung und für die Standortsteuerung *(Kap. 13.)*.

12. Die Nachfrage nach Wirtschaftsdiensten und die räumliche Orientierung

Die **Nachfrage nach Wirtschaftsdiensten** und die konkrete Realisation von Nachfragebeziehungen, insbesondere auch die räumliche Orientierung im Zentren- und Regionssystem Österreichs *(Kap. 7. bis 11.)* stcllt einen wesentlichen Zugang im Rahmen der "passiven räumlichen Implikation" der Wirtschaftsdienste dar. Wirtschaftsdiensteangebote werden als wesentliche **Grundlagen des Nachfrageverhaltens** nach Wirtschaftsdiensten und der räumlichen Orientierung gesehen. Dicse Tatsache wurde bereits der Konzeption der Betriebsbefragung zugrunde gelegt *(vgl. Kap. 6.3.2.)* und führte zu einer Auswahl der befragten Betriebe, die sehr wesentlich von charakteristischen Lage- und Standortkategorien im zentrenbestimmten, hierarchisierten und regional differenzierten Angebotsmuster von Wirtschaftsdiensten gesteuert war.

12.1. Wirtschaftsdienste als ausgelagerte Unternehmensfunktionen

Die dieser Arbeit zugrunde gelegte Arbeitsdefinition bezeichnet Wirtschaftsdienste als "ausgelagerte Unternehmensfunktionen". Diese stellen aus dieser Sicht wesentliche Bestimmungsfaktoren der betrieblichen Umwelt dar, sie sind als Produktions- und/oder Standortfaktoren wirksam. Die **Auslagerung von Unternehmensfunktionen** ist also der entscheidende Vorgang, der zur Nachfrage nach Wirtschaftsdienstleistungen in diesem Definitionssinne führt. Die **Theorie der Auslagerung** liefert betriebswirtschaftliche Begründungen der Auslagerung von Unternehmensfunktionen, -teilfunktionen auf Spezialisten. Grundlage der Auslagerungstheorie ist die **Unternehmenstheorie.** Speziell die Institutionentheorie sieht die Entstehung von Unternehmungen als "Resultat der zu hohen Transaktionskosten marktmäßiger Tauschkoordination" *(BARLTING, U. 1985, S. 264, WILLIAMSON, O.E. 1981, SCOTT, A.J. 1983).* Aufgrund des betriebswirtschaftlichen Problems "**Eigenerstellung versus Fremdbezug**" kommt diesem theoretischen Ansatz eine besondere Bedeutung zu. Die Nutzung von Wirtschaftsdienstleistungen bedeutet Nutzung von **Rationalisierungs- und Ökonomisierungspotentialen,** die sich aus der Arbeitsteilung und Spezialisierung ergeben. Es werden also externe Effekte in Form von **Standortvorteilen** genutzt - darin liegt der räumliche und regionalpolitische Bezug der Wirtschaftsdienstenachfrage und ihrer Realisation. Wirtschaftsdienste treten also als **Vorleistungen** im Produktionsprozeß in Erscheinung und sie haben durch ihre funktionale Rolle im interaktiven Prozeß von Wirtschaftsunternehmungen mit ihrem Umfeld eine besondere und wichtige Stellung. Sie leisten auf allen Ebenen des betrieblichen Leistungsvorganges (dispositive Seite, Leistungserstellung, Leistungsverwertung) Beiträge zur Unterstützung, Lenkung, Kontrolle, Förderung, Entwicklung usw. des einzelnen Unternehmens/Betriebes.

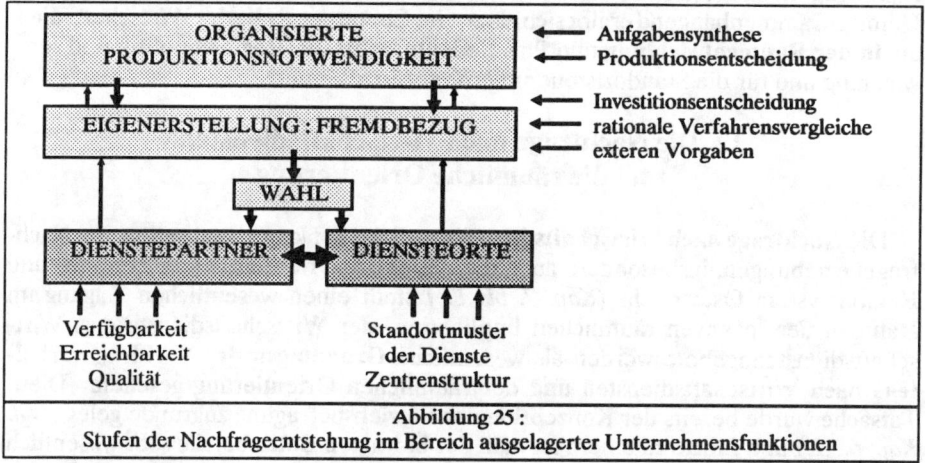

Abbildung 25 :
Stufen der Nachfrageentstehung im Bereich ausgelagerter Unternehmensfunktionen

Die **Nachfrage nach Wirtschaftsdienstleistungen** entsteht aus den Bedürfnissen von Unternehmungen und Betrieben, deren Abteilungen und Funktionsstellen. Sie entsteht also aus dem Unternehmensprozeß aufgrund von (rationalen) Verfahrensvergleichen, in denen zwischen **Eigenproduktion und Auslagerung** (Fremdbezug) entschieden wird, und die Entscheidung über den **Dienstepartner** (Wirtschaftsdienstebetrieb) und den **Diensteort** und damit die räumliche Orientierung der Nachfragerealisation gefällt wird. Den beiden Entscheidungsebenen vorgelagert ist die Frage nach der "**Produktionsnotwendigkeit**" von Unternehmensfunktionen, der organisatorischen Absonderung (Aufgabenanalyse, -synthese) von Unternehmensfunktionen, aber auch der "Bewußtwerdung" ihrer Notwendigkeit. Die Frage Eigenerstellung-Fremdbezug tritt erst dann auf, wenn die Notwendigkeit der organisierten Erstellung von Unternehmensfunktionen erkannt ist.

12.1.1. Unternehmens- und Betriebsfunktionen als Nachfrageträger

Die verschiedenen Ansätze zur Erklärung des Auslagerungsverhaltens und der Wirtschaftsdienstenachfrage *(im Rahmen der wirtschaftsgeographischen Ansätze; vgl. STAUDACHER, CH. 1987, Kap. 3.3.1.)* differenzieren nicht unter das Niveau der Betriebe bzw. Unternehmungen. Es scheint aber sinnvoll zu sein, davon auszugehen, daß die **interne organisatorische Struktur und Funktionspalette von Unternehmungen** einen wesentlichen Bezug zur Auslagerung von Unternehmensfunktionen und zur Art der Nachfragerealisation aufweisen. Geht man auf die nach der Verrichtungsanalytik, der rangspezifischen Aufgabengliederung, der genetischen Phasengliederung bzw. der Zweckbeziehung differenzierbaren **Unternehmensfunktionen** zurück *(vgl. Kap. 3.2.3.)*, so lassen sich die Wirtschaftsdienstleistungen und die entsprechenden Beziehungen zu Wirtschaftsdienste-Unternehmungen in den **interaktiven Prozeß** von Wirtschaftsunternehmungen einordnen. Die einzelnen **Funktionsteile von Unternehmungen** haben jeweils spezifische Bedürfnisse und Nachfrageinhalte und brauchen daher **spezifische Wirtschaftsdienstekontakte**, woraus organisatorische und räumliche Differenzierungspotentiale entstehen *(vgl. Abb. 26)*:
— Die **Betriebsleitung** als funktionaler Kern und organisatorisches Zentrum hat Beziehungen zu Finanzinstituten, Datenverarbeitungsdiensten, Managementberatern, Versicherungsdiensten, Engineering, usw., zu Beschaffungs- und Absatzdiensten wie Handelsagenturen, Brokern, zum Großhandel, zu Werbeunternehmungen usw.; darunter sind jeweils verschiedenrangige Funktionen der Orientierungs-, Planungs- oder Routineebene mit starker interner funktional-hierarchischer Gliederung ihrer Teilaufgaben.
— Der **Produktionsbereich** braucht zwangsläufig Materialinputs (Industrie-, Gewerbebetriebe) oder/und geistige Inputs (Informationen). Die Beschaffung dieser Inputs kann nur durch das Unternehmen selbst oder mit Hilfe von Spezialunternehmen erfolgen (Handelsagenturen, Broker, Großhandel, ...; = Inputdienste). Zusätzlich ist das Auftreten von Unterstützungsdiensten des eigentlichen Produktionsprozesses wie Reparaturdienste, Wartung, Bewachung usw. notwendig. Deutlich ist hier festzuhalten, daß Verflechtungen materieller Natur zu Subkontraktoren, Zulieferbetrieben sinnvoller Weise nicht mehr zu den Dienstleistungen gerechnet werden können, ihre Vermittlung allerdings schon *(BARTER, J.H. - WALKER, D.F. 1977, S. 11)*. Der Marktbezug auf der Absatzseite stellt eine ganz wichtige Ebene der Wirtschaftsdienstenachfrage dar: Marktdienste verschiedenste Funktionsbereiche und Trägerschaften werden hier eingesetzt: Großhandel,

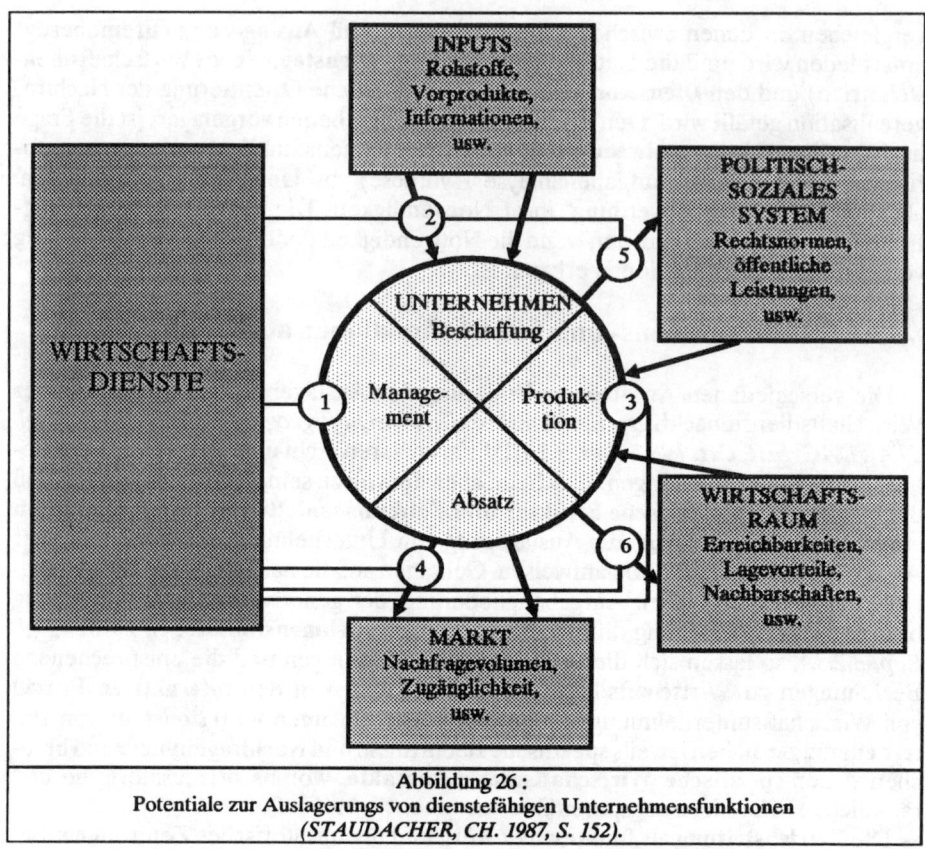

Abbildung 26 :
Potentiale zur Auslagerungs von dienstefähigen Unternehmensfunktionen
(STAUDACHER, CH. 1987, S. 152).

Handelsmakler und -agenturen, Import-/Exporthändler, Handelshäuser, Marke-
ting- und Werbeunternehmen usw. Besonders von Bedeutung sind die Dienste der
Martkerschließung und der Marktpräsenz.

— Die **soziale und politische Einbindung** jedes Betriebes/Unternehmens läuft meist
über gesetzte Dienste, die verordnete Leistungen erstellen: Rechtsberatung, Wirt-
schaftreuhänder, Ämter, Behörden, usw.

— Die **Einbindung in das räumliche System** kann Nachfrage nach Verkehrsdiensten
bedingen: Speditionen, Fuhrunternehmen usw. Nicht in den Rahmen der Betrachtung einbezogen ist die Nachfrage nach "reiner" Infrastrukturbenutzung, die nicht
unmittelbar als Verrichtung des Anbieters aufgefaßt werden kann.

12.1.2. Eigenerstellung von Unternehmensfunktionen - Fremdbezug von Dienstebedürfnissen

Wirtschaftsdienste sind als **"ausgelagerte Unternehmensfunktionen"** definiert. Auf
allen funktionalen Ebenen bestehen Auslagerungspotentiale, welche über Entschei-

dungen zwischen der Eigenerstellung von Unternehmensfunktionen und dem
Fremdbezug entsprechender Dienstleistungen realisiert werden können.

a) Transaktionsansatz: Integrations-/Desintegrationstheorie

Das Integrations-Desintegrationskonzept stammt von SCOTT, A.J. *(1983)*: Das
Unternehmen wird als ein "system of economic transactions" gesehen, wobei sich die
Analyse in den Beispielen auf Industriezweige (Schalterkreisindustrie, Damenbeklei-
dungsindustrie in Los Angeles) bezieht. Im Zentrum jedes Unternehmens stehen **Arbeitsprozesse**, deren Dynamik zu den wichtigsten Determinanten der Entwicklung
und Struktur von Unternehmungen im Kapitalismus gehört. Heute dominiert eine
organisatorische Grundform von Arbeitsprozessen, die zwischen den Extremen der
atomistischen Auflösung und der **Integration in einem Superunternehmen** liegen.
Die Antwort dafür findet sich in einer Analyse der Arbeitsteilung und der Arbeits-
verknüpfung, also der Bildung von Firmen (Unternehmen) im Bereich spezifischer
Arbeitsprozesse (technologische Produktionsstufung, organisatorische Integration,
...). Die Firma wird daher als ein System **interner Transaktionen** aufgefaßt, das eingespannt ist in ein **System externer Transaktion**en mit anderen Firmen *(SCOTT,
A.J.1983, S. 235)*. Die interne Struktur besteht aus Arbeitsprozessen und einer ent-
sprechenden Organisation, die als Team mit multiplen internen Transaktionen kon-

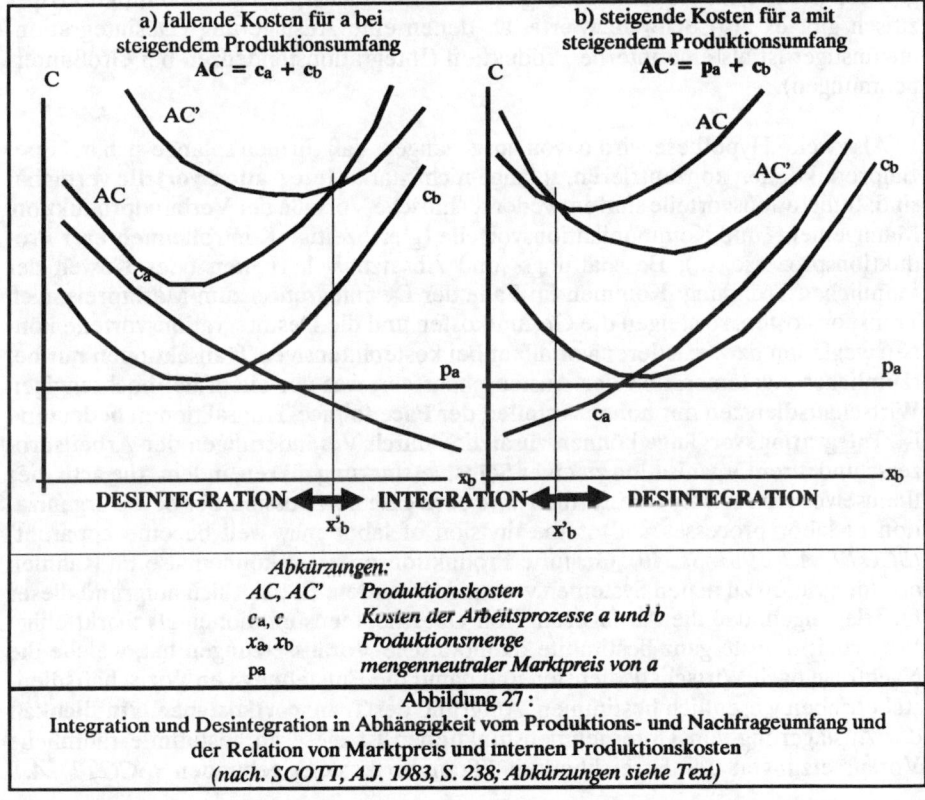

Abkürzungen:
AC, AC'   *Produktionskosten*
c_a, c *Kosten der Arbeitsprozesse a und b*
x_a, x_b *Produktionsmenge*
pa   *mengenneutraler Marktpreis von a*

Abbildung 27 :
Integration und Desintegration in Abhängigkeit vom Produktions- und Nachfrageumfang und
der Relation von Marktpreis und internen Produktionskosten
(nach. SCOTT, A.J. 1983, S. 238; Abkürzungen siehe Text)

struiert ist. Unter kapitalistischen Profit- und Effizienzbedingungen sind diese so konstruiert, daß sich interne Skalen- und Integrationsvorteile ergeben und daß interne Transaktionen effizienter sind als die Beschaffung von Unternehmensfunktionen über den Markt externe Beziehungen. In diesem **Spannungsfeld von Integration und Desintegration** kann nun jede Firma auf einem Kontinuum eingeordnet werden, dessen Endpunkte definiert sind durch völlige funktionale Desintegration bzw. völlige funktionale Integration *(SCOTT, A.J. 1982, S. 235).*

Die Frage der **Auslagerung,** der Desintegration ist daher als Kostenproblem zu sehen: Am Beispiel zweier Arbeitsprozesse a und b, wobei a eine Vorleistung zu b sei und a einmal fallende, einmal steigende Erträge mit steigendem Produktionsumfang aufweist, wird die alternative Wirkung von interner Produktion bzw. externer Beschaffung analysiert *(SCOTT, A.J. 1983).* Der Marktpreis von a sei mengenneutral: Bei Integration und Desintegration ergeben sich zwei unterschiedliche Gesamtkostenkurven für den Output von b, ihr Schnittpunkt gibt die Grenze zwischen Integration und Desintegration wieder. Betrachten wir den Fall der Unter- nehmensfunktionen, welche sich als **Wirtschaftsdienste** auslagern lassen, so dürfte der Fall der steigenden Erträge mit zunehmender Unternehmens-, Betriebsgröße in der Regel gültig sein. Dies bedeutet, daß aus dieser Sicht die Unternehmensgröße der wichtigste Bregrenzungsfaktor für die Auslagerung ist. Unternehmensspezifisch und funktionsspezifisch gibt es also **Schwellenwerte,** ab denen eine Auslagerung (Desintegration) ungünstiger ist als eine interne Produktion (Integrationstendenzen bei Großunternehmungen).

Als zweite Hypothese wird davon ausgegangen, daß Firmen solange sich auf Spezialproduktionen konzentrieren, solange nicht starke **Integrationsvorteile** verfügbar sind: Integrationsvorteile sind entweder technische Vorteile der Verbundproduktion, Management- und Kommunikationsvorteile (gleichzeitige Kontrolle mehrerer Produktionsprozesse, ...), Beschaffungs- und Absatzunsicherheiten oder Kosten der räumlichen Trennung: Kommen im Falle der Desintegration zum Marktpreis noch Transportkosten, so steigen die Gesamtkosten und die Desintegrationsvorteile können wegfallen bzw. existieren vor allem bei kostenintensiven Transaktionen nur bei räumlicher Agglomeration der Austauschpartner, was vor allem bei hochrangigen Wirtschaftsdiensten mit hohen Anteilen der Face to face-Transaktionen bedeutend ist. **Integrationsvorgänge** können zusätzlich durch Veränderungen der Arbeitsprozesse und ihrer Organisation zu einer Selbstverstärkung führen, indem "the activities themselves are radicaly transformed ... In each case new possibilities of the organization of labor processes and of the division of labor may well become apparent" *(SCOTT, A.J. 1983, S. 240).* Gestufte Produktionsprozesse können also im Rahmen der Integration zu neuen Systemen verbunden werden. Es zeigt sich aufgrund dieser Überlegungen, daß die Auslagerung von Unternehmensfunktionen als marktfähige Wirtschaftsdienste ganz bestimmte ökonomische Voraussetzungen hat, welche die Nachfrage nach Wirtschaftsdiensten und damit die Entstehung von Wirtschaftsdienstebetrieben wesentlich bestimmen. Aufgrund der **Transportkostenempfindlichkeit** der Auslagerung von Unternehmensfunktionen ist diese an bestimmte räumliche Voraussetzungen der Erreichbarkeit (Transportkosten) gebunden *(SCOTT, A.J.*

1983, S. 238). Die Auslagerung und die Nutzung von Rationalisierungsvorteilen unterliegt im Rahmen bestimmter Empfindlichkeitsschwellen den Vorteilen der räumlichen Nähe bzw. der Existenz bestimmter vorteilhafter Raummuster (Zentralitätsstrukturen). Daraus ergibt sich ein wichtiger Ansatz zur theoretischen Fundierung der regionalpolitischen Basishypothese *(Angebotshythese, Politik- und Instrumentalhypothese; vgl. Kap. 13.)*.

b) Auslagerung als Investitionsproblem

Die **Problemstellung Eigenerstellung : Fremdbezug** hat in der betriebswirtschaftlichen Literatur im Zusammenhang mit industriellen Fertigungsprozessen einen relativ breiten Rahmen, im Bezug auf **dienstefähige Unternehmensfunktionen** sind die Ansätze (Absatzbereich, Personalbetreuung, Energieversorgung, Prüfungswesen) spärlich. Für eine theoretisch fundierte Analyse der Wirtschaftsdienste ist zu klären, warum es zur Nachfrage nach bestimmten Wirtschaftsdiensten, d.h. zur Auslagerung auf den Dienstleistungsmarkt anstelle der Eigenerstellung kommt. Die Diensteauslagerung stellt sich nicht sosehr bei Klein- und Mittelbetrieben, "da die Einrichtung einer eigenen Stabsabteilung zu hohe Kosten verursachen" würde *(PERLITZ, W. 1975, S. 10)*. Das **Wahlproblem** in der Entscheidung zwischen Eigenerstellung und Fremdbezug von **Unternehmensberatungsdiensten** *(PERLITZ, W. 1975, S. 26 ff)* weist folgende Besonderheiten auf, die auf den gesamten Bereich der dispositiven Leistungen und z.T. auch auf die operativen Wirtschaftsdienste übertragen werden können:
— **Problem der rechenbaren Bestimmung** der Einsatzfaktoren (Menge und Preis) als Grundlage einer Wirtschaftlichkeitsrechnung (Quantifizierungsprobleme),
— **Ungleichwertigkeit** der Leistungen, da man nicht von gleicher Qualität der Erstellung interner oder des Einkaufs externer Leistungen ausgehen kann,
— **mangelnde Zurechenbarkeit**, da die Unternehmensberatungsleistung (wie die meisten anderen dispositiven Leistungen) eine "Generalleistung" ist und nicht eindeutig einzelnen Produkten zugerechnet werden kann.
— **Zieldifferenzierung**: In den Verfahrenslösungen geht es um die Maximierung der Kosteneinsparung je Stück und die Maximierung der Kapitalwertes der Alternativen. Bei Unternehmensberatung und anderen dispositiven Funktionen kommen nicht-monetäre, imponderabile Ziele dazu (Prestige, Unabhängigkeit, ...).
— **Gemischtes Entscheidungsproblem**: Neben der Entscheidung Eigenerstellung oder Fremdbezug steht als dritte Alternative die Entscheidung und/oder.

Das **Problem Eigenerstellung: Fremdbezug** wird im wesentlichen als **Investitionsproblem** gesehen *(PERLITZ, W. 1975; KEUPER, F.W. 1986; BARTLING, U. 1985; WYSOCKI, K. 1961 u.a.)* und Wirtschaftsdienstleistungen als **Investitionsgüter**, die "der Deckung eines produktiven Bedarfes" dienen *(KEUPER, F.W. 1986, S. 13)*. "Sie werden von Organisationen beschafft, um andere Sachgüter und Dienstleistungen erzeugen zu können oder um sie unverändert an andere Organisationen zur Leistungserstellung weiterzuveräußern" *(ÜEBERLE, H. 1984, S. 159)*. Produktive und investive Dienstleistungen sind als Investitionsgüterarten anzusehen. Im Marketingbezug sind folgende Eigenschaften wesentlich:

+ Beschaffungsentscheidungen sind durch einen **hohen Grad an Rationalität** bestimmt, da die Wahl zwischen verschiedenen Produktionen meist auf Grundlage vielfältiger Informationen (Investitionsrechnung, Kosten, ...) sowie nach Abstimmung mit mehreren Organisationsmitgliedern *(KEUPER, F. 1984, S. 14; organizational bying - Ansatz)* erfolgt.

+ "Komplexität, Erklärungsbedürftigkeit und Hochpreisigkeit ... bedingen häufig **langwierige und komplizierte Beschaffungsverhandlungen und -entscheidungen** ... durch Gruppen ...".

+ Relativ hohe **Markttransparenz** durch geringe Anbieterzahl und hohe Vergleichbarkeit der Produkte.

Die Nachfrage kann daher "als **betriebswirtschaftlich fundierte Nachfrage**" bezeichnet werden *(KEUPER, F. 1984, S. 15)*, wobei unterschieden werden kann in eine problemkundige Nachfrage und eine spezifisch wirtschaftsdienstekundige Nachfrage.

Bedürfnisse nach Produktivdienstleistungen entstehen aus "Mangelempfindungen, die mit dem Streben nach Beseitigung ... verbunden sind" *(KAUFMANN, E.J. 1977, S. 70)*; sie ergeben sich aus den Unternehmenszielen und -prozessen der Kundenunternehmung. Insofern stellt die Nachfrage ... eine abgeleitete Nachfrage dar". Differenzierende **Aussagen zum Verrichtungsbedarf** und damit zur Investitionsentscheidung liefert SCHEUCH, F. *(1982, S. 75; vgl. auch GREENFIELD, H.I. 1966, S. 37 u.a.)*. Als "Grund, der zu Bedarf an Verrichtungen führt", werden folgende Aspekte genannt:

— "**qualitative und/oder quantitative Unzulänglichkeit** zum autonomen Vollzug" oder die "durch Verfahrensvergleich begründete ökonomische Entscheidung gegenüber der Selbstverrichtung".

— Bedarfssituationen ergeben sich aufgrund besonderer "**Fertigkeiten des Diensteanbieters**" (professioneller, künstlerischer, charismatischer Art etc.).

— Die **Selbstverrichtung** ist entweder im gleichen **qualitativen Ausmaß** nicht möglich oder aufgrund befürchteter **Qualitätsmängel** nicht ratsam,

— bei erlernbaren Verrichtungen ist ein möglicher **Lernprozeß** als Voraussetzung für die Selbsterfüllung nicht absolviert worden"

— oder als **Personalinvestition** nicht sinnvoll;

— aus fallweise auftretenden, kurzfristig wirksamen, in der Fristigkeit **nicht planbaren Problemen**, "für die der Aufbau einer eigenen Verrichtungspotentials, aufgrund der mangelnden Auslastung in Relation zu den Bereitschaftskosten, nicht angestrebt werden soll";

— durch **mangelnde Ausrüstung**;

— aus dem Wunsch zur "**Sicherung bestimmter Rahmenbedingungen** des Dienstevollzuges (Anonymität, Vertrauchlichkeit etc.)

— und aufgrund **rechtlicher Notwendigkeiten**, da die Selbstverrichtung mit Saktionen belegt ist *("rechtlich induzierte Marktschaffung"; SCHEUCH, F. 1982, S. 77)*.

Das Entstehen von Leistungsbedürfnissen kann aber auch in einem größeren überwirtschaftlichen Rahmen gesehen werden*(KAUFMANN, E.J. 1977, Abb. 8, S. 72)*:

— **gesamtwirtschaftliche bedürfnisauslösende Faktoren**: Veränderungen der Menge
der Unternehmungen durch Fusionen, Neugründungen, Übergabe usw., der Organisationsstruktur, der Wirtschafts- und Branchenstruktur, der Unternehmensgröße usw.,

— **einzelwirtschaftliche bedürfnisauslösende Faktoren**: Der rationalen Einschätzung des Entscheidungsverhaltens bei der Dienstebeschaffung über den "organi-
sational bying-Ansatz" *(SCHEUCH, F. 1975, 1982)* steht die Wirksamkeit **sub-
jektiver Verhaltensweisen** gegenüber, deren Anteil umso größer wird, je kleiner
die Betriebe sind und je mehr die Entscheidungen auf die Betriebsleiter- oder Unternehmerpersönlichkeit (alleine) konzentriert sind: Prestige, gesellschaftliche
Normierung, persönliche Präferenzen, Interessenslagen usw.,

— **Überwirtschaftliche Faktoren** ergeben sich aus Gesetzen und staatlichen Vor-
schriften (Buchhaltungspflicht, Prüfungspflicht, ...) und gesellschaftlichen Normierung,

— **außerwirtschaftliche Faktoren** entstehen aus gesellschaftlichen Anforderungen
und Pressionen (Prestigestreben, ...).

c) Auslagerungsvorgang und -formen

Jedes Unternehmen hat zwei Handlungsalternativen: die betrieblich-unternehmerische **Integration** von Unternehmensfunktionen, also die Erstellung von Leistungen
innerhalb des Unternehmens, oder die **Auslagerung** und deren Beschaffung auf dem
Dienstleistungsmarkt.

● **Unternehmensinterne Funktions- und Standortdifferenzierung**: Als Vorbereitung kommt es zunächst zur **innerbetrieblichen Auffächerung** von Aufgabenberei-
chen: Die Unternehmens- und Betriebsorganisation führt über die Ablauforgani-
sation (räumliche und zeitliche Ordnung der Arbeitsabläufe) und die Aufbauor-
ganisation (Ordnung der Zuständigkeiten und Verantwortungen) zu einer dauerhaften Strukturierung der betrieblichen Vorgänge *(LECHNER, K. - EGGER, A. -
SCHAUER, P. 1983, S. 65)*. Das Ergebnis ist die Gliederung von Unternehmen in
Funktionsteile (Stellen, Abteilungen, Divisionen, ...), die auf einzelne Unternehmensfunktionen oder Gruppen von Unternehmensfunktionen spezialisiert sind.
Die Intensität solcher organisatorisch funktionaler Gliederungen ist zu einem wesentlichen Teil abhängig von der Betriebsgröße und damit der Komplexität des betrieblichen Leistungsprozesses. Die Schärfe der Abgrenzung kann bis zur recht-
lichen Verselbständigung reichen.

● Durch die Bildung von Stellen, Abteilungen und/oder Tochter- und Zweigbetrieben mit Wirtschaftsdienstefunktion (über Ausgliederung oder Fusion) entstehen
Mehrbetriebsunternehmungen, die unter anderem auch Betriebe umfassen, die
für andere Unternehmensteile Dienste im operativen oder dispositiven Bereich
liefern; es entstehen unternehmensinterne aber zwischenbetriebliche und damit
räumliche Wirtschaftsdiensteverflechtungen; typische Formen sind vor allem **Firmenzentralen** (headquarters), regionale Verwaltungszentralen, Verkaufsnieder-
lassungen, Repräsentanzen, Kundenbüros (back office, front office). Vor allem auf
der Grundlage der Auswirkungen von Routinierungsprozessen entsteht damit ein
beträchtliches Potential zur "partial dezentralization" *(GAD, G. 1983, S. 230)*.

● **Verlagerung von Unternehmensfunktionen auf den Dienstleistungsmarkt:** Durch "echte" Auslagerung von Unternehmensfunktionen des dispositiven oder des operativen Bereiches auf selbständige, vom Nachfrager unabhängige **Spezialunternehmungen** oder auf Institutionen der überbetrieblichen Zusammenarbeit entstehen autonome, institutionalisierbare Wirtschaftsziele für Wirtschaftsdiensteunternehmungen. Zu diesen bestehen dann mehr oder weniger intensive Verflechtungen in der Form von personellen oder auch medialen Interaktionen (Informationsaustausch, Erarbeitung von Entscheidungsunterlagen, Serviceleistungen, ...). Die Auslagerung von Funktionen auf den Dienstleistungsmarkt erfolgt aufgrund von kalkulierten Kosten-Nutzen-Überlegungen. Typische Formen solcher Wirtschaftsdienste sind Unternehmensberater, Rechtsberater, Inkassobüros, Rechenzentren, ... Unabhängig von solchen innerbetrieblich bedingten Auslagerungsvorgängen entsteht Wirtschaftsdienstenachfrage aufgrund von **externen Vorgaben:** Eine ganze Reihe von Unternehmensfunktionen, besonders solche im Bereich der Einbindung von Unternehmungen in das soziale und wirtschaftliche System sind durch Verordnungen vorgeschrieben oder erzwungen bzw. teilweise sogar an die Ausführung durch öffentliche oder offiziöse Dienste gebunden: gesetzte Wirtschaftsdienste, Rechtsanwalt, Notar, Patentamt, Finanzamt, usw. Die Ursachen für die Spezialisierung und damit Auslagerung aus den Unternehmungen liegt hier nur zu einem geringen Teil in innerbetrieblichen Rationalitätsüberlegungen, der Effekt ist der gleiche: es entstehen selbständige Spezialunternehmungen bzw. Institutionen und vielfältige Wirtschaftsdienstebeziehungen.

d) Die Struktur der Nachfrage nach Wirtschaftsdiensten

Der **Markt für Wirtschaftsdienste** ergibt sich aus der gesamtwirtschaftlichen Umsetzung der einzelwirtschaftlichen Bestimmungsfaktoren der Auslagerung von Unternehmensfunktionen und der entsprechenden Nachfragerealisation über alle potentiellen Nachfrager (Wirtschaftsbetriebe einer Volkswirtschaft oder Region und ihre Strukturierung). Dieser Wirtschaftsdienstemarkt zerfällt in regionale und sektorale Segmente, die durch jeweils spezifische Ausprägungen einzelwirtschaftlicher Bestimmungsfaktoren (Internalisierungsgrade, räumliche Reichweiten, Beschaffung, Innovationszustände, ...) strukturiert sind. Die **Struktur der Nachfrage** nach Wirtschaftsdiensten ist in empirischen Analysen sowohl für die einzelwirtschaftliche als auch für die regionale bzw. gesamtwirtschaftliche Ebene untersucht, und läßt gewisse generelle Züge erkennen *(BRITTON, J.N.H. 1974; PARKER, H.A. 1974; BARTER, H. - WALKER, D.F. 1974; SCHICKHOFF, I. 1981, 1985; MARSHALL, N. 1982; SCHAMP, E.W. 1986, 1987; DOBSON, St.N. 1987 u.v.a.; vgl. Kap. 4.5.).* Diese Untersuchungen sind in der Regel sehr individuell angelegte Fallstudien, die meist auf sehr spezifische **Nachfragersets** (Industriebetriebe, z.T. bestimmter Branchen) ausgerichtet sind und vor allem recht unterschiedliche **Dienstekataloge** verwenden *(vgl. Kap. 3.1.1.).* Zudem sind die Meßeinheiten sehr uneinheitlich (Zählung von Kontaktfällen, Messung über Kosten, ...) und es fehlt vor allem eine vergleichbar Bezugsbasis durch uneinheilichte Begriffskonzepte.

Die **Nachfrage nach Wirtschaftsdiensten** und die entsprechenden **Realisations-handlungen** weisen eine Reihe von grundlegenden Merkmalen auf *(STAUDACHER, Ch. 1980, S. 14)*, die auf die Bedeutung der Wirtschaftsdienste als Leistungsanbieter aber auch auf die räumlichen Bedingungen der Kontaktherstellung wesentlichen Einfluß ausüben:

+ **Konstanz der Beziehungen:** Aufgrund ökonomischer Bewertungen kann davon ausgegangen werden, daß Wirtschaftsdienste-Beziehungen in der Regel sehr konstant sind; wenn einmal ein Weg zur Deckung eines Dienstebedarfes, der mit gewisser Regelhaftigkeit und Häufigkeit auftritt, gefunden ist und die Leistungs- und Qualitätskriterien konstant bleiben, so erlangen die Beziehungen zwischen Nachfrager und Anbieter der Dienstleistung konstanten Charakter. Es bilden sich entweder habitualisierte (quasi-vertragliche) Verhältnisse heraus (geschäftliche Partnerschaften) oder es werden mit der Zeit echte Kooperationsverhältnisse, die auch vertraglich abgesichert sein können. Die Konstanz der Beziehungen bezieht sich dann logisch auf den Leistungsinhalt, den Leistungspartner als auch auf den Leistungsort. Veränderungen treten nur dann auf, wenn innerbetriebliche Umstellungen beim Nachfrager andere Leistungsinhalte erfordern, wenn die Auslagerungsgründe wegfallen, wenn neue alternative Leistungsangebote rationeller erscheinen usw.

+ **Fristigkeit:** Sieht man von einmalig bzw. zufällig auftretenden Nachfragesituationen ab, so tritt betriebliche Nachfrage nach Wirtschaftsdiensten in der Regel in bestimmten **Rhythmen** auf, die durch Produktionsprozesse bestimmt sind (Servicearbeiten, Reinigung, Beschaffung, ...) oder durch Verordnungen vorgegeben sind (Steuerklärung, Lohnverrechnung, Inventur, ...). Hier kommt dann auch das Merkmal der Beziehungskonstanz zum Tragen. **Episodische Nachfrage** tritt bei unregelmäßigen Entwicklungen und Situationen auf und erfordert dann auch in stärkerem Maß die Vorschaltung einer Suchphase des geeigneten Dienstepartners (Einstellung qualifizierter Arbeitskräfte, bauliche und technologische Investitionen, ...).

+ **Rationale Entscheidungsgrundlage:** In der Regel kann davon ausgegangen werden, daß die Entscheidung zur Auslagerung von Unternehmensfunktionen und die Entscheidung über die Art der Realisation (Partnerwahl, Kontaktorganisation) auf einem rationalen Entscheidungskalkül beruht, das auf Ökonomisierungseffekte, also auf das Erkennen von Rationalisierungseffekten durch die Auslagerung zurückführbar ist. Es gibt also keine "Einkommenselastizität" im Sinne der privaten Nachfrage.

12.3. Auslagerungs- und Nachfragehypothesen

Die in verschiedensten Formen vorliegenden **Studien über Wirtschaftsdienstebeziehungen** *(SCHICKHOFF, I. 1982, 1985; MARSHALL, J.N. 1982; DOBSON, ST.N. 1987 u.v.a.)* sind ausschließlich **empirisch** angelegt und beziehen sich überwiegend auf **Industriebetriebe**. Es wird versucht über den empirischen Ansatz Differenzierungsfaktoren der Nachfragestruktur, des -umfanges und der räumlichen Orientierung aufzudecken. Versucht man einen systematischen Überblick über die Auslagerungs- und Nachfragehypothesen zu erstellen, so sind eine quantitativ-strukturelle Ebene und eine räumliche Ebene zu unterscheiden:

a) Umfang und Struktur der Wirtschaftsdienste-Nachfrage

Läßt man zunächst einmal die räumlichen Aspekte bzw. die räumliche Umsetzung von Bestimmungsfaktoren des Auslagerungsverhaltens und der konkreten Nachfragerealisation außer Betracht *(vgl. unten b)*, so treten vorwiegend folgende **auslagerungs- und nachfragbestimmende Variable** auf *(SCHICKHOFF, I. 1985, S. 74)*:

1. **Interne Strukturvariable:** Bei Rückgriff auf interne Strukturvariable wird von der Hypothese ausgegangen, daß **interne Verhältnisse** geeignet sind, die Nachfragevariation, also das Ausmaß der Auslagerung von Unternehmensfunktionen und die Art der Nachfragerealisation zu erklären. Es handelt sich bei diesen internen Verhältnissen um "**Realfaktoren**" des Entscheidungsprozesses (vergleichbar den realen Dispositionsfaktoren des Konsumverhaltens von Haushalten). Folgende Strukturhypothesen werden verwendet:

* **Betriebs- und Unternehmensgrößenhypothese:** Es wird ein charakteristischer Zusammenhang der Betriebsgröße mit dem Auslagerungsumfang *(SZIGMUND, A. 1984, SCHAMP, E. 1986, S. 212)* und der Nachfragestruktur *(STAUDACHER, CH. 1985, S. 75)* postuliert. Sie wird als Maß der Integrationsfähigkeit von bzw. des Auslagerungspotentials von Teilfunktionen aufgefaßt. Es besteht allerdings kein einfach lineares Verhältnis zwischen Betriebsgröße und Auslagerungstendenz, wie sie in vielen Darstellungen suggeriert wird, sondern ein sehr differenziertes und z.T. eine funktionsabhängige gegenläufige Beziehung: Steigende Betriebsgröße führt einerseits zu **steigender Auslagerung**, andererseits aber bei bestimmten leistungsspezifische Schwellenwerten zum Wegfall von Auslagerungsgründen durch zunehmend differenzierte interne Organisation. Insoferne kann die Betriebsgröße als Indikator für den Grad der internen organisatorischen Differenzierung und **verringerter Auslagerungswahrscheinlichkeit** angesehen werden. Dem steht die Hypothese gegenüber, daß mit steigender Betriebsgröße die Komplexität der Unternehmen und damit die Nachfrage nach hochrangigen, hochspezialisierten Diensten deutlich steigt *(Größenspezialisierung; SCOTT, A.J. 1983; PERLITZ, W. 1975 u.a.)*. Die Betriebsgröße ist allerdings nicht als eigentliche Ursache von Nachfragevariationen auszusehen, sondern nur als ein **Indikator** für andere Strukturvariabel wie die Unternehmenskomplexität und die interne Organisationsintensität; sie weist auch häufig Korrelationen mit anderen Struktur- und Strategievariablen auf.

* **Wirtschaftsziel- und Branchenhypothese:** Aufgrund unterschiedlicher Inputstrukturen, Standortfaktorenansprüche, Produktions- und Absatzbedingungen und unterschiedlicher Einbindung in die unternehmerische Umwelt wird auf **differenzierte Auslagerung und Nachfragestruktur nach Wirtschaftsdiensten** in Abhängigkeit von Wirtschaftsziel und der Branche des Nachfrageunternehmens geschlossen *(STAUDACHER, CH. 1985, S. 57)*; ein Bezug zu den auslagernden Funktionsbereichen innerhalb der Unternehmungen läßt ähnlich Schlüsse zu (Hypothese des funktionsaffinen Verhaltens).

* **Unternehmens-, Betriebsaltershypothese:** Es wird davon ausgegangen, daß das Lebensalter von Unternehmungen, insbesondere der Betriebslebenszyklus wesentliche **Variationen der einzelbetrieblichen Wirtschaftsdienstenachfrage** erklärt (Unternehmenszyklus). Junge Unternehmungen in der Gründungs- und Aufbauphase haben andere Dienstebedürfnisse (Finanzierungsdienste, Innovationsdienste, Beratungsdienste, ...) als reife oder gar stagnierende Unternehmungen; empirische Aussagen dazu fehlen bisher.

* **Produktzyklushypothese:** In eine ähnliche Richtung, aber auf die Produkte bezogen, geht der Produktzyklusansatz *(SCHAMP, E.W. 1986, S. 214)*: Das Leistungsziel von Unternehmungen durchläuft in der Regel zyklische Phasen der Produktentwicklung, -einführung, der Markterschließung und des Wachstums der Produktionsvolumens, der Sättigung und der Rezession (*Diskontinuitätsproblematik: WINKELMANN, P. 1982*). Diese Zyklen sind in der Regel durch Investitionsschübe voneinander getrennt. Die einzelnen Stadien sind durch differenzierte Kombinationen von notwendigen Produktionsfaktoren, Standortfaktoren, sich ändernder Dynamik, unterschiedlicher Strategien und betriebswirtschaftlicher Zustände gekennzeichnet. In den einzelnen Teilphasen besteht eine differenzierte Dienstenachfrage: In der Gründungs- bzw. Investitionsschubphase werden spezielle Dienste der Unternehmensberatung, der Standortberatung, Rechtsdienste, Behörden, Finanzierungsdienste, Arbeitskraftdienste etc. nachgefragt, in der Entwicklungsphase kommt es dann zur Verlagerung auf Standarddienste des alltäglichen Betriebsprozesses, die nicht interalisiert sind (Steuerberatung, Buchhaltung, Versicherung, Service, Verkehrsdienste, ...), in der Reifephase mit meist steigender Betriebsgröße und interner Organisationsdifferenzierung geht die Nachfrage nach diesen "Alltagsleistungen" zurück und verlagert sich z.T. auf hochrangigere und spezialisierte Dienste. Das Absterben oder Auslaufen von Unternehmungen braucht wiederum spezielle Dienste im Bereich der Rechtsberatung, der Finanzierung, von Behörden usw. Neuerliche Investitionsschübe verhindern das Absterben und lassen den Nachfragezyklus von neuem beginnen. *(vgl. Lebenszyklusmodell, Kap. 8.5.2.)*.

* **Technologiehypothese** *(MARSHALL, J.N. 1982)*: **Technologische Strukturen** und die **Technologieintensität** von Produktionsprozessen lassen differenzierte Auslagerungsintensitäten und Nachfragestrukturen erwarten: hohe Technologieintensität läßt etwa erhöhte Nachfrage nach speziellen Wartungsdienste, nach Beratung, Planung usw. aber auch nach Finanzierungsdiensten erwarten. Von außen an die Unternehmungen herantretende Veränderungen der Technologie (Produktion, Organisation, Kommunikation, ...) und der entsprechende **Innovationsdruck** (Erhaltung der Konkurrenzfähigkeit) erzeugen gesteigerte Nachfrage nach Diensten der Innovationsvermittlung und -finanzierung und nach entsprechenden Folgediensten (Beratung, Implementierung, ...). Ein wichtiges Beispiel in diesem Bereich ist der gegenwärtige Technologieschub der EDV und Telematik (Softwareberatung, Hardwareberatung und -handel, Ausbildung, Finanzierungsdienste, ...).

* **Hypothese der Dienstemerkmale:** Die Art der ausgelagerten Unternehmensfunktionen bzw. der entsprechenden Leistungen, welche über den Leistungsinhalt, seine Spezifität, Häufigkeit, Dringlichkeit, Vertraulichkeit, Notwendigkeit usw. beschreibbar ist, variiert die Auslagerung und Dienstrealisation in verschiedenen

Richtungen: Erhöhte Spezifität führt etwa zu verstärkter Wahl von renomierten Partnern, hohe Vertraulichkeit zu bekannten Partnern und zu seltenem Wechsel, niedrige Fristigkeiten führen zu verstärkter Internalisierung usw.

* **Organisationshypothese:** Entsprechend der Bedeutung organisationstheoretischer Ansätze für die Erklärung des Unternehmensverhaltens kann davon ausgegangen werden, daß auch auf das Auslagerungs- und Nachfrageverhalten wesentliche Einflüsse ausgehen. Es sind zwei Ebenen organisatorischer Einflüsse zu unterscheiden:
  - Der Einfluß des **organisatorischen Status** von Betrieben auf die Auslagerung von Unternehmensfunktionen und auf die Art der Nachfragerealisation *(MARSHALL, J.N. 1982, STAUDACHER, Ch. 1985 u.v.a.)*. Die Kernaussagen dieses Ansatzes beziehen sich auf eine wesentlich stärkere Auslagerung (vor allem von entscheidungsrelevanten) Unternehmensfunktionen auf die Firmenzentrale bei organisatorisch abhängigen Betrieben; demgegenüber weisen Firmenzentralen eine hohe Konzentration ihrer Dienstenachfrage auf entscheidungsrelevante Unternehmensfunktionen und hochspezialisierte Dienste auf.
  - Die **interne organisatorische Struktur**, insbesondere der Grad der internen Ausdifferenzierung von Aufgaben in Form von Stellen, Abteilungen usw. führt zu verschiedenen Auslagerungsintensitäten. Je stärker eine Funktion intern organisatorisch etabliert ist, desto geringer ist die Auslagerungswahrscheinlichkeit, desto spezieller sind aber auch im Auslagerungsfalle die nachgefragten Dienste.

* **Hypothese des Problembewußtseins und des Problemlösungswunsches:** Zum Teil im Zusammenhang mit der organisatorischen Ausdifferenzierung, aber auch ohne diese kommt dem Problembewußtsein und dem Erkennen der Lösungsnotwendigkeit hohe Bedeutung für die Auslagerungswahrscheinlichkeit zu (Innovationsfähigkeit, Managementfähigkeiten, ...).

* **Hypothese der Kontaktorganisation:** Die Art der gewählten bzw. der notwendigen Kontaktorganisation des Nachfrageunternehmens zum Dienstebetrieb bzw. umgekehrt kann sehr wesentlich die Chancen der Nachfragerealisation und damit der Auslagerung beeinflußen. Die Wirkung der Verfügbarkeit - der faktischen und der lokalen oder regionalen - auf die Wirtschaftsdiensteauslagerung hängt ab von der Art der Verteilung, der Kostenbelastung der Kontaktorganisation und -realisation: **Liefersysteme** sind auf der Mobilität des Leistungsgebers bzw. seiner derivaten Potentialfaktoren aufgebaut und belasten den Leistungsnehmer nur indirekt und meist nur mit einem relativ geringen Anteil mit Distanzkosten. Meist liegt bei diesen Fällen das Interesse am Absatz beim Leistungsgeber (als aktiverem Teil), sodaß dieser eher bereit ist, die Distanzkosten zu übernehmen. **Abholsysteme** bauen auf der Mobilität des Leistungsnehmers auf und belasten diesen voll mit den Distanzkosten. Die Verfügbarkeit im lokalen der regionalen Bereich hat daher bei dieser Form der Kontaktrealisation eine wichtige Funktion, z.T. ist sie sogar notwendige Voraussetzung. Hier besteht eine besonders große Sensibilität gegenüber den lokalen und regionalen Ausstattungsniveaus. Verstärkt wird die Sensibilität gegenüber den Distanzkosten bei Wirtschaftsdiensten durch die häufig hohe **Kontaktdauer** und die **Phasenstruktur** des Leistungserstellungsprozesses. Hier fallen Distanzkosten bei jeder einzelnen Phase an, sodaß hohe Distanzbelastungen bei

der Leistungsrealisation durchaus zu Qualitätsminderungen durch Einschränkungen in der Phasenstruktur führen können.

* **Hypothese der Selbstbestimmung von Leistungsart und -umfang** durch das Diensteobjekt als "**externer Faktor**": Aufgrund unterschiedlicher Mitwirkungsgrade bei der Diensteproduktion durch das Diensteobjekt besteht eine bedeutende Rolle des Leistungsnehmers bei der Gestaltung des Diensteprozesses (Leistungsort, Leistungszeit, ...) und bei der Herstellung des Leistungsinhaltes nach Umfang und Qualität.

2. **Strategievariable**: Unternehmenstrategien werden in Entscheidungsprozessen festgelegt und strukturiert, wobei von weitgehend rationalem ökonomischem Verhalten ausgegangen werden kann. Die Unternehmensstrategien stehen in einem interdependenten Verhältnis zu den internen und externen Strukturvariablen; sie sind durch diese beeinflußt bzw. nehmen durch entsprechende Entscheidungen auf diesen Einfluß.

* **Rationalisierungs- und Ökonomisierungshypothese** *(KAUFMANN, E.J. 1977)*: Die Kernargumentation im Rahmen der Strategievariablen liegt in der Vermutung von Rationalisierungseffekten durch die Auslagerung von Unternehmensfunktionen auf den Wirtschaftsdienstemarkt, also durch die Benutzung von Wirtschaftsdiensteangeboten. Dieser Ansatz zerfällt in eine Reihe von sich ergänzenden oder auch alternativen, z.T. aus situationsvariablen Teilstrategien, die im Zusammenhang mit der Frage "Eigenerstellung - Fremdbezug" zu sehen sind; z.B. Kostenminimierung bei qualitativer und/oder quantitativer Produktionsstabilität, quantitative oder qualitative Produktionsveränderung bei stabilen Resourcen, Innovationsförderung, Vermeidung von Unsicherheit, Wachstums- und Entwicklungssicherung, ... *(vgl. Kap. 12.1.2.)*.

* **Innovationshypothese** *(SCHAMP, E.W. 1986; BEARSE, P.J. 1978, S. 563)*: Auslagerung und Art und Weise der Dienstebeschaffung sind zeitlich variabel. Innovation erscheint als generelle Notwendigkeit zur Unternehmenssicherung und Erhaltung der Konkurrenzfähigkeit; im Rahmen der Unternehmensstrategie werden daher Rationalisierungseffekte als solche Innovationswirkungen bewertet.

3. **Externe Strukturvariable**: Es wird davon ausgegangen, daß externe Gegebenheiten Einfluß auf das Auslagerungsvolumen, auf die Struktur der nachgefragten Leistungen und die Realität der Wirtschaftsdienstekontakte ausüben:

* **Verfügbarkeitshypothese** (Angebotshypothese): Auslagerungsumfang und Nachfragestruktur hängen wesentlich mit der Verfügbarkeit von Diensten, insbesondere mit der qualitativen Entsprechung zusammen. Damit kommt also der **Struktur der Dienstleistungswirtschaft**, der betrieblich-unternehmerischen Strukturierung und dem Leistungsangebot eine stimulierende Wirkung zu; insbesondere die Leistungsfähigkeit und die Angebotsstruktur und -qualität der spezifischen Wirtschaftsdienste wird zum kritischen Faktor und hat daher auch große Bedeutung für die räumliche Realisation der Wirtschaftsdienste-Beschaffung *(vgl. unten b)*. Die Frage der Verfügbarkeit bezieht sich besonders bei dispositiven Wirtschaftsdienstekontakten auf die Informationsdichte, die an Zentrenstandorten besonders realisiert ist.

* **Marktstellungshypothese:** Die Auslagerung von Unternehmensfunktionen, insbesondere von solchen, die mit den Beschaffungs- und Absatzmärkten zu tun haben, hängen deutlich mit der Marktstellung des nachfragenden Unternehmens zusammen, mit den produktspezifischen Beschaffungs- und Absatzwegen, der Marktgröße, der Marktlage (Exportorientierung) usw. Betriebe und Unternehmungen befinden sich durch ihren Zwang zur Beschaffung und zum Absatz ihrer Produkte in spezifische Marktsituationen eingespannt, welche sie auf verschiedene Weise zu bewältigen versuchen können *(SCHAMP, E.W. 1987, u.a.)*: durch die Ausbildung entsprechender **interner Funktionsstellen**, durch die Bildung von **Zweigbetrieben mit Marktfunktion** und entsprechenden marktorientierten Standorten (Repräsentanzen, Handelsniederlassungen, ...) oder eben durch **Auslagerung der Marktfunktion auf Spezialbetriebe** (Handelsunternehmungen, Marketingunternehmungen, ...). Die Notwendigkeit zur Benutzung von spezialisierten Marktdiensten steigt mit der Spezifität der Input-Produkte, ihrer Seltenheit, Erreichbarkeit und Verfügbarkeit, mit dem Einsatz von Liefersystemen zur Distribution der Produkte und bei mittelbaren Absatzwegen, bei großer Konkurrenz, in Phasen der Markterschließung oder -ausweitung. Die **Internationalisierung** der Bezugs- und Absatzbeziehungen ist eine wichtige Sonderform von Marktkonstellationen, die besondere Bedürfnisse für Spezialisten nach sich zieht (Auslandsmarketing, Import- und Exporthändler, Joint-Venture-Dienste, Auslandsfinanzierungsdienste, ...).

* **Hypothese der strukturellen Anpassung:** Entsprechend der Verfügbarkeitshypothese kann davon ausgegangen werden, daß das Auslagerungsverhalten und die Art der Dientebeschaffung durch das Angebot beeinflußt wird. Es kann davon ausgegangen werden, daß eine weitgehende strukturelle Anpassung der Dienstebeziehungen zunächst an das lokale, im weiteren aber auch an das regionale und überregionale Diensteangebot stattfindet. Diese Hypothese läßt es auch nicht sehr sinnvoll erscheinen, von empirisch festgestellten Verhaltensweisen auf "optimale" Lösungen zu schließen bzw. als solche zu interpretieren, wie es in vielen empirisch angelegten Beziehungsstudien immer wieder geschieht *(vgl. SCHAMP, E. 1986 u.a.)*.

b) Räumliche Bedingungen und Orientierung der Nachfrage

Dem Betrachtungsansatz liegt die **Hypothese** zugrunde, daß die Verfügbarkeit (Angebotshypothese) von Wirtschaftsdiensten auch als **räumliche Verfügbarkeit** zu interpretieren ist: Der Auslagerungsgrad und die Realisation der Dienstebeziehungen werden wesentlich von der räumlichen Verfügbarkeit, d.h. von der Struktur und Qualität des mit Wirtschaftsdiensten besetzten Raumsystems, indem das Aktionsfeld von Wirtschaftsunternehmungen liegt, bestimmt. Die **räumliche Orientierung** bei der Nachfragerealisation von Wirtschaftsunternehmungen kann als **raumaffines Verhalten** aufgefaßt werden, indem weitgehend basierend auf rationalen Entscheidungsvorgängen auf die Chancen und Möglichkeiten des Zentren- und Regionssystems innerhalb charakteristischer Reichweitemuster reagiert wird (Distanzabhängigkeit, Reichweitebedingungen, ...). Das Angebot an Wirtschaftsdiensten im Raumsystem ist charakterisiert durch seine **hierarchische Zentrenstruktur** *(vgl. Kap. 8.4.)*. Die

klassischen Studien über die räumliche Orientierung und Realisation der Wirtschaftsdienstenachfrage *(SCHICKHOFF, I. 1985; BARTER, J.F. - WALKER, D.F. 1977;
MARSHALL, J.N. 1982 u.v.a.)* sind überwiegend auf die Frage der regionsinternen/re-
gionsexternen Nachfragerealisation konzentriert. Sie gehen also von der regionalpolitisch bestimmten Frage der regionalen Leistungs- und Beschäftigungswirkungen
dieser Interaktionen aus (Exportbasis-Ansatz) und lassen die Rationalisierungseffekte und den internen Wachstumseffekt außer acht. Sichtet man die Literatur, so lassen
sich folgende **Hypothesen zur räumlichen Orientierung der Wirtschaftsdienstekontakte** feststellen:

1) **Externe Strukturvariable:**
* **Lage-, Standort-, Umfeldhypothese** *(SCHICKHOFF, I. 1982, 1985; SCHAMP,
  E.W. 1986; MARSHALL, J.N. 1982; GROTZ, R. 1980 u.a.)*: Basishypothese aller
  Arbeiten über die räumliche Orientierung - wenn auch nicht immer explizit formuliert - ist die Annahme einer bedeutenden **Relevanz der räumlichen Verfügbarkeit** (Distanz und Erreichbarkeit) der Wirtschaftsdienste für das Auslagerungsverhalten und damit die räumliche Orientierung. Diese Basishypothese zerfällt in zahlreiche Teilhypothesen, die mit internen und externen Strukturvariablen zusammenhängen *(vgl. unten)*.
* **Hypothese der Zentren- und Kernraumorientierung:** Aufgrund der dominanten
  Angebotskonzentration auf hierarchisch organisierte Wirtschafts- und Dienstezentren ist bei regionsexterner Beschaffungsorientierung von einer dominanten
  Zentrenorientierung auszugehen, welche durch Agglomerations- und Informationsvorteile bei der Dienstebenutzung in funktionaler Entsprechung zum Zentrensystem bedingt ist. Über die Zentrengröße, ab der mit solchen Orientie-
  rungseffekten gerechnet werden kann, besteht Unklarheit *(SCHAMP, E.W. 1986;
  SCHICKHOFF, I. 1985)*.
* **Hypothese der räumlich differenzierten Dienstequalität:** Eine der wichtigsten
  Konkretisierungen der allgemeinen Lagehypothese besteht in der Annahme bedeutender Wirkungen differenzierter Dienstequalitäten auf die räumliche Orientierung. Es kann davon ausgegangen werden, daß die Auslagerung in Abhängigkeit
  vom **Urbanisierungsgrad** des Standortraumes, der als Indikator für die Qualität
  des Diensteangebotes gesehen wird, korreliert; damit ist eine erhöhte Auslagerung
  in städtischen Ballungsräumen zu erwarten und eine geringere und auch aus qualitativen Gründen stärkere regionsexterne Diensteorientierung in schwach urba-
  nisierten, ländlichen Räumen.
* **Dienstezentrenhypothese:** Dieser Ansatz führt zur regionalpolitisch umsetzbaren
  Zentrenhypothese, in der davon ausgegangen wird, daß die Urbanisierung, spezielle die Ausstattung mit Dienstezentren als regionalpolitische Strategie zur Verbesserung der Auslagerungschancen (und damit Ökonomisierungschancen) und
  zur lokalen und regionalen Bindung der Dienstenachfrage eingesetzt werden kann
  (Entwicklungszentrenkonzept).
* **Hypothese der räumlichen Marktdimension und Marktlage:** Dienstekontakte,
  insbesondere solche der **Marktbearbeitung** und des **Marktkontaktes**, werden in
  ihrer Reichweite und räumlichen Orientierung von der räumlichen Marktstruktur
  beeinflußt. Die verschiedenen Marktdimensionen - regionale Streuung oder Inter-

nationalität (Import-, Exportorientierung) - beeinflußen die Reichweiten und die räumlichen Orientierungen der spezifischen Dienstekontakte (Werbeunternehmen, Handelsdienste, Zoll- und Frachtdienste, ...) und überlagern das Muster der Zentrenorientierung.

* **Hypothese der Abhängigkeit vom "externen Faktor":** Bei Wirtschaftsdiensten, insbesondere bei entscheidungsbezogenen ist der Grad der Mitwirkung der Leistungsobjekte relativ hoch, sodaß starke Wirkungen auf die Art der Kontaktorganisation zu erwarten sind. Vor allem über die Möglichkeiten der **multiplen Standortspaltung** werden räumliche Orientierung und Reichweiten stark beeinflußt. Die Ausbildung von Liefersystemen führt zu verstärkter lokaler/regionaler Dienstedeckung, während bei Abholsystemen die regionsexterne Orientierung bevorzugt wird.

2. Strategievariable:

* **Hypothese der relativen räumlichen Aufwandsminimierung:** Im Rahmen des weitgehend bestimmenden Rationalverhaltens kann davon ausgegangen werden, daß die räumliche Organisation durch Strategien der Minimierung der räumlichen Aufwände zur Dienstebeschaffung bestimmt ist; dies allerdings nur soweit, als damit auch andere Kriterien, insbesondere solche der Dienstequalität, der Schnelligkeit der Beschaffung, des Vertrauens usw. erfüllt werden können. Das räumliche Verhalten ist also immer relativ zu anderen Strategievariablen zu sehen. Daraus leitet sich die **Hypothese der lokalen Diensteorientierung** ab: Es wird von der Annahme ausgegangen, daß Wirtschaftsdienste grundsätzlich lokal/regional in Anspruch genommen werden, wenn nicht spezifische Zustände und Bedingungen - aufgrund unternehmenssubjektiver Wertungen - zur Internalisierung bzw. zur regionsexternen Beschaffung führen (mangelnde lokale Verfügbarkeit, Qualität der Leistungen, Vertrauen, ...).

3) **Raumbezüge interner Strukturvariablen:** Die verschiedenen internen Strukturvariablen *(vgl. oben a)* erlauben vielfältige raumrelevante Interpretationen bezüglich der Wirkung auf die Orientierung und Reichweite der Dienstekontakte:

* **Betriebs- und Unternehmensgrößenhypothese:** Entsprechend den Auslagerungs- und Nachfragestruktureffekten kann auch die Orientierungsfrage strukturiert werden: Empirischer Befunde legen eine **Hypothese der "lokalen Ausrichtung kleiner Unternehmen"** nahe *(SCHICKHOFF, I. 1985, S. 75)*.

* **Wirtschaftsziel-, Branchenhypothese:** Aufgrund differenzierter Inputstrukturen, Produktions- und Absatzbedingungen und unterschiedlicher Einbindung in die unternehmerische Umwelt ist mit unterschiedlichen Nachfragestrukturen und Kontaktbedürfnissen in Abhängigkeit vom Wirtschaftsziel bzw. der Branche des Nachfrageunternehmens auszugehen *(STAUDACHER, CH. 1985, S. 57)*. Diese Hypothese setzt sich über die unterschiedlichen räumlichen Verfügbarkeiten der spezifischen Dienste in **differenzierten Orientierungsmustern und Kontaktreichweiten** um.

* **Betriebsaltershypothese:** Aufgrund der allgemeinen Wirkungen des Betriebsalters kann von **räumlicher Instabilität** und einem Suchverhalten bei der Gestaltung der Dienstekontakte bei **jungen Betrieben** und damit von räumlich unstrukturierten,

diffusen Orientierungsmustern ausgegangen werden und entsprechend gefestigten und strukturierten bei älteren und bodenständigen Betrieben.

* **Hypothese des Standortstabilität und -anpassung** *(SCHICKHOFF, I. 1985)*: Aufgrund der gegenseitigen Anpassung der Dienstenachfrage an das Diensteangebot kann erwartet werden, daß **ältere standortfixe Unternehmen stärkere lokale Dienstenachfrage** aufweisen und sich in der Nachfragestruktur stärker an die Gegebenheiten des Standortraumes anpassen.

* **Produktzyklushypothese**: Produktzyklusspezifische Wirtschaftsdienste weisen unterschiedliche Standort- und Angebotsmuster auf, sodaß mit differenzierten räumlichen Orientierungen und Reichweiten im Zyklusablauf gerechnet werden muß. **Innovative Unternehmen** weisen daher in der Regel aufgrund ihrer spezifischen Dienstebedürfnisse deutliche erhöhte **externe Orientierungen** auf; Ursache ist auch das innovativere Suchverhalten bei der Wahl der Dienstepartner.

* **Innovationshypothese**: Die "Erfindung" von Rationalisierungspotentialen durch die Auslagerung von Unternehmensfunktionen und die "Erfindung" neuer Diensteangebote breiten sich als Innovationen sektoral und räumlich selektiv aus. Es kann daher davon ausgegangen werden, daß im **Innovationszentrum** (= Kernräume) und in frühen Adoptionsräumen **verstärkte Auslagerung** und auch verstärkte lokale und regionale Diensteorientierung möglich sind *(BEARSE, P.J. 1978)*.

* **Technologiehypothese**: Der **Einsatz von Technologie**, insbesonders von komplexer und spezifischer, im Produktionsprozeß führt zum Bedarf an spezialisierten Diensten und damit zur **Erhöhung der Reichweiten**, aber auch zu Abweichungen der Orientierungsmuster von der "normalen" Zentrenorientierung.

* **Hypothese der Dienstemerkmale**: Spezifische Merkmale der ausgelagerten Unternehmensfunktionen bzw. der entsprechenden Leistungen (Leistungsart, Spezifität, Vertraulichkeit, Häufigkeit, Dringlichkeit, ...) wirken als **Variationsfaktoren der räumlichen Orientierung** (Abweichungen von der "normalen" Zentrenorientierung) und der Reichweiten. Diese Hypothese kann als Verallgemeinerung fast aller direkt oder indirekt auf die Nachfragestruktur bezogenen Hypothesen verstanden werden.

* **Organisationshypothese** *(MARSHALL, J.N. 1982; SCHICKHOFF, I. 1985; DANIELS, P.W. 1985; STAUDACHER, Ch. 1985 u.v.a.)*: Der Einfluß des organisatorischen Status von nachfragenden Betrieben auf Orientierung und Reichweite gehört zu den am häufigsten untersuchten und am besten belegten Hypothese. Es kann davon ausgegangen werden, daß bei **organisatorisch abhängigen Betrieben** eine deutlich erhöhte Auslagerungsquote vor allem von entscheidungsrelevanten Unternehmensfunktionen und (soferne ihr Standort nicht mit dem Standort der Firmenzentrale weitgehend ident ist) eine wesentlich erhöhte **regionsexterne Orientierung** (= geringe lokale und regionale Integration) vorliegt. **Selbständige Unternehmungen** und **Firmenzentralen** weisen hingegen eine hohe Spezialisierung ihrer Dienstenachfrage auf hochspezialisierte entscheidungsrelevante Dienste und damit entweder eine erhöhte **lokale oder regionale (= großstadtinterne) oder eine verstärkte zwischenstädtische Orientierung** auf bei häufig hohen Reichweiten.

12.4. Struktur der Auslagerung von Wirtschaftsdiensten in Österreich

Die **Wirtschaftsdienstenachfrage** und ihrer Realisation über Dienstekontakte ist der konkrete Ausdruck der Verflechtungen auf dem Dienstleistungsmarkt zwischen Wirtschaftsunternehmungen. Zwecke und Ziele von Dienstekontakten sind entweder direkt (ex post) über **Betriebsbefragungen** erschließbar oder indirekt über **Indikatoren der Struktur und Strategie von Nachfrageunternehmungen** *(vgl. Kap. 6.3.)*.

12.4.1. Strukturmuster der Wirtschaftsdienstenachfrage

Für die Analyse des Umfanges und der strukturellen Gliederung der Dienstenachfrage von Wirtschaftsunternehmungen sind die **Wirtschaftsdienste** als "ausgelagerte Unternehmensfunktionen" mit Dienstleistungscharakter definiert *(vgl. Kap. 3.1. und 3.2.3.)*. Grundlage der Analysen sind die Ergebnisse der Betriebsbefragung zur Wirtschaftsdienste-Nachfrage *(WDAT2; vgl. Kap. 6.3.2.)*.

a) Umfang und Struktur der Auslagerung von Unternehmensfunktionen

Aufgrund des institutionellen Ansatzes und der für die wirtschaftsgeographische Fragestellung großen Bedeutung von Interaktionen wird die Analyse des Musters und der Struktur der Wirtschaftsdienstekontakte auf der Basis der **Kontaktfälle** untersucht und von Wertmaßstäben abgesehen (Preise, Leistungsumfänge etc.). Legt man die **Häufigkeitsverteilung der Dienstekontakte** der Analyse zugrunde *(vgl. Tab. 24)*, so zeigt sich eine

+ beträchtliche Konzentration der Dienstenachfrage auf **dispositive Wirtschaftsdienste** (71,6 %, gew. 61,7 %), davon entfallen 47,7 % auf strategische dispositive Dienste und 23,9 % auf dispositive Verwaltungsdienste. Unter den strategischen Wirtschaftsdiensten sind **Rechtsberatung** (7,5 % der Kontaktfälle) und **Steuerberatung** (8,0 %) die beiden bedeutendsten Bereiche; **Informationsbeschaffung** und Kontakte, **Finanzierungsdienste** und **Schulung** sind die weiteren wichtigen Bereiche. Es zeigt sich also deutlich, daß im Bereich strategischer Funktionen der größte Auslagerungsbedarf besteht und es kann geschlossen werden, daß in diesem Bereich die größten innerbetrieblichen Defizite existieren.

+ Die Nachfrage nach **operativen Diensten** mit 20,3 % (gew. 28,8 % der Auslagerungsfälle ist dagegen recht schwach; im Bereich der **operativen Bürodienste** (11,7 %) dominieren Graphik- und sonstige Bürodienste (6,1 %) und Werbung-Marketing (3,7 %). Im Bereich der operativen Anlagendienste (8,6 %) dominieren Wartung und Reparatur (4,8 %) und Reinigungsdienste (2,2 %).

+ **Verkehrsdienste** sind mit nur 8,1 % (gew. 9,5 %) überraschend schwach in der gesamten Dienstleistungsnachfrage vertreten, wobei vor allem die **Speditionsdienste** eine große Rolle spielen, also jene Bereiche, deren Ausführung sehr spezifische Dienstepotentiale erfordert.

Will man von den auftretenden Auslagerungshäufigkeiten auf die Auslagerungsintensität (je Betieb), also auf den Grad der Nutzung von Ökonomisierungschancen durch die Nutzung von Angeboten auf dem Dienstleistungsmarkt schließen, so ist es sinnvoll **Auslagerungsquoten** zu berechnen, indem die Auslagerungshäufigkeiten von

Tabelle 24 :
Struktur der Dienstenachfrage von Wirtschaftsunternehmungen
(WDAT2; vgl. STAUDACHER, CH. 1987, Tab. 6.2/2, S. 623)

Wirtschaftsdienste	Auslagerungen			Kontakt-summe[2]	Kontakte je Betrieb
	abs.	in %	pro Jahr [2] gew.[1]		
Unternehmensberatung	129	3,1	40,1	5174	12,3
Rechtsberatung	315	7,5	27,5	8654	206
Forschung, Entwicklung	27	0,6	62,8	1696	4,0
Finanzierung	251	5,9	99,1	24870	59,2
Steuerberatung	337	8,0	27,7	9343	22,2
Strateg. dispositive Dienste	**1059**	**47,7**	**33,5**		
Zahlungsverkehr	291	6,9	251,0	73033	173,9
Lohnverrechnung	126	3,0	36,9	4643	11,1
Datenverarbeitung	76	1,8	145,2	11035	26,3
Dispositive Verwaltungsdienste	**493**	**23,9**	**28,2**		
Werbung, Marketing	157	3,7	36,1	5662	13,5
Graphik, sonst. Bürodienste	258	6,1	28,5	7343	17,5
Einkauf, Beschaffung	60	1,4	149,5	8967	21,4
Operative Bürodienste	**475**	**11,7**	**13,7**		
Reinigung	94	2,2	131,5	12359	29,4
Wartung, Reparatur	202	4,8	31,9	6448	15,4
Operative Anlagendienste	**296**	**8,6**	**15,1**		
Speditionsdienste	131	3,1	111,0	14538	34,6
Export-, Zolldienste	84	2,0	81,7	6865	16,3
Transport-, Fuhrdienste	81	1,9	189,1	15316	36,5
Verkehrsdienste	**296**	**8,1**	**9,5**		
Summe	4220	100,0	70,4	297275	707,8
Betriebe	420				
ausgelagerte Funktionen je Betrieb	**10**				

1) gewichtet über die Anzahl der gesamten Wirtschschaftsdienste
2) Berechnet durch Gewichtung über die angegebenen Kantakthäufigkeiten:
täglich - 360, wöchentlich - 52, monatlich - 12, jährlich - 1, seltener - 0,5
2) jährliche Kontakthäufigkeit mal Anzahl der Auslagerungen

Unternehmensfunktionen auf das **theoretische Auslagerungsvolumen** der 420 erfaßten Betrieb bezogen wird. Ein Durchschnittsbetrieb lagert 5 strategische dispositiven Unternehmensfunktionen, 2 - 3 dispositiven Verwaltungsfunktionen und 1 operative Funktion und 1 operativer Anlagendienste bzw. 1 Verkehrsdienste aus. Damit kann im Schnitt mit einem Kontaktvolumen je Nachfragerbetrieb von **10 ausgelagerten Funktionsbereichen** gerechnet werden.

b) Kontakthäufigkeit und -intensität

Eine Umsetzung in **Kontaktfälle** zur Beschaffung von Unternehmensfunktionen wird möglich über die Einrechnung von Kontakthäufigkeiten (*vgl. STAUDACHER, CH. 1987, Tab. 6.2/2, S. 623*): Im Durchschnitt werden die **Dienstekontakte** zur Deckung der Nachfrage nach ausgelagerten Unternehmensfunktionen weit überwiegend **mehrmals jährlich** ausgeführt, nur 9,6 % der Dienstekontakte erfolgen seltener. Die größte Kontakthäufigkeit liegt bei **monatlichen Kontakten mit 35,7 %**. Die erhobenen Kontakthäufigkeiten (nach "Zeitklassen") lassen sich unter Verwendung von entsprechenden Gewichtungen in **jährliche Kontakthäufigkeiten** umrechnen *(vgl. Tab. 21.)*. Die höchsten Kontakthäufigkeiten ergeben sich danach bei der Inanspruchnahme von Diensten des **Zahlungsverkehrs** mit **251 jährlichen Kontakten**, bei **Fuhrdiensten** (189 Kontakte), bei Datenverarbeitung, Beschaffung, Reinigungsdiensten und Speditionsdiensten. Gewichtet man die auftretenden Auslagerungsfälle von Unternehmensfunktionen mit diesen durchschnittlichen jährlichen Kontakthäufigkeiten so erhält man Richtwerte für das **Kontaktvolumen** und durch Bezug auf die Anzahl der befragten Betriebe die **durchschnittliche Kontaktintensität:**

— Das gesamte **Kontaktvolumen** der befragten Betriebe (420) umfaßt fast **300.000 Kontakte pro Jahr** zur Beschaffung von ausgelagerten Unternehmensfunktionen des Dienstleistungsbereiches und

— die **Kontaktintensität je Betrieb und Jahr beträgt 700** Kontaktfälle.

— Die **Kontaktintensität** variiert bei den einzelnen nachgefragten Unternehmensfunktionen recht beträchtlich: Am höchsten ist diese bei den einfachen Bankkontakten des **Zahlungsverkehrs** mit 174 Kontakten pro Jahr und Betrieb; das bedeutet, daß im Durchschnitt jeden zweiten Tag ein Bankkontakt erfolgt; **wöchentliche** Kontakthäufigkeiten treten bei folgenden Funktionen auf: Informationsbeschaffung und Kontaktherstellung, Finanzierungsberatung, **vierzehntägige** Kontakthäufigkeiten sind typisch für Rechtsberatung, Steuerberatung, Versicherung, Buchhaltung, Datenverarbeitung, Reinigung, Speditionsdienste und Fuhrdienste. **Nur monatlich** oder sogar **seltener** werden vor allem Dienste im Bereich Betriebsprüfung, Begutachtung, Schulung, Forschung/Entwicklung usw. nachgefragt.

Die festgestellten Werte des Kontaktvolumens übertreffen das, was man aufgrund nichtgeprüften Vorstellungen erwarten könnte, deutlich und zeigen, welchen **Stellenwert Dienstleistungskontakte im alltäglichen Wirtschaftsprozeß** haben und welchen Bedeutung der räumlichen Erreichbarkeit von Wirtschaftsdiensten zukommt.

c) Art der Kontaktorganisation und Medialisierung

Ein weiteres wichtiges Merkmal der Dienstekontakte ist die Art und Struktur der **Kontaktrealisation,** insbesondere die Art und Intensität der **Medialisierung** der Kontaktdurchführung. Aufgrund der Einbeziehung des "externen Faktors" als Produktionsfaktor und aufgrund der hohen Anteile von Informationen als Austauschinhalte *(vgl. Kap. 8.1.)* kommt der Frage der Medialisierung der Dienstekontakte große Bedeutung zu, da damit Rahmenbedingungen aufgedeckt werden können und Relativierungen der räumlichen Erreichbarkeiten (Angebotshypothese) möglich werden. Die **Medialisierung der Dienstekontakte** ist recht **gering** *(vgl. Tab. 25)*:

— **46,1 %** aller Kontakte werden immer noch **persönlich**, also mittels "Reisetätigkeit" von Mitarbeitern der Nachfragerfirmen oder des Diensteanbieters hergestellt,

— weitere **26,9 %** über das traditionelle Medium des Postverkehrs (schriftliche Mitteilungen),

— sodaß die **"modernen Medien"**, wenn man das Telephon auch dazu rechnet, nur bei **27,0 %** der Kontakte eingesetzt werden. Dabei spielen Telex mit 2,4 % und vor allem die **direkte Datenverbindung** als modernste Form der Informationsübermittlung mit **0,7 %** nur eine untergeordnete Rolle.

Tabelle 25 : Medienbenutzung bei Dienstekontakten von Wirtschaftsunternehmen (Auswahl) (WDAT2; Mehrfachnennungen möglich; vgl. STAUDACHER, CH. 1987, Tab. 6.2/3)					
Wirtschaftsdienste	persön- lich	Kontaktmedien Tele- phon	Telex	Brief	Daten- leitung
Unternehmensberatung	52,8	25,1	2,0	19,1	1,0
Betriebsprüfung, -aufsicht	55,5	19,7	1,7	23,1	0,0
Behördenkontakte	43,0	18,8	0,6	37,5	0,0
Rechtsberatung	46,6	27,4	0,9	24,8	0,4
Begutachtung, Expertisen	57,4	20,0	1,7	20,0	0,9
Forschung, Entwicklung	42,1	21,1	13,2	23,7	0,0
Finanzierung	56,3	15,8	1,7	25,1	1,1
Steuerberatung	49,6	27,5	0,9	21,4	0,6
Zahlungsverkehr	46,3	15,8	2,4	34,8	0,7
Buchhaltung	48,0	26,0	2,3	21,4	2,3
Datenverarbeitung	34,0	21,6	4,1	28,9	11,3
Werbung, Marketing	42,8	25,2	1,8	30,2	0,0
Graphik, sonst. Bürodienste	50,6	22,7	0,9	25,8	0,0
Einkauf, Beschaffung	44,4	22,2	5,6	26,4	1,4
Reinigung	50,9	23,6	0,9	24,5	0,0
Wartung, Reparatur	47,9	35,7	0,8	15,1	0,4
Speditionsdienste	28,8	35,9	7,6	27,8	0,0
Export-, Zolldienste	31,2	35,2	4,0	29,6	0,0
Transport-, Fuhrdienste	36,3	37,9	4,8	21,0	0,0
Summe	46,1	23,9	2,4	26,9	0,7

Betrachtet man die **Differenzierung der Medialisierung** bei den einzelnen Nachfrageinhalten (Unternehmensfunktionen), so lassen sich folgende wesentlichen Unterschiede festhalten:

+ **Dienstekontakte geringer Medialisierung** sind vor allem dem Bereich der **strategischen dispositiven Wirtschaftsdienste** zuzurechnen (Unternehmensberatung Begutachtung, Finanzierungsberatung, Schulung/Fortbildung): bei diesen Dienstekontakten sind hohe Informations- und Verhandlungsintensität die Gründe der geringen Medialisierung. Bei Graphik- und Bürodiensten, besonders bei den Reinigungs- und Entsorgungsdiensten ist der persönliche Verrichtungscharakter Ursache der geringen Medialisierung.

+ **Dienstekontakte mit starker Schriftlichkeit** aber dennoch in der Regel recht geringer Medialisierung beziehen sich auf teilstandardisierbare oder zumindest solche Funktionen, die neben der Verhandlung auch eine schriftliche Bestätigung erfordern: Behördenkontakte, Versicherungsdienste, Zahlungsverkehr, ...

+ **Stärkere Medialisierung** tritt vor allem in der Form der Telephonbenutzung, z.T. auch durch Telexbenutzung und selten durch direkte Datenleitungen auf. Besonders **telephonintensiv** und z.T. auch überdurchschnittlich telexintensiv sind jene Dienstekontakte, bei denen rasche und unmittelbare Kontaktherstellung erforderlich ist (Leistungen auf Abruf) und wo häufig unplanbare Kontakte notwendig sind: besonders bei Verkehrsdiensten mit 35 - 48 % Telephonanteil und bis 8 % Telex anteil. Besonders stark ist die Medialisierung über **direkte Datenleitungen** natürlich bei der Datenverarbeitung (11 %), überdurchschnittliche bei Bankdiensten, Lohnverrechnung und bei der Beschaffung.

12.4.2. Die Wirkung interner Variabler

Interne Strukturvariable gehören zu den wichtigsten Hypotheseninhalten zur Erklärung des Umfanges und der Struktur der Nachfrage nach Wirtschaftsdienstleistungen *(vgl. Kap. 12.3.).*

a) Branchendifferenzierungen

Die **Wirtschaftszielhypothese** unterstellt, daß die Branchendifferenzierung Auslagerungsvolumen und -struktur wesentlich mitbestimmt, indem unterstellt wird, daß
die durch das Wirtschaftsziel bestimmten Produktionsziele und -weisen differenzierte (funktionsaffine) Leistungsprozesse erfordern und daher bei Auslagerung von Unternehmensfunktionen ebenfalls wirtschaftszielspezifische Bedürfnisse auftreten.

Tabelle 26 :
Die Wirkung der Nachfragerbranchen auf Umfang und Struktur der
Wirtschaftsdienstenachfrage *(WDAT2; STAUDACHER, CH. 1987, Tab. 6.2/4A)*

Anbieterbranche		Nachfragerbranche							
		STDD	DVD	OBD	OAD	VD	IND	FV	insg.
strateg. dispositive Dienste	STDD	40,2	4,04	42,9	46,6	39,9	43,6	44,0	42,9
dispos. Verwaltungsdienste	DVD	36,3	30,8	29,4	33,7	28,3	25,2	29,0	28,8
operative Bürodienste	OBD	9,6	10,3	10,8	7,4	15,2	12,0	16,5	11,8
operative Anlagendienste	OAD	9,6	13,7	7,7	8,6	13,1	8,2	8,0	8,7
Verkehrsdienste	VK	4,2	4,8	9,1	3,7	3,5	11,0	2,4	7,9
Auslagerungen pro Betrieb		6,9	7,0	10,5	6,8	9,8	11,5	10,3	9,9

Das **Auslagerungsvolumen** schwankt deutlich mit der Branche der Nachfragerun-
ternehmen: Es zeigt sich, daß die Auslagerung von Unternehmensfunktionen auf den
Dienstleistungsmarkt bei **Industrie und Gewerbe** mit 11,5 ausgelagerten Diensten pro
Betrieb am stärksten ausgeprägt ist; rechnet man nur die Industriebetriebe ergibt sich
ein Wert von **13,9** (!). Fremdenverkehrsbetriebe weisen ein Auslagerungsvolumen
von 10,3 auf und Verkehrsbetriebe von 9,8; hier ist mit einer **erhöhten Sensibilität**
auf die Verfügbarkeit und Erreichbarkeit von Wirtschaftsdiensten zu rechnen. Bei
den erfaßten **dispositiven und operativen Wirtschaftsdiensten** liegt der Wert mit
Ausnahme der operativen Bürodienste (insbesondere wegen der Handelsbranchen)
deutlich darunter bei knapp 7 ausgelagerten Funktionen.

Die **Struktur der Nachfrage** nach bestimmten Diensten zeigt zwar eine statistisch
signifikante Variation mit der **Nachfragerbranche** (gerechnet auf der Basis der Gliederung der Wirtschaftsdienste der funktional-hierarchischen Systematik), läßt aber
in der Variation keinen charakteristischen Trend erkennen - vor allem nicht beim
Anteil der dispositiven Wirtschaftsdienstleistungen. Dieses Ergebnis steht deutlich
im Widerspruch zu zahlreichen Aussagen in der Literatur *(vgl. STAUDACHER, CH.
1985, Abb. 2, S. 75: Testerhebung).* Es ergibt sich daraus, daß die **Wirtschaftszielhypothese** in der generellen Form nicht aufrecherhalten werden kann, sondern in einer
wesentlich **differenzierten Form** zu formulieren ist. Vor allem scheint die Branchen-

differenzierung nicht die dominante Ursache für die Auslagerung und auch nur z.T. für die Auslagerung bestimmter Unternehmensfunktionen zu sein. Variationen treten nur dort auf, wo über das Wirtschaftsziel ganz spezifische, auf charakteristische Produktionsprozesse oder Produktionsweisen bezogene Nachfrageinhalte entstehen. Dies bestätigt sich an folgenden Einzelerscheinungen, die allerdings nicht statistisch abgesichert werden können:

+ Die **Verflechtung mit Diensten der eigenen Branche oder Branchengruppe** ist sehr unterschiedlich und reicht von 40,2 % der ausgelagerten Unternehmensfunktionen bei Betrieben der strategischen dispositiven Wirtschaftsdienste - hier liegt der Nachfrageschwerpunkt bei den ergänzenden Funktionen des dispositiven Verwaltungsbereiches - bis zu nur 11,1 % bei den Verkehrsbetrieben, welche wiederum ihren Hauptbedarf an Diensten aus dem Bereich der dispositiven und operativen Dienste beziehen.

+ Bei den **dispositiven und operativen Wirtschaftsdienste-Betrieben** liegt ein erhöhter Bedarf im Bereich von operativen Diensten, insbesondere im Bereich der Anlagendienste und ergänzender Bürodienste, also bei Funktionsbereichen, die nicht zum eigenen Leistungsziel gehören. Dies zeigt sich auch bei Betrachtung einzelner Branchen: so treten z.B. bei Finanzdiensten, Versicherungsunternehmen, EDV-Diensten und Technischen Büros die Funktionen Werbung, Graphische Dienste, Wartung und Service und z.T. auch Fuhrdienste überdurchschnittlich hervor.

+ **Verkehrsdienste** weisen eine überdurchschnittliche Auslagerung von Funktionen des operativen Dienstebereiches auf, was ebenfalls mit produktionsbedingtem Ergänzungsbedarf zusammenhängt: Speditionen haben überdurchschnittliche Nachfrage nach Zoll-, Export- und Wartungsdiensten (für den Fuhrpark), Fuhrunternehmen nach Wartungsdiensten.

+ **Industriebetriebe** weisen nach dem **Prinzip der Produktionsergänzung** bzw. der Begründung der Dienstenachfrage aus dem Produktionsbereich eine verstärkte Nachfrage nach Verkehrsdiensten auf, also nach den für die Abwicklung der im industriellen Produktionsgeschehen so wichtigen externen materiellen und z.T. auch personellen (Arbeiterverkehr) Verflechtungen: Sowohl Speditions-, Reise- und Fuhrdienste als auch Zoll- und Exportdienste treten in verstärktem Maß als Nachfrageinhalte auf. Deutlich treten auch die ergänzenden Funktionen von Graphik- und Bürodiensten hervor.

+ **Fremdenverkehrsbetriebe** haben überdurchschnittliche Nachfrage nach produktionszielergänzenden Werbe- und Marktdiensten und Wartungsdiensten.

Die **Wirtschaftszielhypothese** muß daher als eine Hypothese verstanden werden, in der die Nachfragestruktur aus dem **funktionellen Ergänzungsbedarf** der Produktionsziele und Produktionsweisen abgeleitet wird. Ein unmittelbarer und invarianter Zusammenhang zwischen Wirtschaftsziel/-branche und Auslagerungsinhalten kann aber nicht abgeleitet werden, weil dabei viele andere Strategie- und Strukturvariable von Bedeutung sind, die nicht mit der Branche variieren. Zudem besteht sichtlich ein weitgehend einheitlicher Standardgrundbedarf an Auslagerung, über den hinaus nur geringe Varianten auftreten.

b) Betriebsgrößendifferenzierung der Dienstenachfrage

Die Betriebsgröße gilt als eine wichtige Strukturvariable mit bedeutenden Einflüssen auf das Auslagerungsvolumen und die Struktur der ausgelagerten Unternehmensfunktionen *(vgl. Betriebsgrößenhypothese, Kap. 12.3.)*. Die Betriebsgröße - gemessen über Beschäftigte oder andere Größen - ist vor allem ein Indikator der **organisatorischen Strukturierung** und der **internen Ausdifferenzierung** von Funktionsbereichen und als solcher durchaus nicht immer eindimensional interpretierbar. Steigende Betriebsgröße kann einerseits verstärkte **Auslagerung,** ab bestimmten Schwellenwerten verstärkte **Internalisierung** aber auch strukturelle Veränderung der Nachfrage (höchstrangige dispositive Dienste anstelle von operativen oder einfachen Routinediensten) bedeuten. Insofern stellt die Betriebsgröße also keinen idealen Indikator für strukturelle Einflüsse auf das Nachfrageverhalten dar.

Tabelle 27 :
Nachfragevolumen und -intensität in Abhängigkeit von der Betriebsgröße
(WDAT2; STAUDACHER, CH. 1987, Tab. 6.2/5A)

Anbieterbranche	Nachfrageunternehmen: Betriebsgröße nach Beschäftigten						
	-5	-10	-20	-50	-100	101-	insg.
strateg. dispositive Dienste	48,8	47,4	47,1	48,6	48,1	44,4	47,8
dispositive Verwaltungsdienste	27,5	26,8	22,4	20,8	21,1	18,0	23,8
operative Bürodienste	11,4	11,3	13,7	11,7	11,1	10,5	11,7
operative Anlagendienste	7,2	8,6	10,0	8,6	8,9	10,9	87,7
Verkehrsdienste -	5,2	6,0	6,8	10,3	10,7	16,1	8,1
Summe = 100 %							
Kontakte	1249	781	673	745	270	466	4224
Betriebe	155	86	63	58	22	31	415
Auslagerungsintensität	8,1	9,1	10,7	12,8	12,3	15,0	10,2

Die **Betriebsgrößenhypothese** bestätigt sich zunächst einmal deutlich durch die **Auslagerungsintensität:** diese steigt deutlich von einer durchschnittlichen Auslagerungsquote von 8,1 ausgelagerten Funktionsbereichen bei den Kleinstbetrieben (bis 5 Beschäftigte) auf 15,0 Funktionsbereiche bei den Betrieben mit mehr als 100 Beschäftigten. Dieser Zusammenhang wird plausibel, wenn man berücksichtigt, daß mit steigender Betriebsgröße der Umfang der Leistungsbereiche steigt, daß die innerbetriebliche Ausdifferenzierung von Teilaufgaben zunimmt und daß auch das "Problembewußtsein" steigt. Das in der Erhebung erfaßte Betriebsgrößenspektrum reicht nur bis zu einer Betriebsgröße von 500 - 1000 Beschäftigten, sodaß über den weiteren Verlauf hin zu Großunternehmungen empirisch nichts ausgesagt werden kann. Die **Nachfragestruktur** läßt im Bereich

+ der **dispositiven, strategischen Funktionen** keine Variation der Nachfrageintensität mit steigender Betriebsgröße erkennen; entsprechend den Vermutungen in der Literatur kann angenommen werden, daß der Anteil bei Großbetrieben bedeutend steigt, was aber hier nicht weiter empirisch untersucht werden kann, weil das Betriebsgrößenspektrum nicht so weit reicht.

+ Der Anteil der **dispositiven Verwaltungsdienste** nimmt mit steigender Betriebsgröße relativ deutlich ab (von 34,1 % bei den Kleinstbetrieben auf 18,0 % bei den

Betrieben mit mehr als 100 Beschäftigten), was mit besseren Ausstattung und organisatorischen Ausformung des internen Verwaltungsbereiches mit steigender Betriebsgröße zu tun hat - diese Funktionen werden also zunehmend internalisiert; es kann mit Recht angenommen werden, daß diese Internalisierung mit dem Übergang zu Großunternehmungen noch deutlich ansteigt.

+ Die Nachfrage nach **operativen Diensten** ist weitgehend betriebsgrößenneutral.

+ Die Nachfrage nach **Verkehrsdiensten** allerdings steigt wieder mit der Betriebsgröße deutlich an (von 5,2 % bei Kleinstbetrieben auf 16,1 % bei Betrieben über 100 Beschäftigte). Dies ist sichtlich mit dem höheren Verflechtungsvolumen größerer Unternehmungen und größerer Verflechtungsdistanzen (Internationalisierung, erhöhte Exportanteile usw.) verbunden. Auch hier besteht die Vermutung, daß mit dem Übergang zu Großunternehmungen eher ein Einbruch der Bedeutung dieser Funktionen eintritt, weil zumindest z.T. verstärkte Internalisierung möglich wird: Einrichtung eigener Fuhrparks und von Transport- und Exportabteilungen usw.

c) Die Wirkungen des organisatorischen Status auf die Dienstenachfrage

Wie schon mehrfach festgestellt, gehört die Einbeziehung des organisatorischen Status von Nachfragerunternehmungen in den Erklärungsbereich der Auslagerung von Unternehmensfunktionen und der Deckung von Dienstebedürfnissen auf dem Dienstleistungsmarkt zu den am besten untersuchten Ansätzen, wobei vor allem **organisatorische Abhängigkeit** mit starker Auslagerung der strategischen Funktionen, hohe Auslagerungsintensität usw. der organisatorischen Selbständigkeit gegenübersteht *(vgl. STAUDACHER, CH. 1987, Tab. 6.2/6, S. 634)*: Selbständige Betriebe und organisatorisch abhängige Betriebe unterscheiden sich in der Auslagerungsintensität sehr deutlich: **organisatorisch abhängige Betriebe** weisen mit **14,4 ausgelagerten Funktionen** eine wesentlich stärkere externe Orientierung bei der Erledigung von Unternehmensfunktionen mit Dienstleistungscharakter auf. Für organisatorisch abhängige Betriebe kann festgehalten werden, daß

— **strategische Führungsfunktionen** (Betriebsführung, -beratung, -prüfung) deutlich verstärkt ausgelagert werden, während für die übrigen strategische Funktionen eher geringere Auslagerungsquoten festgestellt werden müssen. Das ist sicher mit nicht existierendem Problembewußtsein bei Filialbetrieben verbunden.

— Ein zweiter Bereich verstärkter Auslagerung betrifft Funktionen des **technisierbaren Verwaltungsbereiches** (Buchhaltung, Lohnverrechnung, Datenverarbeitung).

Diese Unterschiede erhalten ihre eigentliche Bedeutung erst über den Bezug zum Dienstepartner, insbesondere in der Differenzierung zwischen Firmenzentrale und privatwirtschaftlichem Wirtschaftsdienste-Betrieb, also zwischen internen und externen Dienstemärkten.

12.4.3. Die Rolle der Partnerwahl bei Wirtschaftsdienste-Kontakten

Wirtschaftsdienstleistungen werden in der Regel von Spezialbetrieben auf dem Markt angeboten. Die Auslagerungs- und Beschaffungsentscheidung im Bereich von Dienstefunktionen bezieht sich nicht nur auf den Auslagerungsinhalt, sondern immer auch auf die Entscheidung über einen bestimmten Leistungsgeber, also über einen Wirtschaftsdienste-Partner. Diese **Partnerwahl** wird sehr wesentlich von **qualitativen Momenten** gesteuert, insbesondere durch Vertrauensmomente, Aspekte der Leistungsfähigkeit, der raschen Verfügbarkeit von Leistungen usw., wobei der Aufbau konstanter Beziehungen eine stabilisierende Wirkung hat.

a) Die Korrelation von Leistungsinhalt und Spezialisierung der Wirtschaftsdienste-Anbieter

Entsprechend den Annahmen der **Institutionalisierungshypothese** und besonders im Zusammenhang mit der damit verbundenen Annahme, daß Wirtschaftsdienstleistungen vornehmlich von Spezialisten angeboten werden, läßt sich eine deutliche **Korrelation zwischen Leistungsinhalten und Wirtschaftsdienste-Anbietern** (definiert über Betriebsbegriffe bzw. die Gruppenbegriffe der funktional-hierarchischen Systematik) feststellen:

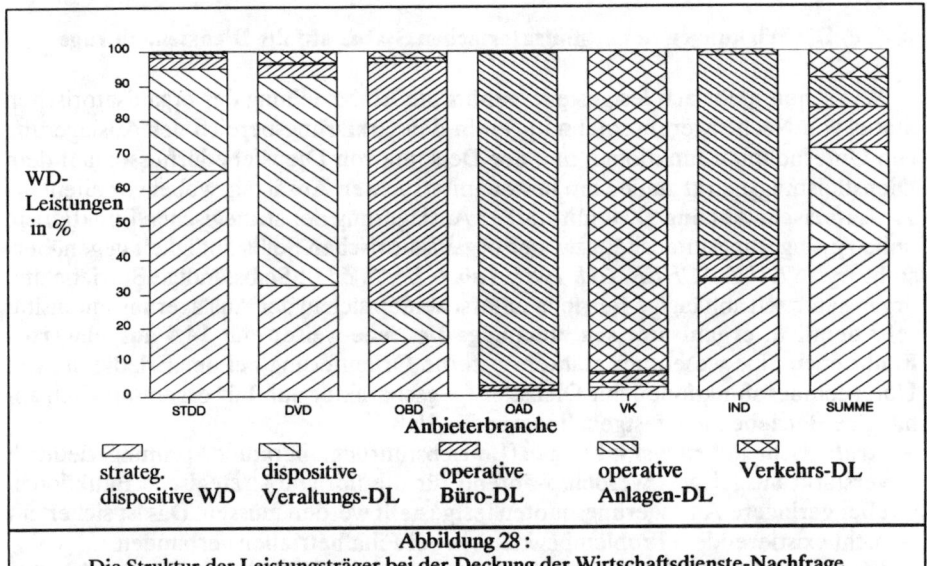

Abbildung 28 :
Die Struktur der Leistungsträger bei der Deckung der Wirtschaftsdienste-Nachfrage
(funktional-hierar. Syssematik; WDAT2; STAUDACHER, CH. 1987, Tab. 6.2/1A)

+ Diese **hohe Spezialisierung** zeigt sich in den starken Besetzungen der jeweils entsprechenden Gruppen von Wirtschaftsdienstleistungen (ausgelagerten Unternehmensfunktionen) und Wirtschaftsdienste-Leistungsträgern: 75 % aller nachgefragten strategischen, dispositiven Wirtschaftsdienstleistungen werden von Wirtschaftsdienste-Anbietern der gleichen Kategorie geleistet; ähnlich hoch sind die Korrelationswerte beim Bereich der operativen Bürodienste (74,2 %) und bei den Verkehrsfunktionen (83,6 %), nicht so klar ist die Zuordnung bei den dispositiven Verwaltungsdiensten, die auch sehr stark strategische Wirtschaftsdienstleistungen absetzten.

+ Dem stehen aber auch einige Abweichungen gegenüber, die darauf hinweisen, daß
die Spezialisierung nicht vollkommen ist und daß die Bildung von **Leistungspaketen** bzw. die **Kombination mit Nebenleistungen** eine große Rolle spielt. So werden
von den Wirtschaftsdienste-Spezialisten zumindest teilweise immer auch operative, in Einzelfällen sogar Leistungen des Verkehrsdienstebereiches durchgeführt.
Von Betrieben des operativen Dienstebereiches werden in beträchtlichem Maß
auch dispositive Leistungen geliefert usw. Besonders deutlich wird die Verknüpfung mit Nebenleistungen bzw. umgekehrt die Einbindung von Wirtschaftsdienstleistungen in andere Hauptleistungsbereiche beim Auftreten von **Industrie- und
Gewerbebetrieben** als Diensteanbieter. Der Hauptanteil der Leistungen von Industriebetrieben besteht in operativen Anlagendiensten, speziell also in der Lieferung von Wartungs- und Serviceleistungen (55 % aller industriellen Leistungen),
die als Nebenleistung zum Absatz industrieller Produkte auftreten. Von Industriebetrieben werden aber auch verstärkt (33,3 % der Leistungen) strategische Wirtschaftsdienste angeboten, was mit der Rolle der industriellen Firmenzentralen für
organisatorisch abhängige Dienstenachfrager zu tun hat.

b) Die Bindung organisatorisch abhängiger Betriebe an die Firmenzentrale

Der vielleicht wichtigste Ansatz zur Erklärung von Differenzierungen der Wahl
der Dienstepartner geht vom **organisationstheoretischen Ansatz** aus und postuliert

Tabelle 28 :
Konzentration der Dienstenachfrage organisatorisch abhängiger Betriebe auf die
Firmenzentrale *(Auswahl: vgl. STAUDACHER, CH. 1987, Tab. 6.2/8)*

Beschaffung über Firmenzentrale	in %	Ergänzungsdienste	in %
Betriebsfühung, Koordination	100,0		
Unternehmensberatung, - planung	68,4		
Betriebsprüfung, - aufsicht	85,1	Unternehmensberater	19,4
		öffentliche Dienste	19,4
Rechtsberatung	36,4	Rechsdienste	45,5
Begutachtung, Expertisen	33,3	Sachverständiger	41,5
Schulung, Fortbildung	27,1	Forschungsinstitut	42,8
Forschung und Entwicklung	70,0		
Finanzierung	48,0		
Steuerberatung	47,0	Wirtschaftstreuhhänder	50,0
Zahlungsverkehr	34,4	Finanzdienste	62,1
Lohnverrechnung	80,0		
Datenverarbeitung	61,9	EDV-Dienste	28,6
Werbung, Markcting	68,9	Werbeunternehmen	31,0
Graphik, Design	35,7	Bürodienste	47,6
Einkauf, Beschaffung	93,3		
Reinigung	0,0	Reinigungsdienste	94,4
Wartung, Reparatur	12,5	Industrieunternehmen	40,6
		Wartungsdienste	28,1
Speditionsleistungen	23,1	Speditionen	69,2
Export-, Zolldienste	44,4		
Transport- und Fuhrdienste	27,3	Verkehrsdienste	36,4
		Speditionsdienste	36,4
Durchschnitt	49,2		

mit vielfach existierender empirischer Absicherung eine starke Abhängigkeit organisatorisch abhängiger Betriebe von der Firmenzentrale *(vgl. Tab. 28.)*. Bei organisatorisch abhängigen Betrieben besteht eine ganz **deutliche Abhängigkeit** der Dienstebeschaffung von der **Firmenzentrale mit 49,2 %** aller ausgelagerten Dienstefunktionen *(vgl. STAUDACHER, CH. 1987, Tab. 6.2/7, S. 638)*; es wird also knapp die Hälfte
der gesamten Wirtschaftdienste-Nachfrage von organisatorisch abhängigen Betrieben vom "freien Wirtschaftsdienste-Markt" abgezogen. Für den verbleibende Teil der
Wirtschaftsdienste-Nachfrage abhängiger Betriebe besteht eine deutliche Unterrepräsentation der Kontakte zu selbständigen Wirtschaftsdienste-Anbietern mit Spezialisierung auf hochrangigere Funktionen. Es verbleiben also, da Betriebsstandort
und Firmenzentrale in der Regel nicht ident sind, nur relativ bescheidene und verstärkt eher "minderwertigere" Anteile in der Standortregion des Nachfragerbetriebes,
was unter regionalwirtschaftlichen und -politischen Aspekten eine ganz bedeutende
Tatsache darstellt *(vgl. Kap.13.)*. Diese Abhängigkeit wirkt sich auch in der Form aus,
daß besonders die Beschaffung der dispositive und büromäßige Dienste in sehr
starkem Maße auf die Firmenzentrale konzentriert ist:

— Bei den **dispositiven Diensten** sind im Schnitt 54 % der ausgelagerten Funktionen
  auf die Firmenzentrale konzentriert, die Funktion der Betriebsführung zu 100 %,
  Buchhaltung und Lohnverrechnung zu 80 %, Forschung und Entwicklung zu 70 %,
  Informationsbeschaffung zu 63 % und Betriebsberatung zu 68 %.

— Noch stärker ist die Abhängigkeit bei der Beschaffung von **operativen Bürodiensten** mit durchschnittlich 70 % Konzentration auf die Firmenzentrale (Einkauf und
  Beschaffung mit 93,3 %, Werbung mit 68,9 %).

— Nur schwach auf die Firmenzentrale konzentriert sind die **operativen Anlagendienste** mit nur 23,9 % und die Verkehrsdienste mit 22,3 %; diese "einfacheren Dienste"
  bleiben demnach auch verstärkt in der Standortregion der Nachfrager.

c) Verflechtungsmuster auf dem intermediären Dienstleistungsmarkt

Neben der Frage nach der Lieferung von Unternehmensfunktionen als Abbildung
des funktionalen Verflechtungsmusters auf dem intermediären Dienstleistungsmarkt
kommt der **institutionellen Verflechtung** wesentliche Bedeutung zu, da damit Hinweise auf Assoziationen und räumliche Agglomeration von Wirtschaftsdiensten gewonnen werden können. Es geht also um die Frage nach den **Beziehungen zwischen
Betrieben und Unternehmungen bei der Deckung der Dienstenachfrage**, unabhängig
von den Leistungsinhalten *(STAUDACHER, CH. 1985, S. 70)*. Die institutionelle Verflechtung auf dem intermediären Dienstleistungsmarkt läßt sich am besten durch **Be-
ziehungsintensitäten** abbilden, indem die festgestellten Funktionsbeziehungen auf
die Zahl der in der Erhebung enthaltenen Nachfragerbetriebe bezogen werden *(vgl.
Abb. 28.)*:

+ Die **funktionale interne Assoziation** von Betrieben der gleichen Branche (bzw. der
  gleichen Gruppe in der funktional-hierarchischen Systematik) ist am stärksten bei
  den **strategischen, dispositiven Wirtschaftsdiensten** mit 4,3 Funktionskontakten
  je Betrieb. Diese Tatsache belegt klar die aufgrund des speziellen Wirtschaftszieles hohe Stellung die Input- und Outputverflechtungen im Beziehungssystem von
  strategischen Wirtschaftsdiensten und zeigt auch die große Bedeutung des **Zen-**

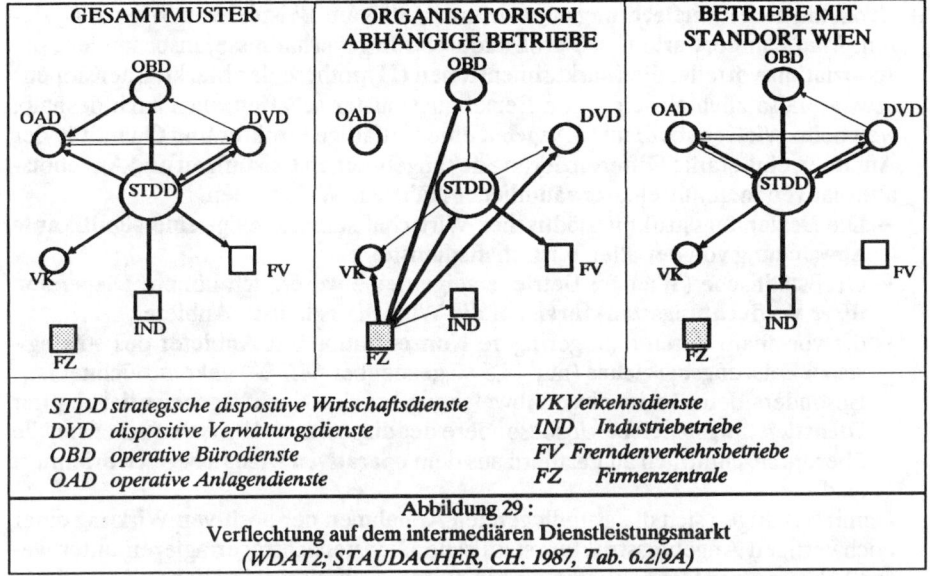

| GESAMTMUSTER | ORGANISATORISCH ABHÄNGIGE BETRIEBE | BETRIEBE MIT STANDORT WIEN |

STDD strategische dispositive Wirtschaftsdienste   VK Verkehrsdienste
DVD   dispositive Verwaltungsdienste   IND Industriebetriebe
OBD   operative Bürodienste   FV Fremdenverkehrsbetriebe
OAD   operative Anlagendienste   FZ   Firmenzentrale

Abbildung 29 :
Verflechtung auf dem intermediären Dienstleistungsmarkt
(WDAT2; STAUDACHER, CH. 1987, Tab. 6.2/9A)

trenbezuges und der agglomerationstheoretischen Ansätze zur Erklärung des Standortverhaltens dieser Dienste. Relativ hoch ist die interne Verflechtung auch bei den operativen Bürodiensten mit 1,5 Funktionskontakten. Bei allen anderen Bereichen ist entsprechend der Wirtschaftsziele die externe Orientierung dominierend.

+ Die **dominierende Verflechtungsintensität** besteht bei allen Nachfragergruppen zu den Anbietern, die aufgrund der Betriebsbegriffe der Gruppe der **strategischen dispositiven Wirtschaftsdienste** zuzurechnen sind; diese bilden daher den **Kern des Verflechtungsmusters**. Die charakteristische **Ausnahme** sind die **operativen Anlagendienste**, die nur eine sehr schwache Verbindung zu den strategischen dispositiven Wirtschaftsdiensten aufweisen und deren dominierende Beziehungsintensität zu den operativen Bürodiensten, z.T. auch zu den reinen dispositiven Verwaltungsdiensten gerichtet ist.

+ Unter den übrigen Verflechtungsstrukturen ist vor allem auf die verstärkte Beziehung von **Industriebetrieben zu Bürodiensten** und zu **Verkehrsdiensten** hinzuweisen, im Bezug auf Bürodienste gilt dies auch für Fremdenverkehrsbetriebe.

+ Bei **organisatorisch abhängiger Betrieben** (mit Ausnahmen der Industrie) ist der überwiegende Teil der Funktionsbereiche auf die **Firmenzentrale** ausgelagert, je Betrieb durchschnittlich 5 - 11 Funktionsbereiche; nur bei Industriefilialen ist die Bedeutung der strategischen dispositiven Anbieter bedeutender als die der Firmenzentrale. Die zweitwichtigste Dienstelieferanten-Gruppe sind Betriebe des Bereiches der **strategischen dispositiven Wirtschaftsdienste**. Wesentlich erscheint auch die Tatsache, daß die marktmäßige Wirtschaftsdienste-Nachfrage von organisatorisch abhängigen Betrieben - wenn man die Lieferungen der Firmenzentralen außer Betracht läßt - sehr ähnlich strukturiert ist wie die Nachfrage selbständiger Betriebe; ihr Umfang ist nur bedeutend geringer.

+ **Großstädtische Verflechtungsmuster** lassen sich am Beispiel von **Wien** analysieren: Man kann erwarten, daß großstädtische Lageverhältnisse, insbesondere die Assoziationsvorteile, die Marktdimensionen (Hypothese der Marktdimensionen) usw. grundsätzlich abweichende Beziehungsmuster schaffen; dies auch deshalb, weil beim **Wirtschaftsdienste-Angebot** eine vielfältige Struktur und Quantität der Anbieter, eine starke Differenzierung der angebotenen Leistungen und Angebotsalternativen in unmittelbarer räumlicher Nähe zur Wahl stehen.
  - Die Beziehungsstruktur städtischer Wirtschaftsdienste zeigt eine **signifikante Abweichung** von der aller Wirtschaftsdienste.
  - Großstädtische (Wiener) Betriebe zeigen eine wesentlich höhere **Dispersion ihrer Verflechtungsstrukturen** auf die Wirtschaftsdienste-Anbieter,
  - die vor allem durch eine geringere Konzentration auf Anbieter des **strategischen Leistungsbereiches** (nur 45,5 % gegenüber 68,7 %) gekennzeichnet ist.
  - Besonders deutlich ist diese Abweichung bei der **Nachfrageorientierung** der **Dienstleistungsbetriebe** - insbesondere der dispositiven Wirtschaftsdienste, die überdurchschnittlich an Partnern aus dem **operativen Dienstebereich** orientiert sind.

Damit bestätigen sich die grundlegenden Annahmen der positiven Wirkung einer hochwertigen Angebotsstruktur: städtische Dienstenachfrager agieren unter wesentlich günstiger Umweltbedingungen als nicht-städtische und haben daher deutlich erhöhte Wahlmöglichkeiten, die sich in der Dispersion der Dienstebezüge am klarsten erkennen läßt.

12.4.4. Die Rolle der Erreichbarkeit von Wirtschaftsdiensten

Eine der Kernhypothesen der räumlichen Implikation der Wirtschaftsdienste besteht in der **Lage-, Standort- und Umfeldhypothese**, in der unterstellt wird, daß die **räumliche Verfügbarkeit** und die leichte Erreichbarkeit auf die Auslagerung und die Art der Realisation der Wirtschaftsdienste-Nachfrage einen meßbaren Einfluß hat *(vgl. Tab. 29.).*

● Über die **Auslagerungsintensität**, also das Ausmaß der Auslagerung von Funktionsbereichen läßt sich **kein Zusammenhang** zwischen den Lagegegebenheiten am Standortraum und der Auslagerung von Unternehmensfunktionen erkennen. Einer einfachen Interpretation der Lagehypothese entsprechend müßte in Kernräumen, insbesondere bei den Nachfragern in Wien, aufgrund der leichteren Erreichbarkeit und der hohen Dienstequalität eine deutlich höhere Auslagerungsquote feststellbar sein als etwa bei Nachfragern in kleinen Städten oder gar im ländlichen Raum. Auch im Bezug auf die **Struktur der nachgefragten Dienste** läßt sich kein Trend im Zusammenhang mit Lageeffekten feststellen (!). Dieses **negative Ergebnis zur Lagehypothese** bezieht sich nur auf die Auslagerungsintensität und die ausgelagerten Funktionsbereiche und nicht auf **Kontakthäufigkeiten**: Der Auslagerungsumfang und die Struktur der ausgelagerten Funktionen entsprechen weitgehend einem einheitlichen **Grundbedarf**, der keine starke Variation mit der Verfügbarkeit erwarten läßt (generelle Minimalauslagerung, Grundbedarfs- und Produktionsergänzungshypothese) und die vorfindbare Auslagerungsstruktur

Tabelle 29 : Lage- und Standorteffekte bei der Auslagerung von Unternehmensfunktionen: Auslagerungsintensität, Beschaffungshäufigkeit und Medialisierung (WDAT2; STAUDACHER, CH. 1987, Tab. 6.2/3A)									
Nachfragerstandorte									
Wien City	Wien Innen	Wien West	Wien Südost	LHST	BHW	BH	IND	FV	LR
Auslagerungsintensität									
8,3	11,8	7,4	5,9	11,6	10,0	11,4	11,1	7,8	23,5
Kontakthäufigkeit (täglich + wöchentlich in %)									
47,9	32,8	30,2	36,7	39,0	39,0	32,4	27,0	12,8	23,8
Anteil der persönlichen Kontakte									
34,8	43,3	43,5	35,9	38,6	46,6	48,7	55,7	84,5	36,5
Abkürzungen siehe Tab. 7, S. 985									

ist das Ergebnis von Anpassungen an gegebene Situationen (vgl. Anpassungshypothese).

● Bezieht man die Aussagen der Verfügbarkeitshypothese allerdings auf die **Kontakthäufigkeiten** und damit auf die Art der Kontaktorganisation, so läßt sich vermuten, daß die **Häufigkeit und Art der konkreten Kontaktnahmen** einer deutlichen Abhängigkeit von der Angebotsqualität und -erreichbarkeit unterliegen. Es zeigt sich eine deutliche **Abstufung der Kontakthäufigkeiten** in der Abfolge von metropolitanen Lagen (Wien) über verschiedene Hierarchiestufen von Wirtschaftszentren hin zur Lage in dispersen Industrie-, Fremdenverkehrs- oder ländlichen Gemeinden nach. Es kann vermutet werden, daß bei weitgehend unveränderter Auslagerungsintensität und Struktur von nachgefragten Funktionen, die konkreten **Kontaktfälle zur Realisation der Unternehmensfunktion** über den Dienstemarkt wesentlich mit der Erreichbarkeit der Dienste eingeschränkt werden; die Verfügbarkeit hat also **qualitative Wirkungen.**

● Es erhebt sich nun die Frage, ob und inwieweit diese **qualitativen Disparitäten der Kontaktmöglichkeiten** auf dem Dienstemarkt in peripheren Lagen nicht nur durch Häufigkeitseinschränkungen der konkreten Kontakte sondern eventuell durch verstärkte Medialisierung beantwortet werden: Die erwartete **verstärkte Medialisierung der Dienstekontakte** mit zunehmender Erreichbarkeitsdisparitäten ist nicht oder nur sehr bedingt feststellbar: Es ist vielmehr eher eine **inverse Medialisierung** zu vermuten, die sich vor allem am Verhältnis von persönlicher Kontaktnahme und Telephoneinsatz, aber auch am Grad der Schriftlichkeit ermessen läßt: Mit zunehmenden städtischen Lagemerkmalen, zunehmender Hierarchie der Standortzentren nimmt der Anteil der persönlichen Kontakte ab und der Telephoneinsatz zu; auch für den Telexeinsatz ist dies zu vermuten. Hinter dieser Tatsache steckt die vielfach in der Literatur zur Medialisierung und zum Einsatz von Telekommunikationsmedien festgestellt Tatsache, daß der Ausbau entsprechender Systeme immer zunächst in den Kernräumen beginnen und dort die höheren Dichten erreichen *(vgl. z.B. KORDEY, N. 1986; SPEHL, H. 1985; MÜDESBACHER, A. 1985 u.a.).*

12.5. Räumliche Orientierung der Nachfrage
im Zentren- und Regionssystem

Bei der Beschaffung von ausgelagerten Unternehmensfunktionen ist immer auch die Wahl des Beschaffungsortes zu entscheiden. Vor dem Hintergrund der heute dominierenden räumlichen Disparität zwischen Peripherie und Ballungsräumen geht es dabei meist um eine Entscheidung zwischen der Qualität der Leistung und der Distanz zur Leistung: Die Struktur der erreichbaren und einflußnehmenden Wirtschaftszentren/Wirtschaftsdienste ist jeweils eine andere - Betriebe mit (groß-)städtischen Standorten wirtschaften im metropolitanen Milieu, Betriebe in peripheren Räumen sind weit davon entfernt und haben nur das Angebot einer kleinen Bezirkshauptstadt in ihrer Nähe. Es ist daher zu klären, wie das räumliche **Orientierungsmuster** generell bzw. unter differenzierenden Rahmenbedingungen strukturiert ist, und wie wichtige **Struktur- und Strategievariable** auf das Orientierungsverhalten einwirken. Grundlage der Analysen sind die Ergebnisse der Betriebsbefragung WDAT2 und ein räumliches Kategoriensystem *(vgl. Kap. 6.3.2., Tab. 9., S. 88)*, das Nachfragerstandorte und Anbieterstandorte von Wirtschaftsdiensten in Beziehung setzt. Der grundlegenste Ansatz im Rahmen der wirtschaftsgeographischen und regionalen Betrachtung der Wirtschaftsdienstebeziehungen besteht in der **Lage-, Standort- und Umfeldhypothese**, die als räumliche Umsetzung der Verfügbarbeitshypothese zu verstehen ist *(vgl. Kap. 12.3.)*.

12.5.1. Grundstrukturen der räumlichen Orientierung

a) Das generelle Orientierungsmuster

Geht man zunächst einmal vom Gesamtumfang der Nennungen von Orientierungen aus und läßt man die Orientierungskombinationen außer Betracht, so zeigen sich folgende Grundmuster der Orientierung:

Tabelle 30 :
Hauptkategorien der räumlichen Orientierung der Wirtschaftsdienste-Beschaffung
(WDAT2, STAUDACHER, CH. 1987, Tab. 6.3/2)

Orientierungsräume	Beschaffungs-fälle	in %		
Wien-City	307	6,6		
Wien (übrige Stadtteile)	618	13,3	**32,9 %**	**ZENTRAL**
Landeshauptstädte	374	8,0		
Bezirkshauptstädte	234	5,0		
Standortgemeinde	2015		**43,2 %**	**LOKAL**
Standortbezirk [1]	154	3,3		
Bundesland [1]	474	10,2	**24,2 %**	**DIPERS**
Österreich [1]	312	7,0		
Ausland	171	3,7		
Summe	4659	100,0		
Einzelorientierungen		77,5		
Doppelorientierungen		22,5		

[1] *ohne Standortgemeinde bzw. jeweilige zentrale Orientierung*

+ Die **lokale Orientierung bei der Dienstebeschaffung** dominiert die Orientierungs-muster mit **43,2 %** aller Nennungen ganz deutlich und zeigt, daß im Rahmen des funktionsaffinen Interaktionsverhaltens das Prinzip der Aufwandsminimierung bis zu einem gewissen Grad von großer Bedeutung ist; die **Hypothese der lokalen Dienstorientierung** *(Kap. 12.3.)* scheint damit deutlich bestätigt. Es ist aber darauf hinzuweisen, daß aufgrund des Systems der relativen Orientierungskategorien durch die lokale Orientierung je nach Standort des Nachfragerbetriebes recht unterschiedlicher Angebotsqualitäten realisiert werden können *(vgl. unten b)*.

+ Die **zentrale Orientierung** bei der Beschaffung von Wirtschaftsdiensten erscheint mit **32,9 %** aller Nennungen als die wichtigste Alternative zur lokalen Orientierung, wobei die Metropole Wien als die wichtigste Teilkategorie auftritt.

+ Die **disperse Orientierung**, also die Beschaffung von Wirtschaftsdiensten aus verstreuten Angebotsstandorten, die im Städtesystem niedriger eingestuft sind als die Standortgemeinde, deckt nur **24,2 %** der Nennungen; das zeigt, daß die disperse Orientierung im wesentlichen nur als Ergänzung auftritt. Am bedeutendsten ist dabei die Kategorie der Orientierung an Einzelstandorten im jeweiligen Bundesland - dies zeigt, daß aufgrund individueller Lageverhältnisse häufig als Alternative zur "eigenen Bezirkshauptstadt" andere Bezirksorte und Städte als Beschaffungsorte gewählt werden, die außerhalb des Standortbezirkes liegen.

b) Standort- und Lagedifferenzierungen der räumlichen Orientierung

Dieser "österreichische Durchschnitt" der räumlichen Orientierung unterliegt je nach Lagebedingungen und Standort- und Erreichbarkeitsverhältnissen recht beträchtlichen Varianten *(vgl. Abb. 30 und Tab. 31)*. Die **einzelnen Standorträume** (Standortkategorien der Wirtschaftdienste-Nachfrager) lassen in ihrer räumlichen Orientierung charakteristische Unterschiede erkennen, die im Hinblick auf die Hauptorientierungsmuster einer genaueren Betrachtung unterzogen werden sollen:

Tabelle 31 :
Orientierungsmuster und -kombinationen in den einzelnen Standorträumen
(WDAT2; STAUDACHER, CH. 1987, Tab. 6.3/2A-J)

Anbieter-standort	WCY	WIEN	WIEN INNEN	WIEN WEST	LHST S+E	BHST	BHST	IND -WIEN	FV	LA
					Nachfragerstandort					
WCY		15,3	26,6	20,2						
WIEN					14,5	27,6	18,4	20,6	5,5	24,7
LH					9,8		11,4	4,0	29,0	
BH							0,1	34,9	24,7	33,8
Z/L		3,0	2,6	4,5			1,9	5,2	2,3	
Z/D		4,0	3,0	1,1	5,2	4,8	5,8	2,0	0,6	18,2
LOKAL	37,8	55,4	38,8	53,9	45,0	46,9	41,6	23,4	29,3	20,8
L/D	23,6	7,5	21,5		2,5	5,9	3,4	0,4		
DISPERS	38,6	14,7	28,9	20,2	22,9	14,8	17,4	9,5	8,6	2,6
Summe				= 100						

Abkürzungen: WCY - Wien-City, LHST - Landeshauptstadt, BHST - Bezirkshauptstadt, IND - Industriegemeinde, FV - Fremdenverkehrsgemeinde, Z - zentrale Orientierung, D - disperse Orientierung, L - lokale Orientierung; Raumkategorien vgl. Tab. 9, S. 88

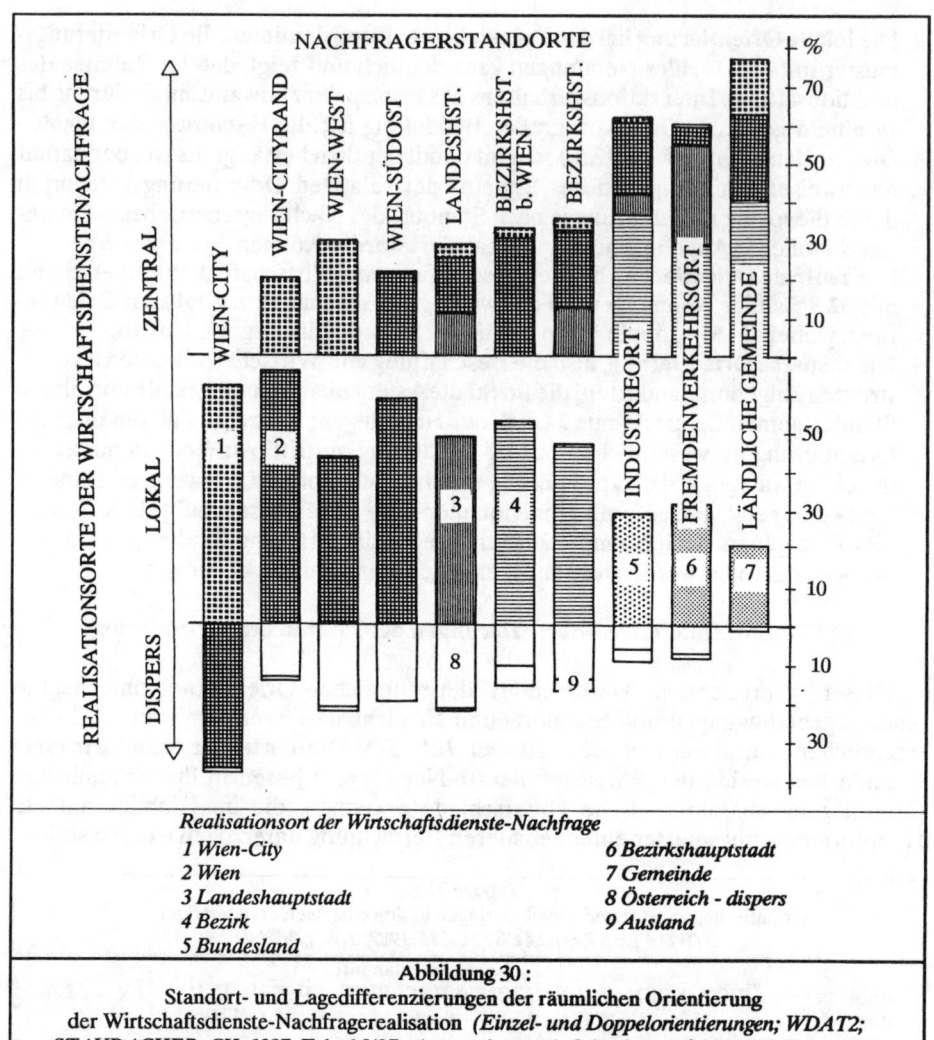

Abbildung 30 :
Standort- und Lagedifferenzierungen der räumlichen Orientierung
der Wirtschaftsdienste-Nachfragerealisation *(Einzel- und Doppelorientierungen; WDAT2;*
STAUDACHER, CH. 1987, Tab. 6.3/2B; Aggregation nach Orientierungsfeldern vgl. Tab. 6.3/1)

a) Die Orientierung der **Nachfragerbetriebe im Standortraum Wien-City** ist eindeutig durch die **Lokalität** bestimmt, also die Beziehungen zu Wirtschaftsdiensteanbietern in oder auch in der City selbst (61,4 %). Der überwiegende Rest der Nachfrageorientierung ist auf das Bundesland **Wien**, also auf die disperse Großstadtangebote gerichtet (38,6 %), während disperse Ziele, insbesondere Beziehungen zu Angeboten von Landeshauptstädten praktisch fehlen; es handelt sich also um ein dominant **metropolitanes Verflechtungsmuster** der Dienstebeziehungen.

b) **Betriebe** mit Standort in der **Metropole außerhalb der City** sind in ihrer Orientierung ebenfalls sehr stark durch die **Lokalität** der Beziehungen bestimmt (40,9 - 62,9 % Dienstebeschaffung im oder auch im gleichen Bezirk); dazu treten als wichtige zentrale Orientierungen die **Cityverflechtungen** (15,3 - 26,6 %); wie bei den Citybetrieben ist auch hier das **disperse Großstadtangebot** eine charakteristische Orientierungsvariante (14,8 - 28,9 %). Insgesamt zeigt also die großstädtische Nachfrage nach Wirtschaftsdiensten eine sehr starke **interne Verflechtung**, die nur recht wenig nach außen orientiert ist; das hängt sicher mit der Vielfalt und der Qualität des Angebotes einer großstädtischen Metropole und der damit möglichen räumlichen Assoziation und Nutzung von Externalitäten zusammen.

c) Auch bei **Betrieben in Landeshauptstädten** ist die **Lokalität** dominantes Orientierungsmerkmal (47,5 %), wobei als besondere Kategorie, allerdings nicht als bedeutendste, die Orientierung auf die **eigene City** auftritt (98,4 %). Trotz der eigenen guten Ausstattung mit Wirtschaftsdiensten ist **Wien** bedeutender Bezugsraum (145 %), sodaß eine gewissen hierarchische Abhängigkeit festzustellen ist. Die dispersen Beziehungen lassen auch hier keine zu Diensteangeboten in Bezirkshauptstädten erkennen.

d) **Bezirkshauptstädte um Wien** sind in ihrer Orientierungsstruktur besonders geprägt einerseits durch ihre überdurchschnittlich **gute Eigenausstattung** mit Diensteangeboten und durch die Nähe zum **Angebot der Metropole Wien**. Entsprechend hoch ist die **Lokalität** (52,8 %), aber auch die hierarchische Orientierung an der **Metropole** (27,6 %).

e) Durchschnittliche **Bezirkshauptorte** bieten sichtlich immer noch ein so gutes Diensteangebot, daß die Dienstebeziehungen von deutlicher **Lokalität** gekennzeichnet sind (45,0 %); ganz charakteristisch ist hier aber bereits die **hierarchische Abhängigkeit** einerseits von der Landeshauptstadt (11,4 %), aber auch von der Metropole Wien (18,4 %).

f) In **Standortgemeinden mit industriellem Charakter**, mit starker **Fremdenverkehrsfunktion** oder in **ländlichen Gemeinden** tritt die Lokalität der Dienstebeziehungen (20,8 - 29,3 %) ganz stark zurück und wird durch eine **sehr starke hierarchische Abhängigkeit** ersetzt, die auf Bezirkshauptstadt, Landeshauptstadt und (z.T. lagebedingt) auch auf die Metropole Wien gerichtet ist.

Insgesamt zeigt sich damit, daß die **Orientierungsmuster** und die Dienstebeziehungen von Wirtschaftsunternehmungen dominant durch **hierarchische Abhängigkeiten** bestimmt sind und horizontale bzw. absteigende Beziehungen im Austauschprozeß des intermediären Dienstemarktes eher selten sind. Dies zeigt sich in der überproportional steigenden zentralen Orientierung mit abnehmender hierarchischer Stellung des Nachfragerstandortes, aber auch in der geringen (oder praktisch fehlenden) Verflechtungen von Nachfragern der Metropole, z.T. auch der Landeshauptstädte mit Anbietern gleich- oder niederrangigerer Wirtschaftszentren. Die **räumliche Orientierung der Dienstebeschaffung** unterliegt entsprechend der **Lage-, Struktur- und Umfeldhypothese** einer bedeutenden Differenzierung in Abhängigkeit vom Standort und damit den dadurch bedingten Erreichbarkeitsverhältnissen. Diese Tatsache bestätigt, daß **räumliche Disparitäten der Diensteverfügbarkeiten** als Rahmenbedingungen des Wirtschaftens im verschiedenen Standorträumen gravierend sein müssen und daß die Vermutung einer Ausgleichsmöglichkeit regionale Disparitäten der Wirtschaftsentwicklung durch Planung und Steuerung der Versorgung mit Wirtschaftsdiensten ralistisch ist *(vgl. Kap. 13.)*.

12.5.2. Struktur- und Strategievariablen und räumliche Orientierung

Die **räumlichen Orientierung der Wirtschaftsdienste-Nachfrager** wird neben den Standort-, Lage- und Umfeldeffekten auch durch verschiedene Struktur- und Strategievariable differenziert. Mit dem vorliegenden Datenmaterial können die **Hypothese der Dienstemerkmale**, die **Hypothese der Angebotsqualität**, der **organisations-theoretische Ansatz**, die **Betriebsgrößenhypothese** und die **Zyklushypothese**, geprüft werden *(vgl. Kap. 12.3.).*

a) Der Leistungsinhalt als Differenzierungsansatz

Die **Hypothese der Dienstemerkmale** geht eigentlich vom Konzept des funktions-affinen Entscheidungsverhaltens aus und postuliert einen Einfluß spezifischer Lei-stungsmerkmale der ausgelagerten Unternehmensfunktionen (Leistungsart, Spezi-fität, Vertraulichkeit, Dringlichkeit usw.) auf die räumliche Orientierung und die Reichweite bei der Beschaffung. Es kann erwartet werden, daß eine
— **Reichweitestreckung** bzw. sogar eine **Umorientierung** mit steigender Stellung der ausgelagerten Unternehmensfunktion in der funktional-hierarchischen Systema-tik, mit steigender Seltenheit des Bedarfes, der Vertraulichkeit, der Spezifität und Schwierigkeit der Leistung usw. eintreten kann und
— **Reichweitekürzungen** mit niedriger Stellung in der funktional-hierarchischen Sy-stematik der ausgelagerten Unternehmensfunktionen, mit Dringlichkeit, Immobi-lienbezug der Leistung (immobiler externer Faktor) usw.

Tabelle 32 :
Variation der räumlichen Orientierung der Wirtschaftsdienste-Nachfragedeckung mit dem
nachgefragten Dienste *(funktional-hierarchischen Systematik;*
WDAT2; vgl. STAUDACHER, CH. 1987, Kap. 6.3/2)

nachgefr. Wirtschaftsdienst	WIEN C+R	WIEN Rest	WIEN insg.	LH- stadt	BH- stadt	lokal	dispers	Ausl.
strategische dispositive Dienste	6,4	12,8	19,2	9,3	6,3	45,1	18,0	2,1
dispositive Verwaltungsdienste	5,9	9,4	15,4	5,1	5,5	59,3	14,1	0,6
operative Bürodienste	7,1	12,8	19,9	7,7	6,8	43,4	19,2	3,0
operative Anlagendienste	6,7	183,7	25,4	10,5	2,6	46,9	13,7	0,9
Verkehrsdienste	11,4	15,2	26,6	7,6	1,6	36,7	24,1	3,5
Summe	6,8	12,0	19,4	8,1	5,5	47,9	17,3	1,8

C + R - Wien: City + Cityrand

Die Variation der räumlichen Orientierung der Wirtschaftsdienste-Nachfrage in Abhängigkeit von Merkmalen der nachgefragten Wirtschaftsdienste ist nicht sehr stark, läßt aber doch wesentliche Differenzierungen erkennen: Die **lokale Orientie-rung** ist am stärksten bei den dispositiven Verwaltungsdiensten mit 59,3 % aller Orientierungsangaben, am niedrigsten ist diese bei den Verkehrsdiensten mit nur 36,7 %. Charakteristischer variiert die Bedeutung der **zentralen Orientierung** bzw. der **dispersen Orientierung**: Besonders deutlich sind die zentralen Orientierungen bei den strategischen operativen Diensten, bei den operativen Bürodiensten und sehr beträchtlich bei den operativen Anlagendiensten mit 38,5 % der Orientierungsangaben und den Verkehrsdiensten, bei denen auf der anderen Seite aber auch die disperse Orientierung mit 27,6 % charakteristisch ist. Es zeigt sich, daß beide oben angeführten Wirkungen existent sind, aber mit dem Material nicht weiter differenziert werden können.

b) Die Differenzierung durch die Wahl der Kontaktpartner

Ähnlich wie bei der Analyse zur Lagehypothese *(Kap. 12.5.1.)* ist auch hier davon auszugehen, daß nicht primär die nachgefragte Leistung sondern vielmehr die **Wahl des Dienstepartners** die räumliche Orientierung bestimmt (Qualitäts- und Vertrauenseffekte).

Tabelle 33 :
Variation der Standortstruktur der kontaktierten Dienstepartner: funktional-hierarchische Systematik *(WDAT2; STAUDACHER, CH. 1987, Tab. 6.3/3A)*

nachgefr. Wirtschaftsdienst	WIEN C+R	WIEN Rest	WIEN insg.	Beschaffungsräume				
				LH-stadt	BH-stadt	lokal	dispers	Ausl.
Leistungen der Firmenzentralen	1,8	28,2	30,0	12,0	0,9	29,1	23,1	4,8
strategische dispositive Dienste	6,7	8,1	19,9	6,2	6,7	55,7	15,7	0,8
dispositive Verwaltungsdienste	6,7	10,1	16,8	10,3	6,7	49,5	15,7	1,0
operative Bürodienste	7,7	13,7	21,4	7,7	6,5	41,2	20,2	3,0
operative Anlagendienste	8,0	15,5	23,5	5,6	2,3	53,5	15,0	0,0
Verkehrsdienste	13,2	14,6	27,8	7,6	1,7	35,1	24,0	3,5
Industrieunternehmen	2,3	31,0	34,2	12,3	2,7	28,9	16,0	5,9

WC + R - Wien: City + Cityrand

+ Läßt man die Firmenzentralen einmal außer Betracht, so variiert die **Bedeutung der Lokalität** bei der Benutzung von spezialisierten, selbständigen Diensteanbietern mit der funktional-hierarchischen Systematik der Branchenzurechnung der Wirtschaftsdienste-Anbieter: bei Anbietern des **strategischen, dispositiven Leistungsbereiches** beträgt der Anteil der lokalen Kontakte **55,7 %**, bei **Verkehrsdiensteanbietern** nur mehr **35,1 %** und bei Dienstleistungen durch **Industriebetriebe** nur mehr **28,9 %**; eine Ausnahme stellen die Anbieter von Leistungen des **operativen Anlagenbereiches** dar, wo der Immobilienbezug zu stärkerer **lokaler Orientierung** führt. (Lokalität bedeutet dabei ausschließlich Dienstebeschaffung aus der Standortgemeinde bzw. dem gleichen Wiener Stadtbezirk, das kann sowohl eine ländliche Gemeinde, eine Bezirksstadt oder auch die Wiener City sein). Diese Struktur weist deutlich auf **verstärkte Assoziationsbedarf** insbesondere bei hochrangigen Dienstekontakten hin.
+ Die (externe) **Zentrenorientierung** verhält sich gegenläufig und ist am stärksten, wo Industriebetriebe als Dienstleister kontaktiert werden; sehr ähnlich verhält es sich mit der dispersen oder der Auslandsorientierung.
+ Deutlich abweichend verhält sich die **räumliche Orientierung bei Benutzung von Firmenzentralen** als Dienstepartner: Diese werden überwiegend **außerhalb des Nachfragerstandortes** kontaktiert und befinden sich zu **42,9 % an städtischen**

Standorten bzw. zu 23,1 % an dispersen Standorten oder gar im Ausland (= Ausdruck regionaler Außenabhängigkeit).

Da die Variation der räumlichen Orientierung der Dienstebeschaffung sichtlich deutlicher mit der Anbieterstruktur als mit dem Leistungsinhalt variiert, kann man davon ausgehen, daß qualitative Merkmale des Leistungsangebotes (**Hypothese der differenzierten Dienstequalitäten**) von größerer Bedeutung sind als spezifische Leistungsbedingungen.

c) Organisationstheoretische Differenzierungen

Aufgrund der Grundaussagen des organisationstheoretischen Ansatzes und aufgrund der Befunde zur **Wirkung der organisatorischen Abhängigkeit** kann vermutet werden, daß dieses Strukturmerkmal auch im Hinblick auf die räumliche Orientierung der Wirtschaftsdienste-Nachfrage deutliche Einflüsse ausübt.

Tabelle 34 :
Differenzierung der räumlichen Orientierung der Wirtschaftsdienste-Nachfragerealisation mit
dem organisatorischen Status *(WDAT2; STAUDACHER, CH. 1987, Tab. 6.3/5, S. 664)*

organisat. Status Nachfragerbetrieb	WIEN C+R	WIEN Rest	WIEN insg.	LH- stadt	BH- stadt	lokal	dispers	Ausl.
Einbetriebsunternehmen	7,4	11,2	18,6	7,8	6,6	48,2	17,0	1,9
Filiale	3,3	21,1	24,4	9,4	1,0	43,8	19,2	2,2
Summe	6,8	12,7	19,4	8,1	5,7	47,6	17,3	1,9

C+R - City + Cityrand

Bei hoher statistischer Signifikanz läßt sich nachweisen, daß **organisatorisch abhängige Betriebe** wesentlich stärker **extern orientiert** sind als selbständige: Die Lokalität der Dienstebezüge beträgt bei abhängigen Betrieben nur 43,8 %, bei selbständigen immerhin 48,2 %. Diese Tatsache zeigt sich auch in der wesentlich stärkeren **Zentrenorientierung**, insbesondere darin, daß die **Metropole Wien** deutlich stärker (24,4 % gegenüber 18,6 %) als Bezugspunkt der Dienstebeschaffung auftritt als bei selbständigen Betrieben, und daß Kleinstädte als Bezugspunkte fast ganz ausfallen (nur 1 % gegenüber 6,6 % bei selbständigen Betrieben).

d) Differenzierungen mit der Betriebsgröße

Die **Betriebsgrößenhypothese** unterstellt eine differenziertes Interaktionsverhalten nicht nur im Bezug auf Umfang und Struktur der Nachfrage, sondern auch im Bezug auf die räumliche Orientierung und Reichweite der Nachfragebeziehungen; es wird unterstellt, daß Kleinbetriebe eher zu kleineren Interaktionsräumen neigen als Großbetriebe und daß die Flexibilität und Vielfältigkeit der räumlichen Beziehungsmuster geringer ist. Vor allem in der **metropolitanen Orientierung** (Wien) läßt sich zwischen den Kleinstbetrieben (bis 5 Beschäftigte; 13,5 %) und den größeren Betrieben (16,2 - 25,2 %) ein **deutlicher Unterschied** in der räumlichen Orientierung erkennen; parallel dazu sind bei diesen kleinen Betrieben aber auch die Orientierung

Tabelle 35 : Differenzierungen der räumlichen Orientierung mit der Betriebsgröße (WDAT2; STAUDACHER, CH. 1987, Tab. 6.3/6, S. 664)								
	Beschaffungsräume							
Beschäftigte	WIEN C+R	WIEN Rest	WIEN insg.	LH-stadt	BH-stadt	lokal	dispers	Ausl.
- 5	8,5	5,0	13,5	8,4	9,2	48,6	19,0	0,2
- 10	8,1	8,1	16,2	9,3	6,0	48,3	19,5	0,8
- 20	4,7	17,4	22,1	8,9	6,1	45,5	14,7	2,7
- 50	4,8	20,4	25,2	7,3	1,4	47,8	16,9	1,5
51 -	5,9	17,9	23,8	6,3	3,7	45,4	17,6	3,3

C + R - City + Cityrand

auf kleinere und damit meist näher liegende Zentren (Anteil der Bezirkshauptstädte 9,2 %) und die Lokalität der Dienstebeziehungen (48,6 %) deutlich erhöht. Die Betriebsgrößenhypothese scheint damit im Bezug auf die räumliche Orientierung zumindest z.T. gültig zu sein. Man kann davon ausgehen, daß **größere Betriebe** eine **höhere räumliche Flexibilität** bei der Dienstebeschaffung entwickeln und damit sich auch eine **größere Auswahl** sichern können.

e) Differenzierungen mit dem Wirtschaftsziel

Die **Wirtschaftszielhypothese** geht davon aus, daß mit dem gesteckten Wirtschaftsziel und damit mit der Zuordnung zu bestimmten Wirtschaftsbranchen die Inputbedürfnisse variieren und daß daher auch mit differenzierten räumlichen Orientierungen bei der Dienstebeschaffung zu rechnen ist.

Tabelle 36 : Variation der räumlichen Orientierung mit dem Wirtschaftsziel - Nachfragerbranche nach funktional-hierarchischer Systematik (WDAT2; STAUDACHER, CH. 1987, Tab. 6.3/5)								
	Beschaffungsräume							
Nachfragerbranche	WIEN C+R	WIEN Rest	WIEN insg.	LH-stadt	BH-stadt	lokal	dispers	Ausl.
strategische dispositive Dienste	0,9	13,1	14,0	4,4	0,9	67,6	12,8	0,3
dispositive Verwaltungsdienste	10,5	22,4	32,9	0,7	0,7	42,7	22,4	0,7
operative Bürodienste	7,7	11,1	18,8	9,2	3,6	47,7	18,4	2,3
operative Anlagendienste	7,6	3,8	11,4	3,8	3,8	63,9	16,5	0,6
Verkehrsdienste	0,8	18,1	18,9	9,1	0,4	52,0	18,5	1,1
Industrieorte	9,8	16,2	25,9	5,4	6,3	40,3	19,3	2,8
Fremdenverkehrsunternehmen	1,7	4,9	6,7	19,0	50,2	43,3	10,1	0,7

C + R - City + Cityrand

Die erkennbaren Differenzierungen zeigen zunächst einmal eine
+ stark lokale, und damit an den städtischen Standort gebundene räumliche Orientierung der Wirtschaftsdienste-Betriebe des **hochrangigen dispositiven Bereiches** mit 67,6 % **Lokalität**, also starker Bindung an die Kontaktstrukturen der dominant städtischen Standorte dieser Unternehmen.

+ Dem stehen Wirtschaftsdienste-Betriebe der **operativen Anlagendienste** gegenüber, die auch eine hohe Lokalität mit 63,9 % aufweisen, die aber durch die räumliche Nähe zu den immobilen Diensteobjekten bedingt ist und daher überwiegend als disperse, auf Kleinstädte und einzelne Gemeinden bezogen Lokalität auftritt.

+ Bei allen anderen Bereichen, insbesondere bei **Industriebetrieben** ist die **Zentrenorientierung**, besonders auch der Bezug zu Wien deutlich erhöht. Diese Strukturen zeigen, daß mit der funktional-hierarchischen Systematik nicht nur im Bereich des Standortverhaltens, sondern auch im Bereich des Interaktionsverhaltens ein brauchbares Differenzierungsschema gefunden ist.

Am Ausgangspunkt der Untersuchung der Struktur und räumlichen Orientierung der Wirtschaftsdienste-Nachfragebeziehungen von Wirtschaftsunternehmungen steht die **Angebots- bzw. Verfügbarkeitshypothese**, die sich nicht nur auf die qualitative Entsprechung der angebotenen Leistungen bezieht, sondern aufgrund der direkten Inklusion von räumlichen Entscheidungen in die Sachentscheidung bei der Dienstleistungs-Produktion auch auf die räumliche Verfügbarkeit der Leistungen. Dieser Ansatz führt direkt zur **Raumwirkungs-, Politik- und Instrumentalhypothese**. Die Analyse der Struktur, der Bedingungen und vor allem der räumlichen Orientierungsmuster der Wirtschaftsdienste-Kontakte von Wirtschaftsunternehmungen liefert zu zwei Bereichen Aussagen:

+ Im Bereich der räumlichen Orientierung der Wirtschaftsunternehmungen zeigen sich die räumliche Abhängigkeiten und Disparitäten in der Ausstattung mit innovations-, ökonomisierungsträchtigen Leistungen. Die **hierarchisierte Zentrenorientierung** bei der Nachfrage nach "ausgelagerten Unternehmensfunktionen" kann als das grundlegende Muster angesprochen werden: Der Nachfragerstandort und seine Erreichbarkeiten im Bezug auf potentielle Wirtschaftsdienste wird zu einem wesentlichen **Kriterium der räumlichen Disparitäten in den Produktionsvoraussetzungen**. Wirtschaftsdienste-Kontakte und Wirtschaftsdienste-Kontaktchancen sind in das Zentren- und Regionssystem von Wirtschaftsräumen eingebunden und unterliegen den durch dieses vorgegebenen Differenzierungen der Erreichbarkeiten, der Innovationsmilieus, der Abhängigkeiten usw.

+ Auf der anderen Seite lassen sich über diese Wirtschaftsdienste-Nachfragebeziehungen die **Wirkungen auf die Regionsbildung** erkennen: Die Beziehungsmuster im Bereich der Wirtschaftsdienste-Kontakte führen zur Ausbildung hierarchisierter Regionen, die in Abhängigkeit von Strukturmerkmalen der verschiedenen Nachfrageebenen (funktional-hierarchische Systematik), in Abhängigkeit von organisatorischen Rahmenbedingungen (abhängige Betriebe) und von einer Reihe weiterer Strukturmerkmale, aber auch in Abhängigkeit von Strategievariablen zur Ausbildung gelangen. Grundraster dieser hierarchisierten Regionsbildung ist das Zentrensystem, das nicht zuletzt auch durch die Standortwahl, durch die Assoziation der Wirtschaftsdienste untereinander und mit andere Diensteebenen, also durch die Zentrenfunktionen der Wirtschaftsdienste bestimmt ist.

13. Wirtschaftsdienste als regionalpolitische Inhalte und Instrumente

Zum Abschluß der theoretischen und empirischen Analysen zur räumlichen Implikation der Wirtschaftsdienste ist ein Blick auf den **Praxisbezug**, auf die **regionalwirtschaftlichen und regionalpolitischen Bezüge** notwendig. Geht man von dem **Basiskonzept der "aktiven" Raumimplikation** der Wirtschaftsdienste aus, also von den **Standortwirkungen** und der **Regionsbildung**, von den potentiellen Rationalisierungs- und Innovationswirkungen, so ist die Frage nach der regionalwirtschaftlichen und -politischen Rolle, nach der **Einsetzbarkeit als Instrumente** für die verschiedenen Ziele und Strategien regionalpolitischer Bemühungen zu stellen. Dieser Ansatz ist bereits in den Basishypothesen ausgesprochen, die sich auf die Rolle der Wirtschaftsdienste im Wirtschaftsprozeß beziehen, noch deutlicher in der Ökonomisierungs- und Rationalisierungs- und Innovationshypothese und der daraus abgeleiteten Instrumentalhypothese *(vgl. Kap. 1.1.).*

Es wird davon ausgegangen, daß die Nutzung der Wirtschaftsdienste einen **einzelwirtschaftlichen Ökonomisierungs- und Rationalisierungseffekt** bewirkt, der dazu beiträgt, unternehmerische Strategieziele leichter, rationeller usw. zu verwirklichen und damit innovativer am wirtschaftlichen Entwicklungsprozeß teilzunehmen. Einzelwirtschaftliche Effekte schlagen über die notwendige Integration und Verflechtung der Wirtschaftssubjekte auf das gesamtwirtschaftliche Entwicklungsniveau durch und führen so zu regionaler Dynamik. Der regionale Effekt von Wirtschaftsdiensten liegt danach nicht sosehr im Beschäftigungs- oder Exporteffekt, sondern in den **Auswirkungen auf die regionale "Umwelt"**, die regionalen Produktionsbedingungen und die regionalen Innovations- und Rationalisierungsbedingungen. Wirtschaftsdienste stellen demnach ein wichtiges Element regionaler Dynamik dar, das bisher in der Regionalpolitik wenig oder gar nicht beachtet wurde. Es wird hier die Auffassung vertreten, daß mit **"Wirtschaftsdienste-Politik"** wesentliche Beiträge zu regionalpolitischen Entwicklungskonzepten geleistet werden können, insbesondere im Rahmen der **endogenen Entwicklung** und der **innovationsorientierten Regionalpolitik**. Nicht oder nur unbedeutend lassen sich Wirtschaftsdienste für Strategien der Arbeitsplatzentwicklung einsetzen (Kleinbetriebe), vor allem nicht quantitativ. Besonders von Bedeutung scheint der Einsatz von Wirtschaftsdiensten, in der **Zentrenpolitik** und beim Aufbau von regionsspezifischen und regionsfördernden Zentrensystemen.

13.1. Regionalpolitische Konzepte

Die **traditionelle Regionalpolitik** ist auf **Wachstumsbedingungen** aufgebaut (Konjunkturphase) und damit "auf die räumliche Umverteilung wirtschaftlichen Wachstums von hochentwickelten Ballungsgebieten zu den schwächer entwickelten peripheren Gebieten". Instrumente sind Kapitaleinsatz, Infrastruktur- und Verkehrssystemausbau, öffentliche Transfers, Mobilitätserhöhung mit dem tatsächlichen Effekt (in unterschiedlichen Ausmaßen) "räumlicher Ausbreitung von Wachstumsimpulsen". Eine **zukunftsorientierte Regionalpolitik** muß hingegen folgende Kriterien beachten *(STÖHR, W. 1983, u.a.)*:

- **"Regionale Umstrukturierung** anstelle regionaler Wachstumsbetonung" durch Erhöhung der regionalen Innovationskapazität und Anpassungsfähigkeit an den "turbultenten Wandel".
- Förderung **innovationsorientierter "regionaler Milieus"**: "Ein wichtiger Bestandteil hievon ist etwa die Förderung regionaler 'Bündel' von Forschung-, Ausbildungs-, Technologieentwicklungs-, Finanzierungs-, Erzeugungs-, Dienstleistungs- und Entscheidungsfunktionen in gegenseitiger Wechselwirkung innerhalb einzelner Regionen" gefördert werden,
- **"Regionale Mobilisierung** 'von unten' neben staatlicher Regionalpolitik 'von oben': Neben der traditionellen Regionalpolitik 'von oben' muß mit regionaler Entwicklungsorganisation, regionaler Innovations-, Beratungs- und Finanzierungsorganisation gearbeitet werden und eine Mobilisierung "regionaler Initiativen und Resourcen".
- **"Differenzierung regionaler Entwicklungsstrategien"**durch regionsangepaßte Maßnahmen,
- **"Nutzung der Dezentralisierungsmöglichkeiten** neuer Technologien"**: Einsatz von Mirkoelektronik, Kommunikationstechnologie und Arbeitsorganisation zur "dezentralen Ansiedlung von funktional flexiblen und innovationsorientierten wirtschaftlichen Aktivitäten".
- **"Verlegung von Planungs- und Entscheidungsbefugnissen** auf niedrigere Ebenen" im unternehmerischen und öffentlichen Bereich.
- Veränderte **Funktion der Zentralstellen** mit Konzentration auf Informationsförderung, Angebot bzw. Vermittlung von Überbrückungshilfen, Einbeziehung von Umstrukturierungszielen, Erhöhung der Transparenz von regionalen Förderungsmaßnahmen und Förderung regionaler Entwicklungsorganisationen.

Im Rahmen der Konzepte der **zukunftsorientierten Regionalpolitik** finden sich mehrere Hinweise für einen verstärkten **Einsatz von Wirtschaftsdiensten** in regionalpolitischen Strategien:
- Bereits das Ziel der **"regionalen Umstrukturierung"** weist auf die **Rolle der Wirtschaftsdienste** als wesentliche Strukturelemente hin: Wirtschaftsdienste-Ausstattung in entsprechender Quantität und Qualität aber auch Standortstruktur (Zentrenausstattung) gehört zur "gesunden" Regionalstruktur. Ihre Realisierung kann über Wirtschaftsdienste-Förderung geschehen.
- Eine "Erhöhung der regionalen **Innovationskapazität"** ist als Ziel zu sehen, das entsprechend der **Innovationshypothese** mit zu den regionalen Funktionen und Aufgaben der **Wirtschaftsdienste** gerechnet werden kann: Ausbreitung der Nutzung von Wirtschaftsdiensten in der regionalen Betriebsstruktur, Einsatz der Wirtschaftsdienstleistungen als Rationalisierungsstrategie, Übertragung von Neuerungen über die Tätigkeiten von Wirtschaftsdiensten usw.
- Die Steigerung der **Anpassungfähigkeit** kann sehr wesentlich über die **Innovationsleistung** und die Ökonomisierungseffekte des Einsatzes von **Wirtschaftsdiensten** erreicht werden.
- Wirtschaftsdienste als **innovative Elemente** regionaler Systeme können auch als Bestandteile der regionalen Mobilisierung 'von unten' gesehen werden: Sie

können als regionale Entwicklungsorganisationen, regionale Innovations-, Beratungs- und Finanzierungsorganisationen eingesetzt werden.

a) Endogene Regionalpolitik

Im Konflikt zwischen Wachstums- und Ausgleichspolitik ist neben anderen Strategien besonders die **endogene Regionalpolitik** entstanden. Regionalpolitische Maßnahmen werden dabei auf "die Pflege des 'endogenen Entwicklungspotentials'" konzentriert". "Mit dem Zusatz 'endogen' wird dabei die in einer Region bereits vorhandene eigene Ausstattung mit Faktoren bzw. Resourcen ausgedrückt; Bestandsveränderungen durch grenzüberschreitende Zu- und Abgänge bleiben ausgeschlossen". "Die endogene Strategie wird als Möglichkeit zur Überwindung funktionaler Regionsdefizite verstanden. Sie konzentriert sich auf Innovationsförderung insbesondere zugunsten kleiner und mittlerer Unternehmen, um deren Handlungsspielraum zu erweitern" *(EWRINGMAN, D. - KORTENKAMP, L. 1986, S. 673).* "**Endogene Regionalentwicklung**" ist eine Strategie, "bei der es im Kern darum geht, die Stellung der Region zu stützen und zu stärken, indem die Region mehr Einfluß auf ihre eigene Entwicklung nimmt und dabei die vorhandenen Potentiale besser nutzt und phantasievoller einsetzt". Dieser Ansatz findet viel Beachtung vor dem Hintergrund der Probleme der "Erschließung und Förderung strukturschwacher peripherer Räume von 'außen'" *(STRÄTER, D. 1984, S. 241).* Es wird kein einheitlicher regionaler Zustand angestrebt, sondern die "unterschiedlich vorhandenen und unterschiedlich genutzten Entwicklungspotentiale" führen "zu ganz spezifischen, vielfältigen regionalen Lösungen". **Regionale Entwicklungspotentiale** sind "alle Faktoren, die in einer Region vorhanden sind und die solche Aktivitäten ermöglichen, die die Lebens- und Arbeitsbedingungen... verbessern": Arbeitskräftepotential, gewerbliches Kapitalpotential, Infrastrukturpotential, Umweltpotential, Nachfragepotential, aber auch "regionale, stadtstrukturelle, institutionelle und organisatorische Gegebenheiten, kulturelle und politische Tradition, regionale Identität". Endogene Regionalpolitik hat "die regionalen 'Potentiale' unter Berücksichtigung der lokalen und regionalen Besonderheiten regional angepaßt und dennoch zieladäquat zu stimulieren und einzusetzen" *(STRÄTER, D. 1984, S. 242, 243).*

Das "**endogene Modell**" legt den Schwerpunkt im Gegensatz zum "exogenen" auf die "Aktivierung der regionalen Resourcen und Fähigkeit" durch Verbesserung des regionalen Güterprogrammes *(DERENBACH, R. 1982, S. 454).* Voraussetzung dafür sind berufliche Kompetenz, Qualität der Betriebsführung, Ausbildungs- und Technologiezentren, Beratungseinrichtungen und managementorientierte Servicebetriebe *(EWRINGMAN, D. - KORTENKAMP, L. 1986, S. 674).* Die Regionalpolitik muß stärker an den echten Schwachstellen (Faktor Arbeit, Innovationsfähigkeit, Umwelt- und Naturverfügbarkeit) ansetzen und nicht sosehr an der "vermeintlichen Schwachstelle 'Realkapital'". "Damit sind Einrichtungen zur **Aus- und Fortbildung** sowie Umschulung ebenso angesprochen wie zum '**Over-Head-Sharing**' im Bereich EDV, Buchhaltung oder Vertrieb, Beratungs- und Technologievermittlungsagenturen ... letztlich alle Einrichtungen, die dem **regionalen Funktionsdefizit** entgegenwirken können. Die neue Dimension einer solchen Infrastruktur ..." muß nicht "... zwangsläufig in öffentlicher Trägerschaft unterhalten werden". "Je mehr sich Infrastruktur zur **superioren Funktionsinfrastruktur** entwickelt, desto mehr wird sie aus einem Bündel öffentlich und privat angebotener Dienste bestehen müssen; auch private Leistungsangebote müssen daher verstärkt in die Förderung einbezogen werden; für sie ist indessen das ansonsten auch weiterhin sinnvolle Kriterium des Primäreffektes ein untauglicher Maßstab. Es ist daraus abzuleiten, daß Unternehmen gefördert werden, die speziell 'Infrastrukturleistungen' anbieten, ... Derartige Serviceleistungen werden eher humankapital- als sachkapitalintensiv sein" *(EWRINGMAN, D. - KORTENKAMP, L. 1986, S. 676).* Investitionsförderung muß durch Personalkostenförderung (alternativ) ergänzt werden.

Wirtschaftsdienste im Definitionssinn dieser Arbeit als marktmäßige Dienstleistungen können solche **Inhalte** einer **regionalen superioren Infrastruktur** sein, die als "privatwirtschaftliche Institutionen" in ihrer Vielfalt von Wirtschaftsdienste-Angeboten aber auch über ihre Assoziation und räumliche Konzentration wesentliche Funktionen in der endogenen Strategie erfüllen:
— Wirtschaftsdienste sind geeignet, die **Rolle von Innovationsträgern und -agenturen** zu übernehmen,
— sie tragen zur **Verbesserung der beruflichen Kompetenz und der Qualität der Betriebsführung** bei.
— Wirtschaftsdienste sind in ihrer Integration von verschiedenen sich ergänzenden oder komplementären Leistungen wesentliche **Bestandteile verbesserter regionaler Güterprogramme** und
— sie sind Grundlage der **Realisierung von Rationalisierungspotentialen.**

b) Innovationsorientierte Regionalpolitik

Ein zweiter wesentlicher Bezug der regionalpolitischen Einschätzung der Wirtschaftsdienste besteht in der Rolle als Innovationen, Innovationsträger und -agenturen: Die Kernargumentationen zur innovationsorientierten Regionalpolitik lauten: "Die **Innovationsintensität** der in einer Region lokalisierten Betriebe entscheidet über die Anpassungs- und Wettbewerbsfähigkeit", Zielindikatoren sind daher: "regionale Wertschöpfung, Produktivität, Einkommen und Arbeitsplätze. Angestrebt wird eine Verminderung der Disparitäten mittels der Verbesserung der **regionalen Produktionsfunktionen**, in der neben den klassischen Faktoren Arbeit und Kapital insbesondere die Faktoren Innovation ... und unternehmerische Entscheidungsfunktion ... integriert werden *(BRUGGER, E.A. 1983, S. 52).* Die "Verbesserung" kann sich dabei auf den regionalen Beitrag zum nationalen Aggregat beziehen; besonders im Vordergrund steht aber die Region selbst, sodaß der Ansatz in die **Strategie der endogenen Entwicklung** eingeordnet werden kann.

Der Ansatz der innovationsorientierten Regionalpolitik basiert auf folgenden Annahmen und Voraussetzungen:
— Grundlage ist eine **weiter Innovationsbegriff**, verstanden als "Einführung neuer Kenntnisse und Fähigkeiten in einer betrieblichen und/oder regionalen Produktionsstruktur";

- steigender **Innovationsinput** führt "in der Regel auch zu einem größeren ökonomischen Output".
- Es wird von der Hypothese ausgegangen, daß in peripheren Räumen **ausreichende Potentiale** für Entwicklungsprozesse existieren, die vor allem in kleineren und mittleren Betrieben vermutet werden.
- Betriebstyp und Standort sind Charaktermerkmale solcher Potentiale, die in peripheren Räumen als ungünstiger angesehen werden. Entscheidend sind nicht sosehr die Distanz als vielmehr die **Informations- und Dienstleistungsdichte** und "die deutlich schwächeren Fühlungsvorteile ihrer Zentren".
- Der marktwirtschaftliche Prozeß wirkt ballungsverstärkend, sodaß "**regionalpolitisch motivierte Gegenkorrektur**" notwendig ist.
- Politische **Interessenharmonie** ist realisiertbar *(BRUGGER, E.A. 1983, S. 53, 54)*.

Das **Hauptziel der innovationsorientierten Regionalpolitik** ist es, "die wirtschaftlichen Strukturprobleme des Untersuchungsraumes" mittel- und langfristig zu mildern *(BRUGGER, E.A. 1983, S. 55)*; Maßnahmen dazu sind:
+ **Integrale Innovationsberatung** mit den Funktionen Informationsbeschaffung, Beratung bei Marktanalysen, -orientierung und Marketing, Risikokapitalerschließung, Consulting und Projekt-Evaluation, Stärkung innerregionaler Kooperation, arbeitsmarktpolitische Aktionen. Gefördert wird eine "äußerst kompetente Clique", für welche Basisfinanzierung gefordert wird (vgl. Rolle der Wirtschaftsdienste).
+ **Diffusion und "animation industrielle"**: Regionen müssen als Kommunikationsraum gesehen werden, in dem Informations- und Dienstleistungsangebote an die Betriebe herangetragen werden (Innovationsberatungsstellen).
+ **Koordination** mit staatlicher Forschungspolitik.
+ **Innerregionale Kooperation**: Aufgrund der Vermutung, daß "in Bereichen zwischenbetrieblicher Verflechtungen" bedeutende Potendiale der endogenen Entwicklung liegen, kann davon ausgegangen werden, daß Kooperation zur Förderung zwischenbetrieblicher Beziehungen unter Nutzung von Vorwärts- und Rückwärtskopplungseffekten solche Potentiale freilegen kann. Auswirkungen sind zu erwarten im Bereich höherer Skalenerträge, der Verminderung der Produktionskosten, zusätzliche Integration von Wertschöpfungsanteilen in der Produktion, größerer Fühlungsvorteile, der Verbesserung der Import- bzw. Exportquote, Erzielung von Rationalisierungseffekten und Verbesserung des Dienstleistungsangebotes, indem wichtige Funktionen im Produktionsprozeß innerhalb der Region angeboten werden *(BRUGGER, E.A. 1983, Abb. 3., S. 60)*.
+ **Selektive Betriebsansiedlung**: Ergänzend zum Kernziel der Bestandserhaltung und Potentialerschließung sind selektive Betriebsansiedlungen unter den Gesichtspunkten der Innovationsintensität und der Strukturverbesserung, der Anpassungsfähigkeit und Einpassung in die regionale Produktionsstruktur (hochwertige Produktionsverfahren) zu verstärken.
- **Kapitalmarkterschließung** vor allem für Klein- und Mittelbetriebe durch Ergänzung der Risikokapitalbürgschaften durch Risikokapitalgesellschaften (kompetente Beratung in Finanzfragen) und Risikokapitalversicherungen.

– Förderung des **Unternehmer- und Kaderpotentials** als eigentliche Grundlage
der Innovationsintensität über Unternehmensansiedlung, Personalzuschüsse
für hochqualifiziertes Personal, vor allem aber durch Einflußnahmen auf das
"regionale Wirtschaftsklima".

Wirtschaftsdienste können aufgrund ihrer Leistungsbereiche in vielfältiger Weise
im Sinne der **Instrumente der innovationsorientierten Regionalpolitik** eingesetzt
werden: integrale Innovationsberatung, Marktberatung, Kapitalerschließung, Informationsbeschaffung usw. sind typische Wirtschaftdienstleistungen. Wirtschaftdien-
ste-Unternehmen können zusammen mit den regionalen Unternehmern und anderen
Eliten durchaus "eine kompetente Clique" bilden; sie sind auch geeignet "innerregionale Kooperation" zu entwickeln und zu fördern, insbesondere dadurch, daß die zwischenbetrieblichen Beziehungen auf dem Dienstleistungsmarkt verstärkt regions-
intern ablaufen und damit interne Potentiale angeregt und entwickelt werden. Insgesamt ist zu erwarten, daß Wirtschaftsdienste zur Entwicklung des "regionalen Wirt-
schaftsklimas" Wesentliches beitragen können.

13.2. Wirtschaftsdienste als regionalpolitische Instrumente

Vor dem Hintergrund der aktuellen Entwicklungen im regionalpolitischen Kon-
zeptbereich kommt den Wirtschaftsdiensten als Standortfaktoren und als Träger von
Innovationen, als Träger von Qualifikation und Rationalisierungspotentialen, als
Träger endogener Entwicklungspotentiale und als lokale und regionale Intiatoren
eine besondere Bedeutung zu. Es sollen daher abschließend einige wesentliche Aussagen zum Einsatz von Wirtschaftsdiensten als regionalpolitische Instrumente
gemacht werden:

a) Aussagen zur wirtschaftsdienstebezogenen Regionalpolitik

Stellt man die Frage, ob und in wieweit Wirtschaftsdienste in den aktuellen (innovationsorientierten und endogenen) Strategien der Regionalentwicklung Platz
haben, so kommt man damit automatisch zur Frage nach einer dienstleistungsorientierten Regionalpolitik. Die Frage soll hier thematisch auf die **wirtschaftsdienste-
orientierte Regionalpolitik** beschränkt werden.

Negative Aussagen zur dienstleistungsorientierten bzw. wirtschaftsdiensteorientierten Strategien beziehen sich auf folgende Aussagenkomplexe:
+ **Wirtschaftsdienste** besitzen keine oder nur unbedeutende **Exportbasis-Funktion**,
also keine ausreichenden Primäreffekte: Die traditionelle Regionalpolitik "has
been supported by an export-based theory of regional economic growth, whereby
it is claimed that manufacturing is of strategic importance because its products are
traded" *(MARSHALL, J.N. 1983, 1985, S. 303; vgl. auch EWRINGMAN, D. - KOR-
TENKAMP, L. 1986, S. 676).* Eine Reduktion des "regionalen Wertes" von Wirtschaftsdiensten auf ihren Primäreffekt (Exportbasisrolle) stellt demnach eine
starke Verkürzung des Bewertungsmaßstabes dar und läßt die im endogenen

Modell denkbaren Entwicklungsbeiträge bzw. die dort grundgelegte führende (Innovationen-) und Entwicklungsrolle völlig außer acht.

+ Konzentration der Aussagen auf hochrangige Funktionen insbesondere auf **Headquarterfunktionen** und Übertragung der für diesen Teilbereich geltenden Aussagen und regionalpolitische Erkenntnisse auf den gesamten Dienstleistungs- bzw. Wirtschaftsdienste-Bereich.:

— Die **Dienstleistungsentwicklung**, insbesondere die beschäftigungsmäßige Effekte der kommerziellen und sozialen Dienste und die "Multiplikatoreneffekte" der "mit einer überdurchschnittlich hohen Wertschöpfung verbundenen kommerziellen Dienste" führen zur **"Verschärfung regionaler Disparitäten"** und zu einem **"zentralisierenden Effekt"**.

— "die Gruppe der kommerziellen Dienste" steht "in einem engen Bezug zu dispositiven Aktivitäten auch von industriellen Unternehmungen". "Ein **zirkulärkimmulativer Prozeß** des urbanen Wachstums" schafft die "Gefahr ... einer durch wenige Zentren geführten und bestimmten Wirtschaft".

— **Selektive Entwicklungsprozesse** zwischen den "für die Wirtschaft funktional wichtigsten und wertschöpfungsmäßigen stärksten kommerzielen Dienste" und den Funktionen Wohnen und Freizeit, den persönlichen und distributiven Diensten und der Industrie führen zu einem "Ausufern der urbanen Räume", zu einen Trend zur Bandstadt, "zu einem allgemeinen 'Siedlungsbrei'" (HOLZHART, B. - WÜRTH, M. 1985, S. 22). Dadurch besteht ein Trend zur Ausbildung von verstärkten Polaritäten zwischen wenigen Zentren mit kommerziellen und dispositiven Diensten und Regionen mit vorwiegend sozialen, distributiven Diensten und operativen Funktionen (vgl. auch KRICKAU-RICHTER, L. - OLBRICH, J. 1982).

Diesen skeptischen Aussagen zur Bedeutung der Wirtschaftsdienste in der Regionalpolitik stehen zahlreiche **positive und programmatische Aussagen** gegenüber, die sich mit den formulierten **Basishypothesen zur "aktiven Raumimplikation"** decken:

+ MARSHALL, J.N. (1983, S. 303) stellt der Einschätzung der Wirtschaftsdienste als regionalpolitisch nicht einsetzbare Funktionen folgende Aspekte entgegen: Regionalentwicklung entsteht nicht nur durch Exporte, "but also through the **creation und supply of new effective demand"**. Producer (business) services exportieren in vielen Bereichen über die lokalen Grenzen hinaus, entweder direkt oder "possibly indirectly through their contribution to the export sector's competitivness". **Importsubstitution** ist ein bedeutender Faktor wachsender regionaler Dienstebeschäftigung. Das bisher noch immer sehr begrenzte Verständnis der Dienstelokalisation hat zu einem großen Teil brauchbare Strategien verhindert, sodaß bisher der Einfluß der Regionalpolitik auf Dienste noch recht gering ist. Wirtschaftsdienste werden als **"Schlüsseldienste"** im Zusammenhang mit regionalpolitischen Strategien gesehen. Unterausstattung mit business services (in der Provinz in GB) wird als Hemmnis für die Entwicklung interpretiert, da zumindest bestimmte business services exportfähig sind und daher zur regionalen Entwicklung eingesetzt werden können.

+ Entscheidende **positive Beiträge zur Wirtschaftsentwicklung** von Regionen sind nur von **kommerziellen Diensten** zu erwarten, da vor allem deren "Funktion im wirtschaftlichen Geflecht" von Bedeutung ist "Daraus ließe sich eine auf die **Förderung von funktional wichtigen Dienstleistungen** ausgerichtete Regionalpolitik ableiten" *(HOLZ-HART, B. - WÜRTH, M. 1985, S. 22).* Dafür gibt es aber in der Praxis wenig "konkrete Ansatzpunkte" und Zweifel an der politischen Realisierbarkeit. "over and above their direct impact on the pattern of job opportunities, some services are capalbe, perhaps increasingly so, of contributing positively to **regionale economic performance**, rather than being a purely passive and dependent sector of activity" *(DAMESICK, P.J. 1986, S. 213).* Dieser positive Beitrag besteht nicht nur in der Tatsache "that certain services are **internationally and inter-regionally tradeable**", sondern auch darin, "that some services can be regarded as **part of an economy's supply capacity**, and in particular can affect the propensity for successfull adjustment to changing economic circumstances" (DAMESICK, P.J. 1986, S. 213). Im Zusammenhang mit der **Regionalentwicklung** haben Unterschiede der Dienstleistungsausstattung und -entwicklung wesentliche Bedeutung:

— **Unterschiede in der Ausstattung mit marktfähigen producer services** bestimmen das Ausmaß und die Unterschiede der Exportbasis von Regionen und die regionale Beschäftigungstruktur (Arbeitsmarktqualität) und damit "the range and quality ... the volme of employment opportunities" *(DAMESICK, P.J. 1986, S. 223).*

— Die **Verfügbarkeit, Struktur und Qualität von Wirtschaftsdiensteen** "can have a significant effect upon competitivness and the capacity for successful adjustment to change in its manufacturing sector" (Ökonomisierungshypothese).

+ Auch SCHICKHOFF, I. *(1985)* geht vom **regionalpolitischen Bezug** aus: "Läßt sich zeigen, daß ein lokal vorhandenes Dienstleistungsangebot von Unternehmen mit einer bestimmten Eigenschaft kaum genutzt werden, so kann schwerlich angenommen werden, daß die Ansiedlung oder Förderung weiterer Unternehmen dieser Art die erwarteten Multiplikatoreffekte im Dienstleistungssektor auslöst. Läßt sich nachweisen, daß Unternehmen mit einem Standort in ländlichen geprägten Gemeinden weniger häufig die von ihnen benötigte Serviceleistungen direkt am Ort nachfragen als Unternehmen in besser ausgestatteten Zentren, so kann vermutet werden, daß erstere Unternehmen dieses mangelnde Angebot langfristig als Standortnachteil ansehen" *(SCHICKHOFF, I. 1985, S. 74).* Die Studie kommt zu dem Ergebnis, daß "Unternehmen mit Standort in größeren Zentren ... die lokal gegebenen Möglichkeiten" nutzen und "weniger Dienste außerhalb der eigenen Standortgemeinde" nachfragen "als Unternehmen in kleinen Zentren" *(S. 77).* Daraus wird die **regionalpolitische Konsequenz** abgeleitet, daß "die Multiplikatoreffekte der von Industrieunternehmen nachgefragten Serviceleistungen für den lokalen Dienstleistungssektor" umso bedeutender sind, "je größer die Gemeinde ist" und je besser damit die Diensteausstattung *(SCHICKHOFF, I. 1985, S. 83).*

b) Wirtschaftsdienste als Instrumente der Zentrenpolitik

Die Definition der **Wirtschaftsdienste als Zentrenfunktionen** läßt die Vermutung sinnvoll erscheinen, daß deren regionalpolitische Implikation vor allem mit **Zentrenpolitik** zu hat. Die konkrete räumliche Umsetzung der dienstleistungs- bzw. wirtschaftsdiensteorientierten Regionalpolitik geschieht also über eine regionale Zentrenpolitik. Grundlage dieses Konzeptes ist die Verfügbarkeitshypothese, also die Annahme, daß die räumliche Erreichbarkeit von Diensten einen wesentlichen Vorteil der Produktion und der Verwirklichung von Unternehmenszielen darstellt. Wirtschaftsdienste-Versorgung und der Aufbau von regionalen Entwicklungsmilieus funktionieren sichtlich nur über strukturierte, hierarchisch gestufte Zentrensysteme und in diesen verorteten Wirtschaftsdiensten.

Auf diesen Zusammenhang von Entwicklung und Raum- und Siedlungsstruktur beziehen sich auch die **Entwicklungszentrentheorien**: Ausgangspunkt ist die Annahme, daß Zentren geeignet sind **räumliche Entwicklungsprozesse** durch Ausstrahlung in den Raum zu **induzieren**. Basishypothese des **räumlichen Schwerpunktprinzips** ist die Annahme, "daß zwischen der Siedlungsstruktur ... und dem wirtschaftlichen Entwicklungsstand bzw. den Entwicklungschancen ... ein funktionaler Zusammenhang besteht". Regionales Wirtschaftswachstum hängt also nicht nur "von der Ausstattung eines Raumes mit Produktionsfaktoren ... und der regional wirksam werdenden Güternachfrage" ab, sondern auch von "siedlungsstrukturellen Gegebenheiten" *(KLEMMER, P. 1986, S. 736)*. Diese **Entwicklungszentren** werden zur Erklärung aber auch zur Planung von räumlichen Entwicklungsprozessen verwendet, wobei strukturelle Merkmale dieser Zentren, ihre **Agglomerationsexternalitäten** und ihre **räumliche Lage** von tragender Bedeutung sind *(BARTELS, D. 1979)*. Entwicklungszentren wird dabei die Fähigkeit zugesprochen, Entwicklungsimpulse zu schaffen, innovationsträchtig zu sein, sie werden als **Innovationszentren** angesehen. Wesentliche funktionale Inhalte solcher Entwicklungszentren sind die Funktionen der Wirtschaftsdienste und der Wirtschaftszentralität, die als Kernfunktionen der Erzeugung von Wachstumseffekten, von Innovationen, von Inventionen gelten, die aber auch als Träger der Diffusion und der Adoption von solchen Neuerungen gelten. Die Entwicklungszentren sollen daher einen "hinreichend entwickelten und ausbaufähigen Dienstleistungssektor" *(FESTER, F. 1976, S. 137)* haben, um diesen Funktionen gerecht werden zu können.

Zentrenpolitik ist ein wesentlicher Bestandteil der endogenen Strategie: Dezentrale Konzentration in Form von Entwicklungszentrenkonzepten wird als mögliche Strategie angesehen: Eine zweite Konsequenz der Strategie wird in der **dezentralen Konzentration (Entwicklungszentrenkonzept)** gesehen: Da Fühlungs- und Agglomerationsvorteile eher noch an Bedeutung gewinnen, haben auch die peripheren Räume nur bei einem Mindestmaß an zentralörtlicher Verdichtung und Funktionsbündelung Entwicklungschancen *(EWRINGMAN, D. - KORTENKAMP, L. 1986, S. 676)*. "It may be concluded, then, that the optimum spatial arrangement of services, is a **major regional service capital** which is balanced by a number of **secondary centers**". Es wird davon ausgegangen, "that it should be possible for government ... to develop regional centers" *(MARSHALL, J.N. 1982, S. 1537)*. Diese Strategie hat gegenüber der Industrie- und der Infrastrukturpolitik den Vorteil, daß nur geringes finanzielles Engagement notwendig ist.

"In Anbetracht dieser polarisierenden Faktoren" (der zunehmend räumlich konzentrierten Vermittlung durch nicht unmittelbar produzierende, tertiäre Leistungen,
Attraktivität städtischer Lebensformen usw.) "sind die **Probleme der peripheren Regionen** vor allem **Probleme der Siedlungsstruktur.** Ihre mangelnde innerregionale
Polarisierung ist das Haupthindernis eines Abbaus der großräumigen Polarisierung"
(FESTER, F. 1976, S. 136). Die Alternative der Urbanisierung und Autonomisierung
peripherer Regionen ist daher als regionalpolitisches Konzept anzusehen, welches
"auf den Abbau der Polarisierung zwischen Agglomerationen und peripheren Regionen zielt":

+ **Konzentration** der "Förderungs- und Entwicklungsmaßnahmen auf die **Zentren
  der peripheren Regionen** - dort sollen Ansätze für die autonome Entwicklung und
  ortsansässige Betriebe mit mehrstufigen Produktionsprogrammen gefördert
  werden,
+ Stärkung vorhandener Ansätze einer "**autonomen Entwicklung**",
+ Förderung der Produktivität und Expansion vor allem der **ortsansässigen Unternehmen** mit mehrstufigen Produktionsprogrammen,
+ Ausbau einer **Urbanisationsstrategie,** die die vorhandenen Ansätze einer Autonomisierung stützt, statt einer Industrialisierungsstrategie, die die Abhängigkeit
  von Agglomerationen verschärft.
+ Ausgleich der **Arbeitsmarktungleichgewichte** (in qualitativer Hinsicht) auf regionaler Ebene. Das Gefälle im Lohnniveau und in der Arbeitsplatzqualität zwischen
  (peripheren) Kernen und Umland ist durch Anhebung des Niveaus im (peripheren) Kern abzubauen.
+ "Der **Abbau der großräumigen Polarisierung**" erfordert die Verschärfung der
  (inner-)regionalen Polarisierung bzw. des regionalen Stadt-Land-Gegensatzes".
+ **Regionalpolitische Raumkategorien** müssen Funktionsräume sein, "deren Kerne
  stark genug sind und über einen sowohl im **unternehmensbezogenen** wie im haus-
  haltsorientierten Bereich hinreichend entwickelten oder ausbaufähigen **Dienstleistungssektor** verfügen". Diese sind als hierarchisches System ausgebildet, sodaß
  auch von "funktional verschiedenen Typen von Entwicklungszentren" ausgegangen
  werden muß *(FESTER, F. 1976, S. 137).*

Im Rahmen dieser **Konzepte der Zentrenpolitik** können **Wirtschaftsdienste als
Zentrenfunktionen** eine bedeutende Rolle spielen; man kann davon ausgehen, daß
die Wirtschaftsdienste die tragenden Elemente, die operationalen Instrumente der
Zentrenpolitik neben öffentlichen Funktionen sind. Zentren sind also vermehrt als
Dienstezentren zu entwickeln und zwar nicht nur als zentrale Orte mit Konsumver-
sorgungs- und Endverbraucherversorgungsfunktion, sondern als Zentren der endogenen und innovationsorientierten Strategie; Wirtschaftdienste können also neben
den öffentlichen Funktionen und dem Unternehmertum als **Träger der Entwicklungsstrategien** eingesetzt werden. Insgesamt läßt sich eine differenzierte Wirkung
der Wirtschaftsdienste im Bezug auf das Siedlungssystem und die Zentrenbildung
vermuten:

● **Wirtschaftsdienste mit Steuerungsfunktion im Zentren- und Regionssystem,** die
  durch ihre Entscheidungsrolle, ihre Kontrollfunktion, ihre Lenkungsrolle vom
  Zentrenstandort aus zur Entstehung (und Verstärkung) von Zentrum-Peripherie-

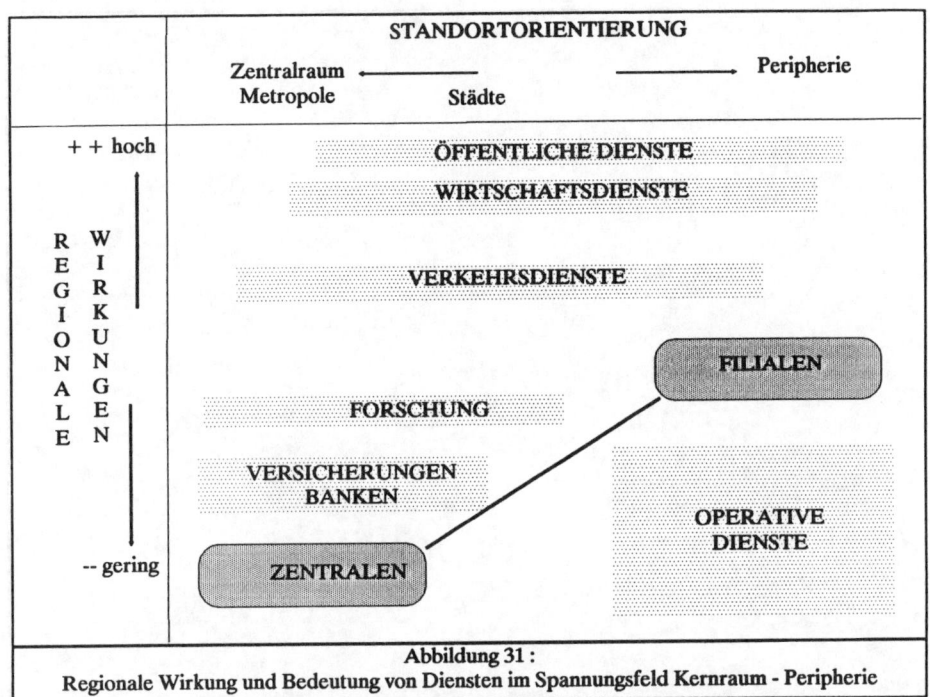

Abbildung 31 :
Regionale Wirkung und Bedeutung von Diensten im Spannungsfeld Kernraum - Peripherie

Systemen und zur Abhängigkeit beitragen. Diese Wirtschaftsdienste sind als klassische Zentrenfunktionen ausgebildet und tragen zur Polarisierung bei (= dispositive, hochrangige Wirtschaftsdienste).

- **Wirtschaftsdienste mit Innovations- und Diffusionsfunktion,** die direkt durch disperse Ansiedlung oder indirekt durch Aussendung derivater Potentialfaktoren zur Entwicklung beitragen, Entwicklungsimpulse setzen oder weitergeben und damit zum Abbau von Polaritäten beitragen (können) (= dispositive hochrangige Wirtschaftsdienste).
- **Wirtschaftsdienste mit Versorgungsfunktion,** die Dienste des alltäglichen Wirtschaftsprozesses anbieten und räumlich verteilen und damit zur Gestaltung der betrieblichen Umwelt direkt beitragen (= dispositive, routinemäßige und operative Wirtschaftsdienste).

Direkt mit der Zentrenfunktion verbunden ist die Rolle der Wirtschaftsdienste in der Ausbildung von Regionen: Die **Regionsbildungshypothese** (als spezielle Form der Raumwirkungshypothese) geht davon aus, daß über die Dienstebeziehungen und ihre Ausrichtung auf Wirtschaftszentren **Verflechtungsräume und Funktionalräume** ausgebildet werden. Die regionalpolitische Bedeutung liegt also nicht nur in der Zentrenfunktion und der Einsetzbarkeit in der Zentrenpolitik sondern damit gleichzeitig auch in der Einsetzbarkeit zur Ausbildung von funktionsfähigen Regionen.

TEIL VII

ZUSAMMENFASSUNG UND ERGEBNISSE

Entsprechend dem generellen Ansatz der Fragestellung der wirtschaftsgeographischen Untersuchung der Wirtschaftsdienste und in Entsprechung zu den Rahmenbedingungen einer weitgehend gering entwickelten Dienstleistungsgeographie bestand die Notwendigkeit einer ausführlichen **theoretischen und systematischen Konzeption** der Fragestellung und der Entwicklung von Basisaussagen:

* Der Einstieg in den Themenkomplex erfolgt über die Formulierung von **Basisbegriffen und Basishypothesen**, in denen bereits die Grundkonzeption der Themenstellung und -auffassung zum Ausdruck kommt. Wesentlicher Bestandteil des Themenzuganges ist die Dominanz des **institutionellen Ansatzes**, also die Konzentration auf die entscheidungs- und organisationstheoretisch bestimmenden Institutionen des Wirtschafts- und Raumprozesses. Zweiter Kern der Themenauffassung ist der wirtschaftsgeographische Zugang, also die **raumtheoretische Befassung** mit den Wirtschaftsdiensten und damit mit ihrer Rolle im Zentren- und Regionssystem.

* Grundlage aller weiteren theoretischen und systematischen Konzeptionen ist eine ausführliche Auseinandersetzung mit dem **Dienstleistungsbegriff**: Unter den gegebenen Zielsetzungen des institutionellen und raumtheoretischen Ansatzes werden Dienstleistungen zum Unterschied von zahlreichen diffusen Definitionen (Gegensatz Tertiärisierung - Bürokratisierung) als **Verrichtungen** definiert, deren besonderes Kennzeichen die produktionswirtschaftliche Bindung an **spezialisierte Faktorkombinationen** ist, welche nur unter Mitwirkung und/oder Beteiligung des

"externen Faktors" und damit **marktmäßig** produziert werden können ("interne Tertiärisierung", reine Bürotätigkeiten usw. werden also bewußt aus dem Begriff ausgeschlossen). Damit kommt dem Tätigkeitsansatz eine untergeordnete Rolle zu. Gleichzeitig wird auch das organisationstheoretische Merkmal der **Zweiebenenorganisation** hervorgehoben: Diese hat seine besondere Bedeutung in der Standortfrage, weil sich daraus die **multiple Standortorganisation** und **Mehrbetrieblichkeit mit Plurilokalität** der Dienstleistungsproduktion ableitet.

* Dieser Dienstleistungsbegriff ist Grundlage der theoretischen und systematischen Fassung des **Wirtschaftsdienste-Begriffes**: Diese werden als Dienstleistungen im obigen Sinne aufgefaßt, also ebenfalls als **Verrichtungen** mit der Bindung an die Produktion durch spezialisierte Faktorkombination unter Mitwirkung des "externen Faktors" und der Bindung an den **marktmäßigen Austausches** zwischen Wirtschaftssubjekten (interne Wirtschaftsdiensteproduktion bleibt also aus dem Begriff ausgeschlossen). Die Abgrenzung der Wirtschaftsdienste zu den übrigen Dienstleistungen erfolgt über das Konzept der Leistungsverwertung: Wirtschaftsdienste werden als **"ausgelagerte Unternehmensfunktionen"** definiert, das Auftreten der marktmäßigen Nachfrage nach solchen spezialisierten Leistungen wird daher mit dem betriebswirtschaftlichen Kalkül der Frage Eigenerstellung: Fremdbezug in Verbindung gebracht. Auch aus dieser Sicht wird die Zwischenbetrieblichkeit und Marktmäßigkeit der Leistungsprozesse begründet; daraus ergibt sich der Raumbezug der Fragestellung, denn Zwischenbetrieblichkeit und Marktmäßigkeit sind raumbezogene Merkmale und beziehen sich auf Vorgänge die zwischen räumlich segregierten Wirtschaftssubjekten ablaufen. Die Einbeziehung der Fragestellung in den raumtheoretischen Aspekt führt zum Konzept der **Wirtschaftsdienste als Zentrenfunktionen**: Wirtschaftsdienste werden als Funktionen der Ausbildung von Städtesystemen und der Strukturierung von Regionsmustern verstanden.

* Entsprechend diese Verbindung von funktions- und raumtheoretischen Aspekten in der Begriffsfassung wird auch die **Wirtschaftsdienstesystematik** auf ihre raumtheoretische Relevanz bezogen. Es wird daher eine **funktional-hierarchische Systematik** der Wirtschaftsdienste entwickelt, die einen hohen Raumbezug insoferne aufweist, als darin eine hohe Korrelation der systematischen Gruppen mit den Basisdimensionen des Zentren- und Regionsystems auftritt.

* Die notwendige Organisation der Wirtschaftsdienste-Produktion in der Form von (spezialisierten) Faktorkombinationen führt zum institutionellen Ansatz und damit zur Frage der Definition von **Wirtschaftsdienste-Betrieben** und **Wirtschaftsdienste-Unternehmen**: Diese werden entsprechend den Grundkonzepten des Dienstleistungs- bzw. Wirtschaftsdienste-Begriffes als "Spezialunternehmungen, -betriebe" zur Produktion von "ausgelagerten Unternehmensfunktionen" mit Dienstleistungscharakter definiert, welche diese Leistungen in der Form der Zweiebenenorganisation und unter Mitwirkung und/oder Beteiligung der Leistungsnehmer produzieren und marktmäßig absetzen.

* Die Entstehung der marktmäßigen (nicht internen) Nachfrage nach den Leistungen von Wirtschaftsdiensten, also das Auftreten von "ausgelagerten Unternehmensfunktionen" als Leistungsinhalte des intermediären Dienstleistungsmarktes, wird über die **"Auslagerungstheorie"** begründet. Betriebswirtschaftlich wird die Auslagerung von Unternehmensfunktionen im wesentlichen als Investitionsproblem definiert. Das konkrete Auftreten von Wirtschaftsdienste-Nachfrage läßt sich auf eine breites Geflecht von Auslagerungshypothesen über die Wirkung von innerbetrieblichen Struktur- und Strategievariablen und von externen Rahmenbedingungen zurückführen. Theoretische Grundlage ist die **Integrations-/Desintegrationstheorie**, die aus dem mikroökonomischen Ansatz kommt.

* Zu den grundlegenden Konzepten der Fragestellung zählt die **raumtheoretische Wirkungshypothese**, also die Annahme, daß die Wirtschaftsdienste wesentliche Effekte im räumlichen Entscheidungsverhalten und damit im gesamten Raumsystem haben. Daraus ergibt sich das Konzept der Angebotshypotese und damit der Wirkung der Verfügbarkeit von Wirtschaftsdienste-Angeboten auf das Auslagerungsverhalten. Neben den allgemeinen Auslagerungsbedingungen wird die Wirtschaftsdienste-Nachfrage also auch auf die **räumliche Verfügbarkeit** von qualitativ und quantitative entsprechenden Wirtschaftsdiensten zurückgeführt. Diese räumliche Orientierung im Angebotsystem führt zur Regionsbildung.

* Wirtschaftsdiensteunternehmen/-betriebe sind die analytischen Kernelemente der **Untersuchung der räumlichen Organisation der intermediären Dienstleistungsproduktion**. Es werden daher die produktions-, organisations- und interaktionstheoretischen Strukturen und Rahmenbedingungen diskutiert. Wirtschaftsdienste sind als typische Vertreter der Dienstleistungswirtschaft besonders stark in der Form der **Zweiebenenstruktur** organisiert und neigen daher unter den gegenwärtigen Rahmenbedingungen verstärkt zur **Ausbildung multipler Standortorganisation** und zur **Mehrbetrieblichkeit** sowie zur Bildung von Multi-Standortunternehmungen, wobei besonders der **Markt- und Absatzbezug** (Kontaktorganisation) ein besonderes Kriterium darstellt. Ein wesentliches Kennzeichen der Wirtschaftsdienste-Produktion, das auch entsprechende raumtheoretische Bedeutung hat, besteht in der **Phasenorganisation** des Produktionsprozesses, die zu Mehrfachkontakten, zu notwendigen Konkretisierungsprozessen und zur variablen Produktionsstandorten führt. Dementsprechend sind Potentialproduktion und Endkombination im Zusammenhang mit der Analyse von Produktionsfaktorensystemen und von Interaktionsbedürfnissen immer differenziert zu betrachten, wobei auch hohe Interdependenz von Potentialproduktion und Endkombination zu berücksichtigen ist.

* Kern und Zielsetzung der theoretischen und systematischen Grundlegungen ist entsprechend der wirtschaftsgeographischen Auffassung der Themenstellung der **raumtheoretische Aspekt**: Es geht dabei um die Klärung der **"räumlichen Implikation"** der Wirtschaftsdienste, die in eine "aktive" auf die Effekte und Raumwirkungen bezogene und eine "passive" die Einordnung in bestehende Raumsysteme (Zentrensysteme) betreffende zerlegt werden kann; damit ergeben sich auch zwei

brauchbare analytische Ebenen. Kern der raumtheoretischen Befassung mit dem Thema ist die Entwicklung der **Theorie der multiplen Standortorganisation** der Dienstleistungs- und Wirtschaftsdienste-Produktion: Diese baut auf den grundlegenden Erkenntnissen der produktions-, organisations- und absatztheoretischen Analyse auf, die konsequent in die "räumliche Dimension" umgelegt werden. Entsprechend der Zweiebenenstruktur der Dienstleistungsproduktion, also der Zerlegung in eine **Vorkombination** (Potentialproduktion) und eine **Endkombination** unter Mitwirkung des "externen Faktors", ergibt sich ein bedeutendes Potential zur multiplen Standortspaltung der Produktionsvorgänge: Es entstehen **Variabilitäten in der Standortorganisation**, die eine hohe Reaktion auf die räumliche Verfügbarkeit von Produktionsfaktoren, die Mobilitäten der Faktorkombination und des Leistungsnehmers erlauben. Es kommt damit zur Ausbildung von variablen und alternativen Organisationsformen der räumlichen Verteilung von Diensteunternehmen/-betrieben und von Diensteproduktionsorten.

* Aus den verschiedenen Graden der Realisierungschance diese multiplen **Standortorganisation** ergibt sich eine wichtige Differenzierung der Wirtschaftsdienste nach ihrer Standortorganisation: Für die Mehrzahl der Wirtschaftsdienste kann von einer hohen **Variabilität in der Standortorganisation** ausgegangen werden, weil Mobilität der Leistungsnehmer, Mobilität von Leistungen (vor allem über Medialisierung) und hohe Mobilität derivater Potentialfaktoren besteht. Nur bedingte Mobilität im Raumsystem besteht für die Faktorkombinationen, also die Wirtschaftsdienste-Unternehmungen/-betriebe, weil diese zumindest auf der makroräumlichen Betrachtungsebene durch die **Dominanz des Zentrenbezuges** eingeschränkt ist. Wirtschaftsdienste-Unternehmen/-betriebe weisen daher dominant eine zentrenorientierte räumliche Verteilung auf und die Kontaktorganisation zur Leistungserstellung ist daher ebenfalls sehr wesentlich durch die Zentren- orientierung bestimmt.

* Der **dominante Zentrenbezug** der Raumorganisation der marktmäßigen, intermediären Diensteproduktion stellt eine übergeordnete Kategorie dar, die in zahlreiche Dimensionen von Standortfaktoren und Hypothesen der Standortentscheidung zerlegt werden muß: Von besonderer Bedeutung ist dabei die Differenzierung in eine mikroräumliche und makroräumliche Ebene: Auf der **makroräumlichen Ebene** findet der Zentrenbezug seinen direkten Ausdruck in der **Hierarchisierung und Funktionsspezialisierung im Zentrensystem**. Städtesystemtheorien und die Implikation der Wirtschaftsdienste in die Zentrenbildung sind dabei die wichtigsten Grundfragen. Im **mikroräumlichen Zusammenhang**, speziell also dem innerstädtischen Standortverhalten von Wirtschaftsdiensten erweist sich neben den **Erreichbarkeits- und Assoziationskriterien** vor allem das **Immobilienkriterium** als das dominante Standortkriterium, sodaß neben dem innerstädtischen Zentren-(City-)bezug von einem weitgehenden Homogenitätskonzept der Standortorientierung auszugehen ist.

* Entsprechend dem Konzept der Instrumentalhypothese sind Wirtschaftsdienste als potentielle **Instrumente der Regionalpolitik** aufzufassen. Eine Analyse von be-

stehenden regionalpolitischen Konzepten zeigt, daß die Wirtschaftsdienste ein breites Anwendungsfeld für regionalpolitische Strategien abgeben können: Sowohl die Konzepte der endogenen Regionalpolitik, besonders jene der innovationsorientierten Regionalpolitik (Ökonomisierungshypothese) aber auch die Zentrenpolitik (Dezentralisierungsstrategien) lassen einen verstärkten und gezielten Einsatz von Wirtschaftsdiensten - sowohl von Wirtschaftsdienstleistungen als Innovationsträger als auch von Wirtschaftsdienste-Betrieben - als sehr zielführend erscheinen, der mit einer Reihe von Vorteilen gegenüber anderen Strategien verbunden ist: geringer Investitionsbedarf, wenig zusätzlich Infrastrukturbelastung, Förderung der Exportfähigkeit der regionalen Produktion, hohe qualitative regionale Integration, Mobilisierung endogener Potentiale usw.

SCHLUSSWORT

Die vorliegende Arbeit stellt den Versuch dar, einen bisher wenig bearbeiteten Bereich der wirtschaftsgeographischen Forschung in möglichst umfassender Breite am empirischen Objekt **Österreich** darzustellen. Es soll damit ein Anstoß gegeben werden zu einer verstärkten Befassung mit den entsprechend der Entwicklung zur postindustriellen Gesellschaft immer bedeutender werdenden **Dienstleistungen**, insbesondere mit den **Wirtschaftsdiensten** und der räumlichen Organisation der intermediären, marktmäßigen Diensteproduktion und ihrer Bedeutung für das Zentren- und Regionssystem in industrialisierten Ländern.

Eine Reihe von Fragen und Problemstellung bleiben offen; eine Liste solcher weiterführender Arbeitsfelder soll künftige Forschungen anregen:
- Grundsätzlich bedürfen die meisten der in der Arbeit angeschnittenen Teilfragestellungen einer Vertiefung und empirischen Testung mit hohen Signifikanzen in Form von **Spezialuntersuchungen**. Diese können sich beziehen auf die exakte Hinterfragung von Standort- und Verlagerungsmotivationen von Wirtschaftsdiensten, sie können gerichtet sein auf die Analyse der Gründe für die Wahl bestimmter Dienstepartner und Diensteorte (differenziert nach Standortkategorien im Zentren- und Regionssystem), sie können versuchen die Standortbedingungen und -faktoren und ihr Zusammenspiel zu erfassen usw.
- Ein wichtiger Zugang zur Vertiefung der Problemstellung ist über **regionale Fallstudien** zu erreichen, in denen versucht wird, die Struktur und Organisation und die Entwicklung des Wirtschaftsdienste-Angebotes und der Wirtschaftsdienste-Benutzung zu analysieren: besonders lohnend dafür sind Städte verschiedenster Hierarchiestufen im Städtesystem, Suburbanisierungsbereiche im Großstadtraum, periphere und entwicklungsschwache Gebiete, usw.
- Ein wichtiger offener Forschungsbereich liegt in der vertieften Untersuchung der Bedingungen und Ausbildung der **multiplen Standortorganisation**, nicht nur aus der Sicht der Wirtschaftsdienste, sondern auch aus der Sicht der übrigen Dienstleistungen, nicht nur im Zusammenhang mit einem verbesserten Standortverständnis sondern auch im Zusammenhang mit der Einsetzbarkeit im Rahmen von regionalpolitischen Strategien.

- Wichtige Fragestellungen sind im Rahmen dieser **regionalwirtschaftlichen Bedeutung** der Wirtschaftsdienste zu klären: Läßt sich die Ökonomisierungs- und Innovationshypothese und die Hypothese der Zentrenpolitik empirisch bestätigen? Wie können Wirtschaftsdienste in die Region gebracht werden? Ist Ansiedlung von Wirtschaftsdienste-Betrieben notwendig oder genügt eine Verbesserung der Erreichbarkeit und der Kontaktorganisation? usw.
- Ein wesentlicher Beitrag kann auch über die **Siedlungssystem- und Zentrensystemforschung** erbracht werden. Wirtschaftsdienste als Zentrenfunktionen tragen zur Ausbildung von Zentrensystemen und Hierarchiemustern bei und sind somit eine wichtige Erklärungsdimension.
- Ein ganz wichtiger Ansatz besteht für die Thematik in der **Internationalisierung** und Globalisierung: Internationale Wirtschaftsbeziehungen werden über Städte und Städtesysteme, insbesondere über die internationalen Steuerungszentralen abgewickelt. Studien über Weltstädte und ihre Funktionen als Steuerungszentralen und über das System der Internationalen Steuerungszentralen sind dazu dringend erforderlich.

LITERATURVERZEICHNIS

Abe, K. (1975): A Study of Economic Mangement Centers of Major Cities in Japan, in: Geogr. Review of Japan, Vol. 46, S. 92-195, Tokio

Abe, K. (1984): Head and Branch Offices of Big Private Enterprise in Major Cities of Japan, in: Geogr. Review of Japan, Vol. 57, S. 43-67, Tokio

Abler, R. - Adams, J.S. - Gould, P. (1973): Spatial Organization, The Geographers View of the World, New Jersey

Ahnström, L. (1984): Why are offices where they are? The search for factors determining the location of Company Headquarters, in: Geojournal, Vol. 9, S. 163-170, Dordrecht

Alewell, K. - Rittmeier, B. (1977): Dienstleistungsbetriebe als Gegenstand von Regionalförderungsmaß-nahmen - Ein Diskussionsbeitrag aus betriebswirtschaftlicher Sicht, Schriften des Zentrums für regionale Entwicklungsforschung, Bd. 4

Alexander, .W. (1960): International Trade, selected typs of World Regions, in: Economic Geography, Vol. 36, S. 95, Worcester,Mass.

Alexander, J. (1979): Office Location and Public Policy, London

Alger, Ch. F. (1977): The Impact of Cities on International Systems, in: Ekistics, Vol. 264, S. 243 - 253, Athen

Alonso, W (1964): Location and Land Use, London

Altenburger, O.A. (1979): Ansätze zu einer Produktions- und Kostentheorie der Dienstleistungen, Diss., Wien

Amstrong, R.B. (1972): The office industry: patterns of growth and location, Cambridge, Mass.

Aprile, G. - Hotz, G. - Müdespacher, A. (1984): Raumwirtschaftliche Konsequenzen neuer Kommunikationstechnologien, in: DISP-ORL, Nr. 75, S. 13-19, Zürich

Arnold, K. (1986): Raummuster städtischer Industrien: Die zonale und sektorale Verteilung der Wiener Industrie, in: Wirtschaftsgeographische Studien, H. 12/13, S. 7-34, Wien

Bade, F.-J. (1979): Funktionale Aspekte der regionalen Wirtschaftsstruktur, in: Raumforschung und Raumordnung, 37. Jg., S. 253 - 268, Köln

Bade, F.-J. (1983): Locational Behavior and the Mobility of Firms in West Germany, in: Urban Studies, Nr. 20, S. 279-297

Bade, F.-J. (1986): Funktionale Arbeitsteilung und regionale Beschäftigungsentwicklung, in: Informationen zur Raumentwicklung, H. 9/10, S. 695 - 713, Bonn

Bahrenberg, G. (1972): Räumliche Betrachtungsweise und Forschungsziele der Geographie, in: Geographische Zeitschrift, Bd. 26, H. 1, S. 4 - 24, Stuttgart

Bahrenberg, G. (1975): Die Ausbreitung von Informationen, in: Geographische Rundschau, Beiheft 3, Braunschweig

Bahrenberg, G. (1979): Zentrale Orte - quo vadis?, in: Geographische Zeitschrift, 67. Jg., S. 354, Wiesbaden

Bahrenberg, G. (1985): Stand und Aufgabe der "Spatial Analysis", in: Klagenfurter Geographische Schriften, H. 6, S. 15-28, Klagenfurt

Bahrenberg, G. - Giese, E. - Nipper, J. (1985): Statistische Methoden in der Geographie, Bd. 1. Univariate und bivariate Statistik, Teubner Studienbücher Geographie, Stuttgart

Bahrenberg, G. - Giese, E. - Nipper, J. (1985): Zur Anwendung der Theorie der zentralen Orte in der Raumplanung, in: Duisburger Geogr. Arbeiten, H. 5, S. 15-35, Köln

Bargiel, A. (1969): Die Standorte der Wirtschaftstreuhänder in Östereich, in: Wiener Geographische Schriften, Bd. 33, Wien

Barras, R. (1983): A simple theoretical model of the office development cycle, in: Environment and Planning A, Vol. 15, S. 1381 - 1394, London

Bartels, D. (1968): Zur wissenschaftstheoretischen Grundlegung einer Geographie des Menschen, Geographische Zeitschrift - Beihefte, Bd. 19, Wiesbaden

Bartels, D. Hg. (1970): Wirtschafts- und Sozialgeographie, Neue Wissenschaftliche Bibliothek 35, Köln - Berlin

Bartels, D. (1970): Geographische Aspekte sozialwissenschaftlicher Innovationsforschung, in: Tagungsbericht und wiss. Abhnadlungen, Dt. Geographentag, Kiel 1969, S. 283-298, Wiesbaden

Bartels, D. (1979): Theorien nationaler Siedlungssysteme und Raumordnungspolitik, in: Geographische Zeitschrift, Jg. 67, S. 110 - 146, Stuttgart

Bartels, D. (1982): Wirtschafts- und Sozialgeographie, in: Handwörterbuch der Wirtschaftswissenschaften, Bd. 9, S. 34 - 55, Köln

Bartling, U. (1985): Unternehmensberatung als externe Stabsstelle des Managements, Eine Untersuchung der Funktion und Bedeutung unter besonderer Berücksichtigung ihrer Relevanz für Klein- und Mittelunternehmen, Europäische Hochschulschriften, Reihe 5, H. 616, Frankfurt/Main

Bateman, M. (1985): Office Development: A Geographical Analysis, London

Bearse, P.J. (1978): On the Intra-Regional Diffusion of Business Service Activity, in: Regional Studies, Vol. 12, S. 563 - 578

Behrens, K. Ch. (1961): Allgemeine Standortbestimmungslehre, Köln

Bell, D. (1973): The Coming of Post-Industrial Society - A Venture in Social Forecasting, New York

Berekoven, L. (1974): Der Dienstleistungsbetrieb, Wesen, Struktur und Bedeutung, Wiesbaden

Berekoven, L. (1983): Der Dienstleistungsmarkt in der Bundesrepublik Deutschland: theoretische Fundierung und empirische Analyse, Bd. 1 und 2, Göttingen

Berry, B.J.L. - Garrison, W.L. (1958): The functional bases of the Central Place Hierarchy, in: Economic Geography, Vol. 34, S. 145 - 154, Worcester/Mass.

Berry, B.J.L. (1967): Geography of Market Centers and Retail Distribution, Englewood Cliffs, N.J.

Biervert, B. - Dierkes, M. Hg. (1989): Informations- und Kommunikationstechniken im Dienstleistungssektor, Rationalisierung oder neue Qualität? Wiesbaden

Birkenhauer, J (1982): "Weltstadt" als Modell - Erarbeitung einer Modellvorstellung, in: Geographie im Unterricht, Nr. 12, S. 469-476

Blotevogel, H.H. - Hommerl, M. (1980): Entwicklung und Struktur des Städtesystems (BRD), in: Geographische Rundschau, Jg. 32, S. 155 - 164, Braunschweig

Blotevogel, H.H. (1983): Das Städtesystem in Nordrhein-Westfalen, in: Münstersche Geographische Arbeiten, Nr. 15, S. 71 - 103, Paderborn

Bobek, H (1969): Über einige funktionelle Stadttypen und ihre Beziehungen zum Lande, in: Schöller, P. Hg.): Allgemeine Stadtgeographie, S. 269-288, Darmstadt

Bobek, H. (1976): Die Theorie der zentralen Orte im Industriezeitalter, in: Deutscher Geographentag Innsbruck, Tagungsberichte und wissenschaftliche Abhandlungen, S. 199 - 213, Wiesbaden

Bobek, H. - Fesl, M. (1978): Das System der Zentralen Orte Österreichs, Eine empirische Untersuchung, Wien

Bobek, H. - Fesl, M. (1983): Zentrale Orte Österreichs II, Beiträge zur Regionalforschung, Bd. 4, Wien

Bobek, H. - Hofmayer, A. (1981): Gliederung Österreichs in wirtschaftliche Strukturgebiete, Beiträge zur Regionalforschung, Bd. 3, Wien

Böck, K. (1979): Der Dienstleistungsunternehmenstyp Betriebsberatung und seine Bedeutung als Förderinstrument, Dipl. Arb., Wien

Böcker, F. (1987): Marketing, UTB 919, Stuttgart

Böhm, K. (1974): Standorte des internationalen Handels - Rangfolge von Handelsstandorten, Dipl. Arbeit, Wien

Bökemann, D. (1982): Theorie der Raumplanung, Regionalwissenschaftliche Grundlagen für die Stadt, Regional- und Landesplanung, Wien

Boesler, K.A. (1960): Die städtischen Funktionen, Berlin

Boesch, M. (1987): Theorie und Praxis einer Engagierten Geographie, Publikationen der Forschungsstelle für Wirtschaftsgeographie und Raumplanung an der Hochschule St. Gallen, Nr. 12. St. Gallen

Boesch, M. (1989): Engagierte Geographie, Zur Rekonstruktion der Raumwissenschaft als politisch orientierte Geographie, Erdkundliches Wissen, H. 98, Stuttgart

Böventer, E.v. (1962): Theorie des räumlichen Gleichgewichts, Tübingen

Bousted, O. (1970): Grundriß der empirischen Regionalforschung, Teil I. Raumstrukturen, Bd. 4, Hannover

Britton, J.N.H. (1974): Environmantal adaption of industrial plants: service linkages, locational environment and organization, in: Hamilton, I.: Spatial Perspectives an Industrial Organization, London

Brown, L.A. (1981): Innovation, Diffusion. A New Perspective, London

Brugger, E.A. (1980): Innovationsorientierte Regionalpolitik, Notizen zu einer neuen Strategie, in: Geographische Zeitschrift, Jg. 68, S. 173 - 198, Wiesbaden

Brugger, E.A. (1981): Regionalforschung als Chance der Wirtschafts- und Sozialgeographie, in: Geographica Helvetica, Nr. 4., S. 167-175, Zürich

Buder, W. - Ellwein, TH. (1978): Forschungs- und Entwicklungsförderung als Mittel zur Förderung der Invention und Innovation in Betrieben, in: Informationen zur Raumentwicklung, H. 7, S. 515, Bonn-Bad-Godesberg

Burghardt, A. (1979): Einführung in die Allgemeine Soziologie, 3. Auflage, München

Burns, L. (1977): The location of the Headquarters of Industrial Companies: A Comment, in: Urban Studies, Vol. 14., S. 211-214

Burrows, E.M. (1973): Office Employment and the Regional Problem, in: Regional Studies, Vol. 7, S. 17-31, New York

Buswell, R.J. - Lewis, E.W. (1970: The geographical distribution of research activity in the UK, in: Regional Studies, Vol. 4, S. 297-306, New York

Butzin, B. (1979): Zentrum und Peripherie im Wandel, Erscheinungsformen und Determinanten der "counterurbanization" in Nordeuropa und Kanada, in: Münstersche Geographische Arbeiten, H. 23, Paderborn

Camphausen-Busold, B. (1981): Entwicklungstendenzen im Dienstleistungsbereich und die Auswirkungen auf die Raumwirtschaft, in: Bochumer wirtschaftswiss. Studien, Nr. 73, Bochum

Carroll, G.R. (1982): National City-Size Distributions: What do we know after 67 years of research? in: Progress in Human Geography, Vol. 6, S. 1 - 43, London

Christaller, W. (1933, Nachdruck 1968): Zentrale Orte in Süddeutschland, Eine ökonomische Untersuchung über die Gesetzmäßigkeiten der Verbreitung und Entwicklung der Siedlungen mit städtischen Funktionen, Darmstadt

Christaller, W. (1985): Zur Frage des Standortes für Dienstleistungen, in: Wege der Forschung, Bd. 591, S. 9-19, Darmstadt

Clapp, J. (1983): A model of public policy towards office relocation, in: Environment and Planning A, Vol. 15, S. 1299 - 1310, London

Clark, C. (1940): The conditions of Economic Progress, London

Cohen, R. (1979): The changing Transactions Economy and its Spatial Implications, in: Ekistics, Vol. 274, S. 7 - 15, Athen

Conkling, E.C. - Mc Connell, J.E. (1981): Toward an integrated approach to the Geography of International Trade, in: The Professional Geographer, Vol. 33, S. 16-25, Washington

Conzen, M.P (1975): Capital flows and the developing urban hierarchy: State Bank Capital in Wisconsin, 1854 - 1895, in: Economic Geography, Vol. 51, S. 321 - 338, Worcester/Mass.

Corey, K.E. (1982): Transactional Forces and the Metropolis, in: Ekistics, Vol. 297, S. 416-423, Athen

Corsten, H. (1985): Die Produktion von Dienstleistungen. Grundzüge einer Produktionswirtschaftslehre des tertiären Sektors, Betriebswirtschaftliche Studien, Nr. 51, Berlin

Corsten, H. (1988): Betriebswirtschaftslehre der Dienstleistungen, München

Cowan, P. (1969): The Office: a Facet of Urban Growth, London 1969

Damesick, P.J. (1986): Service industries, employment and regional development in Britain: a review of recent trends und issues, in: Transactions, Vol. 11, S. 212 - 226, London

Daniels, P.W.(1969): Office Decentralization from London: Policy and Practice, in: Regional Studies, Vol. 3, S. 171-178, New York

Daniels, P.W. (1977) Office Location in the British Conurbation, in: Urban Studies, Vol. 14, S. 261-274

Daniels, P.W. (1978): Service Sector Office Employment and Regional Imbalance in Britain, 1966-71, Tijdschift for economische en social geografie, vol. 69, S. 286-295, Utrecht

Daniels, P.W. (1979): Perspectives on Office Location Research, in: Daniels, P.W.: Spatial Patterns of Office Growth and Location, Chichester

Daniels, P.W. Hg. (1979): Spatial Patterns of Office Growth and Location, Chichester

Daniels, P.W. (1982): Service Industries: Growth and Location, New York

Daniels, P.W. (1983): Service Industries, supporting role or centre stage?, in: Area, Vol. 15, S. 301 - 309, London

Daniels, P.W. (1984): Business Service Offices in Provincial Cities: Source of Input and Destination of Output, in: Tijdschift for economische en social geografie, Vol. 75, S. 123-139, Utrecht

Daniels, P.W. (1985): The Geography of Services, in: Progress in Human Geography, Vol. 9, S. 443 - 451, London

Daniels, P.W. (1985): Service Industries, A geographical appraisel, London

270

Daniels, P.W. (1986): The geography of services, in: Progress in Human Geography, Vol. 10, S. 436 - 444, London

Daniels, P.W. - Holly, B.P. (1983): Office location in transition: observations and research in Britain and North America, in: Environment and Planning A, Vol. 15, S. 1293-1298, London

Daniels, P.W. - Thrift, N. (1985): Producer Services, proosed research (Mansukript)

de Lange, N. (1980): Städtetypisierung in Nordrhein-Westfalen im raum-zeitlichen Vergleich 1961 und 1970 mit Hilfe multivariater Methoden - eine empirische Städtesystemanalyse, Münstersche Geogr. Arbeiten, Nr. 8, Paderborn

de Lange, N. (1983): Standortverhalten ausgewählter Bürogruppen in Innenstadtgebieten westdeutscher Metropolen, in: Münchner Geographische Hefte, Nr. 50, S. 61 - 100, Kallmünz

de Smidt, M. (1984): Office Location and the urban functional mosaic: A comparative study of five cities in the Netherlands, in: Tijdschrift for economische en social geografie, Vol. 75, S. 332

Decker, F. (1975): Einführung in die Dienstleistungsökonomie, Paderborn

Deiters, J. (1978): Zur empirischen Überprüfbarkeit der Theorie der zentralen Orte, Fallstudie Westerwald, Arbeiten zur Rhein. Landeskunde, H. 44, Bonn

Derenbach, R. (1982): Qualifikation und Innovation als Strategie der regionalen Entwicklung, in: Informationen zur Raumentwicklung, H. 6/7, S. 449-462, Bonn

Dobson, St. N. (1987): Manufacturing Establishment Linkage Patterns and the Implications for Peripheral Area Development: the Case of Devon and Cornwall, in: Geoforum, Vol. 18, S. 37 - 54, London

Dunning, J.H. - Norman, G. (1983): The theory of the multinational entreprise: an application to multinational office location, in: Environment and Planning A, Vol. 15, S. 675-692, London

Dupke, S. - Ganser, K. (1975): Behördenstandorte als Instrumente der Raumordnung, in: Informationen zur Raumentwicklung, H. 1, S. 15-26, Bonn-Bad Godesberg

Eckerle, K. - u.a. (1986): Überprüfung des Systems der Schwerpunktorte im Rahmen der Gemeinschaftsaufgabe "Verbesserung des regionalen Wirtschaftsstruktur", in: Informationen zur Raumentwicklung, H. 9/10, S. 741-760, Bonn-Bad Godesberg

Edington, D. W. (1982): Changing Patterns of Central Business District Office Activity in Melbourne, in: Australian Geographer, Vol. 15, S. 231-242, Sidney

Edwards, L.E. (1983): Towards a process model of office location decision making, Environment and Planning A, Vol. 15, S. 1327 - 1342, London

Eschbach, TH.H. (1984): Der Ausgleich funktionaler Defizite des wirtschaftlichen Systems durch Unternehmensberatung, Europ. Hochschulschriften: Soz., Nr. 85, Frankfurt/MAIN

Evans, A.W. (1973): The Location of the Headquarters of Industrial Companies, in: Urban Studies, Vol. 10, S. 387

Ewringmann, D. - Kortenkamp, L. (1986): Veränderte Rahmenbedingungen für die regionale Wirtschaftspolitik. in: Informationen zur Raumentwicklung, H. 9/10, S. 669 - 677, Bonn-Bad-Godesberg

Falk, B. (1979): Dienstleistungsmarketing, München

Fernie, J. (1979): Office Activity in Edinburgh, in: Ekistics, Nr. 274, S. 25-33, Athen

Fester, F. (1976): Entwicklungszentren - Urbanisierung peripherer Räume statt Industrialisierung des ländlichen Raumes, in: Informationen zur Raumentwicklung, H 2/3, S. 135 - 146, Bonn-Bad Godesberg

Flore, C. (1978): Zur Raumbedeutsamkeit der Forschungs- und Technologiepolitik, in: Raumforschung und Raumordnung, H. 3, S. 133-141, Köln

Foster, E. (1977): Der innerstädtische Standort von Versicherungsdirektionen, Zft. f. Versicherungswesen, Nr. 28, S. 146-148

Fourastie, J. (1954): Die große Hoffnung des 20. Jahrhunderts, Köln

Frerich, J. - Pötsch, R. (1975): Tertiärer Sektor und Regionalpolitik, Göttingen

Frerich, J. (1978): Dienstleistungspotential und innovationsorientierte Regionalpolitik, in: Informationen zur Raumentwicklung, H. 7, S. 535, Bonn-Bad Godesberg

Frey, A. (1981): The Geographer's Burden of Office, in: Progress in Human Geography, Vol. 5, S. 131-139, London

Friedmann, J. (1966): Regional Development Policy: A Case Study of Venezuela, Cambridge, Mass.

Friedmann, J. (1973): Urbanization, Planning and National Development, Berverly Hills/Cal.

Friedmann, J. (1986): The world city hypotheses, in: Development and Change Vol. 17, S. 69 - 83

Frühwirt, U. (1983):Immobilienbüros in Wien, Eine Untersuchung über Standort, Märkte und Kontaktstrukturen von Dienstleistungsbetrieben, Dipl. Arb., Wien

271

Fuchs, I (1986): Neufassung der Stadtregion aufgrund der Volkszählung 1981, in: Statistische Nachrichten, H. 41/6, Wien

Fuchs, M. - u.a. (1985): Regelmäßigkeiten der innerstädtischen Bodennutzung - Das Beispiel Hamburgs, in: Geographische Zeitschrift, Bd. 73, S. 63 - 80, Stuttgart

Fuchs, V. (1968): The Service Economy, New York

Gad, G. (1968): Büros im Stadtzentrum von Nürnberg, ein Beitrag zur Cityforschung, in: Mitteilungen der Fränkischen Geographischen Gesellschaft, Bd. 13/14, S. 133-341, Nürnberg

Gad, G. (1979): Face-to-Face Linkages and Office Decentralization Potentials: A Study of Toronto, in: Daniels, P.W.: Spatial Patterns of Office Growth and Location, S. 227-323, Chichester

Gad, G. (1983): Die Dynamik der Bürostandorte - drei Phasen der Forschung, in: Münchener Geographische Hefte, Nr. 50, S. 29-60, Kallmünz

Gaebe, W. (1981): Zur Bedeutung der Agglomerationswirkungen für industrielle Standortentscheidungen, in: Mannheimer Geographische Arbeiten, H. 13, Mannheim

Ganser, K. (1977): Zentrale Orte und Entwicklungszentren, in: Münchner Geographische Hefte, Nr. 39, S. 105, Kallmünz

Geipel, R. (1971): Überlegungen zur Standortwahl für neue Hochschulen in Süddeutschland, in: Raumfoschung und Raumordnung, H. 4, S. 167-175, Köln

Gershuny, J. (1981): Die Ökonomie der nachindustriellen Gesellschaft. Produktion und Verbrauch von Dienstleistungen, Frankfurt/Main

Giese, E. (1982): Die Anziehungskraft der wissenschaftlichen Hochschulen in der BRD, in: Die Erde, Bd. 113, S. 115-132, Berlin

Giese, E. - Nipper, J. (1984): Die Bedeutung von Innovation und Diffusion neuer Technologien für die Regionalpolitik, in: Erdkunde, Bd. 38, S. 202-215, Bonn

Glatz, H. - Scheer, G. (1981): Autonome Regionalentwicklung - eine neue Dimension des Regionalismus? in: Österr. Zft. f. Politikwissenschaft, H. 3, S. 333-346, Wien

Goddard, J.B. (1968): Multivariate Analysis of Office Location Patterns in the City Centre: A London Example, in: Regional Studies, Vol. 2, S. 69-85, Oxford

Goddard, J.B. (1971): Office Communication and Office Location: A Review of Current Research, in: Regional Studies, Vol. 5, S. 263 - 28, New York

Goddard, J.B. (1975): Office Location in Urban und Regional Development, London

Goddard, J.B. - Gillespie, A.E. (1986): Advanced telecommunications and regional development, in: The Geographical Journal, Vol. 152, S. 383-397, London

Goodwin, W. (1965): The management centers in the United States, in: Geographical Review, Vol. 55, S. 1-16, New York

Gottmann, J. (1961): Megalopolis: The Urbanized Northwestern Seaboard of the United States, New York

Gottmann, J. (1970): Urban Centrality and the Interweaving of Quarternary Activities, in: Ekistics, Vol. 174, S. 322-331, Athen

Gottmann, J. (1983): The Coming of the Transactional City, Maryland

Gottmann, J. (1983): Capital cities, in: Ekistics, Vol. 50, S. 88, Athen

Gräber, H. - u.a. (1986): Zur Bedeutung der externen Kontrolle für die regionale Wirtschaftsentwicklung, in: Informationen zur Raumentwicklung, H. 9/10, S. 679-694, Bonn-Bad Godsberg

Gräf, M. - Greiler, R. (1982): Organisation und Betrieb eines Rechenzentrums, 2. Aufl. Stuttgart-Wiesbaden

Granegger, H. (1985): Genossenschaften und überbetriebliche Zusammenarbeit als Instrumente der regionalen Strukturverbesserung, Diss., Wien

Green. A.E. - Howells, J. (1987): Spatial prospects for service growth in Britain, in: Area, Vol. 19.2, S. 111-122, London

Greenfield, H.T. (1966): Manpower and the Growth of Producer Services, New York

Grit, S. - Korteweg, P.J. (1976): Perspectives on Office Relocation in the Netherlands, in: Tijdschrift for economische en social geografie, Vol. 67., S. 2-14, Utrecht

Grotz, R. (1980): Das räumliche Verhalten von Industriebetrieben in Abhängigkeit von Größe und Standortraum, in: Mannheimer Geographische Arbeiten, H. 7, S. 25 - 51, Mannheim

Güssefeldt, J. (1975): Zu einer operationalen Theorie des räumlichen Versorgungsverhaltens, Giessener Geographische Schriften, H. 34, Giessen

272

Güssefeldt, J. (1980): Die heutige Bedeutung der Theorie der Zentralen Orte, in: Geographische Zeitschrift, 68. Jg., S. 132-136, Wiesbaden

Gustaffson, K. (1973): Grundlagen der Zentralitätsbestimmung, Veröffentl. der Akademie für Raumforschung und Landesplanung, Abhandlungen Bd. 66, Hannover

Haggett, P. (1973): Einführung in die kultur- und sozialgeographische Regionalanalyse, Berlin

Haggett, P. (1979) Geography, A Modern Synthesis, New York

Hall, P. (1978): The World Cities, London, 1978

Hartwieg, J. (1983): Der Suburbanisierungsprozeß unter den kleinen Bürofirmen und Freien Berufe im Verdichtungsraum München, in: Münchner Geographische Hefte, Nr. 50, S. 101-158, Kallmünz

Hay, A. (1985): The World as a Spatial Economic System, in: Geography, Vol. 70, S. 97-105

Hayter, R. - Watts, H.D. (1983): The Geography of Enterprise, in: Progress in Human Geography, Vo. 7, S. 157-181, London

Heineberg, H. - de Lange, N. (1983): Die Cityentwicklung in Münster und Dortmund seit der Vorkriegszeit - unter besonderer Berücksichtigung des Standortverhaltens quartärer Dienstleistungsgruppen, in: Münstersche Geographische Arbeiten, H. 15, S. 221 - 285

Heineberg, H. - Heinritz, G. (1983): Konzepte und Defizite der empirischen Bürostandortforschung in der Geographie, in: Münchner Geographische Hefte, Nr. 50, S. 9 - 29, Kallmünz

Heinritz, G. (1977): Einzugsgebiete und zentralörtliche Bereich - methodische Probleme der empirischen Zentralitätsforschung, in: Münchner Geographische Hefte, Nr. 39, S. 9, Regensburg

Heinritz, G. (1979): Zentralität und zentrale Orte, Eine Einführung, Stuttgart

Heinritz, G. Hg. (1986): Standorte und Einzugsbereiche tertiärer Einrichtungen, Beiträge zu einer Geographie des tertiären Sektors, Wege der Forschung, Bd. 591, Darmstadt

Heinritz, G. - Klingbeil, D. (1984): Zur Entwicklung der Münchner Suburbia, in: Mitteilungen der Geographischen Gesellschaft München, Bd. 69, S. 39-68, München

Hellberg, H. (1985): Der suburbane Raum als Standort von privaten Dienstleistungseinrichtungen, in: Wege der Forschung, Bd. 591, S. 20-52, Darmstadt

Hill, T.P. (1977): On goods and services, in: The Review of Income and Wealth Series, Vol. 23, S. 315-338

Hoberg, R. (1983): Raumwirksamkeit neuer Kommunikationstechniken - innovations- und diffusionsorientierte Untersuchung am Beispiel des Landes Baden-Württemberg, in: Raumforschung und Raumordnung, Jg. 41, S. 211 - 222

Holz-Hart, B. - Würth, M. (1985): Strukturwandel im Dienstleistungssektor und Stadtentwicklung, in: DISP - ORL, Nr. 80/81, S. 17 - 29, Zürich

Hottes, . (1970): Sozialökonomische Voraussetzungen für eine Weltstadt in der nordwesteuropäischen Megalopolis, in: Information Inst. f. Raumordnung, 20. Jg. S. 757-768, Bonn

Iblher, P. (1970): Hauptstadt oder Hauptstädte? Die Machtverteilung zwischen den Großstädten der Bundesrepublik Deutschland, Opladen

Inhaber, H. - Przednowek, K. (1974): Distribution of Canadian Science, in: Geoforum, Vol. 19, S. 45 - 54, Oxford

Jefferson, M. (1939): The Law of the Primat City, in: Geographical Review, Vol. 29, S. 226 - 23

Juen, CH. (1983): Die Theorie des sektoralen Strukturwandels, Konzeptionelle Grundlagen, Probleme und neuere theoretische Ansätze zur Erklärung des sektoralen Strukturwnadels, Veröffentlichungen der Hochschule St. Gallen, Bern

Karsch, Ch. (1977): Zur Theorie der Siedlungsgrößenverteilung, ein kritischer Überblick, Schriftenreihe der Österrr. Gesellschaft für Raumforschung, Bd. 23, Wien

Kaniak, J. (1983): Theorie und Methode der Abgrenzung peripherer Gebiete und zur Messung des regionalen Entwicklungsstandes in Österreich 1961 - 1983, IIR-Forschung, Nr. 1, Wien

Kaufmann, E. J. (1977): Marketing für Produktivdienstleistungen, Zürich

Kellermann, A. (1984): Telecommunikations and the Geography of Metropolitan Areas, in: Progress in Human Geography, Vol. 8, S. 222-246, London

Kellerman, A. (1985): The evolution of Service Economies: A geographical perspective, in: Professional Geographer, Vol. 37, S. 133 - 143

Kellner, G. (1970): Plurilokale Industrieunternehmungen, eine Untersuchung der Bildung von Produktionsfilialen in Österreich, Diss., Wien

Klingbeil, D. (1977): Aktionsräumliche Analyse und Zentralitätsforschung - Überlegungen zur konzeptionellen Erweiterung der zentralörtlichen Theorie, in: Münchner Geographische Hefte, Nr. 39, S. 45, Kallmünz

Keuper, F. W. (1986): Grundlagen einer Marketingkonzeption für Versicherungsunternehmen unter besonderer Berücksichtigung der betrieblichen Nachfragestruktur, Schriftenreihe d. Instituts für Kredit- und Versicherungswirtschaft, Bd. 1, Wien

Klemmer, P. (1986): Wissenschaftliche Bestandsaufnahme des Schwerpunktorteprinzips, in: Informationen zur Raumentwicklung, H. 9/10, S. 735 - 740, Bonn

Klingbeil, D. (1977): Aktionsräumliche Analyse und Zentralitätsforschung - Überlegungen zur konzeptionellen Erweiterung der zentralörtlichen Theorie, in: Münchner Geographische Hefte, Nr. 39, S. 45, Kallmüntz

Klingbeil, D. (1978): Aktionsräume im Verdichtungsraum, Zeitpotentiale und ihre räumliche Nutzung, in: Münchner Geographische Hefte, Nr. 41, Kallmünz

Kordey, N. (1986): Raumstrukturelle Wirkungen neuer Informations- und Kommunikationstechnologien, dargestellt anhand der Strategien öffentlicher Verwaltung und unternehmerischer Standortentscheidung, Materialien - Inst. für Kulturgeographie, Nr. 10, Frankfurt/Main

Kosiol, E. (1962): Organisation der Unternehmung, Wiesbaden

Kreiner, I. (1985): Standorte der Unternehmenszentralen multinationaler Konzerne, Diss., Wien

Krickau-Richter, L. - Olbrich, J. (1982): Regionale Strukturpolitik mit Dienstleistungsbetrieben, Möglichkeiten und Grenzen der Standortsteuerung, Dortmunder Beiträge zur Raumplanung, Nr. 25, Dortmund

Krumme, G. (1969): Towards a Geography of Enterprise, in: Economic Geography, Vol. 45, S. 30 - 40, Worchester/Mass.

Kühn, H.-J. (1970): Produktivitätsvergleich im Dienstleistungsbetrieb, Diss., Wien

Lange, S. (1972): Die Verteilung von Geschäftszentren in Verdichtungsräumen - ein Beitrag zur Dynamisierung der Theorie der zentralen Orte, in: Zentralörtliche Funktionen in Verdichtungsräumen, Veröffentlichungen der Akad. für Raumforschung und Landesplanung, Forschungs- und Sitzungsberichte, Bd. 72, S. 7 - 48, Hannover

Lasuen, J.R. - Lorea, A. - Oria, J.: City Size Distribution and Economic Development, in: Ekistics, Vol. 24, S. 221 - 226, Athen

Lasuen, J.R. (1969): On Growth Poles, in: Urban Studies, vol. 6, S. 137 - 161, Edinburgh

Lasuen, J.R. (1970): Urban Hierarchy Stability and Spatial Polarization, in: Urban Studies, Vol. 7, S. 84 - 88, Edinburgh

Laulajainen, R. (1982): Temporal Hierarchy of the Corporate Space, in: Geojournal, Vol. 6, S. 399-408, Dordrecht

Lichtenberger, E. (1986): Stadtgeographie 1, Begriffe, Konzepte, Modelle, Prozesse, Teubner Studienbücher Geographie, Stuttgart

Lindhard, H. (1969): Versuch einer Systematik der Dienstleistungsunternehmen, in: Betriebswirtschaftliche Umschau, Jg. 39, Nr. 11, S. 369 - 376

Lösch, A. (1944, 1962): Die räumliche Ordnung der Wirtschaft, Stuttgart

Lütke, I. (1985): Standorte der Wirtschaftstreuhänder in Österreich, Dipl. Arb., Wien

Malecki, E.J. (1979): Agglomeration and intra-firm linkages in R&D location in the United States, in: Tijdschrift for economische en social geografie, Vol. 70, S. 322 - 332, Utrecht

Maleri, R. (1973): Grundzüge der Dienstleistungsproduktion, Berlin

Männel, W. (1983): Die Wahl zwischen Eigenfertigung und Fremdbezug. Theoretische Grundlagen - Praktische Fälle, 2. Aufl. Stuttgart

Manson, D.M. - u.a. (1985): The Effect of Business Cycles on Metropolitan Suburbanization, in: Economic Geography, vol. 61, S. 72-80, Worcester, Mass.

Markusen, A. (1985): Profit Cycle, Oligopoly and Regional Development, M.I.T. Press, Cambridge/Mass.

Marquard, J. (1979): The Service Sector and Regional Policy in the United Kingdom, Research Series, Centre for Environment, Nr. 29, London

Marshall, J.N. (1982): Linkages between manufacturing industry and business services, in: Environment and Planning A, vol. 14, S- 1523 - 1540, London

Marshall, J.N. (1983): Business-service activities in British provincial conurbations, in: Environment and Planning A, Vol. 15, S. 1343 - 1559, London

Marshall, J.N. (1984): Information Technology Changes and Corporate Office Activity, in: Geojournal, Vol. 9, S. 171 - 178

Marshall, J.N. (1985): Business Services, the Region and Regional Policy, in: Regional Studies, Vol. 19, S. 353 - 363, New York

Marshall, J.N. (1987): Producer services and uneven development, in: Area, Vol. 19, S. 35 - 41

Marshall, J.N. (1988): The Changing Organization of Modern Western Society: A Geographical Appraisel of Service Activities, Züricher Geographische Schriften, H. 31, Zürich

Marshall, J.N. u.a. (1988): Services and uneven development, Oxford

Marshall, J.N. - Damesick, P. - Wood, P. (1985): Understanding the Location und Role of Producer Services, Paper presented to the Regional Science Conference 1985

Mauch, ST. (1979): Unternehmenspolitische Strategien zur Bewältigung von Standortnachteilen, Dargestellt am Beispiel der Standortsituation der Bayerischen Chemiebetriebe, Reihe Wirtschaftswissenschaften, Bd. 6, München

Mc Nee, R.B. (1958): Functional Geography of the Firm, with an illustrative Case Study from the Petroleum Industry, in: Economic Geography, Vol. 34, S. 321-337, Worcester, Mass.

Meffert, H. (1988): Marketing, Einführung in die Absatzpolitik mit Fallstudie, 7. Aufl. Wiesbaden

Menz, L. (1965): Der tertiäre Sektor, Die Dienstleistungsbereich in der modernen Volkswirtschaft, Diss., St. Gallen

Müdespacher, A. (1985): Die Diffusion von Innovationen der Telematik in der Schweiz, in: Geographica Helvetica, 40. Jg., . 113-122, Zürich

Myrdal, G. (1964): Ökonomische Theorie und unterentwickelte Regionen, Frankfurt/Main

Nöllner, E. (1986): EDV-Dienstleistungsbetriebe in Österreich - Ein Beitrag zur Standortproblematik von Wirtschaftsdiensten, Dipl. Arb., Wien

Norman, Th. (1987): Dienstleistungsunternehmen, Hamburg - New York

Nottrot, J. (1985): Luxemburg, Beiträge zur Stadtgeographie einer europäischen Hauptstadt und eines internationalen Finanzplatzes, Innsbrucker Geographische Studien, Bd. 12, Innsbruck

Noyelle, Th. J. (1983): The Rise of Advanced Services, some Implications for Economic Development in U.S. Cities, in: Journal of American Planning Association, Vol. 49, S. 280 - 290

Noyelle, Th. J. - Stanback, Th. M. (1983): The Economic Transformation of American Cities, Totowa, N.J.

Nystuen, J. D. (1970): Die Bestimmung einiger fundamentaler Raumbegriffe, in: Bartels, D.: Wirtschafts- und Sozialgeographie, Neue Wissenschaftl. Bibliothek, Nr. 35, Köln-Berlin

OECD (1978): Regional Policy and the Service Sector, Paris

Olander, L.-O. (1979): Office Activities as Activity Systems, in: Daniels, P.W. Hg.: Spatial Patterns of Office Growth and Location, Chichester

Olbrich, J. (1984): Regionale Strukturpolitik mit Büroarbeitsplätzen, Standortverhalten von Hauptverwaltungen der Industrie, in: Raumforschung und Raumordnung, H. 4/5, S. 225-238, Köln

Palme, G. (1989): Entwicklungsstand der Industrieregionen Österreichs, WIFO-Monatsberichte, H. 5, S. 331 - 345, Wien

Palme, G. (1988): Unternehmensstrategien in der Entindustrialisierung, 46. Deutscher Geographentag München 1987, Tagungsbericht und wissenschaftliche Abhandlungen, S. 295 - 298, Wiesbaden

Perlitz, W. (1976): Entscheidungsproblem: Eigenerstellung - Fremdbezug von Unternehmensberatungsleistungen, Erlangen-Nürnberg

Perrson, C. (1979): Environmental images and decision processes: some theoretical and methodological reflections, in: Daniels, P.W.: Spatial patterns of office growth and location, S. 175-192, Chichester/Mass.

Polese, M. (1981): Inter-regional service flows, economic integration and regional policy: some considerations based an Canadian survey data, in: Revue d'Economie Regionale et Urban, Nr. 4, S. 489-503

Polese, M. (1982): Regional demand for business services and inter-regional service flows in a small Canadian Region, in: Papers of the Regional Science Association, Nr. 50, S. 151 - 163

Pred, A. (1973): The growth and development of Systems of Cities in Advanced Economies, Lund Studies in Geography, Ser. B, Nr. 38, Lund

Pred, A. (1974): Industry, Information and City-System Interdependencies, in: Hamilton, J.: Spatial Perspectives on Industrial Organization and Decision-Making, London

275

Pred, A. (1975): Diffusion, organizational spatial structure and city-system development, in: Economic Geography, Vol. 51, S. 252 - 268, Worchester/Mass.

Price, D.G. - Blair, A. M. (1989): The Changing Geography of the Service Sector, London

Pritchard, G. (1975): A Model of Professional Office Location, in: Geografiska Annaler, Vol. 57 B, S. 100 - 108, Stockholm

Pye, R. (1977): Office Location: Role of Communication and Technology, in: Daniels, P.W.: Spatial Patterns of Office Growth and Location, Chichester

Rainer, N. - Fleischmann, E. (1985): Input-Output-Tabelle 1976: Güter- und Produktionskonten in aggregierter Form, in: Statistische Nachrichten, H. 5, S. 353-366, Wien

Rainer, N. (1985): Kennzahlen zur Österreichischen Wirtschaftsstruktur auf der Basis der Input-Output-Tabelle 1976, in: Statistische Nachrichten, H. 6, S. 445-455, Wien

Rees, J. (1978): Manifacturing Headquarters in post-industrial urban context, in: Economic Geography, Vol. 54, S. 337-354, Worcester, Mass.

Reicher, W. A. (1988): Funktionen des Managements in Kunstmuseen, Diss. der Wirtschaftsuniversität Wien Nr. 45, Wien

Ruppert, K. - Schaffer, F. (1969): Zur Konzeption der Sozialgeographie, in: Geographische Zeitschrift, Jg. 21, S. 205 - 214, Braunschweig

Saalbach, J. (1984): Räumliche Aspekte der Tätigkeit von Software-Engeneering-Unternehmen, Eine Studie im Rahmen der Diskussion um die innovationsorientierte Regionalpolitik, in: DISP-ORL, Nr. 9, S. 47-53, Zürich

Schätzl. L. (1978): Wirtschaftsgeographie 1, Theorie, UTB 782, Paderborn

Schätzl. L. (1978): Wirtschaftsgeographie 2; Empirie, UTB 1050, Theorie, Paderborn

Schätzl. L. (1978): Wirtschaftsgeographie 3, Politik, UTB 1383, Paderborn

Schamp, E.W. (1986): Industriestandort und Wirtschaftsdienste im ländlichen Raum. - Zum Reichweitemuster der Dienstleistungsnachfrage von Industrieunternehmen in Niedersachsen, in: Berichte zur Deutschen Landeskunde, Bd. 60, S. 201 - 226, Trier

Scheuch, F. (1982): Dienstleistungsmarketing, München

Scheuch, F. (1982): Theoretische Grundlagen für die Distributionspolitik international tätiger Dienstleistungsunternehmen, in: Der Markt, Nr. 81, S. 12-20, Wien

Schackmann-Fallis, K.P. (1985): Externe Abhängigkeit und regionale Entwicklung, Diss. Trier

Schickhoff, I. (1981): Räumliches Verhalten in den Einkaufs- und Verkaufsbeziehungen von Industriebetrieben, in: Züricher Geographische Schriften, H. 1, S. 249-268, Zürich

Schickhoff, I. (1982): Ausgewählte Dienstleistungsbeziehungen von Industrieunternehmungen. Eine Fallstudie am Beispiel von Industrieunternehmen am Linken Niederrhein, 43. Deutscher Geographentag 1981, Tagungsbericht und wissenschaftliche Abhandlungen, S. 265 - 362, Mannheim

Schickhoff, I. (1985): Dienstleistungen für Industrieunternehmen: Einflüsse von Unternehmens- und Standorteigenschaften auf die Reichweite ausgewählter industrieller Dienstleistungsverflechtungen, in: Erdkunde, Bd. 39, S. 73 - 84, Bonn

Schiller, P.W. (1970): ocation Trends of Specialist Services, in: Regional Studies, Vol. 5, S. 2-10, New York

Schliebe, K. (1978): Zur regionalen Verteilung höherwertiger Unternehmensfunktionen und Arbeitskräfteressourcen, in: Informationen zur Raumentwicklung, S. 545-554, Bonn-Bad Godesberg

Schliebe, K. (1984): Zur Standortproblematik bei neugegründeten und verlagerten Behörden, in: Raumforschung ung Raumordnung, 42. Jg., S. 47-49, Köln

Schöller, P. (1967): Die deutschen Städte, Erdkundliches Wissen, H. 17, Wiesbaden

Schwödiauer, E. (1971): Der tertiäre Sektor in Österreich, WIFO-Monatsberichte, H. 2, S. 43 - 58, Wien

Scott, A.J. (1982): Production system dynamics and metropolitan development, in: Annals of the Assoziation of American Geographers, Vol 72, S. 185 - 200, Washington

Scott, A.J. (1983): Industrial Organization and the Logic of Intra-metropolitan Location: Theoretical Consideration, in: Economic Geography, Vol. 59, S. 233 - 250, Worcester/Mass.

Sedlacek, P. (1988): Wirtschaftsgeographie, Eine Einführung, Darmstadt

Semple, R.K. (1977): The Spatial Concentration of Domestic and Foreign Multinational Corporate Headquarters in Canada, in: Cahiers des Geographie du Quebec, Nr. 52, S. 33-51, Quebec

Semple, R.K. (1985): Quarternary place theory: An introduction, in: Urban Geography, Vol. 6, S. 285-269

Semple, R.K. - Green, M. B. (1983): Interurban Corporate Headquarters Relocation in Canada, in: Cahiers de Geographie du Quebec, Nr. 72, S. 389 - 406, Quebec

Semple, R.K. - Phipps, A. G. (1982): The spatial evolution of corporate headquarters within an urban system, in: Economic Geography, Vol. 49, S. 309-418, Worcester, Mass.

Semple, R.K. - Smith, W.R. (1981): Metropolitan dominance and foreign ownership in the Canadian Urban System, in: Canadian Geographer, Vol. 25, S. 4-26

Siepmann, J.D. (1968): Die Standortfrage bei Kreditinstituten, Eine Analyse der Standortfaktoren, Standortstruktur und Standortpolitik des westdeutschen Banksystems, Berlin

Skolka, J. (1986): Der Dienstleistungssektor der österreichischen Wirtschaft, WIFO-Monatsberichte, H. 9, S. 584 - 611, Wien

Skowronek, ST. (1970): Die Standorte der österreichischen Kreditunternehmungen, Wiener Geographische Schriften, Bd. 34, Wien

Smith, A.D. (1972): The measurement and interpretation of service output changes, London

Spehl, H. (1985): Räumliche Wirkungen der Telematik, Stand der Diskussion und Programm des Arbeitskreises der Akademie für Raumforschung und Landesplanung, in: Raumforschung und Raumplanung, Jg. 43, S. 254 - 269, Köln

Staehle, W.H. (1983): Funktionen des Management, Eine Einführung in einzelwirtschaftliche und gesamtgesellschaftliche Probleme der Unternehmensführung, Bern/Stuttgart

Stanback, T.M. (1979): Understanding the Service Economy: Employment, Production, Location, Baltimore

Stanback, T.M. (1981): Services: The new economy, Totowa, H.J.

Staudacher, Ch. (1984): Zentralörtliche Muster in alpinen Räumen, in: Wiener Geographische Schriften, Bd. 59/60, S. 122, Wien

Staudacher, Ch. (1985): Bevölkerungsgeographie, Wirtschaftsgeographie - Einführung 5, Hochschülerschaft WU-Wien

Staudacher, Ch. (1985): Wirtschaftsdienste (producer services, business services, industrial services) als Forschungsthema der Wirtschaftsgeographie, in: Wirtschaftsgeographische Studien, H. 12/13, S. 57 - 84, Wien

Staudacher, Ch. (1981): Forschungsorte und Forschungsstätten in Österreich, in: Österreich in Geschichte und Literatur mit Geographie, Jg. 25, H. 1, S. 29 - 44, Wien

Staudacher, Ch. (1989): Dienstleistungen und Regionalentwicklung, Raumstruktur und räumliche Disparitäten der Nutzung von Wirtschaftsdienstleistungen im Zentren- und Regionssystem Österreichs, in: Wirtschaftsgeographische Studien, H. 15/16, S. 49 - 75, Wien

Staudacher, Ch. (1987): Wirtschaftsdienste, Grundzüge der räumlichen Organisation der intermediären, marktmäßigen Dienstleistungsproduktion und ihrer Bedeutung im Zentren- und Regionssystem Österreichs, Band I und II, Habilitationsschrift, Wien

Staudacher, Ch. (1987): Wirtschaftsdienste, Grundzüge der räumlichen Organisation der intermediären, marktmäßigen Dienstleistungsproduktion und ihrer Bedeutung im Zentren- und Regionssystem Österreichs, Wiener Geographische Schriften Bd. 62/63, Wien (erscheint Ende 1991)

Stiglbauer, K. (1983): Die Erforschung der zentralen Orte in Österreich, Mitteilungen der Österr. Geographischen Gesellschaft, Bd. 125, S. 5 - 30

Stiglbauer, K. (1989): Die Entwicklung hochrangiger Zentren als Problem der Zentrale-Orte-Forschung, Frankfurter Geographische Hefte, Bd. 58, S. 9 - 32

Stöhr, W. (1983): Regionalpolitik in Österreich unter sich verändernden Rahmenbedingungen, in: DISP - ORL, Nr. 74, S. 14 - 18, Zürich

Stöhr, W. (1983): Regionalpolitik unter geänderten Rahmenbedingungen, in: Raumplanung in Österreich, Nr. 12, S. 9 - 17, Wien

Sträter, D. (1984): Disparitätenförderung durch großräumige Vorrangfunktionen oder Disparitätenausgleich durch endogene Entwicklung? in: Raumforschung und Raumordnung, 42. Jg., S. 238-246, Köln

Strickland, D. - Aiken, M. (1984): Corporate Influence and the German Urban System: Headquarters location of German industrial corporation, 1950-1982, in: Economic Geography, Vol. 60, S. 38-54, orcester, Mass.

Strohm, A. (1989): Ökonomische Theorie der Unternehmensentstehung, Schriftenreihe des Instituts für Allgemeine Wirtschaftsforschung, Bd. 27, Freiburg

Szigmund, A. (1984): Kontakte der Unternehmen von Steyr zu Produktivdienstleistungen, Dipl. Arb., Wien

Tauchen, H. - Witte, A. D. (1983): An equilibrium model of office location and contact patterns, in: Environment and Planning A, Vol. 15, S. 1311 - 1326, London

Taylor, M.J. (180): External economies and agglomeration: an appraisel of macro-scale studies of polarisation, in: Tijdschrift for econ. en social geografie, Vol. 71. S. 264-276, Utrecht

Taylor, M.J. - Thrift,N. J. (1982): The Geography of Multinationals, London

Taylor, M. (1986): The Product-cycle Model. A Critique, Environment and Planning A, S. 751 - 761

Thorngren, B. (1970): How do contact systems affect regional development? in: Environment and Planning A, Vol. 2, S. 409 - 427

Thrift, N. - Daniels, P.W.: Producer Services, Proposed Research Programm, Manuskript

Thünen, J.H.v. (1875): Der isolierte Staat in Beziehung auf Landwirtschaft und Nationalökonomie, Berlin

Tödtling, F. (1983): Organisatorischer Status von Betrieben und Arbeitsplätzen in peripheren und entwicklungsschwachen Gebieten Österreichs, Diss. Wien

Törnqvist, G. (1968): Flows of Information and the Location of Economic Activities, in: Lund Studies in Geography, Se. B, Nr. 30, Lund

Törnqvist, G. (1970): Contact Systems and Regional Development, Lund Studies in Geography, Ser. B, Nr. 35, Lund

Tüke, K. (1983): Urban and Regional Impacts of the new Information and Communication Technologies, in: Ekistics, Vol. 302, S. 370-373, Athen

UNCTAD (1985): Production and trade in services: policies and their underlying factors bearing upon international service transactions,UNCTAD Reports and Studies Nr. 2, New York

Upmeier, H. (1985): Post-industrielle Entwicklungstendenzen in der atlantischen Magalopolis: Fallstudie der Großstadtregion Philadelphia, in: Geographische Zeitschrift, 73. Jg., S. 107-124, Stuttgart

Vernon, R. (1966): International Investment and International Trade in the Product Cycle, Quarterly Journal of Economics, H. 2, S. 190 - 207

Walker, D.F. - Barter, J.H. (1977): Industrial Services: Literature and Research Perspectives, in: Walker, D.F.: Industrial Services, Department of Geography Publication Series, Nr. 8, S. 1 - 24, Waterloo/Can.

Wärneryd, O. (1969): Interdependence in Urban Systems, Gothenburg,

Watts, H.D. (1981): The Branch Plant Economy: A study of External Controll, London

Weber, A. (1909): Über den Standort der Industrie, 1. Teil: Reine Theorie des Standortes, Tübingen

Westaway, J. (1975): The spatial hierarchy of Business Organiszations and its impact for the British Urban System, in: Regional Studies, Vol. 8, S. 145-155, New York

Wheeler, J.O. (1986): Corporate spatial Links with Financial Institutions: The Role of the Metropolitan Hierarchy, in: Annals of the Association of American Geographers, Vol. 76, S. 262-274, Washington

Windhorst, H.-W. (1983): Geographische Innovations- und Diffusionsforschung, Erträge der Forschung, Bd. 189, Damstadt

Winkelmann, P. (1982): Investitionsschübe im Mittelpunkt einer empirischen Untersuchung von Kontinuität und Diskontinuität im industriellen Investitionsprozeß, Europäische Hochschulschriften, Bd. 371, Frankfurt/Main

Wolf, K. (1989): Die Dynamik hochrangiger Zentren der Bundesrepublik Deutschland im nationalen und internationalen Vergleich, Frankfurter Geographische Hefte, Bd. 58, S. 33 - 41

Wood, P.A. (1985): Producer Services and Economic Change: U.K. Reflections an Candian Evidence, Paper prepeared for the Third IBG/CAG Symposium on Industrial Geography

Würth, M. (1986): Räumliche Konsequenzen des Strukturwandels innerhalb des tertiären Sektors der Schweiz, in: Geographica Helvetica, Jg. 41, S. 179 - 184, Bern

Wysocki, K. (1961): Rationalisierung durch Ausgliederung von Betriebsaufgaben, in: Zeitschrift für Betriebswirtschaft, Jg. 31, S. 30 - 43, Berlin

Zipf, G.K. (1949): Human behavior and the priciple of least effort, Cambridge

NACHSCHLAGEWERKE UND STATISTIKEN

Compass-Verlag Hg. (1981, 1986): Dienstleistungs- und Behörden.Compass 1980/81, 1985/86, Wien

Compass-Verlag Hg. (1981, 1986): Handels-Compass 1980/81, 1985/86, Wien

Compass-Verlag Hg. (1986): Finanz-Compass 1985/86, Wien

Dun&Bradstreet Hg. (1986): Österreich 2000, Die 3200 größten Unternehmen Österreichs, 7. Ausgabe, Wien

Freytag&Berndt Hg.: Salzburg, Plan 1:12.000; Buchplan Wien 84/85, 1:20.000; Linz, Plan 12.000; Graz, 1:15.000; Klagenfurt, Stadtplan 1:15.000; Innsbruck, Stadtplan 1:10.000, Bregenz - Dornbirn, Plan 1:10.000, Wien

Österr. Akad. d. Wissenschaften Hg. (1960 ff): Atlas der Republik Österreich, Wien

ÖSTZA Hg. (1951): Systematisches Verzeichnis der Berufe, Wien

ÖSTZA Hg. (1972): Systematisches Verzeichnis der Berufe, Wien

ÖSTZA Hg. (1977): Arbeitstättenzählung 1981, Hauptergebnisse Österreich, Beiträge zur Österr. Statistik, H. 433/1 - 10

ÖSTZA Hg. (1979): Statistik der Gewerblichen Wirtschaft, Hauptergebnisse der Nichlandwirtschaftlichen Bereichszählung, 1. und 2. Teil, Beitr. z. Österr. Stat. H. 502/1,2, Wien

ÖSTZA Hg. (1979): Geld- und Kreditwesen, Privatversicherung 1976, Beitr. z. Österr. Stat. H. 510, Wien

ÖSTZA Hg. (1979): Handel, Lagerung 1976, Beitr. z. Österr. Stat. H. 507/1, Wien

ÖSTZA Hg. (1981):Karte der Statistischen Zählsprengel (Zählgebiete), Wien

ÖSTZA Hg. (1983): Statistisches Handbuch der Republik Österreich 1983, Wien

ÖSTZA Hg. (1983): Arbeitstättenzählung 1981, Hauptergebnisse Österreich, Beiträge zur Österr. Statistik, H. 650/1 - 10

ÖSTZA Hg. (1985, 1986): Input-Output-Tabelle 1976, Band 1, Güter- und Produktionskonten, Beiträge zur Österr. Statistik, H. 769/1,2, Wien

ÖSTZA Hg. (1985): Grundsystematik der Wirtschaftätigkeiten (Betriebssystematik 1968), Ergänzte Ausgabe: Stand 1985, Wien

ÖSTZA Hg. (1985): Volkszählung 1981, Hauptergebnisse I, II, Beitr. z. Österr. Stat. H. 630/20, 21, Wien

ÖÖSTZA Hg. (1986): Statistik der Gewerblichen Wirtschaft, Hauptergebnisse der Nichlandwirtschaftlichen Bereichszählung, 1. und 2. Teil, Beitr. z. Österr. Stat. H. 790/1,2, Wien

ÖSTZA Hg. (1986): Ortsverzeichnis 1981, Gesamtregister, Wien

ÖSTZA Hg. (1986): Handel, Lagerung 1983, Beitr. z. Österr. Stat. H. 793/1 Wien

ÖSTZA Hg. (1986): Geld- und Kreditwesen, Privatversicherungen 1983, Beitr. z. Österr. Stat. H. 796, Wien

ÖSTZA Hg. (1986): Verkehr; Nachrichtenübermittlung 1983, Beitr. z. Österr. Stat. H. 795, Wien

STZA Hg. (1986): Gewerbestatistik 1983, 1. und 2. Teil, Beitr. z. Österr. Stat. H. 791, 792/A,B, Wien

ÖSTZA Hg. (o.J.): Österreich Karte 1:50.000 mit Zählbezirksgrenzen, Wien

TABELLENVERZEICHNIS

280

ABBILDUNGSVERZEICHNIS

282

Der Autor:

Christian Staudacher ist Universitätsdozent für Wirtschaftsgeographie am Institut für Wirtschafts- und Sozialgeographie der Wirtschaftsuniversität Wien; seit 1991 Abteilungsleiter der "Abteilung für Praxisorientierte Wirtschaftsgeographie und Räumliche Integrationsforschung", die am Institut für Wirtschafts- und Sozialgeographie neu eingerichtet wurde. Die "Dienstleistungsgeographie" als immer wichtiger werdender Zweig der praxisorientierten Wirtschaftsgeographie ist sein Forschungsschwerpunkt. Aus dieser Spezialisierung entstand auch die Habilitationsschrift, die in gekürzter Form hier veröffentlicht wird. Im Oktober 1991 erschien im Service-Fachverlag an der Wirtschaftsuniversität Wien das Lehrbuch: "Dienstleistungen, Raumstruktur und räumliche Prozesse, Eine Einführung in die Dienstleistungsgeographie".

WIENER GEOGRAPHISCHE SCHRIFTEN

GEGRÜNDET VON LEOPOLD G. SCHEIDL

HERAUSGEBER: KARL A. SINNHUBER
SCHRIFTLEITUNG: KLAUS ARNOLD, CHRISTIAN STAUDACHER

Eigentümer: Abteilung für Praxisorientierte Wirtschaftsgeographie und
Räumliche Integrationsforschung, Institut für Wirtschafts- und Sozialgeographie
der Wirtschaftsuniversität Wien
Zuschriften bezüglich des Schriftentausches an: Abteilung für Praxisorientierte
Wirtschaftsgeographie, Institut für Wirtschafts- und Sozialgeographie,
1190 Wien, Peter Jordan-Straße 6
Bestellungen: SERVICE FACHVERLAG, Wirtschaftsuniversität Wien, A-1190
Wien, Augasse 2 - 6, Tel. 34 91 62

18-23 Festschrift - Leopold G. Scheidl zum 60. Geburtstag. Teil II. 1965, 32 Beiträge, herausgegeben im Auftrag des Vorstandes der Österreichischen Gesellschaft für Wirtschaftsraumforschung von H. BAUMGARTNER, L. BECKEL, H. FISCHER, F. MAYER und F. ZWITTKOVITS, 396 Seiten, 31 Karten und Kartenskizzen, 8 Diagramme und 3 Bilder.

24-29 Festschrift - Leopold G. Scheidl zum 60. Geburtstag. Teil I. 1965, 32 Beiträge, herausgegeben im Auftrag des Vorstandes der Österreichischen Gesellschaft für Wirtschaftsraumforschung von L. BECKEL und H. LECHLEITNER, Kartographische Bearbeitung: F. MAYER und K. SCHAPPELWEIN, 398 Seiten, 93 Karten und Kartenskizzen, 12 Diagramme und 30 Bilder.

30 FRANZ LUGMAIR: Die Landmaschienenerzeugung in Österreich. 1968, 95 Seiten, 1 Karte, 1 Kartenskizze, 4 Diagramme und 23 Bilder.

31/32 OTMAR KLEINER Österreichs Eisen- und Stahlindustrie und ihre Außenhandelsverflechtungen. 1969, 184 Seiten, 1 Kartenskizze und 9 Diagramme.

33 ALICE BARGIEL: Die Standorte der Wirtschaftstreuhänder in Österreich. 1969, 19 Seiten und 1 Karte.

34 STEFAN SKOWRONEK: Die Standorte der österreichischen Kreditunternehmungen. 1970, 59 Seiten und 1 Karte.

35 KLAUS NOZICKA: Die österreichische Ziegleiindustrie. 1971, 90 Seiten und 1 Kartenskizze.

36/37 HERWIG LECHLEITNER: Die Rolle des Staates in der wirtschaftlichen und sozialen Entwicklung Libanons. 1972, 171 Seiten, 5 Kartenskizzen.

38/39 PETER SCHNITT: Die Regionalstruktur des Außenhandels Belgien-Luxemburgs. 1973, 126 Seiten.

40 Zehn Jahre Österreichische Gesellschaft für Wirtschaftsraumforschung. 1973, 36 Seiten.

41/42 LEOPOLD G. SCHEIDL: Die Wirtschaft der Republik Südafrika. 1976, 173 Seiten, 18 Karten.

43-45 Festschrift - Leopold G. Scheidl zum 70. Geburtstag. Beiträge zur Wirtschaftsgeographie, I. Teil, herausgegeben von E. WINKLER und H. LECHLEITNER, 1975, 296 Seiten, 22 Karten, Skizzen, Diagramme und 4 Bilder.

46/48 Festschrift - Leopold G. Scheidl zum 70. Geburtstag. Beiträge zur Wirtschaftsgeographie, II. Teil, herausgegeben von E. WINKLER und H. LECHLEITNER, 1975, 321 Seiten, 31 Karten, Skizzen, Diagramme, 4 Bilder.

49/50 WOLFGANG ENTMAYR: Der Hafen von London. 1977, 126 Seiten, 11 Abbildungen und Karten.

51/52 Beiträge zur Fremdenverkehrsgeographie, I. Teil, herausgegeben von K.A. SINNHUBER und F. JÜLG, 1979, 233 Seiten, Skizzen und Diagramme, 4 Bilder.

53/54 Beiträge zur Fremdenverkehrsgeographie, II. Teil, herausgegeben von K.A. SINNHUBER und F. JÜLG, 1979, 200 Seiten, 31 Karten, Skizzen und Diagramme.

55/56 KLAUS ARNOLD - CHRISTIAN STAUDACHER: Urlaub auf dem Bauernhof. Eine empirische Untersuchung der Struktur und Entwicklung einer spezifischen Erholungsform und ihrer Auswirkungen auf die Land- und Forstwirtschaft in Niederösterreich. 1981, 120 Seiten, 9 Kartogramme, 24 Diagramme.

* 57/58 KLAUS ARNOLD: Die Rolle der Mehrbetriebsunternehmen im industriellen Entwicklungsprozess von Kern-Peripheriesystemen. Eine Fallstudie aus dem niederösterreichischen Grenzraum. Erscheint (erscheint Mitte 1992)

59/60 Österreichische Beiträge zur Geographie der Ostalpen. Herausgegeben von H. PASCHINGER, 1984, 187 Seiten, 35 Diagramme und Kartogramme.

61 Gedanken und Visionen eines Raumplaners und Geographen. Walter Strzygowski zum 80. Geburtstag - Gedächtniskolloquium. Herausgegeben von F. JÜLG und CH. STAUDACHER, 1989, 108 Seiten, 22 Abbildungen, Verzeichnis der Arbeiten von W. STRZYGOWSKI.

62/63 CHRISTIAN STAUDACHER: Wirtschaftsdienste - Zur räumlichen Organisation der intermediären Dienstleistungsproduktion und ihrer Bedeutung im Zentren- und Regionssystem Österreichs. 1991, 282 Seiten, 31 Abbildungen, 36 Tabellen

*64 SCHAPOUR ZAFARPOUR: Dienstleistungs- und Bürokonzentrationen im grostädtischen Raum. Wirtschaftsgeographische Fallstudien aus Wien .(erscheint Mitte 1992)

* 65 KULTURTOURISMUS IN ÖSTERREICH (Ergebnisse praxisorientierter Forschungsarbeiten, Dissertationen und Diplomarbeiten; Arbeitstitel), herausgegeben von K. ARNOLD